Cultural Analytics
文化分析

Lev Manovich
[俄] 列夫·马诺维奇 著　李鹤伊 译

上海三联书店

国家社科基金艺术学重大项目"中国特色电影知识体系研究"
(项目号:22ZD10)阶段性成果
中央高校基本科研业务费专项资金资助(项目号256500124001)

彩图 1

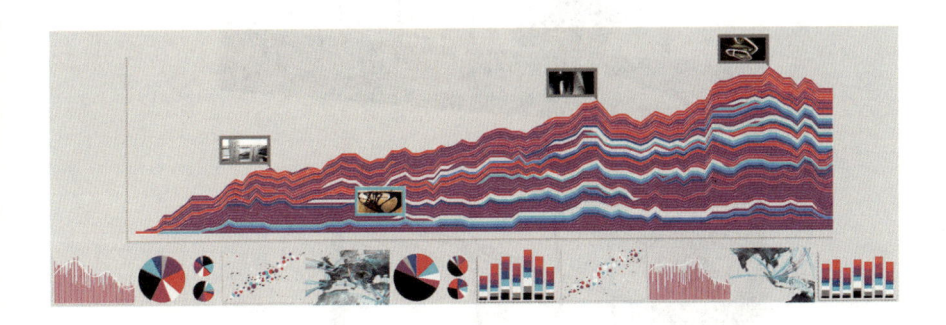

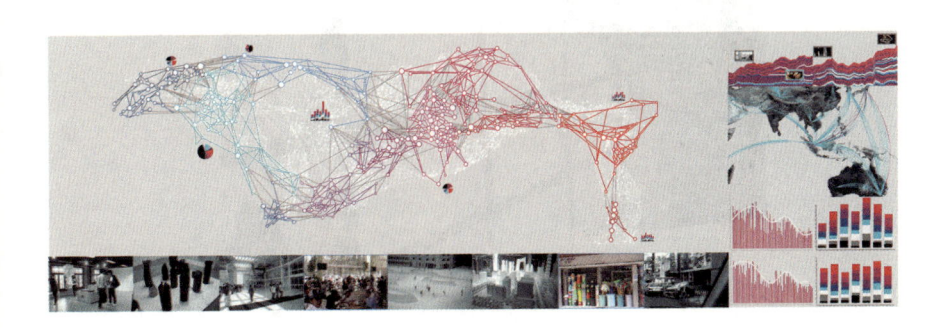

为"文化分析研究环境"设计的界面，2008 年。

彩图 2
实验室成员杰里米·道格拉斯在加利福尼亚电信与信息技术研究所创建的可视化超级计算机上，展示我们为"文化分析研究环境"设计的界面方案。

彩图 3

通过视觉相似性组织的 5000 幅印象派画作的可视化。

彩图 4
5000 幅印象派画作可视化效果的特写镜头，展示的是我们脑海中代表印象派特征——浅色调、多种颜色运用——的作品。

彩图 5

"潮自拍"项目"自拍探索"程序的截图,2014 年。作者:列夫·马诺维奇、莫里茨·斯特凡纳、丹尼尔·戈德迈尔、多米尼克斯·鲍尔、杰·周、艾丽斯·蒂芬塔尔、迈赫达德·亚兹达尼和纳达夫·霍赫曼。

彩图 6
显示凡·高画作平均亮度随时间变化的可视化坐标图。776 幅凡·高画作按照它们的创作日期（x 轴）和平均亮度（y 轴）来组织。

彩图 7
根据中位数亮度（x 轴）和中位数饱和度（y 轴）对 776 幅凡·高画作进行展示的可视化坐标图。

彩图 8
根据中位数亮度（x 轴）和中位数饱和度（y 轴）对凡·高在阿尔勒和巴黎创作的作品进行比较。

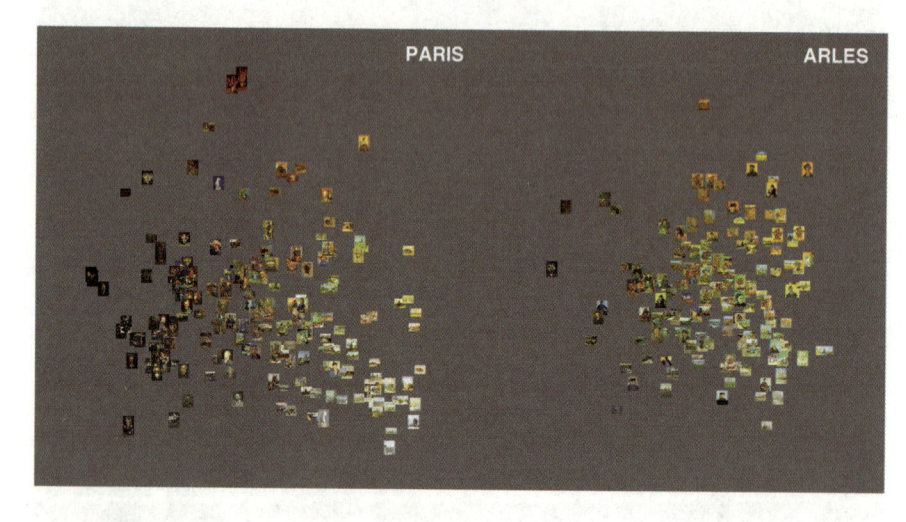

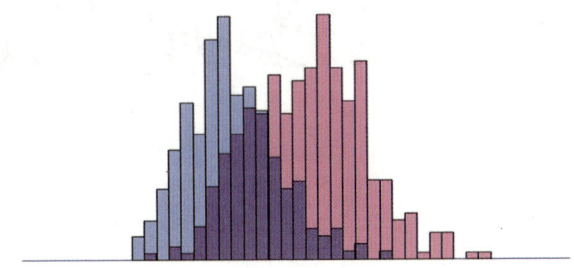

彩图 9

可视化图像对比少年漫画（蓝色）和少女漫画（粉色）。上图：用点的形式展示 1074790 页漫画，根据灰度值的标准差（x 轴）和灰度值的熵（y 轴）组织。下图：1074790 页漫画平均灰度直方图。

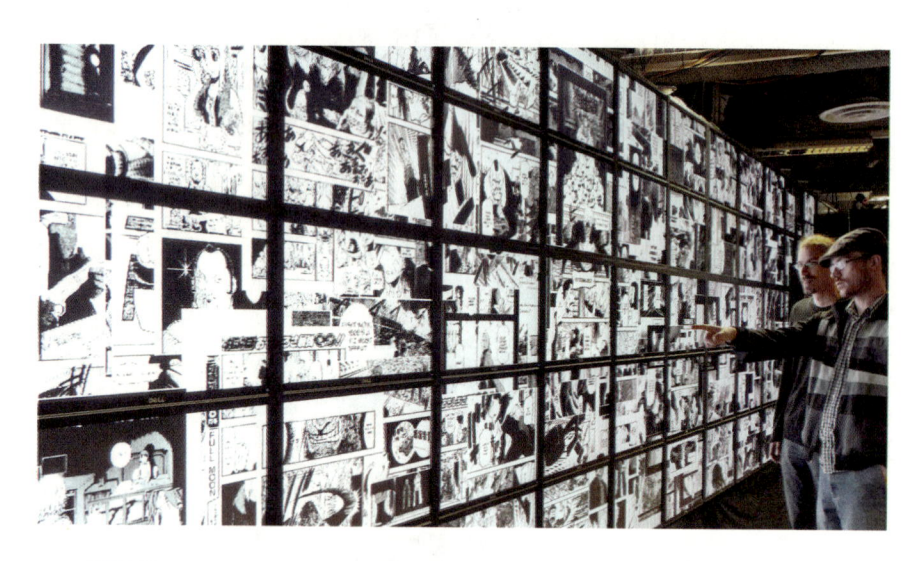

彩图 10
实验室成员加利福尼亚电信与信息技术研究所创建的可视化超级计算机上探索"100 万页漫画集"可视化，2010 年。

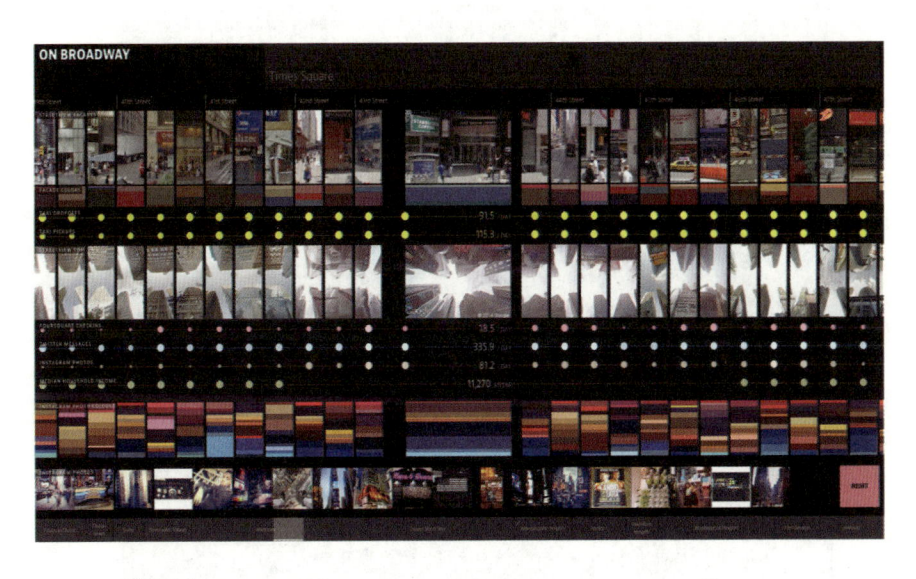

彩图 11

"百老汇"项目的界面,2014 年。作者:莫里茨·斯特凡纳、多米尼克斯·鲍尔、丹尼尔·戈德迈尔,以及其他"文化分析"实验室成员。

彩图 12

1923—2009 年出版的 4535 期《时代》杂志封面的图像蒙太奇,图像根据出版时间(从左至右,从上到下)排列。

彩图 13

4535 期《时代》杂志封面的"切片"可视化,每个"切片"都是一条 1 像素宽度的窄列。它们按照杂志 1923—2009 年的出版顺序排列。

彩图 14
游戏《王国之心》图像蒙太奇，由 62.5 小时游玩视频记录中抽样的 22500 帧制成，根据游玩进程（从左至右，从上到下）排列而成。

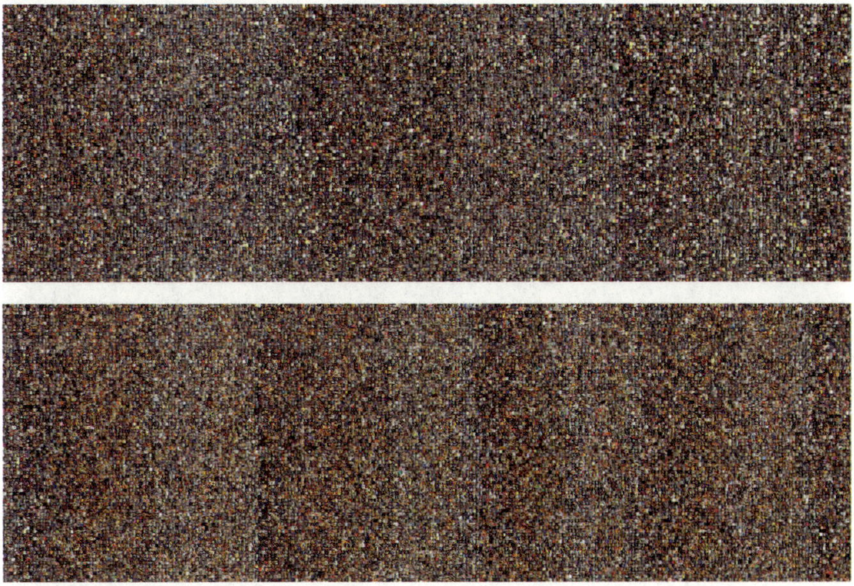

彩图 15

通过图像蒙太奇将一座城市几天内上传 Instagram 的 5 万张照片与上传于东京市的 5 万张照片对比。上图：纽约。下图：东京。

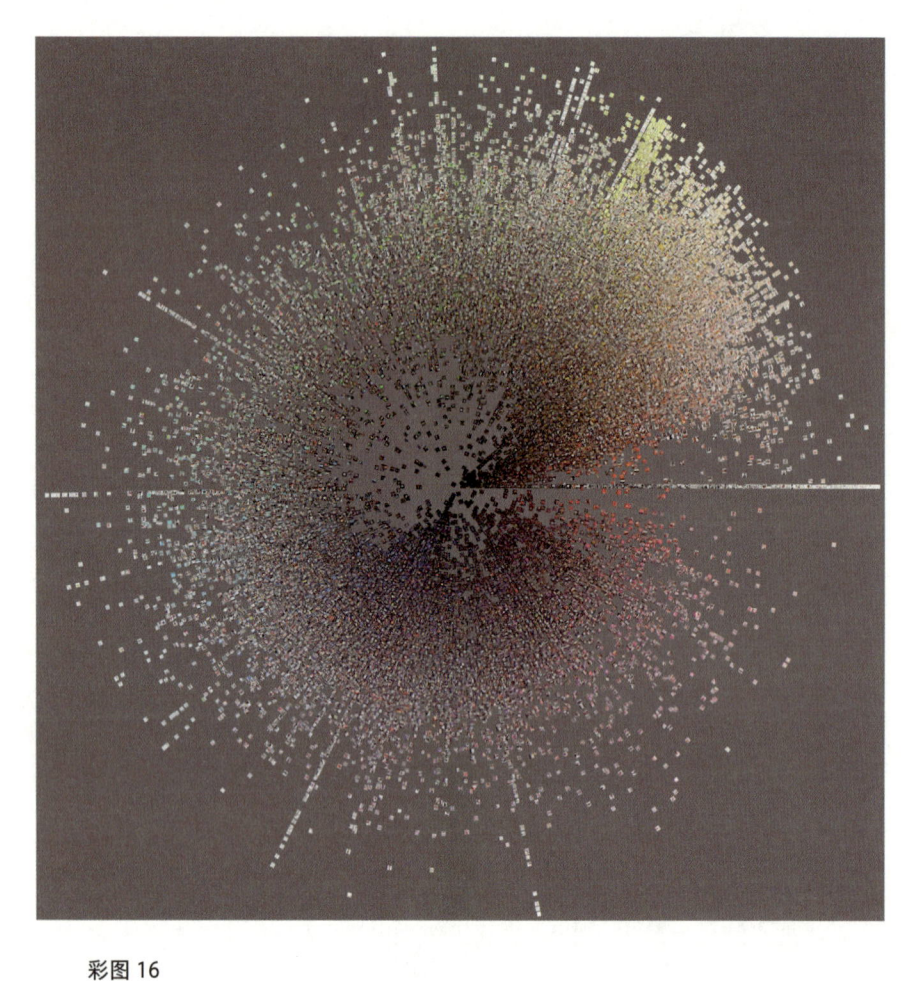

彩图 16
此中心放射图表展示的是 5 万张于曼谷上传 Instagram 的照片，按照色调值（角度）和平均亮度（到中心的距离）组织排列。

写在《合流：科技与艺术未来丛书》之前

自文艺复兴以来，艺术、技术和科学便已分道扬镳，但如今它们又显出了破镜重圆之势。

我们的世界正日渐地错综复杂，能源危机、传染病流行、贫富差距、种族差异、可持续发展……面对复杂性问题，寻求应对之道要求我们拓宽思路，将不同领域融会贯通。通常，我们的文化不提供跨领域的训练，要在这种复杂性中游刃有余地成长，新一代的创造者们亟需某种新思维的指引。

我们将这种思考方式称作"合一思维"（Nexus thinking），即我们这套丛书所提出的"合流"；而具有这种思维的人便是"合一思维者"（Nexus thinker），或曰"全脑思考者"（whole-brain thinker）。

传统意义上，人们习惯于将人类思维模式一分为二。其一，是有法可循、强调因果的收敛思维。这种思维常与科学联系在一起。其二，则是天马行空、突出类比的发散思维。这种思维往往与艺术密不可分。整体思维的构建始于人类三大创造性领域——艺术、技术与科学—之间边界的模糊。三者交相融汇于一个名为"合一境"（Nexus）的全新思维场域。在这个场域里，迥异的范畴之间不仅互相联系，还能彼此有机地综合在一起。界限消失以后，整体便大于部分之和，各种全新的事物也将随之涌现。

合一思考者们能看清复杂的趋势，得心应手地游走于各领域的分野之间。他们将成为未来世界的创新先驱，并引领团队在创新组织的成员之间实现平衡。

站在科技与艺术的交叉点，我们旨在给读者提供一间课堂，将融合艺术、科技等学科的前沿读物介绍给广大读者：数据与视觉艺术，信息与自然科学，游戏与人类学，计算机与沟通艺术……我们希望能够启发读者，让你们自发地培养出一种综合而全面的视野，以及一种由"合一思维"加持的思考哲学。

我们并不会自欺欺人地拿出直接解决当下问题的答案，那些期待着现成解决之道的读者一定会失望。在我们眼里，本套丛书更多地是一份指南。它指引着个人与团队——创造者们和各类团体——穿行于看似毫不相干的不同领域之间。我们将教会读者如何理解、抵达并利用好综合思维的场域，以及如何组建一个能善用理论工具的团队，从而游走于复杂环境之中，达到真正的创新。

正所谓，"海以合流为大，君子以博识为弘"。

后浪出版公司
2022 年 12 月

致　谢

感谢参与本书编写的各方人士和机构：

麻省理工学院出版社（The MIT Press）：高级策划编辑道格·塞里（Doug Sery），助理策划编辑诺厄·斯普林格（Noah Springer），文字编辑凯瑟琳·卡鲁索（Kathleen Caruso），校对编辑梅琳达·兰金（Melinda Rankin）。

加利福尼亚电信与信息技术研究所（California Institute for Telecommunications and Information Technology，简称 Calit2）主任拉里·斯塔尔（Larry Star）、加利福尼亚大学圣迭戈分校（University of California San Diego，简称 UCSD）分部主任拉梅什·拉奥（Ramesh Rao），以及自 2007 年开始支持我们实验室工作的加利福尼亚电信与信息技术研究所的所有员工。

2007 年，我和诺厄·沃德里普-弗鲁恩（Noah Wardrip-Fruin）共同发起了"软件研究计划"（后来更名为"文化分析实验室"）。我们受谢尔登·布朗（Sheldon Brown）的邀请参观了计算和艺术研究中心后，决定将实验室搬到这里（2008—2012）。2013 年，我开始在纽约市立大学研究生中心教书后，马修·戈尔德（Mathew Gold）便在那支持我的工作。

实验室成员（2007—2018）：杰里米·道格拉斯（Jeremy

Douglass)、威廉·休伯(William Huber)、塔拉·塞佩尔(Tara Zepel)、西塞罗·伊纳西奥·达席尔瓦(Cicero Inacio da Silva)、杰·周(Jay Chow)、埃韦拉多·雷耶斯(Everardo Reyes)、迈赫达德·亚兹达尼(Mehrdad Yazdani)、达蒙·克罗克特(Damon Crockett)、纳达夫·霍赫曼(Nadav Hochman)、艾丽斯·蒂芬塔尔(Alise Tifentale)和阿古斯丁·因达科(Agustin Indaco)。

实验室合伙人和访问学者：莫里茨·斯特凡纳(Moritz Stefaner)、多米尼克斯·鲍尔(Dominikus Baur)、丹尼尔·戈德迈尔(Daniel Goddemeyer)、米里亚姆·雷迪(Miriam Redi)、阿尔米拉·阿克达(Almila Akdag)、让-弗朗索瓦·卢卡斯(Jean-François Lucas)、特里斯坦·蒂尔曼(Tristan Thielmann)、宋熙珠(Hijoo Son)、凯·奥哈洛伦(Kay O'Halloran)、伊莎贝尔·加利亚诺·罗德里格斯(Isabel Galhano Rodrigues)、法尔科·屈斯特(Falko Kuester)、吉姆·霍兰(Jim Hollan)、马修·富勒(Matthew Fuller)、布琳·谢泼德(Brynn Shepherd)和利娅·梅斯特林(Leah Meisterlin)。

在实验室工作的研究生和本科生：山冈索(So Yamaoka)、圣谢·奇曼努库(Sunsern Cheamanunku)、马蒂亚斯·贾基诺(Matias Giachino)、曾翔飞(Xiangfei Zeng)、谢丽·黄(Cherie Huang)、钱达·L.凯里(Chanda L. Carey)、丹尼尔·雷恩(Daniel Rehn)、劳拉·赫格尔(Laura Hoeger)、雷切尔·科迪(Rachel Cody)、德文·梅里尔(Devon Merill)、顾佳(Jia Gu)、阿加莎·曼(Agatha Man)、尼科尔·贝尔纳多(Nichol Bernardo)、

鲍勃·李（Bob Li）、凯达尔·雷迪（Kedar Reddy）、克里斯塔·李（Christa Lee）、维多利亚·阿苏林（Victoria Azurin）和王晓达（Xiaoda Wang）。

加利福尼亚大学洛杉矶分校 IPAM 文化分析研究所（2016）的组织者：蒂莫西·坦格利尼（Timothy Tangherlini）、蒂娜·埃利阿西-拉德（Tina Eliassi-Rad）、毛罗·马焦尼（Mauro Maggioni）和维瓦尼·罗伊乔德里（Vwani Roychowdhury）。

2005—2020年（从我第一次有了文化分析的念头到完成这本书的期间）我在以下大学及教育项目中担任永久或客座教授：加利福尼亚大学圣迭戈分校（UCSD）、纽约城市大学研究生中心（CUNY）、新加坡国立大学（NUS）、斯特尔卡媒体、建筑和设计研究所；欧洲研究生院（EGS）和秋明州立大学社会科学和人文学院（UTMN）。

关于本书示例

我会通过我们文化分析实验室（Cultural Analytics Lab）的案例来阐释本书中的概念和技术。在我的课堂和工作坊中，我也使用了同样的方法，目的是更好地向学生展示每一个步骤及每个步骤包括的不同选项，并指出分析之外的内容。每个项目都有独立网站，你可以在那里找到有关项目的描述、彩色高分辨率可视化模型和部分数据集（datasets）的交互界面。更多信息详见文化分析实验室官网上的"项目"（Projects）界面：http//lab.culturalanalytics.info/p/projects.html。

尽管书中有的可视化界面以黑白的形式呈现，但是原件均是彩色的。大多数可视化都是实验室成员共同工作的成果，每个项目——数据集创建、数据分析、结果解读和可视化制作——都由多人协作完成。

目 录

导　言　如何看到 10 亿张图片 ·· 1
　　用计算机看文化 ··· 3
　　文化分析：5 个想法 ··· 9
　　文化分析：12 项研究挑战 ······································ 18
　　文化分析不是什么 ·· 21
　　文化分析、媒体理论和软件研究 ································ 23
　　在课堂使用本书 ·· 27

第一篇　大规模文化研究

第一章　从新媒体到更多媒体 ·· 33
　　"从新媒体到更多媒体"（2008） ································ 38
　　实时观察全球文化 ·· 43
　　历史语境中的文化分析 ··· 47

第二章　文化学? ··· 51
　　文化数据分析、可视化和交互：案例 ···························· 51
　　历史与现在，专业人士与业余爱好者 ···························· 59
　　常规性与特殊性 ·· 64
　　文化学？定律，统计模型，模拟 ································ 66

第三章　文化工业和媒体分析 ……………………… 73
媒体技术史上的新阶段 …………………………… 77
媒体分析案例 ……………………………………… 78
媒体分析的两个部分 ……………………………… 82
自动化：媒体分析 ………………………………… 84
自动化：媒体动作 ………………………………… 89
媒体分析和文化分析 ……………………………… 94

第二篇　用数据呈现文化

第四章　文化数据的类型 …………………………… 103
媒体：社会网络和专业网络 ……………………… 106
行为：数字和物理痕迹 …………………………… 113
呈现互动 …………………………………………… 121
事件、地点和组织 ………………………………… 124

第五章　文化抽样 …………………………………… 129
岛屿和海洋 ………………………………………… 131
博物馆和图书馆 …………………………………… 137
创建代表性样本 …………………………………… 140
如何看到隐形事物 ………………………………… 144
随机抽样的局限性 ………………………………… 153
统计简化 …………………………………………… 157
为什么我们需要用大数据学习文化 ……………… 162
抽样是必要的吗？ ………………………………… 165

第六章 元数据及特征 171

从一个世界到一个数据集 172

元数据及特征 177

数据 = 对象 + 特征 181

19 世纪和 20 世纪的统计学：从单一变量到多变量 189

解读、说明、自动化 194

语义鸿沟 199

第七章 语言、类别和感知 205

数据类型 205

测量尺度 209

语言和感知 216

感官和数字 223

测量感知 227

自上而下和自下而上的分析 231

规定性美学和现代主义 235

分析实例：776 幅凡·高的画作和 100 万页漫画集 241

更多案例：百万件艺术作品和 42571 部影片 250

分类的社会 256

第三篇 探索文化数据

第八章 信息可视化 265

可视化的本质 268

简化和空间 272

无简化的可视化 280

　　　　艺术媒体可视化……………………………………………283
　　　　文化时间序列……………………………………………　287
　　　　超越信息可视化…………………………………………　290

第九章　探索性媒体分析……………………………………………295
　　　　针对性搜索………………………………………………297
　　　　界面………………………………………………………　303
　　　　图像处理和计算机视觉…………………………………　307
　　　　利用图像特征进行探索性媒体分析……………………　311
　　　　观察与分析的比较………………………………………　315

第十章　媒体可视化的方法…………………………………………319
　　　　图像蒙太奇………………………………………………　322
　　　　抽样与摘要的比较………………………………………　332
　　　　时间采样…………………………………………………　336
　　　　空间采样…………………………………………………　338
　　　　重映射……………………………………………………　343

结　语　我们可以不依靠"分类"来思考吗？……………………351
　　　　我们想要"解释"文化吗？……………………………　354
　　　　文化分析的目标是为了研究规律吗？（是或否）………357
　　　　如何进行不分类的思考…………………………………　360
　　　　全新的规模上看问题……………………………………　364

注　释………………………………………………………………　367

译名对照表…………………………………………………………　403

导言　如何看到10亿张图片

> 然而，从长远来看，计算机对人文学科的影响将会比它对物理学和生命科学的影响更具有颠覆性……这与一门学科是否愿意接纳新技术所带来的优势有关。同时，那些对计算机依赖较强的学科，如统计学，对这一技术的使用也会更加广泛。更多而言还是取决于计算机能让我们"看到"什么——它是不是会像望远镜或显微镜那样有用？简单地说，使用适当的计算机技术可以使我们更好地发现数据中的相关性和规律性，即使这些数据在过往因为数量太大而无法被理解。同时，它也能使我们看到将想法应用于数据的书面结果。总而言之，计算机的崛起是势不可挡的。
>
> ——德尔·H.海姆斯（Dell H. Hymes），《导论》，载于《计算机在人类学中的应用》，1965年[1]

本书内容横跨数据科学、媒体研究和数字文化三个领域。书中提到了文化数据计算分析的概念和方法。这些方法可用来探索数字化的历史器物与当代数字媒体，不仅可以用于单个或者多个文化器物（cultural artifacts）[①]的研究，而且在数量高达上百万的

[①] "artifact"一词一般在金石学、考古学、器物学和艺术史研究中较多使用，译为"史前古器物"。与黑格尔讨论的"物"（das Gerät, der Gegenstand, das Objekt）有所不同。本文中特指基于大数据和文化分析方法下的cultural artifact，译为"文化器物"，其涵盖所有人类历史上出现的古器物、艺术品、图像、影像、视觉作品、建筑等。（本书脚注均为译者所加。）

器物研究中显得尤为重要。

数字文化惊人的发展规模促使我从2005年就开始探索这些方法，并最终写出了这本书。如果每天都有数十亿张照片被记录，那么我们要如何去了解当代流行摄影作品？我们要如何从2000万创作者在SoundCloud（在线音乐服务平台）上分享的数亿首歌曲中了解当代音乐？我们又要如何一次性地了解图片社交分享平台Pinterest里40亿页的内容？[2] 或者，如何从2019年每个月平均33万个聚会小组和84000个活动中了解Meetup（一款手机应用）上来自190个国家的人们以及他们的兴趣？[3] 刚才所说的"活动"也是数字文化的一种，因为它们是在Meetup上组织进行的。在我看来，要想研究大规模的当代文化规律、趋势和动态，我们必须借助数据科学方法。

要阅读这本书，读者不需要数据科学、编程、统计或数学相关的知识储备。它的受众目标是艺术、设计、人文、社会科学、媒体研究、数据科学和计算机科学领域的学术研究员和学生；设计、摄影、电影、城市设计、建筑、新闻、博物馆和图书馆行业、策展和文化管理行业的专业人员；以及所有从事社交媒体和网络工作的人（创作者、博主、策略师、经理、开发者、营销人员等）。

其实，就连对文化数据集（cultural datasets）分析不感兴趣的人，每天也在使用数据分析。也许你现在就正在使用脸书（Facebook）[②]、Instagram、微博的数据分析工具，或者是专门给博

[②] 2021年10月，Facebook已正式更名为"META"，但翻译与原书保持一致。

客和网站做数据分析的谷歌分析（Google Analytics），又或者在上班时候刷新社交软件的账户管理界面。即使你并不关注这些数据，但当你做任何有关数字化的任务时，你会不断地与计算分析的结果交互。例如，每次拍照时，手机摄像头的算法都会自动设置曝光度和调整照片的对比度，还会识别照片中的场景和拍摄对象的类型。[4] 媒体器物（media artifacts）和用户交互之间的计算分析奠定了网页搜索、推荐、过滤、定制、与数字设备的交互、行为定向广告和其他操作功能的基础。例如，百度、必应、Yandex（俄罗斯网络服务门户）或谷歌等网络搜索引擎依靠对数十亿网页、在线图像和其他网页内容的连续型计算分析得出相关的搜索结果。

我个人认为，在这个时代，了解数据分析这项技术背后的核心操作和原则是十分重要的。这本书对其中一些想法进行了通俗易懂的介绍。因此，本书将教你如何探索自己的文化数据集，同时解读我们的社会是如何通过数据和算法进行思考的。

用计算机看文化

书中有不少计算机文化分析的案例是出自许多研究者或者我自己的实验室。接下来我会用两个例子来说明这种分析的可行性和挑战性。

第一个案例来自我和同事从 2018 年以来一直从事的项目，名叫"在别处"（Elsewhere）。这一项目调查了当代文化的增长速度和传播范围，除了各国大型首府城市外，研究范围也包含了许多小型城市。如今，那些首府城市在媒体、研究性学习和各种评级中获得了更多的关注。因此，很容易得出这样的结论：只有少数大城市可以作为"世界"中心，处于边缘位置的地区往往需要历经比中心城市更长的时间来接受新讯息。然而，真实的情况是这样的吗？全球化和新型通信技术的兴起到底是如何影响文化的地理位置的？我们是否能在成千上万的小城市中找到每一种当代文化的发展趋势呢？是否有一些城市由于其距离中心远、面积小，在文化上反而更具创新性？时至今日，世界上是否仍有很多地方没有意识到这些趋势，并且也没有开拓创新？自全球化以来，当代文化是如何在世界各地发展和传播的？增长速度是均匀的还是不均匀的？在特定的时期发展是加速还是减速？不同文化领域的增长模式是相同的还是不同的？

当然，没有任何一个科研项目能回答以上所有的问题。"在别处"项目的目标是根据文化活动及其举办地点等信息，研发和测试一种公共数据的处理方法。现如今庞大的信息量就是所谓"大数据"，我们可以利用数据科学方法直接进行分析。这种思路可以让我们绘制出一幅比现有的文化工业研究与相关机构所能提供的更为详尽的当代文化地图和时间轴。同时，我们对组织者发布的所有活动的描述性文字进行文本分析：上百万次的展览、讲座、研讨会、节日、兴趣小组会议和其他活动的介绍性文本。因此，我们可以通过主题、兴趣和"关键词"来寻觅跨地域、跨时间的文化模式（cultural pattern）。

图 I.1 是各个文化活动推广、组织平台或网站上的活动数量走势。我们的数据集来自 6 个不同的网站上发布的活动通知，其

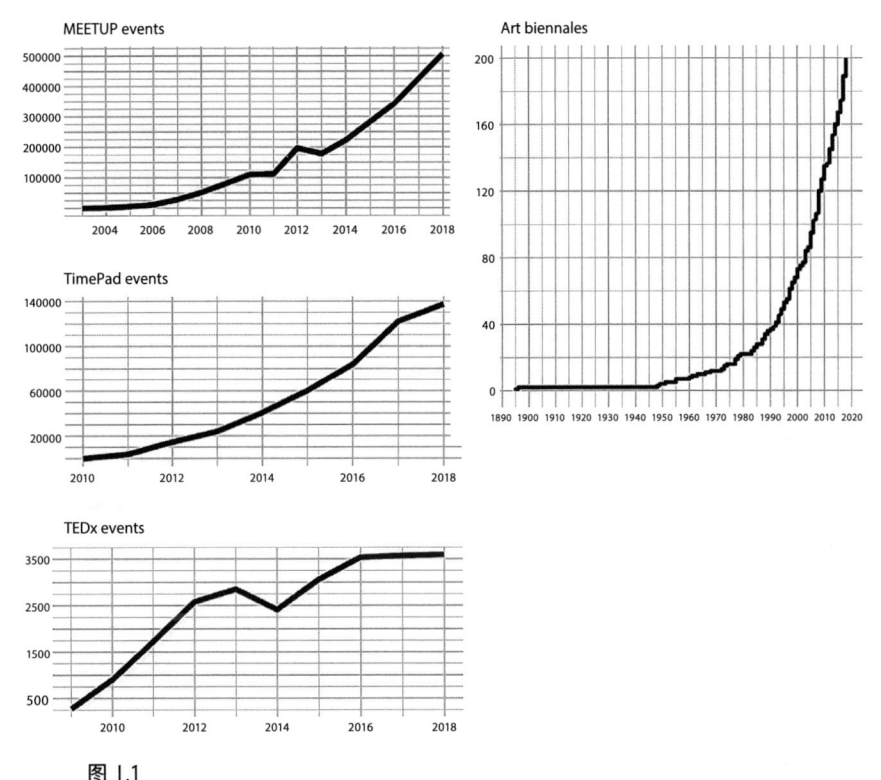

图 I.1
文化活动的数量由时间推移带来的增长（数据来源："在别处"项目）。

中包括 6 个大洲的 200 个国家 21072 个城市的 4380946 个活动事件。这些平台或网站分别为 Behance（创意设计类平台）、E-Flux（当代艺术网站）、Arts and Education Network（艺术与教育网）、Meetup、TED Local Events 和 TimePad。[就 Behance 来说，所谓"事件"（event）是注册一个新用户账号。]

如图所示，随着时间的推移，每个网络平台上的文化活动数量一直在增长。2006 年，我们的数据集中包含了 11642 个事件（将所有数据源加在一起）；截至2009年，累计举办了102211场活动；截至2018年，累计举办了781697场活动。当然，虽然已经有一个平台列出了所有的全球文化活动，但我们还是要对特定来源的结果做出审慎的思考。这个项目很好地向我们展示了将数据现象运用到真实环境中时会遇到的问题与考验。来自这6个数据源的增长是否真的能代表大多数国家的情况？也许这种增长只不过是一种数字文化的扩散现象，表明越来越多的国家和组织开始选择以上几个平台来推广它们的活动？或者我们只是看到了"赢者通吃效应"（winner-takes-all effect），即人们更倾向于使用那些占据了主要市场的平台？总之，我们的数据很可能被上述的所有因素影响。随着时间的推移，我们看到的一些增长是因为平台本身越来越受欢迎。而其他增长则反映了文化场所（cultural places）、演员和活动数量的真实增长。

"在别处"项目分别采集了活动通知的日期、位置、种类和文字信息。第二个例子中，我们利用数据科学和可视化技术对真实的媒体器物进行研究。通过分析超越一般媒体研究所需数量的作品，我们需要学习不同领域的当代文化。这里介绍的项目是我和杰里米·道格拉斯（Jeremy Douglass）、威廉·休伯（William Huber）在2009年开始着手的"100万页漫画集"（One Million Manga Pages）。图 I.2 展示了其中的一个可视化界面，它的数据是由 883 部日本漫画中的 1074790 个页面提供的。漫画素材来自当时最受欢迎的，由日本漫画粉丝制作的网站——OneManga（onemanga.com）。该网站的大量作品都是由漫画迷们扫描并翻译成多种语言后上传的。

OneManga 上连载时间最长的漫画始于 1976 年。该网站上最受欢迎的漫画是《火影忍者》(1999—2009 年共出版了 8835 页)和《海贼王》(1997—2009 年共出版了 10562 页)。除了这种长篇漫画,我们的数据集还包含了 2000 年以后出版的短篇漫画,它们的连载时间一般为 1—3 年。

图 1.2
根据每页计算提取出的两个视觉特征,对 1074790 个漫画页面进行可视化排序:灰度值的标准差(x 轴)和灰度值的熵(y 轴)。

通过自己的图像分析软件,我们对每一页的漫画作品都进行了分析,并将视觉元素一一转换成数字特征。根据两个数字特征,可视化处理便可以将漫画作品转化在含有 x 轴和 y 轴的图像上。x 轴表示每页的像素灰度值(pixels' grayscale value)的标准差,y 轴表示每页的像素灰度值的熵(entropy)。这些数值在实践中意味着什么?在该图像中,可视化底部部分的页面是最具图形化的,细节较少;右上角的页面有很多细节纹理;对比度最高的页面在右边,对比度最低的页面在左边。

在这4个极端之间,我们几乎找到了所有画风的变体。不过在我看来,当我们在研究大型文化数据集时,"风格"这一概念可能并不适用。因为它预设我们可以将一组文化器物分成几个独立的类别。在我们的"100万页漫画集"数据集的例子中,我们发现几乎有无数种绘画上的变化。要是将它们也划分成不同的风格,会显得十分武断。

可视化还显示了哪些绘画方式是漫画艺术家更常用的(页面"数据云"的中心部分),哪些是更少见的(底部和左侧部分)。我们可以思考日本漫画在视觉上的演变过程:为什么有些绘画方式出现得很频繁,有些很少出现,有些则几乎从不出现。如果我们想了解一部新漫画的视觉原创性(通过可以测量的特殊视觉特征来表示),我们可以将它的页面添加到这样的可视化中,如果我们愿意的话,甚至可以将原创性进行量化。在本书的后面,我将再次对这一个数据集进行分析,并对其视觉风格、读者的性别和漫画流派之间的联系进行研究(见图7.1、图7.2和彩图9)。

文化分析：5个想法

2005年秋，我第一次开始思考当代数字文化的大规模分析和可视化处理的可行性。那时，计算机科学领域的研究人员就已经对大量的网站和博客进行了计算分析尝试。然而，计算机科学是一个巨大的学科领域，包括许多分支学科，这项研究在各个分支学科的期刊和会议上都有出现，却还没有专门的名字。譬如在人文学科中，"数字人文"（digital humanities）这个术语在2003年才被首次引入并逐渐为人们所熟知。但是，文化数据集的计算分析只是这个新兴而庞大的领域中的一部分，这个领域还包括了史料的数字化和出版、用于教学的数字工具以及其他一些活动。对我而言，"数字人文"一词还有另一个局限性：数字人文学者几乎只研究历史文学文本的数据集，而不涉及其他种类的媒体和当代数字文化，所以这个词既宽泛又狭窄。最后，在我了解到的一些大型文化数据集中，可视化的艺术和设计项目里令人印象深刻的都不是学院派的，也没有专门的术语。

我认为，现在不少领域的大规模文化数据的分析和可视化都在逐渐形成新的研究范式，却没有一个专门的名字来指代研究当代数字文化（不局限于历史文化）趋势的计算分析方法，并且可以涵盖对各种媒体（不局限于文本）的分析。2007年春季[5]，当我们建立了自己的实验室来做这项研究时，我立刻想到了"文化分析"这个词。

实验室有两个目标，第一个是实用性：通过使用计算机科学、数据可视化和媒体艺术的方法，探索和分析不同类型的当代媒体和用户交互。第二个是理论性：我们想知道，这种方法和文化媒体的大数据集是否会撼动现有的关于文化的观念和研究方法。它们能揭示多少种不同的可能性？它们适用于任何媒介吗？算法和大规模分析的局限性是什么？

事实上，我们实验室专门研究视觉数据集的可视化和分析。研究数据集包括：Instagram 和 Twitter[①] 上数百万张分享的照片、100 万页的漫画、数十部故事片、数千本杂志封面等。如此一来，关注我们实验室的人便自然会将计算机的使用、可视化技术探索大型可视化集合与文化分析这一概念联系在一起。在过去几年里，"文化分析"一词开始被许多学者广泛使用，特别是在两次研讨会中；[6] 2016 年，加利福尼亚大学洛杉矶分校为期 4 个月的研究项目，汇集了来自大学和行业实验室的 120 名顶尖研究人员；[7] 在 2016 年创立的学术同行评议期刊《文化分析期刊》[8] 中，该术语在电话会议和学术职位列表中被使用。此外还有一些学术项目与本科生和研究生课程使用了该词。

2019 年 9 月，我关注到一些项目和课程：英国伦敦国王学院的文化分析学学士课程；美国北卡罗来纳大学信息和分析理学硕士的文化分析专业；美国坦普尔大学图书馆文化分析硕士证书；爱尔兰都柏林大学学院文化分析中心；美国达特茅斯学院的文化分析课程；俄罗斯圣彼得堡国立信息技术、机械与光学研究型大学数据、文化和可视化硕士；加拿大麦吉尔大学的"文化分析：

---

① 2023 年 7 月 Twitter 已正式更名为"X"但翻译与原书保持一致。

文化的计算研究"课程；位于加拿大西部大学的CulturePlex实验室（正在进行"文化分析和数字创新"方面的研究）；美国加利福尼亚大学洛杉矶分校的远程阅读和文化分析课程；爱沙尼亚塔林大学的文化数据分析实验室。以上所有项目和课程都提到了"文化分析"这一术语，但场景不同（例如，在文学系、信息科学系等），术语的使用方式也不同。

纵观《文化分析期刊》最开始3年刊登的论文，我们可以看到各种主题，尽管对文学文本的分析数量远多于其他媒体类型，包括19世纪及当代的英语小说、19世纪的插图报纸、晚清中国文学、民俗分类、美国餐馆的菜单和电视剧。[9]

"文化分析"这个词对不同的人来说，意义也不同，在不同的语境也有不同的作用。我理解这点，也并不想去局限它的使用范围。本书并不试图总结出所有的文化分析研究，或者覆盖所有研究相关的内容（如描述统计与推断统计、有监督与无监督的机器学习、文本分析、地理空间分析、音乐数据分析、网络分析、基于代理的模拟，以及其他我没有提到的话题）。我并不想写一本包含了所有话题的技术型百科全书，而是想专注于个别主题并对它们进行深入的探究。

项目主题的选择也反映了我最初想要借助计算机研究当代文化的原因。2008年以来，我在实验室中经手过40个实践项目；2006年以来，我每年都为本科生和研究生开设实用文化分析课程；我还在不同的国家多次举办研讨会，在与其他学术研究人员和设计师的合作中学习。你可以通过目录看到我研究的所有主题。每个主题都是按照自上而下的研究顺序排列的：第一部分是计算文化分析的例子，讨论了从20世纪90年代的"新媒体"到21世纪头10年"更多媒体"的转变，这也促使我开始思考文化分析这一概念；第二部分讨论了文化数据的类型与如何将文化发展转化成可计算数据的技术；第三部分介绍了使用数据可视化技术探索文化数据集的概念；最后重点介绍了最近开发的图像和视频采集的探索方法。

这本书中提到了许多的主题和想法，其中有5个是我最感兴趣的，它们共同组成了这个版本的"文化分析"。当然，其他的版本、想法、使用方法和定义也是合理且受欢迎的。以下是这5个想法：

（1）我最初研究计算方法和大数据的原因是，我意识到现有的研究方法已经不再适用于21世纪的文化规模。因此，在本书中文化分析一词是指使用计算和设计方法（包括数据可视化、媒体和交互设计、统计和机器学习）来探索和分析大规模的当代文化。这些探索的第一个目标是让我们看到当今世界上数亿人正在创造、想象和重视的东西。这包括了所有文化创意产业的学生、专业和非专业人士举办的文化活动：每年举办的几百场设计周和时装周、几千场电影节、上万个教育项目、数十万个通过网络和社交媒体进行宣传的文化项目和展览等。于我而言，文化分析主要且实际的目标是让大众对文化现状和文化历史有一个更加包容和民主的理解。这意味着让文化生活的"长尾"充分可见，并让那些被当代和历史文化叙事排除在外的城市、国家、群体、个体创造者和器物重新回到我们的文化地图上。

第二个目标是提出适应当代全球数字文化的规模、速度、多样性和连通性的新理论概念（new theoretical concept）。这与20世纪的文化理论有何不同？我们的新概念不应仅是理论上的，还应该是实质化定性（qualitative）的。也就是说，我们不仅可以对数字文化的维度进行测量，也可以对不同地理位置、网络、创意领域的风格、品味、想象力、文化行为进行比较。（这意味着我们可能会将现有的概念，比如"风格"，形式化和量化。）但由于量化的局限性，我们需要对那些无法被现有的方法观测到的文化视角和维度保持警惕。

（2）数值表示（numerical representation）、数据分析、可视化技术可以作为一种新的描述文化器物、文化体验和文化动力的语言。正如我在第七章中所说，人类的语言功能在人类进化过程中发育较迟缓，它并不善于捕捉人类感官和文化经验之间的类似特性。这大大地限制了我们在研究具有新型规模的当代文化时，对数千、数百万或数十亿件文化器物进行比较。通过使用数字和可视化，我们可以更好地捕捉大量文化器物个体之间与分组之间的细微差异。其中，数据科学有许多方法来描述任意数量的对象之间的关系，像聚类分析、降维、网络分析等。

数字和可视化还为我们提供了一种可以表示渐变和持续时间变化的语言。现在，我们可以描述一些用语言难以形容的文化发展特征。例如，视觉文化漫长的发展史、艺术家职业生涯中（随着时间）视觉形式的变化。

为了更好地对视觉文化展开分析，我认为首先需要对模拟维度（analog dimensions）这个概念进行重新定义。使用数值表示的计算机可以更好地捕捉自然语言无法充分描述的维度，例如动作或节奏。

（3）我虽然在书中提到了各种类型的数据，但我最关注的仍是视觉媒体（visual media）。我想通过大量例子来解释我们是如何利用计算和可视化技术探索视觉集合、提出关于文化的趣味性问题的。迄今为止，人文学科所涉及的计算绝大部分都集中在文学文本、历史文本记录和空间数据上。相比之下，其他类型的媒体，如静态和动态图像、交互式媒体，则受到较少关注。尽管情况已经逐渐改善，但直到我写这篇文章的时候，视觉媒体分析仍然只是数字人文学科的一小部分。[10]这不难从数字人文组织联盟组织的年度会议或相关领域的期刊中看出。而《人文学科的数字学术》期刊于2017年发表的一篇文章的标题更加概括了这一领域的局限性，"数字人文——重文本，轻可视化，缺少模拟"。[11]

事实上，计算机科学家从20世纪50年代末就已经开始研究图像分析方法。如今，这些方法已被应用于许多数字服务和设备中，包括网络图像搜索引擎、数码相机和手机内置摄像头、Photoshop这类的图像编辑软件、图像共享网络等。在从属于计算机科学的计算机视觉和多媒体计算领域中，研究人员多年来一直在发布新的算法，用于自动检测图像内容、艺术风格、摄影技术、电视和视频的类型，并将其应用于逐渐庞大的数据集合当中。[12]我们的实验室一直在使用这些方法来分析过去和当代的多种视觉媒体。例如，纽约现代艺术博物馆（Museum of Modern Art，简称MoMA）收藏的两万张照片、奥地利电影博物馆（Austrian Film Museum）收藏的吉加·维尔托夫（Dziga Vertov）的电影、在Instagram上发布的全球17个城市的1600万张图片、Twitter上分享的全球2.7亿张图片、100万页漫画集、100万件来自著名艺术作品共享网站DeviantArt的艺术品。在本书中，我会逐一介绍上述的项目与其他研究人员的论文和成果（一般为计算机科学领域），以及他们是如何利用算法分析视觉内容的。

（4）我们是否可以不在系统的分类下，对文化媒介的集合和文化行为的记录进行研究？在统计分析的过程中，我们是否可以避免使用量化、测量和总结的方法呢？我们可以不通过数字来研究大型文化数据吗？

这些问题的答案看似否定，但在文化分析中，它们都是有可能发生的（至少对某些类型的媒体而言，如图像和视频）。任何数据测量方法、语言类别、标记组、网络或其他表现形式，无论其描述能力的好坏，或者是否能发现对象之间存在明显的相似性和关联性——它们都是一种省略。举个例子，今天的计算机视觉技术能够在摄影作品中检测出数千种物体类型[13]，但任何学艺术的学生或专业摄影师都知道，一张照片并不仅仅是物体或人像的合集。文化分析的目的不是最终用算法取代人类的观察能力，而是提供新的技术和交互形式来增强人类处理庞大数量的文化数据集和流（flows）的能力——这与道格拉斯·C.恩格尔巴特（Douglas C. Engelbart）在其1962年的著名报告《增强人类智能》("Augmenting Human Intellect")中提出的计算机能力的愿景是一致的。[14] 人类可以因此观察到更多的维度,这是非常有意义的;还可以辨别真正重要的细节信息,并将信息置于比目前算法所能承受的更庞大的上下文语境中。除非"人工通用智能技术"(artificial general intelligence)有足够的飞跃,否则在不确定的未来,这种情况仍将存在。但是人类是否真的能通过提升自身的能力,自如地应对全球大规模的文化生产和文化参与呢?例如,我们真的能看到10亿张图片吗?

(5)文化分析不仅包括使用现有的计算方法对文化数据集和文化数据流进行数据分析,还包括对这些数据科学方法及其假设进行批判性检验。与数字媒体的交互及在社交网络上获取个人信息的渠道,都是通过软件系统来调节的。它们不断地分析着大型文化数据——我们分享的数十亿媒体器物的内容,我们在网上与这些媒体器物的互动,以及我们其他的线上和线下行为。在文化分析研究中,我们经常使用相似的方法来达到不同的目的,例如,观察文化史的规律,探索当代设计师的作品,检测数十亿人在网络上分享的照片内容和风格。对比现实行业和文化研究,这些方法的使用有什么异同?行业内已经被广泛使用的方法是否值得我们再反复推敲?是否由于哪些历史因素造成了某些方法更受大众的欢迎?解决这些问题是推动文化分析发展的关键。

一般来说,在许多研究领域都有对数据科学、算法、数据在社会中使用的批判性审查,包括科学和技术研究、数字人文、数字文化研究、关键算法与数据研究[15]及软件研究。在社会科学和人文学科的众多学术期刊中，我推荐《大数据与社会》（*Big Data & Society*）。同时，你还可以了解一下该领域的其他出版物和学术会议，或者与科研兴趣相关的论文。

本书中，我将讨论我个人觉得文化分析中最有趣和最有前途的研究方向。我所谓有趣是指，这种分析能使我们以新的方式思考当代文化，并帮助我们质疑那些我们本认为理所当然的文化研究的概念和方法。其中一些方向可以通过现有的研究工作加以例证，而另一些方向则还没有被深入研究过。如果你要深入了解文化分析，我希望这本书能让你有所启发。

文化分析在 2005 年后开始发展，这无疑是享受了文化和社会"大数据"的红利，但它并不是唯一的学科，其他学科包括：数字人文、计算社会科学（computational social science）、社会计算（social computing）、数字人类学、数字史学、城市科学、城市信息学和文化组学。[16] 与此同时，大型文化数据集开始被分析和应用于多个计算机科学领域，如机器学习、人工智能、计算机视觉、自然语言处理、计算机多媒体，以及网络科学和通信研究。从 21 世纪 10 年代初期开始，艺术史开始"量化"，2015 年开始出版的《国际数字艺术史期刊》（*International Journal for Digital Art History*）确立了这一转变。在电影研究领域，第一篇使用定量分析方法和数据可视化分析单个电影导演作品的专题论文发表于 2018 年。[17] 同个 10 年期间，有不少新的研究项目被提上议程，希望从社会科学和人文学科的角度解决算法、数据和人工智能系统的日益增长的应用问题。这些研究领域包括机器行为，以及已经提到的算法研究和关键数据研究。[2017 年开放获取文集《数据化社会：通过数据研究文化》(*The Datafied Society: Studying Culture through Data*) 收录了大量文章，阐述了学术研究中使用数据和算法时涉及的方法论和伦理问题。[18]]

如果不是因为受到同行和同一领域其他项目的启发，这个研究项目就不可能实现。我之所以写这本书，并不是为了划分文化分析和其他领域的界限，也不是为了强调我们取得的研究成果的独特性。对我来说，文化分析是一种质疑所有范畴和界限的方法。因此，最好不要给文化分析的研究设限，尤其是在跨专业的学术研究中。

文化分析：12 项研究挑战

一直以来，我都将刚成立实验室时确立的一系列理论和实践问题看作是研究的风向标，它们在日后的工作中引导着我，也影响着我对文化分析的思考。以下我全面地列举了这些问题，其中某些我长时间研究的，我会在本书后面详细介绍。其中，问题1—8 是我在 2005—2007 年遇到的问题；经过多年的研究，我们又遇到了新的问题，即问题 9—12：

1. 如何利用大型文化数据帮助我们质疑现有的文化偏见、假设、概念和基本知识？

2. 在计算方法和大数据的背景下，理解与研究视觉和媒体文化的新的基本方法是什么？

3. 如何探索包含了数十亿张图片和视频的海量视觉集合？

4. 如何将计算媒体分析与定性媒体研究的方法和理论结合起来？

5. 如何使用计算方法分析交互式媒体及相关体验感受（例如，玩电子游戏、在 Instagram 上互动、体验交互装置），而不仅仅只是研究静态媒体器物？

6. 什么样的理论概念和模型可以支持用户生成规模越来越大的内容与用户之间越来越快的交互速率？

7. 在一个内容制作者和作品数量均呈爆炸式上涨的年代，要如何对当代全球数字文化的多样性进行分析和可视化处理？

8. 被大量的文化数据集和计算引领的"文化学"会是什么样子的，它的局限性又会是什么？

9. 我们能否设定一些对多种媒体类型、不同时段和不同文化（尤其是我们现在这个时代）有意义的量化标准？如文化的变异性、多样性、时间变化、差异性、影响力和独特性。

10. 既然统计和数据科学方法是基于数据的精简和总结，那么我们如何去分析计算上的微小差异，以及个别文化器物的独特细节？

11. 我们能否对一个文化进行客观的描述，并将其视为元素、主题与策略的统计分布和组合？或者，根据文化格式塔，文化的整体并不等于部分之和（如果真的是这样，文化分析就不成立）？

12. 假设我们先在数十亿个文化器物、经验交互中选取一些主题、风格和文化技巧；同时，我们在全世界追踪这些文化的

DNA，当我们检测到属于这一文化的 DNA 时，就添加新的进来。那么，当我们从数十亿个文化"对象"中筛选目标时，什么程度的简化是合适的？不同程度的简化又分别损失了什么？例如，如果我们提取 10000 个主题，然后将它们再整合成 1000 个主题，然后再到 100 个，这个过程中有多少信息会丢失？这种简化是有弊端的吗？如果创作者们想要追求作品和经历的不可复制性，我们在追求大趋势的过程中是否会不可避免地错过了真正独特的事物。

我认为最后一个问题是最重要的。我们是否应该将大型文化数据整合，并将其简化为只包含最常出现的思想、主题、风格、规律和行为的少量结构？在这一点上，我们继承了统计学的发展历程与计算机科学文化中量化研究的范式。在这个范式中，我们关注的是一些对象之间的共同点，排除偶然出现的情况。或者，我们是否应该研究相反的范式，不做聚集和简化，而是关注大量人造器物、行为与个体的多样性、变异性和差异性？在这个范式中，用到了所有的数据，并且我们会特别关注偶然的或罕见的现象。

我将借由这 12 个问题阐述我对文化分析的研究动机和兴趣。这也是和从事这一领域的其他研究人员不同的地方，因为我的主要动机是利用大型文化数据来质疑我们自身对文化的了解（1），并不是仅仅在已经确立的范式中取得技术进步；接受"发明一种新型的数字文化"的挑战（5）；了解如何在理论概念层面和可衡量的特征层面应对这种文化的规模、速度和多样性（6、7、9）。当我们将当代社会的"数据认知"（即数据科学的假设和方法）套用在那些并不适用这些方法的主题（文化生活、经验、人造器物）上时，就会出现其他挑战（2、3、4）。因为文化分析的无限可能性，我对它一直抱着非常乐观的态度，可当我意识到统计和计算方法的局限性——把文化看作是我们可以追踪的元素组合时，我的信心就不复存在了（10、11、12）。

本书中介绍的分析方法都十分有用，因为文化分析可能是面对当今文化规模唯一能够进行处理的方法，并且它还可以揭示一些计算机在目前都无法解释的现象，如美感。这并不是说，计算机本身不可能理解美的含义。事实上，问题出在它们的老师，也就是我们身上。如果我们自己都不明白，为什么杂志编辑会在数百张看似相同的照片中选出其中的一张（照片的数字特征相差无几），那么我们又怎么指望教会机器去理解呢？当然，我们可以利用神经网络，为它提供数百万个训练样本，教会计算机如何预测出"最好"的照片，但这种视觉概率并不等同于真正的理解。

文化分析不是什么

在我看来，在定义了文化分析的关键思想和 12 个研究问题之后，我们还需要思考这样一个问题——文化分析不是什么？2007—2015 年，社交网络的快速发展和社交网络数据集的公开［通过 API（application programming interface，即应用程序编程接口）］促进了相当多领域的研究数量的增长。我们的实验室也牢牢抓住了信息化发展的历史机遇，尽可能地收集文化数据。2012—

2015 年，我们与我们的合伙人使用了来自 Twitter、Instagram 和 VK（俄罗斯社交平台）的公开图像/信息的数据集，创建了许多可视化数据，并在几篇已经发表的论文中介绍了该项目的研究成果。尽管社交网络的 API 均提供了用户名信息，但我们从未在任何出版物或展览中披露过这些信息。API 的开放帮助了上万名科学家获取并使用社交媒体的大数据集。事实上，在最近几年的计算机科学和数据科学课堂上，从 Twitter 下载数据并进行分析已经成为一个常见的训练。

2007 年之后，社交网络和媒体分享网站在全球的增长证实了我之前提出的文化分析的必要性。然而，文化分析并不是一直都与这类媒体及数据"联姻"。在漫长的媒体历史中，社交媒体网络是晚近的，且未来可能不会以同样的形式存在。事实上，2005 年我甚至没有考虑过使用社交媒体数据，因为当时社交网络还不是很受欢迎，而且不具备数据下载机制。相反，我考虑了从众多独立设计师、文化中心、出版物、艺术学校、博物馆的网站收集信息，并分析当时已经非常流行的文化相关的博客。我幻想着从全球不同的网站上获取内容，并实时地将那些有规律的变化以可视化的形式呈现出来（见彩图 1 和彩图 2）。

几年内，自由地使用社交网络中的内容让大规模的文化观察和分析成为可能，同时也充满了挑战。然而，文化分析并不依赖于社交媒体本身或任何指定的来源。如果在未来的某个时候，网站和社交媒体不再以现有的形式存在，那么它们很可能会被其他可以发布和分享内容的媒体所取代。

几乎可以确定的是，旧的科学技术会不断被新技术代替，但我们在21世纪头10年所创造的新环境将继续存在：新的文化规模和文化在当代社会中日益增长。其中包括了更多元的文化（更多的文化生产者、更多的对象和活动、更多要求审美基础的社会领域等）和更多的文化信息（网站、网络帖子、出版物、数据集）。如何在新的文化规模下看待、思考文化是文化分析亟待解决的问题。

文化分析、媒体理论和软件研究

本书是一本关于媒体理论的书。我认为，若想系统地研究当今的全球媒体文化，那么媒体理论需要朝着数据科学的方向发展。计算方法的重要性不仅体现在可以帮助我们分析和归纳全球文化，还在于可以助我们'看'到这些信息。

如果只相信网络上的信息、算法推荐的内容、人类的直觉，那么我们注定只能接收到被个人的认知和历史因素过滤之后的内容，用一种片面的眼光看世界。[19] 学术界有自己的过滤机制，在这个机制中，建立完整的研究范式会让学者忽略他们本应该关注的新兴文化活动类型。例如，虽然交互设计已经成为我们日常文化体验的重要组成（比如手机应用程序、网站和连接设备），但在媒介研究或人文学科中它还没有得到充分的研究。

当然，计算方法和大型数据集并不能保证更多的客观性和包容性。但是，它们能帮助我们直面那些所谓假设、偏见和刻板印象。还能让我们注意到那些我们无法看到的东西——那些没有获得搜索引擎推荐的内容和创作者们，那些因未入选前 10 名、前 100 名从而被认为"不存在的"东西。

如何研究数字文化的长尾呢？[20] 许多计算机研究人员一直在使用随机取样的方法，从 Twitter、YouTube、Instagram 和其他平台上发布的数百万的文字内容、图片和视频中取样分析。虽然大样本能很好地捕捉网络上世界各地的动态，但它们无法分辨不同地理位置或不同人口群体发布内容的本质差别。我们将几个实验室项目的采样策略更换成：选择一个小的地理区域，然后收集这个区域内共享的所有内容。例如，对于"百老汇"（*On Broadway*）项目与调查纽约和其他全球城市的社交媒体"不平等"（*Inequaligram*）项目，我们分析了为期 5 个月的 Instagram 上所有定位在曼哈顿的照片。[21] 我们没有过滤掉任何内容；没有局限于任何主题的标签；没有只看获得高赞的图片；没有将"艺术"与"非艺术"、"原创"与"复制品"、"网络红人"与"普通用户"区分开来。事实上，在这 5 个月内用户上传的所有带有曼哈顿位置信息的帖子，其中包含了由 1890585 名用户上传的 7442454 张带有定位的照片、标签和描述信息，都被收录在我们的实验中，而且每张图片对日后的分析都起着同样重要的作用。

在我们准备为当代媒体建立理论基础之前，我们需要先认清它的全貌。鉴于它新的规模，我们必须借助计算机的帮助才能实现这一点。因此，在我的《新媒体的语言》（*The Language of New Media*）一书中，计算不仅是主题性分析，也是研究媒介的实用工具。

自 1984 年以来，我一直以不同的身份从事数字媒体工作：担任过动画师、动效设计师、软件开发人员、媒体艺术家和数字艺术教授。我从 1992 年开始教授数字艺术实践课程，2006 年开始教授数据可视化课程，2013 年开始教授数据科学。我还编写过用于大型数据可视化的软件，供自己和实验室使用。我这些年积累的实践经验，包括设计、编程、数字媒体教学、可视化和数据分析，都反映在这本书里。对我来说，对数据集的探索、操控和可视化延续了我的艺术生涯和一个我自 1984 年开始的爱好——用代码做设计。

文化分析也是我曾经研究过的新媒体理论的直接延伸，区别在于当时（20 世纪 90 年代至 21 世纪头 10 年）和现在数字文化的规模。在 20 世纪 90 年代中期，使用算法工作的艺术家非常少，甚至在一场会议上你就能见到所有人。两个重要的年度会议分别是始于 1979 年的林茨电子艺术节和始于 1988 年的每年一度的国际电子艺术研讨会（International Symposium on Electronic Art，简称 ISEA）。1994 年在赫尔辛基举行的 ISEA 大会上，约有 150 名与会者聚集在一起，极大地提升了新媒体艺术在国际上的地位。

现在，成千上万的人自称"数字艺术家""创意技术专家"或"创意程序员"，并且随着可照相手机的普及，几十亿人都成了"数码摄影师"。2016 年 1 月 15 日在 YouTube 上输入"How do I edit my Instagram"（"如何编辑我的 Instagram"），你会得到 150000 个 Instagram 用户分享的教程视频。在 2017 年 10 月 11 日进行同样的搜索时，则有 228000 个视频。搜索结果靠前的视频，每个都有数百万的浏览量。[22] 面对这样全新的媒体生产和互动规模，我们需要新的研究方法、新的概念和新的工具，也正因如此才诞生了这本书。在这个数字媒体是由几十亿人（不像25年前那样只有几千人）创造的世界里，我们必须重新开始，找寻文化研究的意义。

《文化分析》还结合了软件研究领域的观点，探讨软件是如何影响当今世界的。在《由软件来掌控》（*Software Takes Command*）一书中，我写道："如果我们想进一步了解控制、通信、表示、模拟、分析、决策、记忆、视觉、写作和交互等当代技术，我们必须对计算机软件程序有所了解。"[23]《由软件来掌控》对流行的媒体创作工具，如 Photoshop 和 After Effects，进行了理论和历史分析。《文化分析》的核心概念和假设都是基于一个以数据为中心的视角。它向读者追问：我们的社会是如何使用数据和算法进行思考和行动的？基于用户内容和交互的行业内的算法分析是如何塑造当今文化的？

我相信所有的创意行业从业人员、媒体研究人员、人文主义者和社会科学家都需要具备基本的<u>数据科学语汇素养（data science literacy）</u>：数据分析、机器学习、预测分析方法和应用的核心原理知识。为什么？因为基于数据科学原理编写的软件和代码被广泛应用于我们的社会，包括数字文化工业、商业、非营利组织和政府。如果数据科学现在还没有被应用于某个学术领域，那一定也是早晚会发生的事。

总之，我认为我的关注点从媒体到数据分析的转变是一个合乎逻辑的过程。编写于1999年的《新媒体的语言》描述了20世纪90年代出现的数字文化形式。2007年动笔的《由软件来掌控》涵盖了用于媒体制作的软件历史，以及当它们在21世纪之交被广泛使用时，创造出的一套新的视觉语言。《文化分析》研究的是2005年之后的新阶段，在这个阶段，数十亿人开始创建数字媒体并分享在互联网上。同时，在这个阶段，文化软件（cultural software）被赋予了一个新的角色。我们授予它更多的权利，使它不再仅仅是一种工具、媒介或助手。取而代之的是，它需要更多地参与文化行为（例如，决定显示哪篇新的社交媒体帖子，提高我们的照片质量，撰写新闻文章，等等）。虽然现在我们需要自己来写文章、自己按下快门，以及亲自参与文化行为，但这些活动在未来都可能实现全自动化。例如，2018年谷歌邮箱增添了自动补全功能，当你开始输入句子的时候，系统会出现建议文本自动补全这句话，用户只需要按Tab键来采取这一建议。这就是为什么所有的文化和媒体领域的学者和学生都应该熟悉数据科学和人工智能域。本书的第三章分析了计算机在文化中扮演的新角色。我在2018年出版的《人工智能美学》（*AI Aesthetics*）一书中讨论了越来越多地使用算法系统会影响文化多样性的可能。[24]

在课堂使用本书

　　本书的内容及架构都是我在面向不同学生群体教授实践文化分析课程的经验之谈。这些不同的学生群体由数字艺术、媒体艺术、计算机科学、艺术史的本科生与计算机科学、人文和社会科学领域（专业艺术史、文学、音乐学、传播学、经济学、社会学、人类学、心理学和数字人文学科）的研究生组成。[25]

这本书的章节按照主题排序，其中的内容可以在一个学期或一个季度制的课程（10—14周）内完成。本书的目的是让学生熟悉人文学科、计算机科学、设计和其他领域的文化数据集的实例，并对我们为什么需要使用计算方法分析当代文化（第一部分）加以解释；学习创造"文化数据"的概念操作、选择及限制（第二部分）；理解如何使用数据可视化来探索媒体数据集（第三部分）。

为什么我选择了这些话题呢？总的来说，文化分析和数据分析有什么区别？为什么我的书里没有关于数据分析的章节？

先考虑下使用数据进行项目研究、设计或艺术项目时的工作流程：（1）考虑如何对一些主题进行定量分析或表达；（2）研究有哪些合适的数据或如何生成这些数据；（3）收集数据；（4）利用可视化方法对数据进行挖掘；（5）使用统计学和数据科学（描述性和推断性统计、无监督和有监督的机器学习、时间序列分析、网络科学等）的方法分析数据；也可以有选择性地（6）为其他人创建交互式可视化工具用以数据探索，或提供其他设计和媒体输出。

在我看来，对文化分析来说，第五步与其他的数据处理没有什么不同。而且，除了你的大学课程之外，有很多好的教科书、在线课程和教学视频资源可以用于自学这些方法。因此，这本书会重点讲述1、2、3、4、6的流程，而不会涵盖在其他地方也能找到的内容。换句话说，文化分析的独特之处不在于你如何处理数据，而在于如何从这个我们称之为文化的难以捉摸的东西中获得数据表达。也就是说，如何将文化体验、事件、行动和媒体转化为数据？这个转化有什么收获，又有什么损失？一旦转化成数据形式之后，如何从多个尺度来探索它，既能看到独特的和不常见的，也能看到常见的和有规律的模式？

虽然我不打算在这本书里教你统计学和数据分析，但我会谈谈它们的一些方法背后的假设，它们现在能让我们看到什么，它们现在不能让我们看到什么。因此，理想情况下，你应该在学习数据科学技术的同时，或者在已经学习了其中一些技术之后，再来阅读这本书。

你可以按顺序阅读这本书的章节，或者直接跳到你感兴趣的任何一章，每一章的内容都是相对独立的。在本书的列表编号中，你能找到已经讲过的材料摘要和新的材料。希望这样的排序可以让本书，无论是整体内容还是单独的某个章节，都有益于课堂使用。

第一篇

大规模文化研究

第一章　从新媒体到更多媒体

自然科学是最先开始对这个世界进行量化的学科，它将数字、微积分和图表系统性地用于测量、比较和分析变化。19 世纪中叶开始，逐步兴起的社会科学也开始量化人类的感官体验、心理现象和群体行为。心理学和社会学的早期定量概念与图形技术案例包括：古斯塔夫·费希纳（Gustav Fechner）在 1850 年发明的用于测量心理感官的"最小可觉差法"（the just noticeable difference），心理学家 L. L. 瑟斯顿（L. L. Thurstone）在 20 世纪 30 年代初期提出的"因素分析法"（factor analysis），雅各布·莫雷诺（Jacob Moreno）在 20 世纪 30 年代引入的社会人际关系图（graphs showing structures of social groups）。[1]

按照逻辑而言，接下来开始使用量化、数字模型、数据可视化的学科应该是媒体、数字文化研究和人文学科。我之所以说它们是可实现的且是必然的，是因为文化的生产、传播、参与都达到了新的规模。随着数十亿人创造、修改、分享、管理数字文化器物，使用应用程序、社交网络、博客和网站进行交流，如今的文化规模已经接近物理或生物现象的规模了。通过每天与数字器物进行几十亿次在线互动，定量分析已具有科学规律的普遍性（如幂律和无标度网络），可以解释许多规律和模式。这种新规模让文化学（science of culture）的理论成为可能。这些我将在第二章中做更详细的讨论。

2008年，我第一次在文章中表达了我对文化分析的看法。[2]下一节中，我将如实地向大家呈现这篇题为《从新媒体到更多媒体》("From New Media to More Media")的文章，因为它很好地捕捉了数字文化在规模上"爆炸"的整个过程。如今，有数十亿人参与媒体创作和分享，我们也可以自由地访问由他人创建的数万亿媒体，这一切都显得如此简单易行。同样，由专业人士创作的数百万文化作品也可以通过免费或付费的方式获取，如在Spotify平台上收听音乐，在奈飞（Netflix）网站上观看电影，还有一些针对特定语种的作品集，例如，俄罗斯文学作品共享网站proza.ru拥有700万短篇故事和小说，另一个俄罗斯最大的诗歌创作及发布网站stihi.ru收录了4000万首诗歌。

然而，首先我想从历史的语境来分析这篇文章，并介绍当今对我来说最重要的观点。第一届国际AAAI网络与社交媒体会议（International AAAI Conference on Web and Social Media，简称ICWSM）于2007年举行[3]，这一年开始，社交媒体的定量分析研究开始逐渐壮大。组织者如此描述大会目标："大会旨在将不同课题领域（例如，计算机科学、语言学、心理学、统计学、社会学、多媒体、语义网络技术）的研究人员召集在一起，共同探讨正在进行的有关网络博客和社交媒体的研究。"[4]但是请注意，BitTorrent公司在更早的时候就已发行了大量专业媒体和软件。同样，自1981年以来，人们就在Usenet新闻组中发布主题并讨论，也就是说，在此之后25年各大公司运营的社交媒体网站才开始兴起。其他用来发布文本和讨论的流行互联网通信平台，包括BBSes（电子公告牌系统，于1978年上线）、论坛、邮件列表和博客。据估算，百度在2015年拥有50多万个群组；[5]广受欢迎的专业性在线问答网站Quora，在2017年拥有1亿的月活跃用户量；[6]专门用来分享学术和阅读论文的平台Academia（academia.edu）则拥有5500万用户。[7]

虽然分享形式、平台、媒体类型、搜索和推荐、公开分享与私密分享、隐私预期及其他数字生态系统元素都可能在未来发生变化，但是多人参与的媒体创作现象不太可能会消失。所以，需要记住数字文化史上每一个新范式兴起的时刻，以及那些在当下看来十分寻常而在曾经非常新奇且前所未有的情况。我特意保存了原文本中的一些细节——例如，2008年专业网站上分享的产品组合的数量，以及这些最早的网站的名称和参考资料。

这篇文章先回顾了数字文化的新规模，称其为"从新媒体到更多媒体"的转变。显然，社交媒体的增长已经是新闻媒体争相报道的内容之一，然而文章中提到的另一个发展中的领域还未受到应有的关注。这指的是1990年之后便迅速在世界范围内成长起来的专业文化工业和创新领域的教育项目。全世界的专业文化、媒体生产和教育行业都因为规模的增长而遇到了一个真实的挑战："在此之前，如果需要关于文化的报告，我们只需要重点关注世界上少数的几个大城市和学校，但是现在我们要如何同时关注数以万计的城市和教育机构呢？"

因此，增加的用户生成的数字内容和大量历史文化器物的数字化，并不是促进大众将文化视为数字并使用计算方法进行文化分析的唯一条件。文化全球化促成了数百个全球规模的时装周和艺术双年展、数以千计的新文化节、数以万计的新文化组织，以及众多其他类型的文化活动和项目。这也让我们意识到，若不借助计算机工具，我们就无法更专业地探索文化世界。

有些公司会采取扩大雇佣规模并且使用多种方法结合的方式对消费者（如生活方式产品、时尚、住宿和健身等）市场趋势进行检测和预测。例如，WGSN 是一家总部位于英国伦敦的趋势预测服务公司，根据 2020 年初官网信息，该公司每月发布 250 个时尚趋势报告，每季发布 150 个秀场分析报告，并追踪 12000 个品牌和零售商。它们采用的方法包括：分析社交媒体数据，参加每年数百场的时装秀并拍摄照片，整理行业销售报告，筛选和追踪时尚社群和网络红人，以及为顾客创建自定义数据分析面板。[8] 该公司一共雇用了 250 名"预测师和数据科学家"。[9]

WGSN 和同类公司持续对多个产品类别和消费行业、地理区域和人群的趋势进行分析。诸如 Urban Outfitters 之类的大型零售商店也都有自己的预测团队。[10] 当然，所有的大型消费企业都在利用各种方法进行市场调查，从焦点小组访谈和调查到对社交媒体和神经营销学（neuromarketing）的计算分析。其中神经营销学涉及功能磁共振成像（fMRI）、脑电图、眼动追踪和其他技术，用于捕获消费者对产品和内容的情绪波动与认知反应。[11]

然而，大量的研究工作（虽然是我们作为个体文化分析研究者无法与之抗衡的)仅仅涵盖了当代文化中与消费者行为相关的个别领域。所有与这种行为非直接相关的理念、对话、图像、想象和体验对这个行业而言几乎是无用的。幸运的是,当今的世界要么反映在数字在线"镜像"中(肯定存在很多遗漏和扭曲),要么直接作为数字"事物"存在:网络帖文、评论、项目、公告、链接,以及其他组成。许多情况下,这种允许大规模访问的在线信息,既允许大公司,也允许个人或小型研究团队对其展开计算和探索。

作品集网站(portfolio sites)可作为一个不错的网络资源来分析创意产业的趋势。我在 2008 年的文章中引用了建筑、设计、动态图形和数据可视化领域中专业作品集共享与项目共享站点的早期案例。这些网站上几乎有来自每个国家的专业人士和学生分享他们的项目作品,这也成为 21 世纪头 10 年中期全球专业文化空间兴起的例证。在这样一个空间中,使用相同设计工具组合(例如 Adobe Creative Cloud 应用软件)的参与者可以看到彼此的工作、竞争相同的任务、吸引关注者,以及发布他们各自的项目。在 2008 年,虽然这类专业网站上的项目和作品集数量与现在相比相对较少,但是这一领域已经初具雏形。例如,截至 2008 年 5 月 7 日,美国专注于创意行业投资的社区型网站 Coroflot(coroflot.com)共收录了 90657 件作品集,到了 2009 年 10 月 11 日,作品集数量已增长至 157476 件。

如今,Behance(behance.net)已经成为设计、摄影、时尚,以及几十个创意领域的专业人士用来分享作品集的首选网站。该网站创建于 2006 年，截至 2015 年末，它已经拥有 600 万来自世界各地的会员。根据当年公司报告，来自乌克兰和巴西圣保罗的用户数量在该年度增长最为迅速。[12] "在别处"项目中，我们一共研究了 82684 个公开定位的 Behance 会员账号。其中，样本中的账号都是创建于 2007 年 5 月 22 日至 2019 年 2 月 9 日之间，它们的地理位置中包括了 5567 个不同的城市和 162 个国家。截至 2019 年，账号数最多的 20 座城市揭示了一种新的数字文化地理格局：20 世纪昔日的文化工业中心与 21 世纪才出现的发展中城市、前社会主义国家区域三者的共存。以下是按照账号数量降序排列的城市列表：伦敦、莫斯科、纽约、巴黎、巴塞罗那、洛杉矶、首尔、布宜诺斯艾利斯、旧金山、柏林、蒙特利尔、圣彼得堡、圣保罗、基辅、布鲁克林、华沙、伊斯坦布尔、米兰、布达佩斯、多伦多。

"从新媒体到更多媒体"（2008）

我们已经从"新媒体"（new media）阶段转移到了"更多媒体"（more media）阶段（2004 年—）。

我们生成、获取、分析、可视化和存储的数据量（包括文化内容）正在呈指数爆炸级增长。2008 年 8 月 25 日，谷歌的软件工程师们在博客上宣布，经过多次日计算，谷歌目前索引网页数量已经达到 1 万亿。[13] 同月，YouTube 也在报告中宣称，它们的用户平均每分钟上传 30 个小时的新视频。[14] 2008 年 11 月，Flickr（雅虎旗下图片分享网站）上的照片数量达到了 30 亿。[15]

用户生成内容（user-generated content）是这个不断膨胀的信息世界中增长最快的部分之一。2008 年的一份研究报告显示，"70% 的数字世界是由个体创造的"。[16] 换言之，用户创建的媒体规模已经可以很好地与计算机（监视系统、基于传感器的应用程序、支持"云计算"的数据中心等）采集和创建的数据量形成竞争关系。

在过去的 10 年中，专业和非专业的媒体制作人数量呈指数级增长，开创了一种新的文化局面，挑战了常规的文化调查和研究方式。创作和分享文化内容（博客、照片、视频、评论、话题讨论等）已经成为上亿人的日常习惯。鉴于具有富媒体（rich media）① 功能的移动电话数量预计会进一步增加，这一数据只会继续保持增长。2008 年年初，全世界共有 22 亿部移动电话。到 2010 年，这一数字预计将达到 40 亿，增长主要来自中国、印度和非洲。②

设想一下：用户每周在 Flickr 上传的图像数量可能比全世界所有艺术馆的图像馆藏总数还要多。

与此同时，在许多新近全球化的国家中，随着专业教育和文化机构的迅速发展，通过网络即时获得文化新闻的能力与媒体和设计软件的普及都大大增加了参与全球性文化生产和讨论的文化专业人员的数量。目前，越来越多的学生、艺术家、设计师都有机会获取相同的理念、信息、工具。我们不再用文化中心和地区

---

① 富媒体是指使用浏览器插件或其他脚本语言、Java 语言等编写的具有复杂视觉效果和交互功能的网络广告。
② 虽不同机构有不同的统计数据，但普遍认为 2010 年移动电话保有量突破 40 亿大关。

来做区分。(事实上,根据我自己的经验,刚开始步入全球化的国家的学生、文化专业人员、政府往往比那些曾经的世界文化中心更愿意接纳新的理念。)

如果你想了解文化和数字全球化影响的实际案例,可以访问一些比较热门的作品集网站,上面会有媒体与设计领域的专业人士和学生项目的案例,顺便留意一下这些创作者都来自哪里。不妨看看以下网站:Xplsv.tv(动图、动画网站)、Coroflot.com(来自世界各地的设计作品集网站)、Archinect.com(建筑设计类网站)、Infosthetics.com(信息可视化网站)。举个例子,我在2008年12月24日浏览Xplsv.tv时发现,网站上"艺术家"列表中前3个项目分别来自古巴、匈牙利和挪威。同样,我在同一天访问Coroflot.com时发现,第一页的索引集呈现出了相似的全球文化地理格局。在20世纪的西方文化之都——纽约和米兰旁边,我也发现了来自上海、滑铁卢(比利时)、布拉迪斯拉发(斯洛伐克)和首尔的作品。[17]

此前,文化研究理论家和历史学家可以通过较小的数据集推出理论和历史(例如,"经典好莱坞电影""意大利文艺复兴"等)。然而,我们该如何探索包括了数十亿的文化物品和大量创作者的"全球数字文化"呢?之前,你可以通过不断关注较少数量的世界首都和学校的动态来研究撰写关于文化的内容。但是,我们该如何持续关注数万座城市和教育机构的动态呢?

随着计算机、数字媒体软件、消费类电子产品和计算机网络的普及,世界各地的文化媒介及创造的媒体数量呈指数级增长,导致我们利用 20 世纪的理论工具和方法来理解当下的全球文化进展和动态变得非常困难。但如果我们利用计算机、软件和海量"原生数据"文化内容,采用通过传统工具无法完成的方式来追踪全球文化,会得出怎样的结果?

为了研究这些问题,以及理解用于文化创造、文化分享的软件是如何利用它无处不在的特点改变了"文化"的本质,我们于 2007 年在加利福尼亚大学圣迭戈分校和加利福尼亚电信与信息技术研究所实行了"软件研究计划"(网址为 softwarestudies.com)。我们和研究人员、学生在实验室中开展工作。我们在开发一种崭新的用于研究、教学与呈现文化器物、文化动态和文化流的范式,我们将这个范式称为"文化分析"。

科学、商业、政府及其他机构如今都依赖以计算机为基础的大型数据集和数据流的分析与可视化技术,使用了统计数据分析、数据挖掘、信息可视化、科学可视化、视觉分析、视觉分析和模拟。因此,我们提议可以系统地将这些技术应用于当代文化数据。过去 10 年,博物馆、图书馆和公司的数字化进程(比如谷歌和亚马逊的图书扫描功能),加上最近几年网络文化内容的爆炸式增长——庞大的数据集已经形成。

在我们看来,系统地运用大规模计算分析和交互式文化模式可视化将成为人文学科和文化批评的基本研究方法。当人文学家开始将交互式可视化作为他们工作中的标准工具时(就像许多科学家做的那样),会发生什么?如果幻灯片使艺术史研究成为可能,如果电影投影仪与录像机使电影研究成为可能,那么随着可视化和数据分析的普及,哪些新的文化学科可能会兴起呢?

在我们实验室里,我们一直在开发用于电影、卡通、动画、摄影、视频游戏、网站、设计、建筑及其他视觉媒体的可视化和分析技术。我们所有项目的核心理念是将3个方向的发展融合起来:(1)海量的文化数据集;(2)图像处理技术与用于自动分析视觉媒体的图像处理和计算机视觉技术;(3)借助来自信息与科学可视化、媒体设计和数字艺术等领域的技术,用视觉的方式呈现分析结果。

我们目前正在着手研究的其中一个方向是开发具有实时追踪全球文化功能的视觉系统。可以把它完全想象成一个实时的道路流量监控系统(汽车导航系统),然而不一样的是它有一堵如墙那么大的显示屏,分辨率也高出数千倍,显示的不是公路上的车流,而是全世界实时的文化流。可以想象,将一面墙大小的显示屏分成许多块,每一块显示屏上显示着不同的文化、社会和经济新闻与趋势的实时和历史数据,这种做法为研究人员提供了文化分析所需的情境意识。同样,一面墙大小的显示屏此时正在播放用超级计算机制作的模拟地震的动画。只是不同的是,这里的"地震"指的是大大小小的文化事件,例如热门软件发布了新的版本、宣布一个重要建筑项目的开工等。透过这些屏幕,我们所看到的是文化"地震"在不同时期和空间上的影响。在这张墙面大小的图像上显示着文化生产的长尾,你可以放大查看每个产品和它们丰富的数据信息(例如,zillow.com 网站上的房地产地图),并且这些数据还会不断地通过网络提取获得实时更新。想象一个这样的可视化的场景，它展示了世界各地的人如何对由某个粉丝群新发布的视频进行混剪，或者一个新的设计软件如何逐渐影响到当今人们参与思考和想象的方式（Alias 和 Maya 软件引领了一种新的建筑语言）。这些就是我们想要创建的项目。

实时观察全球文化

前一节的 2008 年的文章中提到的想法，其实在更早的时候就出现在我的脑海中了。2005 年 10 月，我第一次意识到可以借助计算机工具研究全球文化。在几周之后的 11 月 14 日，谷歌发布了一款名为"谷歌分析"的免费产品。[18] 这款软件能收集并分析你的网站或博客访问情况的所有信息。它有一个丰富的交互式视觉界面，允许用户通过表格、不同类型的图表和地图来研究这些访问的每一个可以想象到的细节。

我当时还没有想到要怎么用一个词去形容大规模文化分析的可能性，但当我看到谷歌分析的界面时，简直完全符合我的所有想象。如果有一个类似的界面用于近距离观察全球文化趋势呢？我想到了几个词用来概括我脑海里的想法，其中就包括计算文化分析（computational cultural analysis）。截至 2007 年春季，我最终选定了一个更短的术语：文化分析。

我们实验室于 2007 年 5 月在加利福尼亚大学圣迭戈分校和加利福尼亚电信与信息技术研究所正式启用。我们的第一个项目是名为"文化分析研究环境"的设计原型。系统交互界面受到了谷歌分析的启发。然而，和谷歌分析中的网站访问数据不同，我想要建立一个可用来探索所有数字化的、原生数字的文化器物和活动的系统。为了保证当代文化的覆盖范围，系统将通过爬取数百万个文化组织（如博物馆）、作品集站点（如 Coroflot 和 Archinect）及个人创建的网站和博客来不断更新驱动该系统的数据。

彩图 1 显示了我们在 2008 年春季创建的这个界面的三种设计。在彩图 2 中，博士后研究员杰里米·道格拉斯站在一台可视化超级计算机前，上面是两个不同的设计方案。这台可视化超级计算机是早期于加利福尼亚电信与信息技术研究所制造的。显示屏由 70 个 30 寸的苹果计算机显示器拼接在一起。[19] 当时，这是用于学术研究的最大的可视化墙之一，我们希望未来开发的系统可以用上这面显示墙。该墙面的尺寸为 9.7 米 × 2.3 米，综合分辨率为 35640 × 8000 像素，即约 2.85 亿像素。它由 18 台具有 100 个 CPU（中央处理器）和 38 个 GPU（图形处理器）的计算机来驱动。为了能够将任意分辨率的图像加载到这 70 个显示器上，并支持与这些图像的交互，加利福尼亚电信与信息技术研究所实验室的研究人员开发了定制软件。[20]

我受邀在加利福尼亚电信与信息技术研究所工作，在那里我看到了这样一台视觉超级计算机，它的显示屏尺寸、分辨率、处理能力和图形处理能力比普通计算机高出许多倍，这不仅拓宽了我的视野，还愈发增强了我对科研的决心——无论是从直观还是隐含的角度看。我们的第一个成果是一个交互式界面原型，从概念到雏形都由我们亲自设计，它会从各个层面的细节探寻全球文化趋势。在我的设想中，研究人员可以在这个界面上随意选择想要放大的地理位置,查看该地理位置产生过的当代文化环境、媒介及其他文化活动的统计数据。这些统计数据将始终置于全球相应的数字活动之内。除了谷歌分析之外,我的另一个灵感来源是Gapminder World,一个分享经济和社会数据的交互式可视化应用程序,该应用程序由汉斯·罗斯林(Hans Rosling)开发,于2006年上线。[21]

我们为想象中的"文化分析研究环境"绘制了三个不同的界面(见彩图1)。一个界面显示了文化生产的长尾,作品按流行程度排序,点击可查看作品的图像。这些作品可以是空间设计、建筑、时尚单品、书本、网站、音乐视频等。在第二个界面展示的是一幅世界地图,其中交错叠加的线条代表了文化主题和趋势在世界各地的传播路径。在第三个界面是一幅网络视图,展示了不同主题、话题、设计样式、风格和技术在不同文化领域(电影、网页、设计、流行音乐、游戏等)的联系。该网络视图的灵感来自21世纪头10年初期开始出现的科学地图(maps of the sciences)。它们显示了科学领域或研究范式之间的联系,这些联系来自数百万份科学出版物或用户在科学数据库中访问论文的引用统计分析。[22]我们的系统则显示对数百万文化器物计算分析处理后得出的主题、话题和技术分类。

"文化分析研究环境"的用户将在所有3种数据视图之间切换,放大缩小,在更大的环境中寻找趋势并做比较,同时在后台对数据进行实时采集和分析。界面一侧的图表会显示当前所选地理区域、文化活动或文化类型的统计数据。

当时，社交媒体和监测面板（social media and monitoring dashboards）类型尚未存在，它们在几年之后才开始流行起来。回想起来，我们的推测设计——交互界面的原型，刚好满足了这种类型。如今，媒体监控面板被数以百万计的公司、非营利组织（包括大学）和个人所使用，帮助了解人们在网上对它/他们的评价、与竞争对手作比较，而且还可以研究有关任何关键词、网址或品牌的全球互动和网络帖文。由于它们捕捉的数据类型大多数是社交网络上的活动（关注、分享、点赞等）以及博客和网站的帖子，因此也可以将这些面板作为文化分析工具使用。虽然暂时还无法实现我们在 2005 年所许下的目标，但它们的存在对文化研究还是非常有帮助的。

例如，结合社群媒体的企业管理平台 Sprout Social 出品的一款热门面板产品可以监测 Twitter、脸书、Instagram、领英和 Pinterest。[23] 一个名叫 Mention 的平台可以监测"四十多种语言的数十亿个源"。[24] 然而，另一个数字消费者情报公司 Brandwatch 则可以检测"2006 年以来的每一条 Twitter 上的推文"。[25] 谷歌趋势可以显示自 2004 年以来任意地区的任意字词的搜索量，你可以查看网页、图片、新闻和 YouTube 视频的搜索结果。还有诸如 DataSift 的社交数据平台，收集来自几十个社交网络、博客、新闻网站和其他来源的数据；通过检测话题、语言、情绪、提及的产品、公司和地点名称来优化数据，并对其进行分类。将其提供给付费客户，然后客户就可以据此展开他们自己的分析。[26]

社交媒体监测面板可以对一些线上文化活动进行实时分析。

如今，我们在 2008 年提出的"文化分析研究环境"项目——一个在全球文化环境下的主题交互式可视化项目，已可以由一支小团队创建并部署在云端上。然而，软件开发变得相对容易的背后，也面临着一个新的挑战：与 2005 年相比，我们所需要扫描的文化帖子、项目、工程和作品集的数量要多得多，而且还在不断增加。对我而言，一个更大的挑战正在慢慢浮出水面：监测博客和社交媒体帖子中的文本数据趋势，例如搜索某个特定品牌的名称或其他文本元素的出现情况。21 世纪 10 年代计算机视觉技术取得进步之后，监测大量照片和视频中出现的主题趋势也成为可能。但这还远远不足以全方位地监测文化媒体的美学和语义特征，以及众多文化器物之间微小但至关重要的差异，尤其是在世界范围内。因此，虽然原则上我们是可以构建一幅地图来实时显示当前存在于各个地理位置和媒体类型中的文化 DNA，但这幅地图还是无法捕捉到所有内容。它可能会漏掉大多数最独一无二的文化器物。这一点将在书的结论部分，即题为"文化分析的目标是为了研究规律吗？（是与否）"的章节中作更详细的讨论。

历史语境中的文化分析

我之所以对算法进行大型文化数据分析很感兴趣，是因为目睹了"冷战"结束后兴起的文化全球化现象。所谓"发展中国家"开始涌现一批一批的新演员和机构，后共产主义国家也开始参与由想法、照片、意义和软件组成的虚拟网络世界中。只有我们不断地添加更多的文化器物和位置信息，我们才有可能完成这张不断膨胀的宇宙"地图"。这一切之所以发生，完全是由于全球化和数字化的共同催化，使得这个世界可以被完整地"上传"至互联网。因此，在我的定义中，"文化分析"都是从使用计算和设计方法探索及分析当代世界文化开始的。阅读本书的读者和研究者对文化分析可能会有自己的理解，而我想说的是，任何一种解读都是有价值的。

历史上就已经出现过对大型文化数据集进行计算的工作，正如我们今天做的。在描述和分析文化上面，从传统至现今借助过的工具包括图表、可视化、操作化、统计学、数学，以及最近的模拟和数字计算机。[27] 重要的是，数学和可视化在文化分析中的应用竟然比计算机早了几十年。举个例子，俄罗斯诗人和文学理论家安德烈·别雷（Andrei Bely）利用统计学的方法研究了俄罗斯诗歌文本的韵律节奏。别雷是一位杰出的数学家的儿子，他利用统计方法建立了一套图形系统，分析诗歌结构并将其形象地表现出来。这些研究收录在他的著作《象征主义》（1910）一书中。[28] 另一个例子是美国著名人类学家 A. L. 克罗伯（A. L. Kroeber）在 1919 年发表的颇具影响力的文章《时尚作为社会秩序更迭的明证》（"On the Principle of Order in Civilization as Exemplified by Changes of Fashion"）。在这篇文章中，克罗伯对 19 世纪女性时尚样式的变化进行了定量分析和解释。

德尔·海姆斯在《计算机在人类学中的应用》（1965）的导言中提到，计算机的主要优势在当时已经为一些人所熟知。他在书中向读者解释了计算机的用途，也是我认为最好的一个版本："简单地说，使用适当的计算机技术，可以使我们更好地发现数据中的相关性和规律，即使这些数字在过去往往因为数量太大而无法被理解。同样地，它也能使我们看到将想法应用于数据的书面结果。总而言之，计算机的崛起是势不可挡的。"[29]

在 21 世纪的头几年，数字艺术家和设计师们创造了文化模式下的数据可视化，这是一种极具想象力的研究方法。马丁·瓦滕伯格（Martin Wattenberg）的"歌曲的形状"（The Shape of Song，2001）与费尔南达·维埃加斯（Fernanda Viégas）和马丁·瓦滕伯格共同创造的"流动的历史"（History Flow，2003）项目，分别将音乐作品的特征和维基百科历史的页面变化进行了可视化。[30]马克·汉森（Mark Hansen）和本·鲁宾（Ben Rubin）的"监听站"（Listening Post，2001—2002）装置截取了网络聊天室中的实时对话信息，过滤并提取部分文字片段后在上百个排列整齐的屏幕上滚动播放。[31]贾森·萨拉万（Jason Salavan）的《史上最卖座电影，1×1》（The Top Grossing Film of All Time, 1×1；2000）作品中，电影《泰坦尼克号》的所有画面都被简化为只含有主要颜色的像素块，按照矩形网格排列，呈现出视觉效果变化与电影节奏互相呼应的效果。[32]乔治·莱格迪（George Legrady）为西雅图公共图书馆搭建的"让无形变为有形"（Making Visible the Invisible，2004—2005）装置，是将图书馆的实时借阅信息进行了数据可视化。[33]（我将在第三部分详细讨论其中的几个项目。）

数字人文学者已经发表了许多定量和计算文本分析的历史记

载。在美国，人文计算领域被视为数字人文学科的先驱，该领域的研究人员在20世纪50年代开始分析少量文学和其他类型的文本。[34] 最近，不同国家的学者开始质疑这些美国中心论的说法并不断扩散。虽然这是一个好的趋势，但如果能将历史视角扩展到人文学科之外会更好。

正如我在书中所指出的，文化分析并不只适用于某个领域，而是可以涵盖人文学科、社会科学和计算机科学等领域。文化分析也不局限于学术研究，而是涵盖了相关的媒体、数据设计（data design）和艺术项目。因为数学和可视化方法在文化分析上的运用比计算机超前了几十年，所以我们不能认为文化分析只存在于计算或者大数据时代。例如，20世纪的许多作曲家发明了初步的图像乐谱系统，这些手绘的可视化其实也是文化分析的一种，而且更容易被读懂。其他的手绘可视化还有建筑和城市设计的手绘图、舞谱系统；又如吉加·维尔托夫和谢尔盖·艾森斯坦（Sergei Eisenstein）等导演于20世纪20年代至20世纪40年代创作的电影可视化作品。

第二章　文化学？

在自然科学中，研究者根据初步证据（prima facie）理论的基础来测量他认为重要的事物，而在社会科学中，往往认为可以被测量的东西才是重要的。有时会发展到这样的情况：要求我们只能用可测量的数值来表示理论所涉及的术语。

——弗里德里希·奥古斯特·冯·哈耶克（Friedrich August von Hayek），诺贝尔奖获奖者感言，1974年12月11日 [1]

文化数据分析、可视化和交互：案例

如今，许多学术领域、专业实践和各类出版物都会用到计算和大型文化数据集的研究。其中包括学术期刊、会议论文、博客文章、GitHub代码和存储库、大型长期机构项目，这些项目汇集了许多独立收藏的数字记录，例如Europeana.eu（欧洲数字图书馆）、公共空间和博物馆的短期艺术装置，以及数据艺术家（data artists）和设计师的交互项目。

让我们看看这项研究的一些案例及相关学术刊物和会议。在计算机科学中，分析文化内容与文化交流相关的刊物和会议论文已经达到了数十万。其中的一些研究出现在"社会计算"（social computing）[2] 和"计算社会科学"（computational social science）的主题会议上。其他研究则涉及计算机科学的各个子领域，包括计算机多媒体、计算机视觉、音乐信息检索、自然语言处理、网络科学和机器学习。《自然》(*Nature*)和《科学》(*Science*)这两本最负盛名的国际科学期刊也发表了大量重要论文（我将先讨论其中的两篇）。³另一个使用计算方法分析大型社交媒体数据集的著名期刊是《公共科学图书馆·综合》(*PLOS One*)。⁴在以此类工作为特色的年度会议中，两个非常重要的会议是自1994年举办至今的国际万维网大会（WWW）和前文中提到的国际AAAI网络和社交媒体会议（2007年至今）。

在计算机科学领域中，这类研究一般都依赖于在社交网络上分享的大量用户内容和用户在社交网络上的行为数据，如一篇文章的浏览量、点赞数、分享数和粉丝数等。这些论文分析了微博、脸书、Instagram、Flickr、YouTube、Pinterest和Tumblr等流行社交网络及媒体共享服务上的用户行为。它们还通过计算和分析图片、视频和文字的特征，建立模型将用户行为与其联系起来。例如，在<u>计算美学（computational aesthetics）</u>领域，科学家通过创建数学模型来预测哪些图片和视频会更受欢迎，以及这种受欢迎程度是如何被内容和其他特征所影响的，如"记忆点""趣味性""美感"或"创造力"。⁵研究人员还提出了能够衡量这些特征的指标。

如果想进一步了解科学家如何分析媒体分享平台上的文化行为，可参考我们对Instagram的研究。2020年2月3日，我在谷歌学术上搜索了"Instagram dataset"（Instagram数据集），搜索结果显示了17110篇期刊文章和会议论文。其中一篇文章根据Instagram用户主页的照片分析了该平台最热门的话题和用户类型。[6]另一篇论文以 410 万张 Instagram 照片为样本，量化了滤镜对浏览量和评论数量的影响。[7]还有一篇论文，一组研究人员在 Instagram 上收集了 550 万张带有人脸的照片，分析了这些照片中自拍的时间和人口趋势。为了分别验证数据集中 117 个国家的用户上传自拍照片的原因，他们一共检验了三种假设。[8]更有论文用了 1 亿张 Instagram 上的照片，对全球 44 座城市的服饰和流行风格进行研究。[9]

这些论文说明了计算机科学中大部分文化研究的共性，而且它们都是在近些年内完成的。因为这项研究十分依赖于用户创建的内容和用户活动的大量随机样本，例如百万用户在社交和媒体共享网络上发布的数百万条帖子。这项研究的主题和试图量化的内容是大众文化（popular culture）——即大多数人共同的兴趣、爱好和想法。（由于隐私问题，研究人员不能要求用户提供关于个人的背景资料或介绍自己。）

这种大规模集合的优势很明显（譬如，可以得出更可靠的统计规律）。但在这种规模上模拟并预测人类文化行为也可能是盲目的。当我们把所有的数据聚集起来并像分析单一群体一样去分析它时，世界文化中的"孤岛"——由小众的文化器物、文化行为和爱好组成的群体——很容易会被忽略，这一点我将在后面进行更详细的讲解。

常常出现在社交媒体、博客、论坛和其他在线平台上的当代大众文化在计算领域受到了最多关注，但我们也能找到在媒体历史领域有意思的定量研究。许多科学家发表了关于历史视听媒体的研究，他们富有创造性地使用了图像处理、计算机视觉和音乐信息检索领域的方法。我觉得很有趣的例子有《实现艺术家影响力的自动探索》[10]《衡量当代西方流行音乐的演变》[11]和《更快、更紧凑、更暗：好莱坞电影75年间的变化》[12]。第一篇论文提出了一种自动检测艺术家之间影响力的数学模型。该模型使用了66位知名艺术家的1710幅画的图像进行测试。虽然艺术史学家已经对部分结论做过解释，但该模型揭示了一些从未被发现过的"艺术家之间的视觉影响力"。第二篇论文使用了1955—2010年发行的464411首歌曲作为实验数据集，研究流行音乐的变化。第三篇论文分析了1912—2013年创作的9400部英文故事片的平均镜头时长的逐渐变化。

随着数字人文学科在文学研究领域的发展，对大量历史文本的文化分析已成为该领域的核心工作。这一领域的发展（尤其是在英语国家）[13]始于1949年意大利牧师罗伯特·布萨（Roberto Busa）的一个项目，即为托马斯·阿奎那（Thomas Aquinas）著作作词汇索引，该项目最终得到了IBM的支持。关于该领域起源的其他历史，请参阅泰德·安德伍德（Ted Underwood）的《远距离阅读的起源》（"A Genealogy of Distant Reading"）[14]和由瑞秋·萨格纳·布尔马（Rachel Sagner Buurma）与劳拉·赫弗南（Laura Heffernan）合著《查找与替换：约瑟芬·迈尔斯与远距离阅读的起源》（"Search and Replace: Josephine Miles and the Origins of Distant Reading"）[15]。该领域在美国发展的重要制度里程碑包括《计算机与人文学科》（*Computers and the Humanities*）期刊

（1996年至今）、计算机与人文学科协会（1978年至今）、NEH数字人文办公室（2008年至今）和国际年度数字人文会议（1989年至今）的创立。[16] 鉴于其规模和多样性，我们无法对该领域做出一个相对完整的总结，但如果想对它自2015年的发展有一个大体了解，我推荐安德伍德的文章《人文主义者利用计算机来理解文本的七种方式》（"Seven Ways Humanists Are Using Computers to Understand Text"）。[17] 我还可以举出许多有趣的数字人文研究的例子，但在这我只举一个我认为最有趣的调查案例：使用更庞大的文化数据质疑我们现有的概念和分析方法（即导言部分提到的关于文化分析的12个研究问题中的第一个）。在论文《复杂结构书卷中的可变体裁映射》（"Mapping Mutable Genres in Structurally Complex Volumes"）中，作者运用计算机方法分析了46.92万册电子版英文书籍的文本，这些书籍都来自不同的年代，时间跨度达到了数个世纪。[18] 按照体裁对书进行自动分类有一个初始问题，即"体裁"的定义会随着时间的变化而变化，从而导致分类的不稳定性：

> 现有的元数据几乎没有关于体裁的明确定义。更加麻烦的是，当你深入研究这个问题时，在一个具有显著时间跨度的集合中，不管多少次的手动分类经验也无法总结出区分虚构和非虚构的界线在哪里，因为这种界线会随着时间的推移而变化。几个世纪前的文学形式和内容可能与现在的定义不尽相同。19世纪的传记发明了虚拟对话（imagined dialogue），读起来和小说完全一样；18世纪的散文，如理查德·斯蒂尔（Richard Steele）的《闲话报》

(*The Tatler*),也会用少许虚构的人物写非虚构的新闻报道。[19]

在众多对文化数据进行计算分析的论文中,最有趣的是那些验证现有文化理论和/或提出新理论的文章。其中一项研究叫作《时尚和艺术周期受到精英竞争的反主导信号的驱动:音乐风格的定量证据》("Fashion and Art Cycles Are Driven by Counter-Dominance Signals of Elite Competition: Quantitative Evidence from Music Styles")。[20]该论文通过1952—2010年发行的800万张音乐专辑的数据来检验艺术和时尚周期的两种常见理论。作者总结道:"根据'自上而下'的理论,精英成员通过引入新的符号(比如时尚风格)来表明他们的优越地位,而这些符号往往被处于低地位群体所采用。由此,精英成员会再引入新的符号来巩固他们的地位。'自下而上'的理论则认为风格周期是从较低的阶级演变而来,并遵循基本上随机的模式。"在对历史数据做出定量分析后,作者提出了另一个由统计检验支持的理论:"每出现一位新的精英成功挑战了以前的精英霸权时,艺术和时尚风格就会发生变化。"他们指出,自1905年格奥尔格·齐美尔(Georg Simmel)的《时尚的哲学》这本书问世以来,社会学家们就一直对风格周期的机制感兴趣。通过建立和检验不同变化机制的量化模型,这篇文章总结了一种研究方法,用于研究除流行音乐以外的文化领域的风格周期。

处理大型文化数据集的工作内容不仅包括实验室分析和撰写论文,还需要科研人员将数据集制作成一个交互式网页界面,使观众能更好地探索这些数据集的趋势。其中一个比较具有代表性的项目叫作Ngram Viewer，它是由谷歌的科学家乔恩·奥万特（Jon Orwant）和威尔·布罗克曼（Will Brockman）于2010年以哈佛大学生物系和应用数学系的两位博士生设计的原型为基础创建的工具。[21] 用户仅需要在Ngram Viewer的网站上输入几个单词或短语，就能立即查看这些单词在几个世纪以来出版的数百万本书中出现的频率对比图。

在众多为大型图像集合创建（交互）界面的实验中，不得不提到纽约公共图书馆（New York Public Library，简称NYPL）实验室的开创性项目。其中一个项目创建于2016年，它允许访客按照年代、类型、收藏和颜色类别，在线浏览纽约公共图书馆的18.7万张公开图片。[22] 界面上显示了18.7万张图片的缩略图，单击则可以看到放大图和相关信息。另一个名为"摄影师身份目录"（Photographers' Identities Catalog）的项目可以让观众对128668名摄影师、工作室和商家的数据进行探索，这些数据如同一部微缩的摄影编年史。[23] 它的界面是一个交互式地图，可以显示城市中街道的详细位置。譬如摄影师在多个地方生活/工作过，地图上就会显示这些踪迹，绘制出这个摄影师的职业"生命线"。

我们在自己的实验室中创建了两个项目，访客有机会与大量的社交媒体图像和数据进行探索和互动。在"潮自拍"（SelfieCity，2014—2015）项目中，用户可以对全球6个城市分享的上千张Instagram自拍照片进行互动比较（见彩图5）。"百老汇"项目（2014）将触摸屏用于操控"数据城市"的界面——特别是沿曼哈顿百老汇21千米长的区域（见彩图11）。该项目中使用的图像和数据包括66万张经过地理编码（geocoded）的Instagram照片、800万次Foursquare（用户定位软件）签到，以及一年内2200万次出租车接送服务。我们的实验室成员负责收集和整理数据。界面设计和编程由以下团队成员完成：世界领先的数据可视化设计师莫里茨·斯特凡纳（Moritz Stefaner）、互动应用程序编程专家多米尼克斯·鲍尔（Dominikus Baur）、数据产品设计师丹尼尔·戈德迈尔（Daniel Goddemeyer）。

之前的项目案例可能会给人一种印象，认为文化分析只服务于学术界或艺术家的个人爱好。然而，文化分析经常是设计项目的一部分以创造新的或改进现有的数字产品和服务。从为博物馆和图书馆的数字馆藏设计新媒体界面，到分析城市用户的社交媒体以指导城市设计和政策，通过对人与媒介内容（media content）之间的互动，以及人与人之间互动的大规模分析，计算机将利用分析结果改进系统。例如，我们可以通过设计算法把更多类型的内容推送给用户，这也许是他们通常会忽略的内容。事实上，那些专门负责优化推荐系统的计算机科学家们投入了大量的精力研究如何在增加内容多样性的同时，保证内容的相关性。2018年10月，Spotify公司表示，过去的10年里，听众的多样性（listening diversity，即用户平均每月收听的艺人数量）以每年平均约8%的速度在增长。[24]

计算机科学家一直在研究社交网络用户对视觉媒体的审美偏好和注意力变化，他们研究用户喜欢的图片或视频，以及如何从媒体内容和视觉特征中预测这些偏好。其中一个很好的例子来自一篇 2015 年的论文——《一张图片胜过一千次点赞》("An Image is Worth More than a Thousand Favorites")。[25] 这篇论文的作者之一米里亚姆·雷迪（Miriam Redi），后来还和我一起分析了 Instagram 的图像。这篇论文使用了 900 万张具有知识共享许可的 Flickr 图片，提出"普通人对网络图片的审美感知分析"。在回顾大量使用大数据的定量研究时，作者指出：

> 社交媒体中注意力的变化往往遵循幂律分布（power law）。人们会把注意力集中在数量相对较少的热门话题上，而忽略了绝大多数普通的、由大众产生的内容。尽管受欢迎程度可以作为依据判断其在一定范围内的感知价值（perceived value），但是研究表明，内容的受欢迎程度与它的内在质量是不成正比的。因此，知名度低但质量高的内容潜伏在流行度分布的尾部，这种现象在图片分享平台中尤为明显，即高水准的摄影师由于不经常与网友进行互动和社交，导致其高质量的作品无法被人看到。

作者提出了一种算法，可以筛选出那些在美学质量上与热门图片相似却"不受欢迎"的图片（即只有一小部分用户浏览过的图片），这样的算法能让更多创作者为他们的作品找到受众。该研究也进一步说明了我们应该如何利用有关文化模式、文化环境的大规模定量分析提出具有建设性的解决方案。

历史与现在，专业人士与业余爱好者

如今，越来越多的学科选择使用计算方法分析大型文化数据集，包括计算机科学、数据科学、人类学、社会学、传播学、媒介研究、游戏研究、语言学、地理学、民俗学、历史、艺术史和文学研究，前一节我也列举了我们正在研究的一些问题。但我不想按照每一学科举例，而是想从单个例子引申到一个更大的问题上。这个问题是关于区分这些学科更大的知识范式的假设和目标——以及将它们聚集在一起，共同探讨参与文化分析研究的可能性。

这三个范式分别是人文与定性社会科学、定量社会科学、计算机科学。每种方法都有不同的研究目标、不同的研究方法，以及用来审视研究原创性的不同的视角。当研究文化数据时，研究人员使用什么数据及如何使用数据反映出这些范式的假设和内在规则。事实上，如果我们了解这些范式，我们可以预期每种范式的研究都会朝着自己的方向发展。计算机科学家想要寻找出能够描述大型文化数据模式的通用法则，并创建能够预测未来模式的量化模型，尤其是与线上用户行为（采纳建议、传播信息、购买等）相关的模式。量化社会科学家在提出一系列的社会学问题后，会使用他们常用于数据分析的统计方法。因为他们都热爱关注各种社会现象，所以线上的群体行为研究也可能成为他们日后的研究目标。人文学者的任务是分析特定的历史数据集和文化性质的文本，除此之外，他们还需要不断质疑现有的文化史并赋予它新的含义。

我们不是非要选择这些方法或目标中的一个。同样，文化分析无须在人文和科学之间做出抉择，也不一定要建立互相从属的关系。相反，我们希望把人文和科学的元素结合起来，共同用于文化研究。人文学科可以发挥它们的长处——专注于特定事物（例如，单独的作品或作者），善于剖析作品的含义，以及了解过去的情况。而科学则更具普遍性（例如，大规模性的规律），善于结合科学方法和数学方法，并对预测未来抱有兴趣。

在本节中，我将进一步研究人文学科、量化社会科学和计算机科学的一些假设和法则，并讨论文化分析如何潜移默化地将它们结合在一起。首先，让我们抛出一个问题：到目前为止，计算机科学和人文学科已经分析了哪些类型的文化数据？换句话说，在各个学科中，"文化"的定义分别是什么？

为了与人文学科的历史研究方向保持一致，研究人员一直使用计算机分析主要由专家所创作的历史器物（historical artifacts）。无论是中世纪学识渊博的僧侣创作的手稿，还是出版商付费创作的19世纪小说，如果你翻阅数字人文学科期刊，如《数字人文季刊》（Digital Humanities Quarterly，2007年至今），或者了解下"国际数字人文年会"中提到的项目，就不难发现这种对历史数据的关注。

相比之下，如前文所言，计算机科学的相关刊物几乎只提到2005年之后的时期，因为它们分析的数据主要来自社交网络、媒体分享服务、在线论坛和博客。这些研究使用的数据集通常比数字人文学科中使用的数据集大得多。不仅有上千万或上亿的帖子和照片，甚至连几十亿的互动量也变得十分常见。由于绝大多数用户生成的内容是由普通人而非专业人士创造的，因此，计算机科学家们一直在默认研究非专业的本土文化（non-professional vernacular culture）。或者，如前文所述，这项研究所关注和量化的是大众文化。

因此，我们拥有两种系统，它们有着相同的计算方法，但被应用于不同的"文化"。在人文学科方面，我们有数百年甚至数千年的历史；在计算机科学方面，我们有始于21世纪初的"现在"。在人文学科方面，我们还有由专业人士打造的器物；而在计算机科学方面，除了器物我们还有大众线上行为。

计算机科学研究中使用网络和社交媒体数据集的规模之大，可能会让人文学者和艺术从业者都感到惊讶，因为大多数人可能都没有意识到有多少科学家在这一领域工作。虽然到目前为止，我已讲解了不少研究案例，但我没有说明在这些主题下发表的文章有哪些。让我们再来看看谷歌学术的搜索结果。我最近在谷歌学术上搜索"Twitter dataset algorithm"（Twitter 数据集算法）、"YouTube dataset"（Youtube 数据集）和"Flickr images algorithm"（Flickr 图像算法），结果有数十万篇期刊文章和会议论文。我使用"数据集"和"算法"关键词将搜索结果缩小至所有与计算方法相关的论文，其中绝大部分的文章都是研究和文化直接相关的问题。

为什么计算机科学家很少使用任何种类的大型历史数据集？通常情况下，他们通过参考现有的行业应用来证明他们的研究，例如在线内容的搜索或推荐系统。一般来说，计算机科学是为了创造出更好的算法和计算机技术，为产业、政府、非政府组织和其他组织服务。而对历史器物的分析恰好不在这个目标范围之内，因此，没有多少计算机科学家从事历史数据研究（数字遗产领域除外）。

然而，我发现一些论文的本质还是在于解决当代媒体中比较典型的人文或媒体问题，但是使用大数据作为支持。例如《量化世界各地的视觉偏好》("Quantifying Visual Preference around the World")和《我们在 Instagram 上发布了什么：Instagram 照片内容和用户类型的初步分析》("What We Instagram: A First Analysis of Instagram Photo Content and User Types")这两篇论文。[26] 第一个研究项目通过 179 个国家 4 万人发布的 240 万个评分，分析世界各地的人对网站设计的偏好。传统上来说，美学和设计研究同样属于人文学科。第二项研究分析了 Instagram 照片中最常见的主题——这个话题可以与 17 世纪荷兰艺术流派的艺术史研究相比较。

另一篇颇具影响力的论文是《Twitter 是什么：社交网络还是新闻媒体？》("What is Twitter, a Social Network or a News Media?")[27]。该论文发表于 2010 年，后来被引用了 7480 次。[28] 论文收集了 4170 万名 Twitter 用户的 1.06 亿条推文，是首个针对 Twitter 的大规模分析。作者将热门话题作为切入点，探索热门话题的类别、持续时间，以及用户参与数。我们可以把这种分析看作对传播领域经典研究的延伸。20 世纪 30 年代末，保罗·拉扎斯菲尔德（Paul Lazarsfeld）和他的同事手动统计了无线电广播的主题，这被视为是开创性的工作。[29] 与现在最大的区别在于，20

世纪 30 年代这类广播是由少数专业电台创建的，比较小众；而 Twitter 的话题面更广，具有不同程度的共通性、持续时间和地理覆盖率。同时，考虑到 Twitter 和其他微型博客都属于一种新的媒体形式——如同之前出现的油画、印刷书和摄影，因此我们需要理解 Twitter 作为新媒体的独特性，以促进人文学科的发展。

常规性与特殊性

当人文学科关注"小数据"（即由单个作者或小群体创造的内容）时，社会学视角只作为补充参考——除非你是马克思主义者。但是，当我们开始研究数百万人的在线内容和活动时，社会学视角就变得尤为重要。当我们进行可视大文化数据时，文化和社会是处于一个重叠的状态。大量来自不同国家和社会经济背景（社会学视角）的群体开始创建、分享并与图片、视频和文本进行互动，与此同时，他们会表达出特定的语义和审美选择（人文视角）。皮埃尔·布尔迪厄（Pierre Bourdieu）是这个领域最具影响力的研究学者之一，他认为正是因为这种重叠，使得 20 世纪文化社会学（sociology of culture）中研究的各种问题都与文化分析直接相关。[30]

人口统计学的分类方法很大程度上影响了我们对社会的思考，我们不仅会在潜意识中把人按照特征进行分类，而且还会比较他们的社会、经济或文化指标。例如，皮尤研究中心（Pew Research Center）会定期发布美国热门社交平台使用情况的统计数据，将用户按照性别、种族、年龄、教育程度、收入和居住地点（城市、郊区和乡村）划分。[31] 如果我们要研究社交媒体的内容和用户行为类型，如分享和点赞的图片类型、使用的滤镜或自拍姿势，那么研究不同城市和国家、民族、社会经济背景、专业技术水平、教育水平等在内容和活动上的差异是合乎逻辑的。21世纪头10年的后半期，计算机科学领域的相关刊物数量第一次开始增长，但是它们将所有社交媒体用户视为一个无差别的群体。而后来，越来越多出版物开始将用户按照人口统计分类。

　　虽然这是一种进步，但仍有需要注意的地方。使用量化方法对文化现象和文化进程进行人文分析，不应简单地被归结为社会学，也就是说，我们应该更多地考虑群体的共同特征和行为，并参考一些公认的标准，例如年龄、性别、收入、受教育程度。正因如此，在见证社交网络上数百万人的文化选择（cultural choice）后，我思考是否仍有必要划分社会经济群体，并寻找这些群体的文化偏好和行为之间的差异。不论在古代还是现代社会，当人们的喜好都由既定的审美标准决定时，一个群体或个人具有一致的文化行为和喜好就会被视为有意义的（这是康德和皮埃尔·布尔迪厄所属的社会）。但是现今，琳琅满目的文化选择和简单的选择过程（只需要按一个键），让我们不禁意识到，稳定的偏好或稳定的文化人格（cultural personality）可能是一种幻想。

　　社会学传统关注的是发现和描述人类行为的一般模式，而不是分析或预测特定的个人行为。文化分析时常涉及模式，这种模式是从大型文化数据集分析得出的。但在理想的情况下，大型文化模式分析也能突出个体创造者和他们特定的作品或文化行为。由上文所述,每个个体都可以被进一步划分为许多个具有不同行为和在文化上具有不同偏好的独立角色。例如,对一位摄影师在其漫长的职业生涯中拍摄的所有照片进行计算分析时,我们可能会发现一些异常值(outlier)——与其他照片最不同的照片。同样,我们可以通过分析在多个城市分享的数以百万计的 Instagram 照片,发现每个城市特有的照片和最具原创性的本土摄影师。

换言之,我们可以把社会科学(和自然科学)与常规性和普遍性的科学概念联系到一起,把人文学科与独立性和特殊性联系到一起。前面提到的例子,是我们在利用大型文化数据集分析进行异常值检测时选用的相对简单的方法,但它不是唯一的方法。

文化学?定律,统计模型,模拟

科学的目标是解释现象,通过研究严谨的数学模型来解释这些现象的原理。其中,经典科学理论中,牛顿物理学的三大定律就是一个完美的例子。自 19 世纪中叶以来,许多新的科学领域都开始使用概率方法描述物理现象。最早的案例是气体分子速度的统计分布,由物理学家詹姆斯·麦克斯韦(James Maxwell)在 1860 年提出(现在称为麦克斯韦-玻尔兹曼分布)。

社会科学又是怎样的呢?在整个 18 世纪和 19 世纪,许多思想家都期望着能找到能像物理学一样统治社会的定量规律。法国数学家孔多塞(Condorcet)侯爵在他 1785 年发表的作品《论多数派决策的概率分析的应用》(*Essay on Applications of Analysis to the Probability of Majority*) 中写道:"如果要把整个自然界归结为牛顿借助微积分发现的那些定律,所需要的就是有足够数量的观测数据和足够复杂的数学。"在 19 世纪,社会学的创始人奥古斯特·孔德(Auguste Comte)在《实证哲学教程》(*Cours de philosophie positive*,1830—1842)中做了类似的陈述:"既然人类已经掌握了天体和地球物理学、机械和化学、有机物理学(包括动植物),剩下还有一门科学可以加入'科学观察'系列——社会物理学(social physics)。"[32]

然而,这一切都和经典物理学的发生方式不同。19 世纪的社会思想最接近于假定客观规律的是卡尔·马克思(Karl Marx)的理论。但到 19 世纪末,经济学家们证明了他的分析大部分是错误的,而 20 世纪基于他的理论创建的新社会多以失败告终。相反,量化社会科学在 19 世纪末和 20 世纪初开始发展时,概率性的方法也被采用。社会科学家们不再寻找社会的确定性定律(deterministic laws),而是研究可测量特征之间的相关性,并利用各种统计技术建立自变量(independent variable)和因变量(dependent variable)之间的关系模型。

在确定性和概率性范式之后,下一个是计算模拟——计算机上运行模型来模拟系统的行为。20 世纪 40 年代,曼哈顿计划(Manhattan Project)创建了第一个大规模计算机模拟以用于模拟核爆炸。随后,模拟(simulation)在许多硬科学(hard science)中得到了应用,在 20 世纪 90 年代,它也被应用于社会科学。

20世纪的人文学科并不追求像物理学定律一样的文化定律，也不流行对文化进程进行概率性建模。尽管文学研究、艺术史专业，以及后来的电影和媒体专业都对它们各自的文化语料库中的语义模式和审美模式做出过详细的定义和描述，但计算模式在语料库中出现的频率以及分析这些结果并不被视作是人文学者的必做之事。也有例外，如20世纪30年代苏联的鲍里斯·亚尔科（Boris Jarkho）和20世纪70年代美国的巴里·索特（Barry Salt）。

21世纪初，以软件和网络为媒介的数字文化内容和线上互动呈现爆炸性增长，彻底改变了文化的运作方式。内容和用户互动的数量也让我发现了文化学的另一种可能性。比如，截至2015年夏天，脸书用户每天分享4亿张照片，发送450亿条消息。[33] 截至2019年底，脸书全球月度用户数达到25亿。尽管这个规模还是比原子分子的规模小很多（$1\ cm^3$ 水含有 3.33×10^{22} 个分子），但是，每周消息的数量（约1000亿）已经超过了一个普通成年人大脑神经系统的神经元总数（约860亿）。

文化学的概念可能会让一些读者望而生畏，但这是完全不必担心的。虽然我们常说"科学"是由一套严格的法则组成的，但这其实并不是"科学"唯一的定义。今天，科学至少包括三种不同的用于研究和理解现象的基本方法：<u>确定性定律（deterministic laws）</u>、<u>统计模型（statistical models）</u>和模拟。让我们探索这些方法中的哪一个对检验文化学的假说最有帮助。

计算机科学领域中，统计分析是社交媒体数据集的默认研究方法，这一点从论文中就可以发现——用概率来描述社交媒体的数据和用户行为。研究中常涉及统计模型的创建——指定变量之间关系的数学方程，这些变量可以用概率分布而不是具体数值表示。2010年以后发表的论文还使用了监督型的机器学习（supervised machine learning），这一种机器学习的范式是让计算机学习事先标记过的范例后，对数据进行分类或预测新数据的结果。请注意，在这两种情况下，模型通常只能正确描述或分类部分数据，而不是全部数据。这也是典型的统计方法。

计算机科学家使用统计学的方式不同于社会科学家。后者想解释（explain）社会、经济或政治现象——例如，家庭背景对孩子教育表现的影响。而计算机科学家通常不会通过参考外部社会、经济或技术因素来解读他们在社交媒体或其他文化数据中发现的规律。相反，他们通常选择自己动手分析社交媒体现象，或者直接使用从数据集中提取的信息预测外在现象。前者的例子包括社交网络中好友关系的亲密程度评估，或是预测滤镜对Instagram照片的浏览量和评论数的影响的统计模型。后者的一个例子是谷歌的流感趋势（Google Flu Trends，简称GFT），该产品根据谷歌搜索数据和美国疾病控制和预防中心（US Centers for Disease Control and Prevention，简称CDC）的官方流感数据来预测流感趋势。[34]

确定性规律和非确定性模型的区别在于，后者只描述概率而不描述确定性。经典力学定律适用于任何宏观物体。相比之下，预测Instagram照片的浏览量和评论数与使用滤镜的关系的概率模型不能预测出任何精确的数字，而只能描述整体趋势。因此，如果是为了检验一个文化学的假说，后者显然更适合。相反，如果我们开始假定人类文化活动的确定性规律，那么自由意志的观念会发生什么变化？即使是看似完全自主的文化行为，例如获赞很多的美丽海滩风景或豪华酒店的照片，我们也不应该把人看作是一台自动的机器——在特定的条件（刺激）下就一定会做出相应的反应。

目前，计算机科学对社交媒体数据的研究侧重于线上活动的概率模型，而忽略了第三种科学范式：模拟。在社会学、经济学、政治理论和历史学中，模拟已经被使用了几十年，最近，一些数字人文学者也对这种范式表现出兴趣。[35]

2009 年，IBM 爱曼登研究中心（Almaden Research Center）的科学家们用带有 9 万亿个突触的 16 亿个虚拟神经元模拟了人类的视觉皮层。[36] 我们也可以尝试思考下面这种类型的问题：如何模拟 Instagram 每个月用户分享的所有内容？如何模拟主流社交平台中所有用户分享的所有内容？我们是否能够模拟社交网络中内容类型、审美策略的变化过程？

这种模拟的目的不是为了一劳永逸地避免错误的发生，也不是为了准确预测隔年的内容趋势。相反，我们可以借鉴《社会科学家的模拟》(Simulation for the Social Scientist) 这本颇具影响力的教科书的作者的观点，他们指出模拟的目的之一是"更好地理解社会的某些特征"，而模拟可以被用作"一种理论发展的方法"。[37] 因为计算机模拟需要对被模拟的现象建立一个明确而精确的模型，所以思考文化的模拟过程可以帮助我们建立一个更清晰而翔实的文化发展理论。[38]

那么大数据呢？它是否能成为一种新的科学范式，使我们能够从不同的角度思考和看待研究的各种现象？大数据的影响在自然科学中取决于特定的领域。但如果我们谈论的是研究方法和技术，如21世纪计算机硬件的发展，包括CPU处理速度的提高和RAM（内存）大小的增加，以及GPU和计算集群的使用，它们可能比大型数据集更为重要。尽管在庞大的训练数据的帮助下，监督机器学习在一些领域取得了显著的成果，如语音识别、语音合成、图像内容分类等实际应用，但它在科学中的作用相对模糊。如果我们假设科学的目标是为某些自然或生物现象提供合理的解释并建立数学模型，那么能够准确分类新输入信号的机器学习系统，通常是无法解释这些现象的。

然而，正如我在本书中所说，大数据对文化研究来说无疑是至关重要的（特别参见第五章"为什么我们需要用大数据学习文化"一节）。但是这种影响的关系也与人文和媒体理论之前缺少科学原理和科学方法有关。因此，除了对大数据的探索，人文学科也在探索如何将科学思维和方法应用到学科当中。需注意的是，数据抽样（sampling）、特征提取（feature extraction）和探索性数据分析（exploratory data analysis）的概念与方法比数据自身的规模更加重要（参见第五章至第九章）。

第三章　文化工业和媒体分析

　　全球文化都呈现出同质化现象。电影、广播和杂志形成了一个体系……既得利益者使用各种技术词汇来解释文化工业（culture industry）的概念。数百万人都参与到机械复制的过程中以满足社会文化需要，这不可避免地加速了标准化的诞生……在现实中，操纵和追溯需求的循环使系统更加紧密地统一起来。

　　——马克斯·霍克海默（Max Horkheimer）和西奥多·W. 阿多诺（Theodor W. Adorno），《启蒙辩证法》（*Dialectic of Enlightenment*），1947年[1]

　　Scuba是脸书的一个快速分布式的内存数据库。它在大约100TB的空间中储存了成千上万的表。它每秒吸收数百万新出现的行并删除同样多的行。吞吐量峰值约为每秒100次查询，每秒扫描1000亿行，大多数响应时间不到1秒。

　　——J. 维纳（J. Wiener）和N. 布朗森（N. Bronson），《脸书最核心的开放数据问题》（"Facebook's Top Open Data Problems"），2014年[2]

　　我们的数据确实非常重要。衡量全球大多数主要网站每个页面上的每一秒用户参与度意味着获取科学定义的海量数据。

　　——Chartbeat（美国网站流量分析公司），"公司介绍"页面，2015年[3]

2005 年 11 月，我第一次思考文化分析的可能性时，计算文化范式——使用算法分析在线数字内容和线上用户行为——已基本成熟。第一批网络搜索引擎创建于 1993—1994 年，而谷歌于 1998 年开始运营。2005 年 3 月，亚马逊公开了它们从所有站内书籍的文本计算中得出的统计数据，例如每本书中最独特的短语和一本书中最常见的 100 个单词。[4] 亚马逊工程师的一篇论文中介绍了一种重要的推荐算法，这种算法后来也被用在了亚马逊的官网上：项目对项目的协同过滤（item-to-item collaborative filtering）。[5] 2002 年推出的全球社交网站 Friendster 认证了一些社交网络基本技术的专利："一种用于计算、显示和作用于社交网络关系的方法和装置"，"用于管理在线社交网络中用户关系的系统和方法"，以及"鼓励用户多在社交网络保持内容更新的方法"。[6] 然而，截至 2005 年，社交网络还未普及，iPhone 还没有问世，数据科学这个词还不流行。

这种情况在几年里发生了巨大变化。参与分析的数字文化数据的类型、分析方法、规模和公司数量迅速增长。截至 2017 年 11 月，脸书支持 101 种语言；它 75% 的用户（15 亿）都位于美国与加拿大之外。[7] 2017 年 9 月，Instagram 的用户达到了 8 亿；而中国的微信、QQ 和 QQ 空间的用户分别达到了 9.6 亿、8.5 亿和 6.5 亿。[8] 当几家美国的社交网络巨头都开始对它们的数据访问设置限制时，数百名学术研究人员联合签署了一封公开信反对并阐述他们为什么需要这些数据的公开访问权。信中还举例了运用了这些数据的社会科学研究案例。[9] 2018 年，脸书与其合作伙伴，哈佛大学的定量社会科学研究中所和社会科学研究委员会，启动了一个叫作"社会科学一号"（Social Science One）的项目，目标是让"学术人员通过分析私营企业积累多年的信息资料，将研究成果回馈于社会"。

本章，我将讨论公司、非政府组织和其他参与者对线上文化内容及用户与这些内容、用户与用户之间互动的大规模分析。我把这些实践称之为媒体分析。虽然文化分析和媒体分析有着相同的理念——都是对文化器物和文化行为进行大规模的计算分析，但它们的目标和动机却是不同的。媒体分析总是服务于实际目标：决定在合适的时机向用户投放合适的广告，作为搜索引擎的一部分来索引数十亿个网页，在推荐网站上自动选取代表商业公司的最佳图片，等等。在我看来，文化分析的目标是对全球文化的观察和分析，并且通过结合数据科学、人文学科和媒体理论各自的优势，促进分析方法和概念的发展。

两者间另一个关键区别在于如何处理分析后的结果。大多数公司希望通过媒体分析对自己的服务进行改善和优化，但他们几乎从不提供分析的详细结果（谷歌趋势是一个例外）。从事文化分析的研究人员不仅应该公布研究成果和数据集，在理想的情况下，还应创建人人都能使用的公共互动可视化工具和其他探索工具。

文化分析研究当然可以从了解文化工业如何分析数字媒体器物和用户活动的细节中获益。为了寻求优化产品、自动化决策和创造个性化体验，相较于研究，文化工业往往会从更多的维度与细节对文化器物和互动过程进行分析，这是人文学科或社会科学的研究人员所无法做到甚至无法想象的。媒体分析的另一个基本方面是它的规模。人文学科中，研究文学、电影、音乐、数字媒体和其他艺术形式的学者通常只利用自己对特定作品的经验来思考艺术作品对读者、观众和听众的影响。社会科学中，文化社会学和传播研究一直在使用调查和访谈来了解更大群体的文化行为，但这种方法的规模并不大。相比之下，真实的行业"数据"从方方面面记录了数十亿人的文化体验。

数字人文学科大多忽略了研究本土数字文化的机会，因为正如我前面解释的，它遵循的是研究专业文化和高等文化的传统人文学科范式。但是社会科学家关心的是整个社会，他们欢迎在开发新的研究方法的过程中通过数字网络来分析社会现象的机会（比如在线实验的设计）。正如麻省理工学院数字实验会议（2017）的组织者所指出的：

> 在人口规模的复杂社会和经济环境中，快速部署和迭代微观层面、体内随机实验的新兴能力是现代社会科学中最重要的创新之一。随着越来越多的社会互动、行为、决策、意见和交易通过在线平台数字化与中介化，我们能够快速回答关于社会行为在医疗、选举、政治动员、消费者需求、信息共享、产品评价和意见汇总等人口层面结果中的作用的细微因果问题，这种现象是前所未有的。[10]

数字实验在社会科学中的应用表明，文化研究人员应该大规模地分析关于文化接受和互动数据，并进行大型数字实验。目前，这种文化实验都在行业内进行。例如，网页设计中的 A/B 测试，或者在脸书等社交网络中自动选择好友的帖子。可以说，这些是由行业进行的数字人文实验。当然，这些实验数据并不公开，而且只针对几个实际目标：增加用户参与度（例如用户在网站上花费的时间）、提高品牌知名度、引导客户购买产品或服务。这就是为什么我们需要有自己的实验机会，并提出创新性问题。

媒体技术史上的新阶段

我们可以把技术媒体的历史想象为几个相互重叠的阶段。在每一个阶段，创造、存储、传播和使用内容的新技术与新实践都变得显著，但是这些实践并没有以线性的方式相互替代。相反，旧的继续与新的共存。例如，大批量生产的印刷品（1500—），广播（1920—），使用个人计算机进行媒体创作（1981—），成为发布和传播平台的互联网（1993—），以及社交网络和媒体共享网站（2003—），这只是其中的几个例子。上述的这些实践尽管经历很长一段时间，早期的实践今天也许不再重要或被明显改变，但总体依旧活跃。

媒体分析是现代科技媒体发展的最新阶段。与其他阶段不同，它的核心不是创作、发布或传播，尽管也会或多或少影响到它们。这一新阶段的重点是对所有线上媒体内容、线上用户的个人和群体行为，以及线上交流进行自动计算分析。

媒体分析的动机和用途是多方面的，但它们都与 21 世纪初的数字文化规模有关。这个规模就是数字内容的数量：2017年，互联网有140亿个网页；而仅在脸书上每天就有20亿张照片被分享，这代表着活跃在网上的用户数。截至2020年初，社交媒体活跃用户数达到38亿，互联网用户总数达到45亿，而且这些数字还在继续增长。因此，一个保守的说法是媒体分析和大数据范式的兴起有关联。实际而言，谷歌和脸书开发了下一代存储、检索和分析大数据的技术，用于其他需要大量处理数据的领域。

媒体分析案例

通过网站或应用程序销售文化产品和服务的公司（亚马逊、苹果、Spotify、奈飞），组织和制作可搜索的信息与知识的公司（谷歌、百度、Yandex），提供咨询建议的公司（Yelp、Tripadvisor），实现社会沟通、信息共享的公司（脸书、QQ、微信、WhatsApp、Twitter）和媒体共享的公司（Instagram、Pinterest、YouTube、爱奇艺）都依赖于对海量媒体数据集和数据流的计算分析。这些分析包括以下内容：

- 用户在线行为的记录（即数字足迹）：访问网站、跟踪链接、分享和点赞、观看和点击广告。
- 具体行为记录：地理位置、用户发帖的日期和时间、连接到互联网的终端位置。
- 由公司创建的媒体内容：歌曲、视频、书籍和电影。
- 由社交网络用户创建的媒体内容：帖子、对话、图像和视频。

工业领域中，数据集通常指数据库中的静态或历史数据。工业数据分析应用程序中，"历史的"一词形容过去几秒钟发生的事情，有时甚至是几分之一秒。数据流是指实时流入 Spark Streaming 和 Apache Storm（分布式实时大数据处理系统）等平台计算后得出的数据。[11] 到目前为止，数字人文和计算社会科学只分析历史的、静态的数据集；与此同时，工业界越来越频繁地对数据流进行实时分析，因为数据流较大，所以需要 Hadoop、Apache Cassandra（一套开源分布式数据库管理系统）、Apache HBase（分布式数据库）和 MongoDB①等特殊技术。

让我们看一个媒体内容的工业计算分析的例子及它的应用。Spotify 在其超过 4000 万首曲目的集合中提取了每首曲目的多个特征。外部开发者也可以使用 Spotify 的 API "获取音轨的音频功能"（Get Audio Features for a Track）获取并使用音频功能。该方法的当前规范列出了 13 个音频特征。[12] 其中许多都是建立在由算法从跟踪音频文件中提取的更低级特征之上的。这些特征分别是：原声程度（acousticness）、律动感（danceability）、音乐时长（毫秒）（duration in milliseconds）、冲击感（energy）、器乐性（instrumentalness）、曲调（key）、现场感（liveness）、响度（loudness）、旋律重复度（mode）、口语化（speechiness）、分钟节拍数（tempo）、音符时值（time signature）和心理感受（valence）。通常，特征提取是现代数据分析的一个关键部分，我将在第六章继续

---

① 基于分布式文件存储的 NoSQL 数据库，由 C++ 语言编写，运行稳定，性能高，旨在为 WEB 应用提供可扩展的高性能数据存储解决方案。

讨论。

Spotify 和其他音乐流媒体服务通过特征提取功能，按照歌曲、专辑、艺人或音乐流派用户创建自定义播放列表。你可以从一首歌曲开始，然后应用程序的算法会选择与这首歌在特征空间中接近的歌曲并进行播放。这种方法的优点是，推荐的曲目只需要满足与前面的歌曲有相似的音乐特征即可，而无需来自同一张专辑或一位艺术家。

媒体分析的其他应用，例如，为了扩充搜索的可能，谷歌不断分析数十亿网页的全部内容和标记。它可以触及每个网页的文本、布局、字体、图像等，提取出总共 200 多个信号。[13] 垃圾邮件的检测也依赖对大量电子邮件文本的分析。亚马逊分析了其数百万客户的购买情况从而进行书籍推荐。奈飞分析了数百万用户订阅电影和电视节目的偏好的同时，还分析了所有产品的信息，共创建了 7 万多个不同的类目。[14] 语境广告系统（contextual advertising system），比如谷歌 AdSense，分析网页内容并自动选择相关广告进行播放。视频游戏公司捕捉数百万名玩家游戏时的行为，并以此来优化游戏设计。脸书的算法会分析用户的所有好友的动态更新，如果用户使用了默认的"Top Stories"（热门动态）选项，该算法会自动将热门内容推送至用户主页。[15] 而且它对所有用户（截至 2020 年初，约有 25 亿）都这样做过。工业领域对媒体分析的使用还包括自动翻译（谷歌、Skype）和"推荐关注的人"/"添加到好友列表"功能（Twitter/脸书）。而谷歌搜索的语音输入、谷歌语音转录、[16] 微软的 Cortana、苹果的 Siri、亚马逊的 Alexa、Yandex 浏览器的语音交互功能，都离不开对数百万小时语音对话的计算分析。

许多学术领域研究人员开发了算法和软件以实现数据收集与分析及后续行动，这些领域包括机器学习、计算机视觉、音乐信息检索、计算语言学和自然语言处理。其中许多领域在 20 世纪 50 年代开始发展，信息检索这一关键概念首次出现于 1950 年（前面已经讨论过）。最新的术语是 2010 年后开始流行的"数据科学"，它是指了解当今机器学习、数据挖掘和人工智能，以及经典统计学术语所描述的数据分析的当代算法和方法，并能够使用当前技术实现大数据的收集、分析、报告和存储。

外行可能会惊诧地发现，媒体分析技术的许多关键部分的代码是开源的。为了加快研究的进度，大多数顶级公司会定期公开分享他们的大部分代码。例如，2015 年 11 月 9 日，谷歌开放了 TensorFlow（适合所有人的端对端开放原始码机器学习平台）的源代码，这是一个为谷歌旗下许多服务提供动力的数据和媒体分析系统。[17] 其他公司，如脸书和微软，也公开了它们用于组织大规模数据集的软件系统的源代码。Cassandra（开源分布）和 Hive 是脸书开发的两个很受欢迎的系统，现在被许多商业和非营利组织使用。地图项目（openstreetmap.org），拥有超过 200 万会员，被许多商业公司（包括微软和克雷格表格）用于其应用程序中。[18] 目前用于媒体分析研究的最流行编程语言是开放源代码的 R 和 Python。

如果我们想确定整个行业大规模内容和互动数据分析实践的

日期，我们可以选择 1995 年作为起始时间（早期的网络搜索引擎），2010 年时这些实践完全成熟（脸书达到 5 亿用户）。如今，每家在线上或线下销售服务或产品的大型公司都在进行媒体分析。成百上千家公司都在提供同样的分析服务，同时有专门的社交媒体面板（用于监控和分析用户活动和发布内容的网络工具），并为包括私立和公立大学在内的众多营利和非营利客户进行定制分析。

媒体分析的两个部分

媒体分析是媒体技术的新阶段，影响着大多数国家相当比例人口的日常文化体验。媒体分析的一个部分——用户互动数据（即数字轨迹）的收集和算法分析的做法已经受到了极大的关注。然而，这些实践的讨论大多集中在政治和社会问题上，如隐私、监控、访问权、歧视、公平和偏见，而不是技术型媒体的历史和理论。

相比之下，媒体分析的第二部分——文化工业对所有类型的在线媒体内容（包括图像、视频和音乐）进行算法分析的做法——受到的关注则较少。然而，只有我们将媒体分析的两部分结合起来（用户互动数据和媒体内容分析），1995—2010 年发生的变化才会逐步显现。虽然主流媒体的文章中曾出现过对文化内容和数据的计算分析细节的公开讨论（如谷歌搜索、奈飞的推荐系统或始于 2008 年奥巴马的美国总统竞选活动），但它们没有解释媒体分析现在被整个文化工业所使用。[19]

媒体分析的实践和技术主要运用于某些平台和服务产业，人们在这些平台上分享、购买文化产品并与之互动。公司使用这项技术为用户自动选择、推送平台上的内容,包括好友的动态和内容推荐。它还可以设置推送时间和不同的推送方式。此外,媒体分析还被数百万的个人用户所青睐,他们不仅作为文化工业的消费者,而且更是内容和意见的创造者。乔治·瑞泽尔(George Ritzer)和内森·于尔根松(Nathan Jurgenson)称这种消费和生产的结合是产销者资本主义(prosumer capitalism)。[20] 例如,用于网站和博客的谷歌分析,以及脸书、Twitter 和其他主流社交平台自带的数据分析面板,它们都被数百万人用于内容和发布策略的优化。

媒体分析的这两个组成都是历史上的创新。当马克斯·霍克海默和西奥多·阿多诺在介绍文化工业这个词时(见本章开头的引文),他们在书中提出,人际交往和群体互动不是文化工业的一部分。而当今,它们也变得越来越工业化了,有一部分原因是受到算法的影响,这些算法决定了你的社交圈好友向你展示的内容和信息。这样的互动也在某种意义上实现了工业化:社交网络和通信软件的界面和工具功能是在研究用户互动(UI)的科学家和设计师的投入下设计的,他们测试了无数种的可能性,以确保每个 UI 元素(如按钮和菜单)都经过优化和设计,从而达到最佳的效果。

媒体分析的第二部分——媒体内容的计算分析——直到近期才出现。最早的计算机技术在 20 世纪 40 年代引入,它可以检索计算机编码的文本。1948 年举行的一次会议上,与会者了解了 UNIVAC 计算机,它"能够搜索与话题代码相关的文本参考资料"。[21] 卡尔文·穆尔斯(Calvin Mooers)在麻省理工学院的硕士论文中创造了"信息检索"（information retrieval）一词，并于20世纪50年发表了该词的定义。根据定义，信息检索是"找出所需要的未知的信息"[22]。虽然最早的系统只使用主题代码和作者代码，但在20世纪50年代末，IBM的计算机科学家汉斯·彼得·卢恩（Hans Peter Luhn）引入了全文本处理（full-text processing），我认为这一时刻便是媒体分析范式的起始点。

20世纪80年代，第一批搜索引擎将信息检索技术应用于互联网文件。在万维网开始发展之后，新的网站搜索引擎应运而生。第一个为大众所知的是1994年发布的文字爬虫引擎WebCrawler。20世纪90年代后半期，雅虎、Magellan、Lycos、Infoseek、Excite、AltaVista等搜索引擎公司都开始分析网站文本。21世纪头10年，搜索引擎公司开始对其他类型的在线媒体进行大规模分析，包括图像、视频和音乐。谷歌在2001年7月引入了图像搜索，到2005年检索了10亿幅图像；2010年，这个数字达到了100亿。另一个图像搜寻引擎TinEye到2020年初已经检索了400亿张网络图像。一些音乐流媒体平台通过分析数百万首歌曲的特点，建立起平台的推荐功能。YouTube会分析已发布的视频内容，目的是检测其是否存在侵权行为。

自动化：媒体分析

如果我们从自动化的角度来审视媒体历史的文化分析阶段，可以看出它恰好处于早期软件工具和计算机被使用于创作单个媒体产品的阶段。[23]在这段历史中的重要时刻包括推出了具有视频效果的计算机绘画软件 Quantel Paintbox（1981），用于写作的微软 Word（1983），用于排版的 PageMaker（1985），用于矢量绘图的 Illustrator（1987），用于图像编辑的 Photoshop（1990）和用于视频剪辑的 Video Toaster（1990）。这些软件工具可以加快工作流程，交换和共享项目的数字文件与资产，创建模块化内容（例如 Photoshop 中的图层），以及将来轻松更改部分创建内容的能力。后来，这些工具加入了其他支持计算媒体创作的技术，如渲染农场（render farm）和媒体工作流程管理软件。

媒体分析的工具是不同的：它们自动分析（1）在线共享和发布的数十亿媒体内容与（2）来自用户与软件服务和应用程序之间数万亿次交互的数据。例如，在 2018 年，Instagram 有关用户推荐的算法利用了这些主要因素（以及许多其他因素）：

兴趣：Instagram 可以预测你会在多大程度上关注一篇对你来说重要的帖子。对你来说更重要的内容往往会被排在前面。这取决于你过去对类似内容产生的行为，以及帖子的内容（通过机器视觉分析）。

新鲜度：这篇文章最近被分享的次数。最近发布的文章优先于发布了几周的文章。

关系：你和分享者的关系亲密程度。如果你在 Instagram 上经常与之互动，则分享者排名会更高，这种互动包括发表评论或一起在图片中被提及（tag）。[24]

当下，自动化的不再只是单个媒体项目的创建，而是其他媒体的操作。这包括选择和过滤（显示什么）、内容投放（行为广告）和发现（搜索与推荐）。另一个媒体分析的应用是如何显示。例如，新闻门户网站 Mashable 会根据对用户与内容互动时的实时分析，自动调整内容故事的位置。媒体分析的另一个应用是要<u>创造什么</u>（what to create）。例如，在 2015 年，《纽约时报》的撰稿人们开始使用内部应用程序来推荐报道的主题。[25]

正如采用计算机进行媒体创作逐渐使这个过程民主化一样，媒体分析的概念、技术、软件和硬件的发展也让它们的用途趋向民主化。今天，每一个网络内容的创造者都有免费的工具，然而不久之前，这些工具却只提供给大型广告公司或营销人员。现在，每个经营博客网站或在社交媒体网络上发布内容的人都可以成为一家独立的媒体公司，研究有关点击量、转发和点赞的数据；付费推广任何帖子；系统地规划分享的内容和地点。几乎主流的媒体共享平台都会分享用户与平台交互时产生的详细图表和统计数据。

另一个例子是 Mailchimp，一个用于群发电子邮件的热门软件。当我使用 Mailchimp 向我自己的邮件列表发送电子邮件时（Mailchimp 目前免费提供批量发送至 2000 个电子邮件地址和每月 12000 封电子邮件额度），我会使用它的发送时间优化选项。然后 Mailchimp 通过分析我以前的邮件活动的数据，"确定你发送给订阅用户的最佳发送时间，并在最佳时间发送"[26]。我还会使用 Buffer 这个软件在脸书和 Twitter 上发帖，因为它可以算出每个平台发帖的最佳时间。如果我想推广我的脸书主页或推文，我可以使用免费的广告功能吸引受众，只需要在上百个筛选条件中进行选择（包括国家、年龄、性别、爱好和各种行为）。基于类别的市场划分在早期的市场营销和广告中已经开始使用，但 Twitter 也允许你为你的账户锁定目标用户，即那些与你关注的人相似的用户。[27]在这种情况下，我不需要从头开始分类或者搜索关键词，相反，我可以让平台的媒体分析功能为我建立定制的受众。

对谷歌、百度、Yandex 和脸书等网络巨头来说，它们在数据分析的技术、人才和数据资源方面具有显著的优势。想象一下每天有数十亿人在这些平台上产生数据，这些资源使它们能够分析用户的互动数据。虽然这种分析在数量上与个人或企业用户使用谷歌分析或脸书分析，或任何社交媒体的数据分析面板时相差甚远，但是就概念和大多数技术而言，二者没有太大区别。大公司和小公司之间的一个关键区别是，前者有顶尖的科学家开发它们的机器学习系统（一种现代形式的人工智能），并根据近实时采集的数十亿个数据点进行分析和做出决策。另一个不同之处在于，谷歌和脸书在许多国家主导着在线搜索和广告领域，因此它们很大程度上影响了数亿人对新内容和信息的获取渠道。

媒体分析的覆盖面可以被广泛应用于整个文化工业。但是，为什么我把它称为一个阶段，而非当代文化工业的趋势之一？因为在某些行业，媒体分析会被用来处理每一个文化器物。例如，2014 年，使用媒体分析的数字音乐服务占美国音乐收入的 70%。[28]这是一种新型关系，它涉及媒体内部如何运作及它们在社会中如何运作。总之，无论是实践还是理论层面，都是至关重要的。未来任何关于媒体理论或传播学的探讨都必须从这一新趋势开始。

（当然，我并不是说 1993 年以后，在媒体技术领域没有发生过其他事件。我可以列举出许多其他重要发展，比如从信息分层组织转向搜索、社交媒体的兴起、地理定位信息的整合、移动计算、摄像头和网络浏览功能在移动端的整合等，以及 2010 年后，媒体分析和其他数据分析领域开始采用监督式机器进行学习。）

谷歌、百度、VK、亚马逊、eBay、脸书、Instagram 等媒体大数据处理领跑者其实非常年轻化。它们在网络时代发展起来，而不是像电影制片厂或图书出版商等 20 世纪的老牌文化工业。老牌企业过去是，现在也仍是"专业"内容的主要生产者。年轻的"玩家"在用户、专业内容及"用户生成内容"之间起到承上启下的作用。有经验的"玩家"虽然正在也开始采用分析法，但关键性的决策（例如出版一本书）仍然是凭借个人经验做出决策。相比之下，大多数新公司从一开始就把业务建立在计算媒体分析上。

一方面，公司利用媒体分析来优化分销发行、营销、广告、搜索和推荐，即客户发现和购买文化产品的文化工业部分。另一方面，社交网络和网络平台的用户成了彼此的"产品"。因此，亚马逊算法分析人们在选购商品时的行为数据，并利用这种分析向用户推荐其感兴趣的信息。脸书通过算法分析用户行为，决定用户的动态推送内容。[29]

虽然"算法"和"算法文化"这两个词都很常见，但有时也会有误导性——这就是为什么我用"分析"来代替它们。在大数据分析和预测中，最常用的技术是使用神经网络的监督机器学习，它与我们通常理解的算法（即通过执行一些有限的步骤序列来完成某些任务）有很大不同。一些机器学习应用程序是可解释的，但也有许多不是。创建这样一个系统的过程往往会产生一个黑匣子，这个黑匣子有很好的实际性能，但难以解释。也就是说，我们不知道它是如何产生结果的。[30] 出于这些原因，在提及公司部署的分析数据，做出预测或基于此分析执行自动操作时，我倾向于避免使用"算法"这一术语。我喜欢的术语是"软件"，它更通用，因为它不假定系统使用传统算法，也不假设这些算法是可解释的。[31]

媒体分析是当今媒介"物质性"（materiality）不可或缺的维度。15 年前，这个概念可能已经用于计算机硬件、编程语言、数据库、网络协议，以及媒体创作、发布和共享软件的讨论中。[32] 今天，媒体实质性包括 Hadoop 和 Storm 等大数据存储和处理技术，监督式机器学习和深度学习（deep learning）等范例，以及 k 均值聚类（k-means clustering）、决策树（decision tree）、支持向量机和 k-NN（k 近邻算法）等流行的机器学习算法。物质性是脸书"每秒扫描 1000 亿行"，[33] 谷歌每天处理 100 TB 以上的数据（2014 年估算）[34]，并自动为每个人创建"基于时间的多个［预测］模型"。[35]

自动化：媒体动作

到目前为止，我们的讨论重点是媒体内容的自动分析和用户与内容的交互。我现在想谈谈媒体分析所支持的媒体文化的另一个新方面：基于早期和/或实时分析结果的媒体动作（media action）的自动化（automation）。这些行为动作分为两种类型：（1）部分由公开用户输入或选择的设置控制的自动操作；（2）不受公开用户输入控制的自动操作。

部分由公开用户输入或选择的设置控制的自动操作包括：响应文本搜索结果、用户图片搜索结果，以及音乐服务中根据用户选择的歌手推荐音乐曲目。例如，谷歌图像搜索目前可以选择人脸、照片、剪贴画、线条画、动画，并且可以搜索全彩、主色或黑白。用户可以更改的设置示例是系统根据用户的偏好推送的广告及通过"安全搜索"设置可以显示的图像类型。

这些用户的输入和设置与内容和交互分析的结果相结合，以确定软件的进一步操作。操作的选择可以结合指定用户的历史数据及所有其他用户的数据，例如所有亚马逊客户的购买历史记录。其他信息也可用于确认操作。例如，成千上万个广告的实时算法操作决定了定时推送给用户的广告内容。

不受公开用户输入控制的自动操作取决于对用户交互活动的分析，但不要求用户选择任何内容。换句话说，用户通过以前的操作进行"投票"。例如，Gmail（谷歌邮箱）对邮件进行自动过滤，将邮件标记为"重要"和"全部"两类。我们今天在与网络服务和应用程序的交互中遇到的大多数自动操作可以手动设置。然而，并不是每个用户都愿意花时间去了解和更改每个服务的默认设置（例如：www.facebook.com/settings）。

我们还可以将自动操作分为两种类型，具体使用哪种取决于它们的方式是确定的还是不确定的：

1. 确定性操作是由计算产生的，在相同的输入下，这种计算总是产生相同的输出。

2. 不确定性操作也是由计算产生的，但在相同的输入下，这种计算可能产生许多不同的输出。

当今，多数使用大数据的算法决策都基于概率论、统计学和机器学习。这包括文化工业的网络服务和应用程序中的自主决策。例如，一个推荐系统可以通过添加一个随机参数来改变这些结果，每次生成不同的结果。但是，即使一个计算系统使用确定性方法，当输入的数据发生变化时，它仍然可以每次生成不同的动作——这也是因为网络和社交网络的不断进步和发展。

结果呈现出媒体的另一种情况：我们每次展示和推荐的内容并不完全由我们或系统设计师决定。这种从20世纪文化工业的严格确定性技术和实践到21世纪非确定性技术的转变是媒体文化新阶段的另一个重要方面。严格意义上的属于实验艺术领域的经验——约翰·凯奇（John Cage）利用不确定性，伊阿尼斯·泽纳基斯（Iannis Xenakis）随机创作或表演作品——已作为处理新的大规模可用内容的方法被文化工业采用。当然，这个行业目标是不同的：不是创造一种可能不舒服和令人震惊的审美体验，而是正如他们之前所选择和体现的那样，为的是让一个人接触到更多符合个人品味的现有内容。然而，我们应该记住，行业推荐系统也可以提升个人的品味和知识面，如果一个人逐渐偏离最初的喜好，那么网络超链接结构、维基百科和开放性刊物也可以相应改变。

除了我已经提到的基于媒体分析的自动操作的例子，还有许多其他类型的此类操作也使当代媒体不同于过去的媒体。例如，用户与网络服务、应用程序或设备交互的数据也经常用于对该网络服务、应用程序或设备进行自动设计调整。这些数据还用于创建更多的认知自动化，使系统能够"预测"用户在任何给定的位置和时间可能需要什么，并提供最适合该位置、时刻、用户简档和活动类型的信息。"情境感知"（context-aware）一词通常用于描述能够对位置、时间、身份和活动做出反应的计算机系统。[36] 2012 年推出的 Google Now 助手就是这种情境感知计算的一个例子（自 2016 年以来，其功能已被纳入 Google Assistant）。

20 世纪的工业软件设计师和广告商使用用户测试、焦点小组和其他技术来测试和改进新产品。但是在媒体分析阶段，服务或产品可以根据每个用户的交互历史及其他用户与服务或产品的交互分析，自动调整其行为。遵循谷歌推广的模式，每个网络和应用用户都成了许多不断变化的系统的测试员，这些系统从每一次交互中学习。

大规模媒体分析经常被用来决定创造什么样的文化产品，它们的内容和美学，以及它们应该如何营销和面向什么样的群体。例如，当你创建了一个你想要推广的帖子，并让脸书、Twitter 或其他社交网络自动创建一个特定的受众群（比如类似于你当前的关注者），那你就是在使用媒体分析。在这里，系统自动决定什么样的观众会对你的内容最感兴趣。但媒体行业已经走得更加深远，有时会首先使用分析来决定创建什么。在这方面，奈飞一直是行业先锋,它利用数据决定节目中的元素[如 2013 年的《纸牌屋》(*House of Cards*)]。³⁷ 奈飞还系统地分析了关于观看的内容及它提供的电影和电视节目内容的各种数据。正如奈飞工程总监泽维尔·阿玛特里亚因(Xavier Amatriain)在 2013 年的一次采访中所解释的那样:"我们知道你播放、搜索或分级的内容,以及时间、日期和设备。我们甚至会追踪用户在浏览页面时的鼠标滚动。所有这些数据都被输入到几个算法中,每种算法都根据不同的目的进行了优化。从广义上讲,我们的大多数算法都是假设相似的观看模式代表相似的用户口味。我们可以使用相似用户的行为来推断你的偏好。"³⁸

奈飞甚至可以分析其节目封面图片的颜色。在其技术记录上,它们发布了一些可视化的例子,用于比较其节目的封面配色。菲尔·西蒙(Phil Simon)在描述 2013 年的可视化案例时指出:"一般人在比较两个配色几乎相同的节目封面时,很难发现区别,但奈飞可利用算法精确地量化这些差异。更重要的是,它可以看到它们是否对用户的浏览习惯、推荐、收视率等有任何明显的影响。"³⁹ 在另一个媒体分析应用程序中,描述了奈飞如何使用计算机视觉算法自动从其电影和电视剧中捕捉适合在小型手机屏幕上播放的画面。⁴⁰ 而这些只是像奈飞这样的公司如何利用媒体分析来推动各种决策的几个例子。

另一个例子,Yelp 正在使用媒体分析自动选择最佳照片来做其评论网站上的企业的封面。正如其工程日志(2016)所解释的:

为了给 Yelp 用户提供一个很好的体验，照片分析团队面临着一个具有挑战性的任务：确定更优质、更具吸引力的照片，并开发一个能够评估这些照片特征的算法。在 Yelp 上，每家公司的页面都会展示一些最好的照片，我们称之为封面照片。多年来，我们选择这些照片纯粹是通过计算一个基于点赞、投票、上传日期和图片描述的算法。然而，这种方法有几个缺点。而现在，得益于我们的评分算法，我们认为餐馆封面照片的质量有了显著提高。[41]

媒体分析和文化分析

对与经济、社会和政治相对应的媒介文化，以及相关的文化效应，无论是文化工业还是学术研究人员都没有系统地进行实证研究。例如，我们知道许多关于美国保守派和自由派 Twitter 用户的语言或同一平台上的政治两极分化的事情。[42] 但我们对过去 15 年数亿博客的话题变化，或同期数十亿 Flickr 照片的特征变化，或全球数千个城市 Instagram 上共享的内容类型的差异一无所知。我们也不知道 Instagram 如何通过算法挑选的图片改变用户的品味，以及这又对他们的图片创作产生怎样的影响。

我们可以创造数据集或者利用现有的数据集来解决这些问题。在 2014 年，Flickr 向所有感兴趣的对象发布了一个包含 1 亿张照片的开放数据集，这些具有知识共享许可的照片分享于 2004—2014 年。[43] 这样的数据集既可以用来研究全球照片文化随时间的演变，也可以用来研究当地照片文化的差异。项目分析了 2013 年 12 月一周内在全球 5 个城市共享的 10 万张 Instagram 图像，发现不同城市之间在内容、视觉风格和摄影技术方面存在显著差异。[44]在 2013 年的另一个项目中，我们用了 230 万张 Instagram 图片样本，比较了 13 个全球城市的图像共享的时间间隔规律。[45]

这个行业的确借助专业和用户生成的在线内容掌握了不少"规律"，但其实这都是算法和神经网络的功劳，只有它们在进行"可视"。公司将这些信息用于搜索、推荐、设计、营销、广告和其他应用，但通常不会公布分析结果。媒体分析服务的商业客户通常也仅对特定内容（例如，特定品牌的所有社交媒体提及或竞争公司的活动）和特定用户行为或用户活动（例如，对该品牌的喜欢）感兴趣。

通常，文化工业中用于合理化和细化内容与传播的相同分析方法也可用于研究、绘制地图、量化，以及解释文化工业媒体分析的文化效应。例如，如果文化工业使用聚类分析来研究特定音乐或电影的受众，我们就可以使用聚类分析来了解所提供的数千部电影之间的关系。但如例子所表明，工业界所做的和独立研究人员能做的之间存在着明显的不对称。我可以从一些社交网络收集用户生成内容的大数据集，也可以收集不同类型的专业内容，例如设计师和公司在视频共享网站 Vimeo 上分享的音乐视频、动态图像，或者在 Behance 上分享的设计项目。如果给定的社交网络 API 提供了这些数据，我还可以访问用户如何与特定帖子交互的交互数据（interaction data），例如点赞量、评论数等。但是，现在所有的专业媒体公司都不向用户公开这一类数据，我们也无法获取奈飞可以访问的详细信息：每个节目的观众画像、观看时间、地理位置、关联搜索记录、历史记录、鼠标点击行为等。Spotify、iTunes Store、Google Play、亚马逊、Etsy、全球速卖通等网站的数据也是如此。

谷歌趋势是一个免费的系统，它向用户提供大量数据，易于使用的图形界面及下载结果的功能。它可以用来提出有趣的文化问题，事实上，许多研究人员在论文中引用它的分析结果。还有其他付费的社交媒体监控管理平台：Hootsuite、Sprout Social、Brandwatch、Critical Mention、Crimson Hexagon（现在是 Brandwatch 旗下的社交媒体分析公司）等。通过监控社交媒体、博客、评论、新闻、论坛和其他来源的特定关键字、标签与主题，可以看到它们在不同时间和地域的相对流行度（类似于 Google 趋势显示搜索词的模式）。然而，这些软件的主要目的是使企业或组织能够计划其社交媒体活动，了解人们对它的评价，并将自己与竞争对手进行比较。因此，它不能作为一般的文化分析工具。要想提出更多研究问题，或者能够直接分析大型文化数据集，而不是依赖社交媒体监控软件内置的算法，必须学习编程和数据科学，获取数据（通过 API 下载数据，从网站上获取数据，或者从数据提供商，如 Data Sift 或 Webhose.io 那里获取）后就可以开始分析了。如果我们对精细的历史或大规模的跨文化分析感兴趣，这是唯一的方法。

文化工业这个术语，在本书中已经出现过多次，有着确切的起源。正如我已经提到的，它是由德国文化理论家霍克海默和阿多诺在他们 1947 年的《启蒙辩证法》中发展起来的。他们在洛杉矶写这本书的时候，好莱坞的工作室正处于它的经典时期，也是整合度最高的时期。当时有 8 家大型电影集团，其中 5 家（20 世纪福克斯、派拉蒙、RKO 影业、华纳兄弟和 Loews）都有自己的制片厂、发行部、院线、导演和演员。根据电影理论家的说法，这些制片厂制作的电影具有非常一致的风格和叙事结构。[46] 无论霍克海默和阿多诺在从德国移民到洛杉矶之前是否已经充分形成了自己的想法，书中的所有内容及其陈述，正如其中的名言，"今天的文化让一切都变得千篇一律"[47]，似乎符合好莱坞的经典时代——虽然在那个时代，不同导演的电影也互不相同。

新的"计算基础"（即媒体分析）如何影响文化工业创造的产品和消费者看到与选择的东西？例如，现在许多公司使用的计算推荐系统是帮助人们更广泛地选择应用程序、书籍、视频、电影或歌曲（即长尾效应），还是相反地，引导人们进入"最佳榜单"？ Twitter 和脸书是根据怎样的系统，向我们进行关注人推荐和群组推荐的呢？［关于介绍其推荐系统详细信息的行业出版物，请参见 2013 年的论文《基于位置的移动环境个性化餐厅推荐系统》（"Location Based Personalized Restaurant Recommendation System for Mobile Environments"）[48]；关于行业推荐系统对媒体消费影响的定量分析，参见 2010 年的论文《YouTube 推荐系统对视频浏览量的影响》（"The Impact of YouTube Recommendation System on Video Views"）[49]。］

或者考虑一下流行的媒体捕捉和分享应用程序的界面和工具，比如 Instagram，它的标准滤镜和调节控件以一定的顺序出现在用户的手机上。只有几种滤镜占据主导地位,是否会导致图像风格的趋同化?关于数字工具和服务对文化多样性的影响的这些问题,现在可以使用来自网络的大规模文化数据和数据科学方法进行定量研究。例如,当我们比较 2012 年春天全球 13 个城市分享的 230 万张照片的 Instagram 滤镜使用情况时,我们发现这些城市之间存在显著的一致性。[50] 不同滤镜在各个城市的相对频率非常相似,而且它们的受欢迎程度几乎与它们在 Instagram 应用程序界面上出现的顺序完全相关。

历史文化媒介的数字化也使得定量分析其多样性和同质性随时间的变化成为可能。在论文《衡量当代西方流行音乐的演变》(2012)中,研究人员将计算方法应用于 1955—2010 年 464411 个不同歌曲录音的数据集。他们发现流行音乐的许多声音参数在这一时期没有变化,但有一些变化显著。研究人员强调了 3 个转变:"音高转换的限制,音色的趋同,以及不断增大的音量。"[51] 前两项研究结果表明,在研究的 55 年间,西方流行音乐的多样性降低了。

另一份刊物《流行音乐的演变:美国 1960—2010》("The Evolution of Popular Music: USA 1960-2010")分析了这一时期排行榜上出现的 17094 首歌曲。作者分析了声音属性,"以声音为基础对音乐风格进行分类,并研究了音乐多样性和差异的演变,对文化变迁的几个经典理论进行了检验和否定"。他们还调查了"流行音乐的演变是渐进的还是间断的",发现虽然有些时期有渐进的变化,但在 1964 年、1983 年和 1991 年也有 3 次风格上的"革命"。[52]

本章我们研究了媒体分析,即对数字文化内容和用户活动的计算分析,这些已经成为当代数字文化的基础。然而,尽管谷歌、脸书、Instagram、亚马逊等公司对内容和互动数据的大规模计算分析,以及其他国家的同类公司赋予了它们很大的权力,但它们不只是 20 世纪 40 年代紧密整合的好莱坞集团的新翻版。网络、社交媒体和媒体分析的使用创造了一种新型的文化工业,它与 20 世纪 10 年代至 20 世纪 40 年代建立的旧文化工业共存并相互作用。这个早期的文化工业专注于<u>创作、发行和营销内容</u>,如电影、广播节目、歌曲、书籍和电视节目。我们这个时代的新文化工业正专注于<u>组织、呈现和推送由各种演员创作的内容,以及捕捉和分析个人与这些内容的互动</u>。换句话说,通常这些公司不是内容创作者。

创作内容的演员包括不同规模的专业制作人(例如,大型电影制片厂、电视制作公司、图书出版商和音乐标签——"旧"文化工业)和数十亿普通的临时用户,以及数百万处于这两个极端之间的人。例子包括:社交媒体上的小圈子和"网红";自由职业者,如摄影师、设计师、瑜伽教练、发型师或室内装潢师;利用社交媒体推销自己的小店或个体卖家;众多流派的在线视频创作者,如动漫音乐视频、YouTube 热点视频、俄罗斯学校毕业视频、中国短视频等;3500 万艺人在 DeviantArt(deviantart.com)上分享他们的作品;1.13 亿学者于 academia.edu 拥有账户。[53] 还有更多的例子。[54]

而且内容本身也与霍克海默和阿多诺写书时(20 世纪 40 年代初)文化工业制作的内容有质的不同:不仅是歌曲、电影、书籍和电视节目，还有我们在 Twitter、脸书、Vine、Instagram、YouTube 和 Vimeo 上分享的个人帖子、信息、图像、视频、学术论文、代码等。20 世纪 40 年代，美国整个文化工业发布的所有内容每年可能不到几百万条。如今，社交网络上共享的所有内容每天加起来都有几十亿条。

我们只能使用计算方法来揭示这一内容的可变性，以便我们能够理解和解释它。写这篇文章时，我的目的在于理解媒体和数字现象的学术领域——媒体理论、数字文化研究和新媒体研究，还没有采用文化分析方法。但是，正如最近出现的数字历史、数字人文和数字艺术史领域的研究人员已经开始在其领域应用这些方法一样，媒体理论也会采取这样的路径，只是时间长短问题。这一新的领域可以被称为"计算媒体研究"（computational media studies），或者等它完全被采用的时候，它可能仅仅被视为媒体和新媒体理论可以使用的另一套工具和方法，不需要自身特定的名字。

第二篇

用数据呈现文化

第四章 文化数据的类型

将一个文化对象、过程或体验表示为可以进行计算分析的数据,意味着什么?这些对象、过程和体验的元素哪些可以被抓取?哪些元素不包含在内?我们如何表示人类与计算机文化器物和系统的互动?[这些计算机文化器物和系统可以回应人类行为,与人类行为进行交流(例如,像人工智能界面那样),并以智能的方式执行。]这些都是文化分析的基本问题。

在本章中,我将研究全球数字文化中的 4 类"事物"(thing),我们可以对其进行大规模的计算分析。请注意,此处的"数字"既指计算机设备和网络基本功能(发表帖子,共享媒体,发表评论,参加线上组织和论坛,使用应用程序),也指数字宇宙中所代表的物理现象(例如,用于组织和事件的网页)。而我们将研究的 4 个类别是媒体、行为、互动和事件。

媒体在这里指的是由专业创意人员和社交网络用户创建的数字器物。行为既包括可以留下数字轨迹的线上活动,也包括能够用其他方法捕捉到的实际行为。互动指的是使用算法驱动的交互式媒体(例如,视频游戏、谷歌地球等虚拟地球软件或虚拟现实和增强现实应用的活动)。最后,事件指的是具有一定时间持续性并涉及多个人的文化事件:音乐表演、展览开幕式、时装表演、研讨班、周末城市节、咖啡大师的展演等。这些事件通常发生在特定的地点，并由组织来呈现，因此这一类别也包括这些实体。

这 4 个类别并不意味着涵盖了数字文化中的所有现象。网络也是同样重要的现象。学术领域称为"网络科学"（network science），致力于研究复杂的网络并发展用于评测网络的理论和方法。自 20 世纪 90 年代以来，网络范式（即将现象视为网络）对其他领域也至关重要。这种范式假设网络的结构和特征比任何单独的节点和链路更重要。采用这种模式进行数字文化研究意味着注重网络与其中的媒体对象、主题、人，以及其他对象和动作的移动，而非单一的媒体器物、行为或事件。例如，在 2018 年的文章《量化艺术的声誉和成功》("Quantifying Reputation and Success in Art"）中，作者们对艺术世界进行了分析。作者以 36 年（1980—2016）间 143 个国家的"16002 家画廊中举办的 497796 场展览，7568 家博物馆中举办的 289677 场展览，以及 1239 家拍卖行中进行的 127208 次拍卖"的数据为基础进行了分析。[1] 结果揭示了艺术家如何通过这些画廊和博物馆的网络随时间推移而移动的重要模式。例如，在声望较高的机构举办了前 5 次展览的艺术家很可能会继续在这些机构举办展览。相比之下，在前 5 次都在排名后 40% 的机构举办过展览的艺术家中，只有 14% 的艺术家在 10 年后仍继续活跃。一名艺术家最初的展出历史也可以成为预测其他成功的衡量标准："高初始声誉艺术家的展览次数是低初始声誉艺术家的两倍；高初始声誉艺术家 49% 的展览是在本国之外的地点进行的，而低初始声誉艺术家的这一比例则为37%，而且享有较高初始声誉的艺术家在机构声望方面表现出更强的稳定性。"这些模式和其他模式是通过将艺术世界视为一个庞大的网络来揭示的，艺术家和艺术作品可以在这些网络中移动，而不必考虑艺术作品本身的风格和内容或艺术家的传记细节。

我们还可以选择其他的分析方式，从事物方面探索数字世界。例如，我们可以区分文化数据、文化信息和文化话语：

- **文化数据**：图片、音乐、设计、建筑、影视、动态图像、游戏、网站、应用软件、艺术作品——换句话说，天生就以数字形式存在或通过数字媒体（例如，建筑图片）表示的文化器物和系统。

- **文化信息**：参展艺术家的姓名、文化场馆的地址、应用软件的下载数量，以及在网络上发布的其他类型的信息。这些信息可以被视为第一类型内文化器物的元数据。

- **文化话语**：评论、排名、人们分享自己参展体验的帖子，以及这些体验的照片、视频和推送，与详细介绍这些创作过程的视频——换言之，一种关于这些文化器物的"延伸的元数据"。

原创的文化器物/活动与其数字表示之间的区别也十分重要：

- **原创的数字文化器物**：由于它们已经是数字形式，因此我们总是从原始数据开始处理。

- **来自其他媒体的数字文化器物**：它们通过数字形式的表示可能并未包含所有的原始信息。例如，在线资料库和博物馆数据库中的绘画数字图像通常不能完全显示它们的三维结构。(虽然这些信息可以用三维扫描技术捕捉，但通常情况下实践并非如此。)

- **文化体验**：例如，体验戏剧、舞蹈、表演、建筑和空间设计；与产品互动；玩视频游戏；或在支持 GPS 的移动设备上与定位媒体应用程序交互。在此，我们可以记录和分析的材料／媒体对象的属性只是体验的一部分。例如，空间体验的案例中，建筑平面图只会告诉我们一部分信息，我们可能还想使用视频和动画捕捉人们与空间的交互和他们的空间轨迹。

最后，我们也可以通过在人文学科和媒体研究中已成为标准的 3 个类别的视角来探讨数字世界：<u>作者、文本（或信息）、观众</u>。可以用多种方法根据作者、信息和观众来收集和分析大数据——例如，关于一组作者之间联系的网络分析，对作者创造的视觉媒体内容的计算机视觉分析，对人们在博物馆中与展品相关的移动的分析，等等。本方案中的文本或信息对应着本章中所使用的"媒体"一词。

媒体：社会网络和专业网络

自 21 世纪头 10 年中期以来，大规模的全球社会和媒体分享网络和信息服务，如脸书、Twitter、百度、VK、Flickr、Instagram、Tumblr、Snapchat、WhatsApp、微信、微博和 LINE，已经聚集了数十亿人贡献的大量帖子、图片、视频、评论和讨论。计算机科学、计算社会科学和其他领域的研究人员对其中一些网络上用户生成的内容和互动进行了广泛的分析。

然而，关键是要记住，"社交媒体"并不限于在这些网络上分享的内容。以下例证的社交媒体类型清单来自第 11 届网络和社交媒体国际年会（2017）的论文征集。

- 社交网站（如脸书、领英）
- 微博客（如 Twitter、Tumblr）
- 基于维基百科的知识共享网站（如维基百科）
- 社会新闻网站和新闻媒体的网站（如《赫芬顿邮报》）
- 论坛、邮件列表、新闻组
- 社区媒体网站（如 YouTube、Flickr、Instagram）
- 社会问答网站（如 Quora、Yahoo Answers）
- 用户评论（如 Yelp、Amazon.com）
- 社群策划网站（如 Reddit、Pinterest）
- 基于定位的社交网络（如 Foursquare、Pokémon Go）
- 在线约会应用（如 Match、Tinder、Grindr）
- 即时通信平台（如 Snapchat、Messenger、WhatsApp）[2]

21 世纪初，亚马逊、社交媒体网络和博客等在线市场的兴起创造了一种新环境，人们可以自愿表达自己的文化选择和偏好：对书籍、电影、软件、图片、视频和歌曲进行评级，对喜欢和爱好的事物进行设置，分享他人的文化帖子，等等。人们对自己的文化偏好、思想和观念进行解释、捍卫和辩论。他们会在 Instagram 上评论照片，在亚马逊上发表自己对书籍的看法，在烂番茄（rottentomatoes.com）上评论电影，并在众多社交媒体网站、粉丝网站、论坛、群组和邮件列表上热烈地辩论，表达着自己的看法和意见。

借助 API、网页抓取和社交媒体监视软件，我们可以对这些网站和网络上大量的内容和用户活动样本进行访问。通过计算分析，我们可以发现哪些文化话题对几十个国家的人来说是重要的，以及他们对待文化的具体看法。此外，我们还可以找到人们在网络论坛上讨论的文化形式和流派的特征。然后可以将这些特征与创建这些形式的专业人士所使用的词汇表与撰写这些形式的学术研究人员所使用的语言进行比较。我们很可能会发现，对相同的一件事物，粉丝们的关注点与普通观众和学者是不同的。

有一种社交媒体类型没有出现在前面的列表中，但对文化分析特别重要，那就是面向文化专业人士、有抱负的创造者和创意领域学生的网络和媒体共享网站。我在第一章中对此类网站的早期示例进行了描述，例如 Coroflot。在 21 世纪初，社交网络只是日本和韩国的群体现象，其他地方还没有。在我们建立实验室的时候，Flickr 是美国唯一可见的媒体分享网站，到 2007 年 10 月时已经拥有 200 万用户。虽然已经可以在博客中添加图片和视频，但过程并不简单，也没有多少博客拥有可视媒体。[3] 但此时，面向创意领域专业人士和学生的 Coroflot 等作品集网站已经全面运作。

如今，杰出的英文专业作品集和项目网站包括 Behance（2006—），用于艺术设计和视觉交流的网站 Dribble（2009—），建筑网站 Archinect（1997—），线上摄影社区交流平台 500px（2009—），分享用户生产内容的艺术网站 DeviantArt（2000— ）。对数据科学家来说，在线投资组合就相当于是参加 kaggle.com（机器学习和数据科学社区平台）上的竞赛。对专业作家和新闻工作者来说，可以使用 Clippings.me、Muck Rack（muckrack.com）及其他各类网站。对音乐创作者来说，可以使用 SoundCloud（2007— ）。对视频、运动图形和动画专业创作者来说，可以使用 Vimeo（2004— ）。所有"创意阶层"的成员也可以在 Upwork、Guru、Freelancer 等自由职业网站上宣传自己和找工作。也有许多其他语种的类似网站，且大多具有 API。

类似 Behance 这样的网站是分析全球职业文化的最佳数据来源，因为它们的用户除了分享工作项目的例子外，还会对简历、项目描述、客户名单和个人陈述等重要信息进行分享。此类网站提供了当代全球文化生产、情感和新兴领域的实时快照，包含着数以百万计的艺术家、媒体设计师、自由作家、程序员和其他文化专业人士的项目和作品集。它们还可以随着时间的推移，对内容、风格、技术和各种媒体的使用上的变化进行分析。

DeviantArt（deviantart.com，2000— ）是最早的媒体分享网站之一，面向创意实践者。截至 2008 年 8 月，DeviantArt 已拥有 800 万会员，超过 6200 万件作品，平均每天收到 8 万件作品提交申请。[4] 2016 年，它拥有 3800 万注册用户，用户平均每天上传 16 万幅原创作品。[5] 我们的实验室对 2001—2010 年这 10 年间在该平台上分享的 100 万件视觉艺术作品进行了调查，对图像的主题、技术、尺寸、比例、视觉特征的变化进行了深入分析（更多细节

见第七章)。

　　媒体网站上专业内容的共享小组是另一个有趣的来源。例如，2017 年 3 月，Vimeo 上一个名为 "Motion Graphics Artists"（动态图像艺术家）的动态图像小组，大约有 3 万名小组成员分享的 11 万个视频。[6] Vimeo 上也有来自不同国家和城市的艺术家创建的小组，比如 "Look at Russia" "@Mograph Spain" "Motion Graphics New York"。我们可以用这些小组成员分享的作品来比较不同国家的设计趋势。在一项研究中，我们对 Flickr 上群组 Graphic Design 和群组 Art Now 展示的各 17 万张图像进行了比较。这一分析的目的之一是了解 "像 Flickr 这样的媒体网站是如何影响艺术家，将他们的作品集中在一起的。我们推测，艺术家通常会通过浏览某个特定群组的内容，并通过心理计算来理解其模式并决定是否加入其中。我们的目标是用算法来对这个过程进行模仿"。[7]

　　除了常规的社交网络和 Behance 这样的专业网站之外，如今，认真的创意专业人员还使用唯一的 URL 维护其专用站点。除了脸书的页面之外，专用网站还是在大多数文化领域中展示大型或正在进行的项目或活动的默认媒体。每年有多少为文化专业人士、项目和组织创建或更新的此类网站呢？据我所知，没有人费心去问这样的问题。这是一个很好的案例，说明我们对当代全球文化知之甚少。数字文化宇宙的快速扩张就像 10 亿年前宇宙大爆炸之后的物质宇宙的扩张（根据主流的宇宙学范式）。手动浏览网页或使用社交网络和分享网站提供的推荐，我们只能看到不断扩大的文化宇宙中最微小的角落。但如果我们使用适当的抽样方法来收集大数据集,并用数据科学的方法来分析它们,我们所能看到的将不再局限于自动生成的"热门话题"列表,或推荐系统底层的不可访问算法,或由一些专家创建的、面向特定受众的"热门"或"最重要"项目列表。这种数据收集方法包括在可用时使用 API,以及在 API 不存在时通过爬虫或对下载数据进行抓取。如果采用后者的方法,我们可以获取社交网络之外的各种文化内容并进行分析。当然,在使用来自网站、社交媒体网络和其他在线资源的数据时,我们也需要遵循公认的准则来保护用户隐私。我将在本章后面讨论这个问题。

这些数据可以被用来做一些以前无法想象的事情:创建动态、互动、详细的全球文化发展地图,用来反映数百万创作者的活动和愿景。凭借足够的时间和地理分辨率,这种动态地图可以展现出这种趋势是如何出现的,空间和时间的旅行,流行的变化,以及与其他趋势的结合,等等。(见彩图 2)

但我们也不应低估挑战。举例而言,虽然文化的数字化和网络化给我们带来了大量的文化器物,但与此同时也导致了新媒体形式和体裁的激增。如果人文和媒体研究没有跟上这种增长,计算机科学也将是一样的结果。在 20 世纪末流行的旧媒体——照片、视频、歌曲、空间数据和文本(包括网站、博客和社交媒体帖子)——受到了最多的关注。图像中物体、场景类型和更高层次概念的自动识别和检测一直是计算机视觉研究的重点。21 世纪 10 年代上述研究取得了重大进展。一些特定类型的内容,比如时尚摄影,也取得了良好的进展。在专业和非专业时尚照片的自动分析中，实现了显著的准确性，包括检测衣服类型、姿势、品牌和风格（时髦、波希米亚风、校园风或学院派等）。[8] 我们看到的另一个有希望的研究领域是插图风格的检测。[9] 至少到目前为止，还没有人将游戏的图形、产品、界面和用户界面中的样式、技术和形式的自动分析视为研究问题。2019 年才刚发表了第一篇关于建筑样式自动分类的论文。[10] 神经网络在分类新类型的文化数据方面表现良好，这是一个良好的开端。但在深度和广度上，我们还是无能为力，目前还没有出现任何类似于其他媒体中的自然语言的处理方法。

事实上，全球使用联网的计算机和设备来创建和共享内容和通信，不仅导致了自 21 世纪头 10 年中期以来文化器物数量的激增，而且还导致了媒体类型及其组合数量的增长，其中包括 HDR 照片、带有滤镜的照片、带有叠加贴纸和绘图的照片、360 度视频、竖向视频、虚拟地球、表情符号、屏幕图标、自适应网页设计等。[11] 这些体裁、类型和组合经常会发生变化并迅速发展。因为它们都"生活"在严格的软件环境中，所以在物质层面上不需要改变，一切都仍旧由相同的像素、向量和文本字符构成。[12] 这些动态性和可变性对当今任何类型的媒体分析都是一个重大挑战，无论是非定量的媒体理论还是依赖于大样本算法分析的定量研究。换句话说，分析某些类型的算法展现了更好的性能，研究人员终于开始关注新的形式，随着新类型和新形式的不断涌现，旧的流派也在不断变化。

行为：数字和物理痕迹

可以说，尽管第一类文化产品（用户生成和专业创建的数字器物）在数量、种类和速度上都更具优势，但实际上它们与我们过去拥有的历史器物没有什么区别。无论是现在还是过去，我们都有创造器物的个人或团体：800 年前的寺庙或教堂的建造者，50 年前的电影工作室，现在的游戏设计公司或者软件公司。

当然，可能有人会说，尽管现在的评论规模很大（如 Yelp、TripAdvisor、IMDB），但过去也有专业人士或受过教育的精英来撰写评论。如今，同样的情况也发生在数百万创意者在求职和投资组合网站中分享的简历上。此外，我们还为一些专业艺术家、作家、科学家、专业和知识阶层的其他成员，以及在早前几个世纪工作的其他创作者提供传记。马克西米利安·席希（Maximilian Schich）和他的合著者在一篇名为《文化史的网络框架》（"A Network Framework of Cultural History"）的文章中提供了通过追踪 2000 多年中 15 万名著名人物的出生和死亡地点来展现文化史的新视角。[13]

过去，我们缺乏的是详细而大规模的对文化行为的自动记录：讨论、阅读、倾听、观看、游戏、导航、搜索、探索、合作。然而一旦这些活动涉及计算机，情况就会改变，使对文化理论中所指的"接受"进行大规模的定量研究成为可能。通过计算机或基于计算机的媒体设备进行的任何活动（在网上冲浪、玩游戏、参与聊天、分享帖子、发表评论、编辑照片）都会自动留下痕迹：

按键、光标移动、控制器位置、菜单上的选定项目、键入的命令等。许多应用程序中出现的撤销命令和历史窗口都很好地印证了这一说法。网页服务器会对用户访问过哪些页面、他们在每个页面上花费了多少时间、点击了哪些链接等一系列内容进行记录。应用程序开发人员使用特殊的软件服务（例如，谷歌的Firebase）来记录和分析其应用程序用户所采取的详细操作。

因此，就文化研究可获得的数据而言，这种第二类文化事物——行为——在文化研究的数据方面差异最大。2007—2018年，我们已经可以通过社交网络的API获得前所未有的大量在线行为数据。[截至2018年，美国网络已限制第三方访问其数据，这是为了遵守欧盟《一般数据保护条例》（General Data Protection Regulation），也是为了回应2016年美国总统大选和2016年英国"脱欧公投"中数据被用于操纵选民意见的新闻。]这些年，一些最流行的网络API允许访问所有公开帖子的详细信息，包括地理位置、发帖日期和时间、喜欢的人数、发帖人的用户名、文本、标签、共享图像或视频（如果有）等。此外，这些API还提供了每个用户的多种类型数据。例如，2017年，Twitter的API提供了40多个不同的此类数据，如自报账号位置和接口语言、用于个人资料的图像、好友ID和计数等。[14]所有这些可用性数据对21世纪头10年后半期的计算社会科学的发展起到了关键作用。

如果我们使用可通过API访问的社交媒体数据进行研究，就必须谨慎遵守规则，确保用户的隐私得到保护。起初这一点并不明显，但最终随着计算机科学和计算社会科学的研究人员都开始这样做，2013年美国卫生与公共服务部等国家机构制定了详细的指导方针。[15] 在访问用户数据的话题开始被广泛讨论之后，脸书等社交网站还为自己的研究人员创建了相关使用数据的指导方针和审查委员会。[16] 国家机构和学术期刊的研究出版指南指出，任何个人数据只能在用户明确同意的情况下使用。[17] 本书之前已经提到过一些与此相关的文化工业领域的项目，比如脸书的社会科学项目，它们旨在为研究人员提供大数据而不包含隐私，但这只是一种可能的解决方案。正如数字文化研究人员托马索·文图里尼（Tommaso Venturini）和理查德·罗杰斯（Richard Rogers）在2019年指出的那样："API的关闭……如果它能鼓励研究人员减少对主流平台的依赖，并探索新的来源和方法来收集更接近数字化现场工作的在线记录，就会产生积极的效果。"[18]

当然，并非所有的文化活动和行为都由计算机来调节。人们会去参加音乐会，参观博物馆，阅读书籍，在他们喜欢的咖啡馆消磨时间，旅行和去酒吧娱乐。他们也可能会与朋友一起浏览杂志，讨论时尚或美食潮流，在手机上展示照片并发表评论。以上这些活动都不涉及计算机的应用调节。尽管他们可能使用网络来查找有关这些地点的信息，预约就餐并用手机拍照。

20世纪，社会科学家们发展了各种定性研究（qualitative research）方法，包括参与观察，实地记录，结构化、半结构化和非结构化访谈，实例探究，详细说明，以及其他一些方法。这些方法十分适用于文化行为的研究，尤其是当它们发生在一个物质空间，比如我之前所举的例子。通过观察、访谈和参与活动，研究者可以了解参与者的动机和活动的意义。

有趣的是，尽管最近人文学者对定量方法表现出了浓厚的兴趣，但在人文学科中，定性方法的范围，以及社会科学中关于定性方法的细致入微的理论讨论仍然是未知的。究其原因，可能与人文学科的历史定位有关。我们似乎不能采访19世纪小说的读者，也不能组织一个观众小组去观看1895年的第一部电影。但是，如果我们关注当代文化，那么定性方法应该成为我们的工具。[参见"数字民族志"（digital ethnography）领域的工作，该领域使用定性方法研究在线社区。]

尽管直接观察或参加文化活动，进行访谈或在很长一段时间内将自己融入团体都是很有效的方法，但很可能无法察觉到所有情况。使用技术来捕获人类行为的记录通常会有所帮助，这不仅是因为这种观察的规模可能很大，而且它还可以帮助我们捕捉到参与者可能无法口头报告或正确评估的体验维度。与摄像机、麦克风、GPS设备和其他传感器相结合，计算机设备可以捕捉人类身体行为和生理状态的许多方面，例如语音、眼球运动、地理位置、身体部位的位置、脉搏、电流和血液乃至大脑活动（使用脑电图和功能磁共振成像）等。

这样的记录被广泛应用在文化和科技产业中。例如，眼球运动记录被用于测试广告、评估计算机和产品界面与网站设计。许多视频游戏和电影的制作都依赖于动作捕捉。在动作捕捉中，演员的身体和脸部的动作被记录下来，然后被用来制作由计算机生成的角色动画。

在互动艺术、舞蹈、表演和音乐中，捕捉参与者和表演者的行为也是一种重要策略。数十年来，艺术家、舞者和音乐家一直在使用视频捕获和传感器来捕捉身体的位置和动作。早期著名的例子包括迈伦·克鲁格（Myron Krueger）自 1969 年以来创作的一系列互动作品，如《录像世界》(*Videoplace*)①，以及大卫·洛克比（David Rockeby）的《非常神经系统》(*Very Nervous System*)。在作品《解观者》(*Zerseher*, 1992）中，约阿希姆·索特尔（Joachim Sauter）和德克·吕塞布林克（Dirk Lüsebrink）使用了一种十分简单但在概念上非常有力的方式——眼球运动捕捉技术。一个观者看到了一个可以显示一幅画的监视器。通过眼睛跟踪，观察者的目光被捕捉到："当观察者看着这幅画时，这幅画就在观察者的目光指向的确切位置开始发生变化。"[19]

苏联心理学家阿尔弗雷德·雅尔布斯（Alfred Yarbus）是眼动研究的先驱之一。在其极具影响力的著作《眼动和视觉》(*Eye Movements and Vision*, 创作于 1962 年，1967 年翻译成英文出版）中，他分析了一系列人类受试者观看 19 世纪著名写实绘画家伊利亚·列宾（Ilya Repin）的画作时的眼球运动记录。这项经典研究预见了眼球运动记录在广告和设计中的广泛使用，此外其他国家的研究人员也多次进行了同样的研究。[20] 雅尔布斯用这一实验表

---

① 1975 年，迈伦·克鲁格提出了"人工现实"(Artificial Reality) 的概念，并展示了一个"并非存在的一种概念化环境"，这是一种全新的交互体验。用户面对投影屏幕，摄像机摄取的用户身影轮廓图像与计算机产生的图形合成后，在屏幕上投射出一个虚拟世界。同时，传感器可以采集用户的动作，来表现用户在虚拟世界中的各种行为。这种早期的人机器互动方式，对日后 Room-Scale 等 VR 技术的发展有着深远的影响。

明：赋予一个人的任务极大地影响了他们的眼睛运动。他写道："眼动反映了人类的思维过程；因此，观察者的思维可能在一定程度上遵循于眼睛运动的记录（伴随对特定物体的观察而产生的思维）。从这些记录中可以很容易确定哪些元素吸引了观察者的目光（从而吸引了他的思想），以及吸引的顺序和频率。"[21]

如今，可以借助手机、健身追踪器和其他可穿戴设备对人们的地理位置与身体运动等数据进行大规模捕扫。举例而言，这就是谷歌如何为许多企业创建图表从而显示其每周和每天的受欢迎程度——从同意分享这些数据的用户手机中收集到相关数据。健身应用程序和追踪器会捕捉有关锻炼类型、速度、强度、睡眠时间和密度的数据。不要忘记我们城市中数百万台摄像机、出租车、道路传感器、自行车上的GPS设备。一幅人类行走、睡觉、开车、骑自行车、坐着、举起、跑步的巨幅肖像，一幅人类在地球上作为生理有机体的肖像，分布在多个系统、文件格式、服务器、地点和组织之间。

研究人员可以对这幅巨型肖像中的某些部分进行访问。匿名的位置数据被用于成千上万的定量研究，涉及世界各地城市游客和当地人的出行方式。这些研究出现在地理学、城市研究、旅游研究、环境科学、交通运输和新领域的学术期刊，以及21世纪头10年后半期城市研究与计算交叉发展起来的新领域——城市信息学、城市计算和城市科学。例如，在2015年的一项研究中，麻省理工学院"可感知城市实验室"（Senseable City Lab）的研究人员结合了来自350万张Flickr照片的位置数据，2400万条Twitter，以及来自西班牙 30 万台 ATM 机的匿名银行交易，对游客活动和城市规模之间的关系进行调查。[22] 我们在工作中与两个城市数据分析公司——Habidatum 和 SPIN Unit 进行了合作。SPIN Unit 的一个项目是利用俄罗斯最大的社交网络平台 VK 上数百万帖子的位置和时间戳（time stamps），对俄罗斯的 70 个单一产业城镇（monotown）进行分析。SPIN Unit 确定了城市哪些区域中有更多的人在发帖，以及他们发帖的具体时间，并对活动类型做了一些预测。该项目受俄罗斯城市咨询公司 Strelka KB 的委托，旨在通过城市干预改善这些城市生活的指导方针。

"可感知城市实验室"、SPIN Unit、Habidatum 与其他团体和实验室经常受到世界各地城市机构的委托，利用包括车辆在内的许多来源的数据来运行类似的项目。[23] 举例来说，纽约市自行车共享项目发布了有关自行车骑行的数据，其网站上呈现了许多用这些数据创建的艺术可视化和其他创意项目。要想知道我们可以从城市自行车共享系统发布的数据中学到什么，请参阅论文《2200 万次自行车骑行的故事》（"A Tale of Twenty-Two Million Citi Bike Rides"）[24]。未来，我们可能还会看到使用自动驾驶汽车生成数据的可视化与相关成果；预计每辆车每天将产生 4 TB 的数据。[25] 当然，未来的机器人也会创造数据。

随着全球越来越多的城市实施"智慧城市"战略，有关人员、车辆、设备及其行为的海量数据收集已经变得越来越普遍。这一行为带来了许多政治和社会问题——隐私、获取收集到的数据（比如说这些数据是否可以被市民使用，还是只能被城市机构或私人公司使用），以及资源的效率和经济性是否应该成为智慧城市的主要目标。目前为止，旧的现代主义效率诉求已经主导了有关智慧城市的讨论，而牺牲了城市数据的其他潜在用途，比如增加城市规划和设计的多样性和可变性，以及支持更多自发行为。

如今，位置和移动数据被城市规划者、工程师、城市机构和决策者所利用，而优步（Uber）和位智（Waze）等公司则与研究人员对一些汽车出行数据进行共享。[26] 尽管这些数据在今天看来可能庞大而精细，但这仅仅是个开始。在未来，数亿人的生理状态和大脑活动记录也将得到广泛使用。数百万生活在特大城市的人是否会同意将他们的实时大脑活动和眼球运动记录提供给城市规划者和建筑师，从而实现城市的改善？或者，是否需要收集这些数据才能让公民拥有使用城市基本服务的权利？或者……添加你所想的场景。

最后，我想强调一下我的主要观点。对文化进行大规模的计算分析不是仅使用大量媒体器物或使用社交网络中用户数字行为的记录。文化的概念还包括身体行为、经历、心情、感受和情绪状态。根据当下目标，可能还需要对其他这些维度进行分析。例如，就空间体验而言，建筑平面图和照片只会告诉我们部分故事内容，可能还需要使用视频并对人与空间的互动进行动作捕捉。抑或我们仅仅使用笔记本计算机和照相机作为唯一工具，花时间对人们的行为进行观察。

对人种学、人类学、城市研究、体育、医学及其他领域来说，系统观察和捕捉人们的行为与互动来进一步地分析并不是什么新鲜话题。例如，法国科学家艾蒂安-朱尔·马雷（Étienne-Jules Marey）在 19 世纪 60 年代就发明了许多捕捉人和动物运动的装置；在 20 世纪 10 年代，莉莲·吉尔布里斯（Lillian Gilbreth）和弗兰克·吉尔布里斯（Frank Gilbreth）就开始使用胶片来记录运动研究的工作流程。1969 年，城市学家威廉·H. 怀特（William H. Whyte）开始使用笔记本和相机来观察人们在纽约街道和公共空间的行为，并最终基于这项研究，出版了《小城市的社会生活》（*Social Life of Small Urban Places*，1980）这本极具影响力的书籍。[27]

21 世纪初，新的数字文化世界使得大量的媒体器物和人们的在线互动变得更加容易，这引起了许多研究者的关注。即使其观察与分析规模可能比观察数字世界需要更多精力，但我们必须记住，人是以肉体形式存在的，身体行为、认知和情感过程都是文化的重要组成部分。

呈现互动

在所有类型的文化行为中，有一类行为是非常重要的，我们需要单独对其进行讨论。事实上，这一类别将我们的当代文化与早期文化区分开来，甚至比规模问题更加重要。然而令人惊讶的是，在许多学术领域进行的文化定量研究中，它几乎被完全忽略了。这一类别就是人机交互（Human-Computer Interaction，简称 HCI）。

对互动作用理论的理解和选择对其进行分析的适当方法是密切相关的。在急于捕捉数据之前，我们需要问：什么是互动，如何通过特定接口创建互动，以及如何将其表示为"数据"？[28] 在导言中提出的文化分析的 12 个研究挑战中，提出了以下问题：我们如何使用计算方法分析交互式媒体及相关体验感受（例如，玩电子游戏、在 Instagram 上互动，体验交互装置），而不仅仅只是研究静态媒体器物？

回想 20 世纪文化创造的"原子"：一份"文件"或一个"程序"，即以物理形式存储的内容，通过拷贝（书籍、电影、音频记录）或电子传输（电视）传递给消费者。在软件文化中，我们不再拥有文档。相反，我们拥有了软件性能。之所以使用性能（performance）一词，是因为我们当下所经历的都是由软件实时构建的。无论我们是在探索一个网站，玩一个视频游戏，还是使用手机上的一个应用程序来定位附近的朋友或吃饭的地方，都属于计算动态输出。

虽然静态文档和数据集可能会涉及这种互动，但是不能像 20 世纪评论家查阅小说、电影或电视节目那样简单地查阅单个 PDF 或 JPEG 文件。软件通常没有有限的边界。譬如，谷歌地球的用户每次使用该应用程序时都可能会体验到不同的"地球"。因为在新的使用过程中，谷歌可能已经更新了一些卫星照片或添加了新的街景和 3D 建筑物。任何时候，该应用程序的用户还可以对其他用户和公司创建的更多地理空间数据进行加载。

谷歌地球不仅仅是一个应用程序，它还是一个供用户构建的平台。尽管在这里我们可以发现，这与 20 世纪用户对商业媒体的创造性改写（如流行艺术和对经典的拼贴挪用，音乐混音，同人小说和视频，等等）具有一定的连续性，但区别远大于相似之处。

即使用户只使用存储在他们计算机中的单个本地媒体文件，其体验仍然仅部分取决于文件的内容和组织。用户可以自由浏览文档，选择要查看的信息以及查看顺序。如在谷歌地球中，可以借助放大和缩小功能在该区域的鸟瞰图及其详细信息之间进行切换，还可以在不同的地图之间进行切换。

最重要的是，软件不是固定连接到任何文件或机器上的。无需更改文档本身即可轻松添加新工具。只需单击一下，便可以在博客中添加共享按钮，从而以新的方式对其内容进行传播。在 macOS 系统的"预览"（Preview）应用中打开文档时，可以高亮显示、添加注释和链接、绘制、添加思想泡泡。Photoshop 允许操作者将编辑内容保存在单独的"调整图层"中，而无须修改原始图像。诸如此类。

所有这些都需要一种新的方法来分析媒体和文化。什么是互动式媒体"数据"？是程序代码、用户互动的记录（例如点击和光标移动）、用户屏幕的视频记录、脑电图，还是功能磁共振成像捕捉到的用户大脑活动？是以上所有这些内容，还是别的什么？要使用语言学的术语，而不是把代码当作语言，我们应当将其当作语言来研究。

在过去的 15 年中，越来越多的数字人文学者开始使用计算工具来分析大量静态的数字化的文化器物，例如 19 世纪的小说或启蒙思想家的书信。他们通常遵循着文化对象这种传统的人文方法，而非关注人们与这些物体之间的互动。事实上，有所改变的是规模,而不是方法。

在我看来,需要使用一种截然不同的方法对软件文化进行研究。需要对互动体验进行记录和分析,跟踪用户浏览网站或玩视频游戏的情况;需要对不同的玩家进行分析,而不是只使用我们自己的游戏玩法作为分析基础;观看互动装置的参观者,只有当他们采取行动,探索由设计师所定义的可能性时,这些可能性才会变成实际事件。

换句话说,我们需要做的是弄清楚如何将软件性能充分地表示为数据。一些答案可能来自人机交互领域。在该领域,学术界和工业界的研究人员对人类如何与计算机接口互动进行了研究。然而,通常情况下这项研究的目标是切实可行的:找出新界面中存在的问题并加以解决。在研究互动的同时,从事互动设计和游戏设计的设计师还发明了新的界面和互动技术。

交互式媒体的文化分析目标不仅包括定量分析,还包括理论分析:了解人们如何通过互动作用来构建意义,以及如何通过软件对其社会和文化体验进行调节。因此,尽管我们可以使用在人机互动、互动设计与游戏设计中开发的转录、分析和可视化互动体验的方法,但仍需要有自己的发明。

事件、地点和组织

第四类我们可以大规模使用算法进行分析的文化事物是文化事件、地点和组织。它们中的大部分都在网络上留有痕迹,或者人们会通过网络服务（如Meetup）进行活动组织，所以我们可以收集、可视化和分析相关数据。

以下是这类数据源的一些示例，让我们来具体看一下。世界各地无数活动——讨论、节日、音乐会、展览、比赛、会议等——的组织者都在脸书上为他们的活动创建页面，一些文化组织和项目也有其专属网站。我们可以从特定的文化流派开始，检查是否有网站列出了全球范围内针对它的大量活动，如电子音乐节、艺术双年展、设计周和时装周等。例如，在"在别处"项目中，我们通过合并和检查来自众多在线资源的信息，完成了艺术双年展列表的制作（见图I.1）。

许多城市都有当地文化活动和地点的列表清单。据我所知，最全面提供此类列表的是俄罗斯Afisha网站（afisha.ru）。它不仅提供了关于俄罗斯近200个城市的电影放映、展览、音乐会、音乐表演和戏剧活动的每日更新信息，还列出了文化设施（即前文所述地点）及相应的活动计划。

世界各地的人们都使用专有的在线服务来组织会议、研讨、聚会和其他集会。此类在线服务的示例包括Meetup（meetup.com）、Eventbrite（eventbrite.com）和Timepad（timepad.ru）。截至2017年3月，Meetup共有来自全球182个国家的3000万会员，他们组成了总计27.2万个Meetup群组，每月组织608036次会议，而这些数字还在继续增长。[29]同年，Eventbrite组织了超过200万场活动，同时每周还有200万场活动注册。[30]这两个平台都有API，让有关会议和事件的信息（包括组名、描述、类别、日期和地理位置）可以用于研究。例如，在2019年9月21日Meetup上按主题划分的小组列表中，我看到了935个可替代能源组（288273人）、3640个环境组（1467963人）和22766个冥想组（8656762人）。2004—2019年，我们为"在别处"项目收集了2635724次Meetup小组会议的数据，显示出此类平台的地域覆盖范围：这些会议在146个国家的17360个城市举行。

  当然，我们必须谨记此类服务在每个国家的受欢迎程度不尽相同，因此在概念化项目和分析数据时必须考虑到这一点。仅提供英语的服务可能会有更多来自英语国家的列表信息。有些服务只适用于他们的国家。前面提到的Behance就是一个广泛的地域参与文化门户的案例。尽管我们在2007—2019年为"在别处"项目收集的81684个Behance账户样本中包括了来自162个国家的城市，但仍可以预见的是，拥有最多账户的两个国家是美国（16.6%）和英国（6.7%）。

  Meetup、Eventbrite和Behance的参与者来自美国或其他英语国家的比例较高，但脸书的情况恰恰相反。它更好地代表了世界其他地方的文化和知识生活，而不是美国和西欧。2016年之后，西方的许多学者、艺术家和知识分子开始不再使用脸书。造成这一问题的原因有很多：他们可能不喜欢这类垄断型公司，认为这种参与是在为脸书做免费劳动力；他们可能不喜欢自己的数据被用于个性化广告；也可能受到了许多负面媒体报道的影响，例如关于剑桥分析（Cambridge Analytica，英国一家数据公司）在美国总统大选和英国"脱欧公投"中所作所为的报道。

与此同时，脸书的全球活跃用户数量每年都在增长，截至 2019 年底，脸书的月活跃用户达到 25 亿。其中，月活跃用户最多的国家分别是印度（2.6 亿）、美国（1.8 亿）、印度尼西亚（1.3 亿）、巴西（1.2 亿）和墨西哥（8400 万）。[31] 美国用户只占全球活跃用户的 7.2%。在美国和西欧，人们可以接触到各种较早的交流和出版平台。然而在其他许多国家，脸书是唯一可行的、免费的知识和文化交流平台，被大多数知识分子、学者、艺术家、非政府组织和文化团体使用。在某些国家或地区，YouTube 和 Vimeo 就是所有视频和媒体艺术家可以使用的全部展示平台。

　　审查制度和政府监督（真实的，想象的，或两者兼有）的存在是导致这一现象的原因之一，它们将文化和知识生活与交流推向了全球社交网络和通信应用。例如，在 2019 年，俄罗斯的知识分子在 Telegram 上发布整个期刊，而俄罗斯用户在 Instagram 上发布的帖子则往往包含了长篇反思性文本。

　　导致这一现象的另一个原因是发展中国家的人民和组织对新技术更加开放，因为他们的人口更年轻，或者是由于这些国家的经济增长得益于网络时代助力。例如，许多国家的文化组织、博物馆、艺术节和大学经常联系我，这些联系和随后的所有通信都是通过 Facebook Messenger（功能与微信类似）来进行的。而美国和欧洲的类似机构则会通过电子邮件这种较为老旧的方式与我联系。（我甚至还会收到一些来自欧洲的定期邀请函类型的邮件。）世界各地对社交网络的普遍使用趋势也表现出类似差异。我们在"视觉地球"（Visual Earth）项目中使用了独特数据集作为依据，收集了2011年9月—2014年6月在Twitter上分享的2.7亿张带有地理编码的图片。我们对Twitter上共享图片的增长与一些经济人口指标之间的相关性进行了研究,其中国家公民的中位数年龄具有最强相关性(-0.73)。换句话说,一个国家的平均年龄越年轻,2011—2014年的图像共享增长越快。这种相关性甚至比增长率和经济发展之间的相关性(-0.52)还要强。

据我们所知,有许多关于文化活动、组织和专业人士的在线数据来源:数百万个学术会议、教育项目和文化中心的专用网站;领英(LinkedIn)和Behance等大型平台;帮助大多数文化活动进行宣传的一般社交网络(如脸书页面)。所有这些数据源的共同之处在于,它们的数据格式相对容易分析——日期、地理位置和类别(例如,某个博物馆在特定世纪、由特定媒介制作或来自特定国家的艺术品数量)。这些都是结构化数据的实例,可以很容易地对其进行可视化,也可以使用著名的描述统计方法进行研究。除了结构化的数据外,此类站点还具有文本数据,即事件和组织的名称及其描述。文本分析的方法也得到了很好的发展,网上有许多教程和免费教材对如何使用各种编程语言进行分析做出了解释。开发和测试这些方法的计算机科学领域被称为自然语言处理。在文学和历史文本中使用这种方法的相关示例,可以参考数字人文和数字历史方面的教科书和出版物。

第五章　文化抽样

本文的主旨是要把文化作为走出困境的重要助力。文化是一种我们追求绝对完美的方式。通过了解我们最关心的一切事情，了解世界上人们所认为和说过的最好的事情来实现完美。通过这些，我们将用新鲜自由的思想转化现在坚定而机械地遵循的传统观念和习惯，转化现在这般徒劳的想象：坚定地遵循它们是一种美德，从而可以弥补机械地追随所带来的危害。

——马修·阿诺德（Matthew Arnold），《文化与无政府状态》（序言），1875年[1]

学习世界文学是什么意思？我们该怎么做呢？我研究的是1790—1930年的西欧叙事，已经觉得自己在英国或法国之外的地方就像个江湖骗子……"我研究的是西欧叙事……"其实不是，我研究的是它的经典部分，甚至还不到已发表文献的百分之一。有些人甚至阅读过更多相关内容。但重点是此外还有3万、4万、5万或者6万本19世纪的英国小说，没有人真正知道，没有人读过，也没有人会读。还有法国小说、中国小说、阿根廷小说、美国小说……

——佛朗哥·莫雷蒂（Franco Moretti），《世界文学的猜想》，2000年[2]

在上一章中,我们研究了4种类型的数字"事物",可以使用它们在多个层面来观察数字文化。这4种类型的数字"事物"分别包括:媒体器物、行为、互动,以及事件、地点和组织。为了分析文化活动,我们可以建立大量的数据集,但如何选择将哪些项目包含在内,哪些项目排除在外呢?例如,假设某个艺术博物馆发布了一个包含其收藏的一些作品的信息和图像的数据集(许多博物馆都这样做过)。这些数据集包含哪些作品,并且是如何决定?这个博物馆的藏品究竟又包含了什么?它们能很好地代表博物馆所要表达的文化区域吗?还有哪些内容是没有包括在内的呢?

当观察、思考、研究、写作和展示文化时,我们所做的几乎都是在抽样(sampling)。我们选择要包含的内容,剩下的就留到后面。由于一些人文学者最近开始采用数据科学方法,"抽样"一词和"抽样理论"在人文学科中也开始为人所知。在数字人文学科之外,对展览、研究、出版物和教学的对象的选择通常基于意识形态、常识、个人见解、传统和既定准则,或者是尝试对以上方面进行纠正。抽样概念和技术于20世纪早期在统计学中发展起来,随后被应用于社会科学,其主要优点在于,我们可以系统地考虑研究对象的选择,而不必受意识形态、传统或直觉的指导。

在本章中,我将讨论文化抽样(cultural sampling)的概念和其面临的挑战。在统计和调查方法中,样本只是整个数据的一小部分。自然科学和社会科学利用统计中发展的抽样技术,定量研究各种现象,计划实验,分析收集的数据。由于研究一个完整的现象、过程或总体通常是不实际的，因此会使用抽样方法来选择整个过程中的一部分进行研究。例如，在一个特定的国家，为了找到人们对某些话题的看法，一个组织可能会使用几千人的样本进行调查。这如何适用于文化？如果我们满足于看到专家们根据他们的品味（例如由权威出版物选出的年度最佳书籍）、市场或受欢迎程度（例如 Instagram 上拥有最多粉丝的摄影师）选出的一小部分作品，那么抽样这种做法就是无足轻重的。但如果我们想从整体上看到一个文化领域的模式，就需要学习和使用抽样方法。

在收视率、大众媒体或行业奖项中的"最受欢迎"/"最重要"，可能无法代表整个领域。这适用于大学、音乐团体、时装设计师、电影等诸多领域。当然，我们可以问竞赛的专家和评委，他们认为这个领域正在发生什么，它将走向何方，正在出现什么趋势，然而他们告诉我们的答案也是远远不够的。他们的选择也可能带有偏见，因为他们只知道少数城市或本国发生了什么。使用抽样范式收集更大的样本可以帮助我们超越偏见和刻板印象，并有助于使当下文化知识更具全球性和包容性。

岛屿和海洋

在数字内容诞生之前，媒体创造者使用的是实体媒体，后来是电子媒体（视频和音频）。从 20 世纪 90 年代中期开始，越来越多的内容被数字化。可以将这种内容称之为天生模拟（born-analog）。

第一个将文学作品数字化并免费提供给大众的项目是始于1970年的古腾堡计划。如今，美国最大的英文数字化内容网站包括欧洲数字图书馆（截至2018年年中，保有"来自欧洲博物馆、美术馆、图书馆和档案馆的58245976件艺术品、手工艺品、书籍、电影和音乐"）[3]，3个美国数字公共图书馆（Digital Public Library of America，缩写为DPLA；截至2020年初，保有来自美国各地的36476461份图片、文本、视频和声音），HathiTrust数字库（美国高校图书馆建立的一个旨在将其成员馆所收藏的纸质文献进行数字化存储，为用户提供数字服务的数字图书馆项目，截至2020年初已有17255687本数字化图书），美国国会图书馆（Library of Congress）数字馆藏，以及互联网档案馆（Internet Archive，从1996年至今已经归档了3340亿个网页）。[4]

这类站点通常提供许多实用的方法来浏览这些庞大集合。例如，美国数字公共图书馆支持直接搜索、时间轴查看、地图查看和主题查看。美国数字公共图书馆与欧洲数字图书馆还鼓励并帮助开发人员创建实验性的界面和应用程序，扩展产品的查看及使用方式。然而就其对文化分析研究的实用性而言，它们确实存在局限性：尽管这些和其他收藏品中的数字化作品总是可以在线观看，但由于原作所有者施加的限制，并非所有作品都可以被下载进行分析。

在众多通过网站呈现的数字化收藏品中，我觉得最有趣的是谷歌艺术和文化（Google Arts & Culture）。[5]它具有流畅且令人满意的界面。该网站由最初的谷歌艺术项目（2011—）发展而来，该项目与许多博物馆合作，扫描艺术品并在虚拟博物馆界面中在线展示。如今，谷歌艺术和文化网站提供了许多博物馆的虚拟参观行为，数百万历史数字化艺术品和照片，当代艺术和媒体项目，以及随之产生的"故事"。网站界面包括缩放、时间轴、按颜色搜索、主题展览和按类别查看（艺术家、媒介、艺术运动、合作伙伴、物品名称和地点）。在 2016 年 7 月浏览该网站时，我发现了 3000 个有关各种文化的主题展览。

2007 年实验室启动时，对我们而言是一场赌博。虽然当代文化已经在网络上得到了很好的体现，但具有多种导航功能和 API（如欧洲数字图书馆和美国数字公共图书馆）的大规模在线数字收藏尚不存在。但我认为，在未来几年内，数以百万计的历史艺术品、摄影、平面设计和其他媒体作品的数字图像将成为可能。然而，当时我并不清楚它们会有多大的包容性和排他性。

在 2009 年 3 月写作关于文化分析的第二篇文章中，我描述了尝试使用当时现有的数字图像集合的经历。[6] 我对以下问题产生了兴趣。在 1930 年，世界各地的人们画的是什么？除了最多包含 200 名艺术家在内的少数现代主义运动外（在巴黎、阿姆斯特丹、柏林和其他一些城市进行创作），现在谁被列入了西方艺术史的经典？理想的情况是，我希望在世界各地小城市的成千上万小型艺术博物馆中能够找到绘画作品的图像，但这样的数据在当时，乃至现在都不存在。但是我认为至少可以很容易地在网上找到几千幅全国"重要"艺术家的绘画作品，尽管它们不是西方艺术史叙事所承认的现代主义经典的一部分，但这些作品已经成为它们国家艺术史经典的一部分。

与我的学生一起,我们在艺术和科学图片数据库 Artstor(artstor.org)上进行了一次搜索,这是一家领先的商业服务机构,为美国和其他一些国家的艺术史课程提供数字艺术图像。在 2009 年,它已经包含了近 100 万幅关于艺术、建筑和设计的数字图像。这些图像来自美国许多重要的博物馆、艺术收藏馆和大学图书馆。[7]

为了搜集西方艺术历史典籍以外的艺术作品的影像,我们将西欧和北美排除在搜索范围之外,只选择世界其他地区:东欧、东南亚、东亚、西亚、大洋洲、中美洲、南美洲和非洲。但是当我们在艺术图像数据库搜索 1930 年在世界上这些地方创作的画作时,我们只找到了几十幅图像。因此,尽管艺术图像数据库收藏了大量来自欧洲和美国经典艺术家当年创作的绘画作品,但该网站上来自非洲这样的整个大陆的绘画作品图像却是寥寥无几。

这种高度不均衡的数字化文化产品的分布并不是艺术图像数据库自己决定的。艺术图像数据库本身并没有将图像数字化,它拥有的是博物馆和其他文化机构提交给它的数字图像。我们的搜索结果反映了参加活动的博物馆所收集的内容及它们认为应该首先数字化的资料。换言之,美国一些主要博物馆藏品和一所主要研究型大学的幻灯片图书馆(到 2007 年,亚洲学生占该校学生总数的 45%)加在一起,1930 年在北美和欧洲以外创作的画作总共也只有几十幅数字化了。相比之下,当时搜索出来的毕加索(Pablo Picasso)相关的图像大约有 700 幅。

在 2009 年描述此示例时,我写道:

这个例子说明，数字艺术的收藏可能放大了现代文化经典中已经存在的偏见和过滤条件。数字化不会把"前40名"变成"长尾（效应）"，反而会产生相反的效果。在数字化藏品之外，剩下的就只有：一些图书馆里放着19世纪的省级报纸，世界各地小城市的数以万计的小博物馆里有数百万幅油画，甚至已经不复存在的各种领域和地区数以百万计的专业杂志，数以百万计的家庭电影和照片……

这为文化分析带来了问题。对我而言，数字艺术收藏的重要用途之一是绘制出未被奉为经典的事物，并开始撰写更具包容性的文化历史，而不受到来自一些"伟大的名字"或对某些地理区域偏见的影响。我们不仅要了解例外，还要了解典型；不仅要了解少数"伟大"人物所说的"文化名句"，还要了解每个人所说的文化句子的模式；把一些著名博物馆外的物品汇集起来。除了内部的物品外，还要包含那些已经被广泛讨论过多次的物品。[8]

我担心正在被数字化的物品只是一个岛屿，浩瀚的文化海洋仍然无法进行定量分析。幸运的是，这种关于"什么是重要的"的偏见和假设并没有发生。10年后的今天，我仍然沉浸在数字器物在线图书馆的探索中并惊叹于它们的丰富性和多样性。（然而，这并不意味着它们提供了文化历史的"代表性样本"，就像我前面讨论的那样。）

之所以有这种多样性，是因为欧洲数字图书馆、美国数字公共图书馆、国会图书馆、纽约公共图书馆、互联网档案馆、谷歌艺术和文化，以及其他许多国家的数字收藏不仅仅为我们提供像艺术博物馆中的高雅艺术的图像。相反，它们是传统图书馆的延伸（或建立在图书馆的模式上）。现代图书馆除了向读者提供书籍和期刊以外还有一个重要的功能：许多人和组织都将他们的档案捐赠给图书馆。随着这些档案的数字化，令人难以置信的丰富多样的历史文化景观开始出现在网上。

例如，在纽约公共图书馆的数百个数字图像收藏中，有3个例子可以表明上述说法：

"施工过程中卡茨基尔供水系统的照片。"1906—1915年创作的55张蛋白印相（albumen print）照片。[9]

"布托尔夫菜单集合（Buttolph Collection of Menus）。"弗兰克·E. 布托尔夫小姐（Miss Frank E. Buttolph, 1850—1924）是一个"有点神秘而充满激情的人物，她的人生使命就是收集菜单"。她于1899年将藏品捐赠给了纽约大学，提供18964个数字化项目。[10]

"G. E. 多布森（G. E. Dobson）的翼手目（蝙蝠）目录（Catalog of the Chiroptera）。"这本1878年的书提供了31幅数字化印刷品。[11]

以下是一些来自欧洲数字图书馆的博客文章中的示例，这些示例被称为"过去几个月摄取的新数据集萃"："英国电报博物馆近100件物品（素描、绘画、照片）……19世纪和20世纪的3000多张照片，主要是来自赫尔辛堡文化中心建筑……收藏有620幅格奥尔格·施维因富特（Georg Schweinfurth）在柏林植物园和植物园博物馆所绘的植物图。"[12]

博物馆和图书馆

通过将这些藏品与最大美术馆的数字图像藏品进行比较，我们发现它们是完全相反的。虽然现代艺术博物馆的收藏，像图书馆的收藏一样，也是通过购买计划和私人捐赠发展起来的，但是捐赠给它们的物品——或者博物馆选择接受的物品——是完全不同的。图书馆最终容纳了数以百万计各种各样的物品，其中大多数都没有经济价值。而现代艺术博物馆却只包括被认为已经具有价值的物品。

演变成博物馆的早期欧洲收藏品，包括富人的财产，皇家宫殿的一部分或大教堂和教堂的珍宝。例如，梵蒂冈博物馆起源于 1506 年，教皇尤利乌斯二世买下了古代雕塑"拉奥孔"，并将其公开展出。不过，需要注意的是，设计和工艺类博物馆的数字化馆藏，如伦敦的维多利亚和阿尔伯特博物馆（Victoria and Albert Museum）或纽约的库珀·休伊特设计博物馆（Cooper Hewitt Museum）更接近图书馆的馆藏，与艺术博物馆相比，它们的藏品更多样化，分类也更广。

但是现代博物馆的历史也包含另一条轨迹。一些原始的欧洲博物馆所收藏的不是艺术品而是"好奇心"。其中之一的著名博物馆是由彼得大帝于 1716 年在圣彼得堡建立的珍奇物品博物馆（Kunstkamera），用来展示"自然和人类的奇珍异物和稀世珍品"。另一个是 1759 年在伦敦开放的大英博物馆，最初展出的是医生兼科学家汉斯·斯隆（Hans Sloane）的私人藏品。

现代艺术史和艺术博物馆创造了一个高度受控的系统，将我们的视觉遗产分为两类：艺术和其他。前者由艺术家的姓名、艺术家的国籍、时间、作品的媒介和风格组织而成。因此，因为使用了相同数量的类别进行区分，当下艺术博物馆的数字在线收藏看起来也是井然有序的。

我们习惯于它们有序的分类。相比之下，来自欧洲数字图书馆、美国数字公共图书馆等机构的数字化视觉人造器物的元收藏，可能会给我们带来古玩陈列柜的既视感。在实体博物馆或网站和应用程序中播放军事般的艺术历史大游行，这一切都那么井然有序。相比之下，我们的发现更像是琐事和昙花一现的（ephemera，这个词来自希腊语和现代拉丁语，指短暂存在的昆虫或花朵，有时活不到一天）场景。

逐页浏览图书馆大型数字化馆藏中无穷无尽的器物描述，常常给我带来一种不可思议的感觉。这样的网站过去看起来是不定期的，且没有系统化的。无穷尽的人类物质文化沉淀被冲到了无数图书馆的海岸上，而且它们并不总是与分类系统保持一致。现在，许多物品已经被数字化并通过公共元数据标准、web 协议、Javascript 或 Python、数据库、API 和其他计算机技术进行连接。我们逐渐不习惯过去的这种经历，因为现代的制度、教科书和思想家（黑格尔、马克思、福柯等）已经训练我们把历史看作一个阶段的进程。

迷津园、万花筒、珍奇物品博物馆、Memex 超文本、随机存取存储器、关系数据库——这些模型都无法描述我浏览这些数字文化收藏的经历。例如，再次考虑具有数以千万计物品的欧洲数字图书馆。这个耗时数年的大型项目背后的想法是将数千个欧洲博物馆和地区档案馆的数字化器物连接起来。因此，不必搜索许多单独的网站，而是可以使用欧洲数字图书馆作为一个单一的访问点。平台为所有对象提供了一个通用接口，但并不会存储它们，它们分布在各个博物馆和档案馆中。欧洲数字图书馆的项目之一"European Film Gateway"（欧洲电影门户）为数十个欧洲电影档案馆做了同样的工作。

从技术上和概念上讲，这是非常卓越的。但是根据我的经验，这个结果会产生一些意外的影响。欧洲的界面可能会将其分割，不是创造一个统一的欧洲，而是一个单一的泛欧洲文化遗产空间。当我浏览这些集合中的无止境的独立集合或单个项目时，所有的藏品都因为设置的搜索条件、国家、地理关系和时间段所分散，感觉不到欧洲大陆整体的存在。我觉得我看到的是许多外星文明混杂在一起的随机存世档案。这让我联想到安德烈·塔可夫斯基（Andrei Tarkovsky）的电影《潜行者》（*Stalker*，1979）中一个著名的两分钟镜头——摄影机非常缓慢地摇摄于浅水池中，下方可见随机的文化碎片。在这个镜头里，所有的物品都被有意地淹没在水中，这一点再加上摄影师的选择，赋予了这些物品神奇、诗意的整体感觉，并在视觉上进行了统一。然而，在文化门户网站的浏览页面中，每一项都是单独出现的，这给我带来了极不和谐的感觉。

这种感觉是由非常迥异的主题与同样异构的样式和器物的

媒体格式所创造出来的。各种工艺照片、版画、铜版画、报纸插图、烟盒封面、早期手绘照片、绘画；矩形格式的图像、圆形框架、文本页的一部分、手写信件一角的图画；文字的打印、排版、手写、在早期的点阵打印机上打印、用笔刷绘制——所有可能的主题和形式的视觉铭文都在这里。（如果将2010—2015年的Instagram视为强烈视觉约束的极端示例，并且所有图像都具有相同的大小和比例，那么数字历史收藏就是恰恰相反的。[13]）

尽管这种异质性、丰富性及纹理、标记和格式的多样性有时可能使我们感到不舒服，但这实际上是一件好事。它使我们意识到当今"图像"概念的僵化和局限性——一些媒介被认为要包含所有内容，矩形格式、图像和文本之间的分离，以及一些有问题的类别，如"艺术"或"纸上作品"。因此，尽管数字图书馆中丰富的交流"种类"乍一看让人感到困惑——当然，这对使用当代照片训练的计算机视觉系统进行大规模计算分析无疑是一项挑战——但从长远来看，这对我们来说是最好的。它迫使我们正视人类视觉文化在历史中的真实存在：成千上万的变体及其组合，而不是由少数类别组成的整齐集合。

创建代表性样本

数字化的历史器物岛正在不断增长。但是，它们是否会增大到足以让我们了解海洋呢？也就是说，可以构造出一张至少最近几个世纪或最近100年以内足够详细的记录人类视觉的历史地图吗？或者构造10年之内单一媒介（例如全球摄影）的？丰富和多样并不意味着全面。换句话说：尽管欧洲数字图书馆、互联网档案馆、美国数字公共图书馆，以及类似项目的数字化和组织工作仍在继续，[14]但任何文化历史定量研究的根本问题仍未得到解决。问题的根本在于如何创建代表性样本，以系统地涵盖在特定时期、地理区域和媒体（或在许多这样的时期和区域中）所创建的样本。

在数据科学和社会科学中，数据样本借助了定义明确的程序进行选择。（如今，根据研究需要，使用了许多不同的采样方法。[15]）如果一个样本能够准确地代表整个数据的特征，则该样本被称为代表性样本。

接下来我们将通过具体的例子对这些概念在文化世界中的应用，以及随之而来的挑战进行说明。假设要在特定年份的特定月份在全球范围内创建具有代表性的Instagram帖子样本，我们可以创建一个随机样本，包含1/1000占比的帖子（随机选择）。假设在所选年份中，Instagram用户每天共享8000万张图片，则每月为24亿张图片。从每1000张图片中随机选择一张，那么就可以得到一个包含240万张图片的样本。这种选取方式看上去似乎可以得到Instagram的合理性代表样本。

但是，这种随机样本实际上代表什么呢？它所包含的是应用Instagram最广泛的国家（如美国、俄罗斯、巴西）所发布的不成比例的帖子数量，而且也会偏向于那些最大的城市。因此，如果希望所有不同的国家和较小的城市都能在我们的样本中得以体现，就需要从所有这些国家和城市收集相同数量的图像。照片主题、图像描述长度、手机摄像头角度等方面，也都会存在相同的问题。假设我们投入了时间和精力，现在有了一个平衡的 Instagram 样本——有代表不同主题、不同风格、不同地理位置的图片等。这种方法称为分层抽样。具体做法是使用我们感兴趣的类别来划分数据集，从每个类别的成员中抽取样本，并将它们组合起来。

这样的 Instagram 示例更具代表性，但仍然存在另一个问题。我们把 Instagram，一个动态的、不断发展的社交网络，变成了一个固定的博物馆收藏品，供外部研究人员查看。然而，Instagram 中数以亿计的用户从来没有见过这样的静态样本。所以，如果我们想要代表用户看到 Instagram 世界，首先需要了解不同用户遵循的模式，这些人分享了什么，以及 Instagram 应用的推荐界面向他们展示了什么。一些用户（例如名人）的订阅粉丝很多，而大多数用户却极少有粉丝，所以现在我们还需要考虑如何解决这个问题。例如，我们可以根据粉丝数量将用户分成不同的类别，并从每个类别中抽取样本。简而言之，一个看似简单的问题——如何构建一个具有代表性的样本——将我们引导到一个充满许多对立观点的世界，一个反映立场的镜子世界，似乎产生无穷无尽的"是，但是……"观点。除我说明的随机和分层方法外，还有其他十几种抽样方法。

该示例的第一个要点是，在呈现具有代表性的样本之前，我们需要合理地研究和理解既定的文化世界。第二个要点是，明确一个特定的代表性样本能够正确代表某种观点或物品是没有意义的，因为定义"什么具有代表性"有多种方法。因此，可以就两三种或更多的方法达成一致意见,并在调查中运用它们。

基于这些样本来预测有效性是统计学的一个重要领域。这些统计方法是现代科学方法论的一部分,用于自然科学、生命科学和定量社会科学的研究。对于后者,包括社会学、人口统计学、心理学和政治学,以及健康科学和医学研究在内,抽样技术的使用尤为重要。这些学科和专业领域经常使用一小群人进行调查、观察或实验。抽样方法对市场研究、人机交互研究和其他应用领域也是至关重要的。在这些领域中,研究人员希望了解人们对现有产品的态度,对新产品和新产品功能的兴趣,以及对生活方式的期望,等等。

2005—2010年,大规模社交媒体数据的出现为使用更大的样本提供了可能性。企业利用了这一点来跟踪数以百万计的在线用户,跟踪他们访问的页面、点击的内容、观看的广告、购买的商品,还进行随机试验(A/B testing,网络分析中的一种流行工具,A和B指两个变量)和其他在线实验以测试多种可能性。正如之前已经提到的,2016年之后,美国最大的网络开始限制对这些信息的访问。但是,即使没有这些限制,在研究中采用少量的人类受试者也会带来很大的优势。实践中可以提问那些同意参与各种问题的人,或者把他们放在不同的情境中,看看他们会做出什么选择。这些都需要借助现实中的实验才得以完成。此外,如果对某一特定人群的人口统计学特征有所了解,还可以选择具有相同特征范围的参与者。

相比之下,当社会科学研究人员下载或购买社交媒体数据时,如果存在个人人口统计信息,他们会对其进行剥离;如果不存在,则会尝试推断。因此,尽管这样的数据集代表的活动数量要比小型人类群体多得多,但它们在整个人口体量中的代表性往往并不明晰。

计算机科学家发布了许多算法,可以从社交媒体的帖子和个人资料中预测用户的年龄、性别、种族、受教育程度,以及其他详细信息。这些技术已广泛用于市场营销和广告中,它们也为其他领域(例如公共卫生研究)提供了助力。2017年一篇调查这项工作的论文指出:"尽管预测用户人口统计的进程受到隐私和数据所有权等伦理问题的阻挠,但了解数据样本中的人口统计信息有助于解决偏见和人口代表性问题,从而对现有的社会不平等的加剧起到抑制作用。"[16]

如何看到隐形事物

为了构建不受文化等级及对立(如高/低、艺术/设计等)支配的更加民主的当代文化样本,我们可以向研究古代文明物质遗迹的考古学家学习。但是存在一个更难以解决的基本问题:各种古代文明遗留下来的器物种类和数量差异巨大,它们加在一起是否构成了<u>人类文化史的代表性样本(representative sample of human cultural history)</u>?随着遗址发掘和新器物分析的不断进行,这个样本正在逐步扩大。然而,随着时间的推进,剩余的器物数量会变得越来越少。

我在工作中一直在对过去 200 年的现代视觉媒体历史进行研究，可以很自信地说，在这个时期，我们并没有任何真正具有代表性的视觉文化样本——尽管 19 世纪 40 年代摄影技术的到来极大地扩展了我们的视觉记录能力。在 20 世纪 90 年代中期（万维网的发展）和 21 世纪头 10 年末期（带摄像头的手机、媒体分享网站和社交网络的普及），这一趋势再次增强。后一阶段至今仍在进行，因为在许多发展中国家，正如我们在"视觉地球"项目中所发现的那样，社交网络中的视觉共享直到 2012—2013 年后才开始发展壮大。自 2011 年 8 月 Twitter 增加了图片分享功能后，图片分享在许多高收入国家迅速兴起。截至 2011 年 12 月，分享图片最多的 5 个城市是伦敦、东京、莫斯科、巴黎和墨西哥城。在发展中国家，这种可视化"推文"的数量一开始是非常稀少的，直到 2012—2013 年后才开始发展壮大。截至 2014 年 6 月，视觉推文最多的 10 个城市是伦敦、东京、雅加达、伊斯坦布尔、巴黎、墨西哥城、马尼拉、曼谷、巴塞罗那和波哥大。（参见 visual-earth.net，了解更多细节。）然而，即使是在大多数发达国家的大城市里，视觉社交媒体的地域分布也极不均衡。在调查纽约和全球其他城市社交媒体的"不平等"项目中，我们研究了 2014 年中 5 个月内在曼哈顿共享的所有 7442454 个地理编码图像。我们发现，在游客较多的富裕地区和游客较少的不富裕地区分享的 Instagram 图片数量有很大的差异。[17] 游客分享的图片中有一半在 12% 曼哈顿地区以内。换句话说，有些地区在 Instagram 上表现得非常好，而有些则表现不佳。与此同时，我们还观察到本地居民的图像覆盖范围存在很大的不平等：他们分享的图像中有一半是在21%的曼哈顿地区范围内。

如果现在全世界每天分享的数十亿图像和视频仍然不能完全代表地球上人类的生活，那么在19世纪摄影出现之前的早期历史时期，情况就更加糟糕。尽管由于数字化的努力，可供计算分析的数字化人工岛屿变得越来越大、越来越多，但重建整个海洋仍然是不可能的。也许我们可以使用数据科学，通过现有人工器物和文化理论来预测已经存在但没有保存下来的事物。然后模拟这些遗失的人工器物，使我们的研究数据集更具代表性？

许多国家和机构一直在对许多数字化项目进行投资。这些投资并不是围绕着文化抽样的系统理论来展开的，例如，如何定义具有代表性的文化样本，构建这样一个样本的方法，用它可以学什么，有什么确定性的统计估计，等等。当下保存下来的事物是由一定的文化价值和现有的文化等级所驱动的，而不是由文化生活的各个层次和领域的全面抽样思想所驱动的。但我们可以选择将来要数字化的内容，所以可以尝试对此问题进行纠正。当然，发展一般理论和具有代表性的文化抽样方法都不是一项容易的任务。

时至今日，我们甚至连现代文化的系统样本都没有。相反，我们有许多独立的收藏和档案正在被数字化，数万个不同大小和形状的岛屿，在文化海洋中的某些地区非常密集，而在其他地区则根本不存在。因此，我在2009年提出的问题"1930年世界各地的人们都在画些什么？"至今仍然无法得到解答。至于文化历史中许多其他的问题，情况甚至更糟。例如，我提到随着19世纪40年代摄影技术的发明及随后几十年摄影技术的普及，人类的生活开始被大规模地视觉记录下来。类似于21世纪头10年末期发生的事情，当时数亿人开始用手机拍摄照片，并在社交网络中进行分享。但是今天这些模拟照片的可及性如何？博物馆和档案馆中的摄影史和收藏史能让人们看到什么？在制度框架之外，还有哪些是不透明的、不受关注的呢？

为了开始回答这个问题，我要首先借用一个示例对当今用户创建的数码照片的可访问性进行说明。在2013—2016年，我们的实验室创建了多个项目，收集并分析了2012—2015年在全球17个城市范围内分享的1600万张Instagram照片。[18] 需要注意的是，这些不仅仅是带有特定标签的照片。我们不是通过标签搜索，而是收集大城市（10千米×10千米）在特定时间段（从1周到5个月）内公开分享的所有地理编码照片。收集是通过Instagram的API或第三方服务完成的。根据一份计算机科学刊物的统计，2014年Instagram上分享了5659795张照片，其中18.8%的照片拥有GPS定位数据。[19] 尽管这些比例可能因地点而异，但我们可以合理地假设，我们的数据集代表了在该时期某一特定地区的所有Instagram共享照片所占的比例。从抽样的角度来看，占比18.8%已经是一个非常大的样本，约占整个数据的1/5。

我想对Instagram照片和20世纪模拟摄影的话题范围进行比较。我当然没有奢望能够找到20世纪中20%的纪实影像作品。但我本以为，在过去20年里，通过众多博物馆和档案馆的数字化工作，可以很容易地找到每 10 年中至少几千张甚至可能是针对特定国家的数字化照片。事实证明，如今任何在线馆藏中都不存在这样的东西。

被数字化的不是随机的样本，而是由特定的个人收集的地方摄影作品。他们将某些照片添加到收藏中，其中每一张照片背后都具有某种原因，而这对他们来说十分有趣。我所观察的纪实摄影的博物馆展览同样是非客观的：它们是由具有特殊策展思想的策展人所组织的，受到了一定程度上个人的思想影响。我确实在 Flickr 上发现了一些由群组成员组建的"发现照片"群组，但是这种选择也同样不受任何抽样原则指导。因此，每个现有的收藏或展览目录都是个人或团体的品味和思想观念的结果。通常，收藏家和策展人只对更具"艺术性"和"先锋性"的本土摄影作品感兴趣，而不是对更普通的图像感兴趣。

没有人想到将特定历史时期、地理区域、照相机和打印类型的大型代表性样本进行收集并数字化。这些样本将展示个人纪实摄影作为一个整体的特点和趋势。例如，如果有 1900 年柯达布朗尼相机、1925 年第一台便携式 35 毫米徕卡相机、1942 年以后使用柯达彩色胶片，或者 1972 年的宝丽来（一次性成像照片）的大样本照片将是一件了不起的事情。现在，我们已经从计算机科学研究中了解到大量的用户内容样本及社交网络中的交互记录，可以通过询问分布、平均值、方差、集群等来将任何文化视为一个统计群体。我们对诸如此类历史样本的奢望也只是空想。虽然大型机构的照片收藏可能包含了足够的历史照片来创建这样的样本，但这项工作还没有完成。系统的文化抽样对计算机和社会科学家而言是显而易见的，但对人文学科而言，这种思想尚未进入收藏和展览的世界。

例如，2007年，位于华盛顿特区的国家美术馆举办了一场名为"美国快照艺术：罗伯特·E.杰克逊1888—1978年的收藏"（*The Art of the American Snapshot, 1888-1978: From the Collection of Robert E. Jackson*）的展览。策展人表示："展览按时间顺序组织，重点关注文化和技术的变化，这些变化决定了快照的外观。它审视了流行图像的影响，对重复的姿势、视角、取景、摄影技巧和主题的使用进行调查，并记录了它们是如何随着时间的推移而变化的。"[20] 在线展览目录显示出在本次展览中，策展人完成了一项出色的工作。然而，由于展览所跨越的90年时间里只有200张照片，这意味着展览所构建的历史地图的分辨率非常低。200个样本不足以代表90年的周期。如果我们想要了解不同国家的快照摄影的差异，或者想要看到不仅仅是摄影新技术的引入所带来的风格或题材的渐变，那么200张照片是做不到的。

现在转向美国盖洛普民意测验（Gallup US Poll）。在2008—2017年，[21] 盖洛普每天通过电话采访全美500人。对一个有3亿人口的国家来说，这似乎只是一个很小的样本。盖洛普每天都随机挑选受访者，并且坚持日复一日进行采访，因此每月累积约15000个回复，每年累积约180000个回复。我们了解到，"盖洛普还根据性别、年龄、种族、民族、教育程度、地区、人口密度和电话状况对最终样本进行加权，以匹配美国人口"。[22] 这种加权是使用其他多项调查数据得出的。例如，盖洛普利用美国人口普查报告来衡量人口密度。这种系统的抽样方法是所有自然科学和社会科学及所有实践领域的典型，如公共行政、公共卫生、人口统计学、市场研究等。事实上，人文学科是唯一缺少的领域。

人文主义者确实解决了从大量文化器物中进行选择的问题，但他们使用的是经典精品的概念，而不是有代表性的样本。在人文学科中，经典（canon）是指文学、音乐、艺术或其他艺术领域中被认为在特定时期或地点最重要的作品。在这一点上，使用经典是有意义的。因为经典中的著作都是在课堂讨论中被记录下来，传授给学生，并被分析的作品。在过去几十年里，人文学科的一个大问题是，如何使各自领域的佳作更具代表性，从而摆脱西方经典往往只包含白人男性作家作品的局面。[23] 因此，经典著作被逐步修订，包括女性、有色人种、非西方作家和其他人的作品。

我们可以在这里看到类似于盖洛普和其他组织在使用人口统计信息构建代表性样本时所做的加权。然而，有时为了弥补旧的经典中缺乏代表性的缺陷，新的人文学科经典对以前没有代表性的群体进行了加权（用统计术语来说）。例如，如果以前的经典中排除了少数族裔的作品，现在他们可能会包含更多此类作者的作品。当然，少数族裔的定义在历史上也因国家而异。因此，我们再次得到了由意识形态驱动的收藏，而不是均衡的文化样本。

对这些改变我表示十分支持，希望拥有更多具有代表性的人文学科经典呈现。如果我们在一个学期的课程中只阅读并详细讨论一些作品，那么到底其中哪些是最重要的？此外，如果对我们认为重要的作者及其以前没有包括在内的作品进行延展，也不失为一个好方法。当我们使用现有的数字化历史作品集进行文化分析时，我们也应该考虑到这些问题，因为通常情况下，它并不具有代表性。

从这个角度来看，处理网络和社交网络的数据要容易得多，因为如今在许多国家，不同性别、种族、教育水平和收入的用户比例是十分相似的。例如，皮尤研究中心 2012 年的数据显示，美国的女性和男性中社交网络用户比例分别为 72% 和 76%；"高中及以下"和"大学毕业生"中使用社交网络者分别为 72% 和 73%。[24] 以另一个国家为例，截至 2016 年 8 月，俄罗斯脸书的帖子中女性发布者和男性发布者的比例分别为 58.3% 和 41.7%。当月，俄罗斯用户在脸书上发布了 2.923 亿条帖子，在 Twitter 上发布了 2.94 亿条推文，在 Instagram 上发布了 1.596 亿条帖子。[25] 在 2016 年春天对来自不同国家的 Instagram 用户比例进行的评估中，俄罗斯排名第二，仅次于美国，后面是巴西和土耳其。[26]

一个更加平衡的文化样本可以通过多种方式被创造出来，从而实现彼此间互补。例如，我们可以将特定媒体、时期、地点产生的所有作品囊括起来。或者，我们可以将重点放在受众实际阅读、观看、收听的内容上，而不是关注所产生的内容。我们可能会决定只选择获得一定认可或知名度的作品（例如，由社交媒体粉丝和点赞的数量 / 专业出版物中的评论数量 / 历史人物百科全书中的条目长度来定义）。或者只是创建一个随机样本，比如有多少计算机和社会科学家对社交网络进行抽样，以及对用户的行为及其共享内容的特征进行分析。

但是，无论我们做什么，我们都需要一个系统化的程序，而不仅仅是基于单纯的喜好来判断。经过几十年的工作努力，统计学家们改进了许多抽样方法。由于这些方法如今已在所有科学中使用，所以如果我们想把文化理解为一种生态或地质系统，其中所有参与者和人工器物都是很重要的。我们应该采用这些方法来对历史器物进行分析，而不仅仅是将其奉为经典的"杰作"。

有一个学术领域中的研究人员确实在思考文化抽样，并使用统计方法来创建和分析这些样本。这个领域就是文化社会学。这一领域中最出名的著作是法国社会学家皮埃尔·布尔迪厄的《区分：判断力的社会批判》(*La Distinction: Critique sociale du jugement*，以下简称《区分》)。[27] 该书于1979年出版，被公认为20世纪最重要的十大社会学著作之一。布尔迪厄提出了将人们的文化品味与社会经济地位相联系的理论。这一理论的基础是20世纪60年代对法国公众品味进行的两项大型调查统计分析。布尔迪厄与法国统计学家合作，后者开发了一种新的分析和可视化方法来表示许多要素之间的关系。这种方法被称为对应分析（correspondence analysis）。包括《区分》这一著作在内，布尔迪厄在后来的所有研究中都采用了这种方法。[28]

如今，文化社会学家继续使用人群调查，但他们也以其他方式（例如分析出版物）来获得文化样本。关于"调查"的使用可以一项研究为例，研究人员"让1544名讲德语的研究参与者列出他们用来标注文学总体审美维度的形容词，以及特定文学形式和流派（小说、短篇故事、诗歌、戏剧、喜剧）的形容词"。[29]也可以在标题为《1955—2005年的跨国文学领域的制度认可》的文章中找到有关出版物分析的示例，它使用了"1955年、1975年、1995年和2005年在法国、德国、荷兰和美国精英论文中的文章样本（$N=2419$）"进行分析。[30]在另一个示例中，为了对1949—2010年的时尚话语进行分析，研究使用了《纽约时报》和《国际先驱论坛报》的1301篇时尚评论。[31]尽管与社交媒体的数据规模相比，这些样本数量相当小，但它们足以回答研究人员在这些研究中提出的特定问题。然而，以上三个示例也表明了仍然存在的一个大问题：西方发达国家、组织和公司拥有更多的资源来对其文化遗产和出版物进行数字化，使得需要更大数据进行研究的研究人员更有可能使用这些国家或地区的档案。这就可能造成一种偏差。

随机抽样的局限性

创造文化过程（cultural processes）具有系统的、代表性样本的想法本身就非常有趣，因为它引发了其他创造性问题，即定量研究这些过程意味着什么。到目前为止，我们的教科书、博物馆、文化门户、课堂和纪录片都是用一小部分器物来代表人类艺术和文化，所以即使我们不做任何定量分析，文化样本的问题在总体层面也是很重要的。这不仅关系到我们如何理解、表现和讲授人类文化史，还涉及如何看待数十亿在线参与者所形成的当下文化现状。

设想一个假设场景，在这个场景中，我们想要构建一个19世纪在法国创作的绘画样本。进一步设想，每一幅保留下来的画作都已经被数字化，因此我们可以在样本中将其中的任何一幅包含进去。我们想要创造一个有代表性的样本，所以随机选择5%的画作。这样的样本将包括大量的学术沙龙绘画、流派场景、肖像，以及其他流派的现实主义作品。但它将错过19世纪的艺术运动，当下被认定为艺术史上最重要的运动，即印象派画家的作品。这是为什么呢？据估计，法国印象派画家一共创作了约13000幅油画和粉彩画。[32]但与生活在19世纪的法国艺术家的所有作品相比，这是一个非常小的数字，所以一个小的随机抽样可能会导致我们错失所有印象派画家的作品。

我在许多关于计算机科学中的社交媒体定量研究中发现了与上述设想完全类似的问题。这些研究的作者从Pinterest、Instagram、Twitter或其他社交网络的所有用户中抽取了大量随机数据样本。然后，他们使用此类样本开发统计模型，预测用户某些行为或帖子内容的特征。这项研究无疑是有价值的，因为它可以让我们对网络运作方式、人们分享内容，以及它们之间的不同之处有所了解。尽管如此，使用一个拥有来自几十个国家的数亿活跃用户的网络的单一全球样本是存在严重局限性的。在这样的样本中，我们只能看到"典型"。这样的样本不能揭示出不同地理位置的用户行为之间细微但重要的差异，也不能揭示出许多小众用户帖子的特征。换言之，如果这些小众用户中拥有自己的"印象派"，那么在使用这些网络的单个随机样本的研究中，就会忽视它们的存在。

例如，在 2016 年一篇题为《青少年使用更少的照片，进行更多的参与：Instagram 上行为的时间和对比分析》（"Teens Engage More with Fewer Photos: Temporal and Comparative Analysis on Behaviors in Instagram"）[33] 的论文中，使用了包含 26885 名青少年和成人用户在内的随机样本，研究了这两组群体在发帖行为上的差异。除年龄（13—19 岁的青少年，25—39 岁的成年人）外，该样本不包括地理位置、性别或其他人口统计学差异。由于当时 26885 名用户仅占 Instagram 上 5 亿用户总数的很小一部分，因此很可能还存在很多其他的用户行为模式是该分析没有发现的。也有可能有许多青少年和成年人使用的策略与作者发现的恰恰相反。

有时，旨在构建代表性样本的抽样结果只包含某些类型的用户。例如，在 2014 年论文《有关 Instagram 用户活动、人口统计、社交网络结构及用户生成内容的分析》（"Analyzing User Activities, Demographics, Social Network Structure and User-Generated Content on Instagram"）中，研究人员指出："据所知，我们认为这是第一篇对 Instagram 上的社交网络、用户活动、人口统计，以及用户在 Instagram 上发布的内容进行广泛而深入分析的论文。"[34] 他们对研究创建用户样本的过程，描述如下：

首先，我们使用 Instagram 的 API 检索了用户的唯一 ID，这些用户的照片出现在 Instagram 的公共时间轴上，其中显示了当前最受欢迎的 Instagram 媒体的子集。此过程产生了一个独特的用户样本。但是，在仔细检查了此样本中的每个用户之后，我们发现这些用户大多是名人（这解释了为什么他们的帖子如此受欢迎）。为了避免抽样偏差，我们对样本中每个用户的粉丝和好友的用户序列号进行了抓取，然后对两个列表进行合并以形成一个包含100万唯一用户的统一种子用户列表。[35]

最终的数据集包含369828个用户的5659795张图像（其余属于私密账户）。在这些图像中，有1064041张图像带有地理位置。这个样本比我之前提到的另一篇论文中的样本要大得多。但这369828名用户在多大程度上代表了Instagram的总体使用人群呢？名人的好友代表独特的用户类型。名人的粉丝则属于另一种特殊类型。我在Instagram上关注了100多人，他们中的大多数都没有关注过任何名人。

如今，世界上大多数国家或地区都使用诸如脸书和Instagram之类的社交网络（尽管它们在中国是被禁止访问的，但中国的互联网用户比欧洲和美国加起来还要多）。但是网络用户的数量在不同国家之间可能有很大的差异。例如，我之前已经提到根据2016年早春时期Instagram活动的数据——最活跃的三个国家是美国、俄罗斯和巴西，分别占流量比重的19.97%、7.65%和6.55%。因此，如果将一个网络的单个随机样本作为一个整体，可能会更好地代表一些国家，使用这个样本的研究结果也是如此。

这些考虑并不能致使论文中的结果无效，因为论文使用的是来自大规模全球社交网络的单一大量样本。他们的发现对样本所代表的特定用户群体是有效的。只是可能并不适用于此类网络上的每种类型的用户或帖子。因此，早期美国社交网络中使用单一随机样本的研究更有可能是对当时主导这些网络的美国用户的行为和特征进行的描述。

如果我们想定量分析当代全球文化并捕捉人类文化行为、文化想象、文化动机和文化器物的多样性，我们需要使用能够充分代表这种多样性的取样方法，并抽取足够大量的样本。由此可见，分层抽样或其他方法要比单一随机抽样更具有优势。如果我们想要研究今天的印象派画家，而不仅仅是沙龙画家，那么更准确地分析是至关重要的。

统计简化

我们需要回顾统计中最基本的致命性弱点。描述统计是对任何小于此的数据进行描述。一个样本中所包含的项目少于全部样本数就是这样一种表示形式。但是统计数据也使用表示法，甚至是使用更少的数字来总结数据集的某些属性，而不考虑数据集的大小。这种概括表示的类型是集中趋势的度量，如平均值、中位数和众数。另一种类型是对数据传播的度量，如标准差和方差。

因此，与处理包含数千或数百万数据点的数据集不同，我们可以只用几个数字来表示它们，这样紧凑的排布非常方便，因为我们可以使用它们来比较任意数量的数据集，并发现现象如何随着时间变化，或者如何受到不同条件的影响。例如，对全球气候变化的分析可以用每年的平均值来表示每天的所有温度测量值。

在许多情况下，如果没有这些统计数据，我们就无法注意到数据中的模式。

<u>描述统计主要涉及减少给定的数据或信息</u>（另一个描述这种现象的术语是"理解"），但是我们为"减少给定的数据或信息"这种做法付出了巨大的代价。如前所述，从一个大群体中抽取的单个样本可能会遗漏许多局部和小规模的模式。然而，即使我们对一个完整的数据集进行描述统计，结果也常常不能准确地表示数据中的模式。

集中趋势的定量数据流行度量，如平均值，可能与数据集中现有的任何数字都不一致。例如，让我们看一组数字：1、1、2、2、3、9、9、10、11、11、11。这组数字的平均值约为6.36。但是在这个集合中没有任何实际数字接近这个平均值！就文化数据而言，这也可能意味着我们发现的"平均值"在现实中不存在。实际上，平均值只在某些特定的分布中才有意义，比如钟形分布（bell shape），其中大多数值都位于中心附近，平均值就是这个中心的值。但在其他分布中，大多数值位于其他地方，就会导致平均值并不一定传达有效信息。

这种集中趋势的度量也可能捕捉不到数据中存在的群体。在我们之前举例的集合中，有明显的两组数字：1—3 和 9—11。[这是一种双峰分布（bimodal distribution）的示例。]但是，没有一种普遍的集中趋势测量方法能告诉我们这一点。数据传播的常用度量（在统计中称之为变异性）也不能检测到这种模式。诸如方差之类的变异性度量仅会告诉我们这些值在平均值周围的分散程度，却不能捕获组值的存在。

综上所述，常用的统计方法很容易忽略人口中不同群体的存在，也可能无法捕捉其分布的真实形态。这一问题同样适用于任何文化数据的统计测量。比如，我们想要总结一些文化群体的模式：19 世纪的法国绘画、20 世纪的电影、2010—2015 年分享在 Instagram 上的内容或者全球音乐视频制作。如果只使用随机样本，并采用通常的统计方法，我们将会错过各种类型的群体。每个群体都可能包含具有相似内容、样式、主题的器物，具有特定美学的创作者或具有相似文化行为的用户。在数据科学中，一个对象在某些维度上比数据集中的所有其他对象更相似的群体，被称为聚类（cluster）。在我们所示的文化数据集中，此类聚类包括：印象派和巴比松画派（Barbizon school）画家；20 世纪 80 年代的香港新浪潮电影或 20 世纪 60 年代法国左岸电影导演或 20 世纪 20 年代苏联电影史上的蒙太奇理论；来自韩国和越南的当代音乐视频（强烈的视觉设计和特殊设置的使用）；来自泰国、哈萨克斯坦和其他亚洲国家的视频（具有现代感但风格化程度较低）；以及来自印度和日本的视频（所有其他亚洲国家中最为传统的音乐视频）。

正如我们现在所理解的，使用基本的描述统计来分析文化样本可能会产生在现实中通常不存在的文化平均值。这些平均值并没有捕捉到多个不同群体的存在，而是将它们隐藏在视野之外。为什么描述统计的基本度量方法只对某些数据分布有效，而不能很好地捕捉其他分布的特性？从统计学的历史来看，在 18 世纪，统计学发展的一个重要契机是根据对一种现象的许多度量来预测它的真实值。例如，如果我们对地球的形状进行多次测量，每一次都略有不同，那么真正的数值是多少？1809—1810 年，数学家高斯（Gauss）和拉普拉斯（Laplace）证明了观测误差呈现钟形分布，因此对这种分布的平均值进行测量即可得出正确的答案。在 19 世纪 30 年代，阿道夫·凯特勒（Adolphe Quetelet）也发现人口样本中的单一物理特征，如身高和体重，具有钟形分布特征。在这种分布中，对集中趋势（即平均值、中位数、众数）的测量确实能很好地捕捉到它们的特征。19 世纪末，人们将这种特征命名为正态分布（normal distribution），因为在很多现象中都发现了这种分布特征。

然而，我们不能对文化样本中的数值分布做出任何假设。例如，图 5.1 显示了我们在"潮自拍"数据集中收集到的 3200 张自拍照片中头部尺寸的分布情况。（这里的"头部尺寸"是指由处理所有照片的计算机视觉软件自动在头部周围绘制的矩形高度。）我希望看到正态分布，但事实并非如此。如果是正态分布，我们将会得到一个平滑对称的曲线。在平均值的右边，可以看到，拥有更大尺寸头部的自拍数量在平稳下降。但在平均值的左边，我们看到了一个不同的模式。头部尺寸较小的自拍照数量先减少，然后增加，然后又开始减少。如果我们分别绘制每个城市的数据，则会发现每种分布都是不同的；但相同的是，它们看起来都不像正态分布（见图 5.2）。

这些数据揭示了 Instagram 自拍类型中一些有趣的事情。首

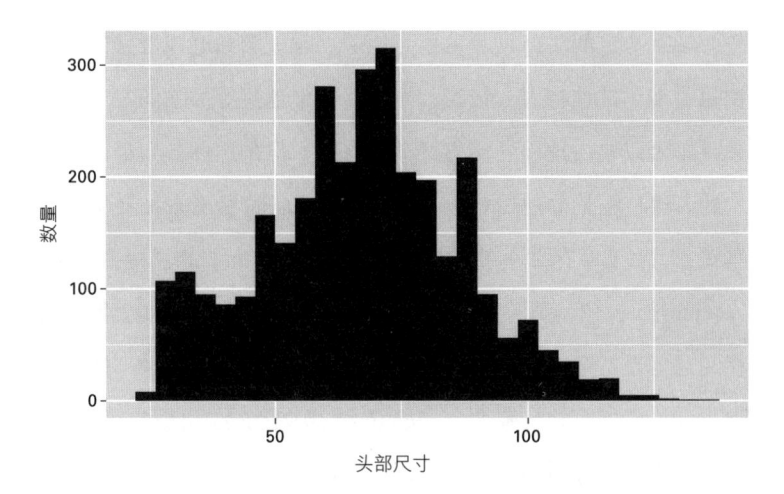

图 5.1
"潮自拍"数据集中的 3200 张 Instagram 自拍照片中的头部大小分布。

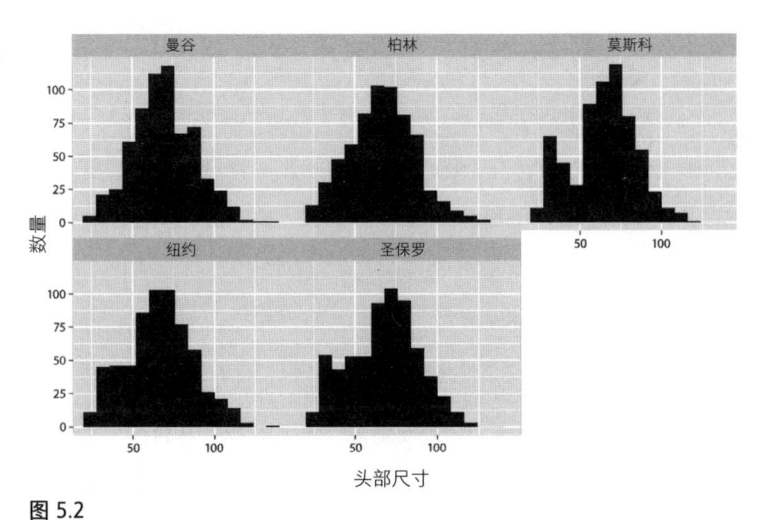

图 5.2
"潮自拍"数据集中按城市划分的人脸大小分布。这些城市包括曼谷、柏林、莫斯科、纽约和圣保罗。

先，没有特定的头部尺寸占主导地位。与电影和电视摄影的既定拍摄类型（极端特写、特写、中特写、中镜头等）不同，当代业余摄影可以自由地以任何方式进行自拍。但是这种分布也不是平均的。有些框架的使用相对来说更为常见。这里引入社会学的基本概念，源自埃米尔·涂尔干（Émile Durkheim）的"社会事实"（social fact，1895）。[36] 可以说，这里我们发现了视觉社会事实的存在，即以特定方式代表其文化压力。然而，这是一种"软"压力，并不能完全决定结果。这就解释了为什么在我们的分布中，统计值广泛地分布在两个峰值周围。最后，我们发现自拍类型的代表性规范并不普遍。城市间的分布存在着一定的差异，表明存在着文化差异和不同的习俗。

为什么我们需要用大数据学习文化

通常，文化数据集包含离散类别（discrete categories）。因此，借助"潮自拍"，我们从5个城市收集了相同数量的自拍。我们还可以将需要的类别添加到数据中。类似"潮自拍"这样项目的类别的例子是由计算机视觉软件对年龄和性别值进行估计。现在，假设我们想比较城市和性别之间或城市、性别和年龄组之间的照片组成模式。

那么数据大小问题变得至关重要。如果我们开始将一个数据集分成越来越多的组，无论是使用现有的类别，还是通过将特征的连续分布划分为多个部分，每个组都将变得越来越小。如果这些群体仍然足够大，那么比较它们的统计数据是有意义的。如果这些群体非常小，我们可能会发现差异和相似之处也许是出于偶然的原因，并不能代表我们要研究的更大的文化领域和过程特征。换句话说，这些样本并不具有代表性。如果文化样本中的特征分布不符合某些众所周知的统计分布（例如正态分布），则会更加显著。

如果我们对文化多样性感兴趣，并希望探索器物、人及其文化行为群体之间潜在、微小但至关重要的差异，那么我们永远不会拥有太多的数据。如果想研究与地理、时间、作者身份、传播媒介和其他特征相关的文化多样性，那么对我们而言，获取大量文化数据则是必备之举。

但是衡量多样性并不是我们真正需要大数据的唯一原因。文化分析不应该只是将文化作为数据点，一起创造我们想要发现的有趣模式，然后忽略这些点；而应该是同等关注模式与引起这些模式的各个器物、经验和相互作用。毕竟，作为文化创造者和观众，我们参与并享受的是实物和体验，而不是模式。

正如我在第二章所指出的，现代科学和人文学科以相反的方式看待现象。科学界希望得出一般常规和范式。人文学科关注的是特定而独特的文化对象和作者。文化分析范式关注规律性和特殊性，旨在将这些互补的观点结合起来。这就是为什么我们不应该试图在科学或人文学科方面单一地推动计算大规模的文化研究，而应该超越这种对立现象。

成功卓越的文化创作常常被描述为具有独特属性。从理论上讲，这可能意味着它不能简化为已知模式。但这并不意味着器物需要在每个可能的维度上都是唯一的。相反,它可以只在几个甚至一个维度上是唯一的,或者可以混合以前从未组合的元素。自20世纪80年代以来,混搭已经成为现代文化的主要审美策略,这是一种特别常见的方式,以创造新的独特的工艺品和体验感。作为审美主体,我们寻求并享受这种独特性。随着数字文化规模的不断扩大,在许多情况下,计算方法可能是发现独特人工器物的唯一路径。Flickr 的"兴趣度"(2005—)和 Spotify 的个性化每周播放列表(2015—)[37]就是一些公司如何使用算法进行内容检索的案例展示。

  独特性的发现从另一个角度说明了为什么相对样本而言,使用数据是一种更好的做法。独特的器物可能并不归属于样本范围内。在这里,我们可以向网络搜索引擎学习,因为它们不对网络进行采样。相反,它们尝试查找每个网页并为每个网页建立索引,因为原则上任何页面都可以与某人相关。在此,"独特性"指的是"相关性":一个物品对某人是唯一的,因为它是所有可能性中与他最相关的物品。在我看来,在一个巨大且不断扩张文化内容的宇宙中,使用所有物体的做法,是一个超越抽样的具有新计算思维的例证。尽管我们的研究数据集通常要小得多,但"审视一切"而不是只选择一部分的做法对任何文化研究项目的研究都是必要的。

抽样是必要的吗？

我在本章的开头引用了佛朗哥·莫雷蒂在 2000 年发表的一篇文章中的一段话。他在文章中指出，人文学者对自己研究的主题知之甚少："我研究的是（1790—1930 年的西欧叙事中）的经典部分，甚至还不到已发表文献的百分之一。有些人甚至阅读过更多相关内容，但重点是此外还有 3 万、4 万、5 万或者 6 万本 19 世纪的英国小说，没有人真正知道，没有人读过，也没有人会读。"[38] 尽管数字化逐渐使文化遗产的岛屿用于计算分析，但无人问津的情况并没有真正改变。即使是像凡·高这样的一位超级经典艺术家，我们也不知道他到底创作了多少幅画（目前的估计是 860 幅左右）。要"读懂"19 世纪已经是不可能的了——那么我们自己的时代呢？合乎逻辑的假设是，新的文化生产规模使人们完全不可能看完它，哪怕是弄清楚它的规模似乎都不可能。

然而，这个假设不适用于定义 21 世纪早期的大型文化艺术和教育平台，如 Behance、Knuggets、Meetup、ResearchGate、Tumblr、Twitter、Pinterest、Spotify、亚马逊、Scribd、Shutterstock 等。这些平台的架构及其数据的可用性质疑了我们关于文化表现的假设，即我们只能通过观察经典（即专家认为最重要的内容）或小样本来研究文化。原则上，我可以在分析中包括 Behance 上共享的每个项目，Pinterest 上的每个董事会，Meetup 的每一次见面，Eventbrite 上的每个事件，等等。实际上，这些数据是对外部研究人员开放还是只对公司内部的数据科学家开放是另一个问题。当然，这些平台也不包括世界上所有的设计项目，或所有主题的小组会议。然而，受到其规模和全球影响力的作用，它们为我们提供了比以往更广阔的了解当代世界文化的窗口。

正如之前所讨论的，现代定量研究方法是以抽样为基础的。它们认为，出于实际原因，我们无法访问总体（population）研究对象，因此只能对其样本进行操作。在统计学中，"总体"指的是完整的数据，可以是居住在某个城市的所有人、19世纪的所有小说，或者活跃着的所有网站。因此，现代统计学分为两个领域。推断统计是一套基于样本估计总体特征的方法，这些估计是通过总体样本来完成计算的。描述统计则仅描述数据的属性，而不假设该数据代表一个更大的总体。

关于历史文化，我们有时也有完整或接近完整的数据，但是更多情况下属于例外。最重要的艺术家（根据艺术史和市场评估）都有按系统排列的出版物，其中包含艺术家所有已知作品的信息。完成一份目录可能需要很多年的时间，因为其中还需要列出每件作品由哪位收藏家或博物馆收藏。自1851年以来，《纽约时报》提供了超过1300万篇文章的数字访问权，但是有多少报纸拥有《纽约时报》的资源来创建和提供此类数据集呢？纽约现代艺术博物馆汇编并公布了1929—1989年举办的1788场展览的策展人、艺术家和组织者的数据——这也花费了数年时间，资金捐募来自一家私人基金会。[39] 然而，世界上大多数艺术博物馆将永远没有资源来做到这一点，甚至无法发布其藏品清单。

对本文而言，原生数字网络和服务如 Behance 或 Meetup，都已经以数字形式出现。由于这些数字平台在设计上是全球性的，因此它们为发展中国家或较小城市中的人们提供了独特的机会。而且，由于它们在物理上不受博物馆空间或会议的限制，因此不必对邀请对象、包含对象和排除对象进行选择。但是，由于它们不能很好地代表所有国家和城市的文化和知识活动，因此并不属于理想的样本。例如，我们从"在别处"项目获得的 Behance 数据集包括 82684 个选择共享位置的用户，代表了 162 个国家和 5567 个城市。然而，对大多数城市来说，只有一个用户指出其位置，只有 141 个城市拥有 100 个以上的用户，只有 13 个城市拥有 1000 个以上的用户。相比之下，庞大得多的 Meetup 数据集更具代表性：它包含了来自 146 个国家的 17360 个城市的 2635724 个活动。

为什么我们要使用完整（或尽可能完整）的文化数据？如果我们只对提取一般模式、特征和类型感兴趣——例如，Instagram 上最常见的 10 种内容类型——我们当然不需要所有的数据。但这种对文化数据的归纳和汇总，忽略了当地的模式（空间、时间、话题等），只是进行定量文化研究的一种方式。在我看来，我们从过去继承的数据聚合方法并没有利用我们如今拥有的关于文化过程、动态、交互和人工器物的数据规模和分辨率。

在某些文化样本特征连续分布的情况下，只有当分布具有钟形或类似形状的曲线时，统计平均值才有意义。如果分布不同，则平均值可能不对应任何实际项目组。如果样本中有离散类别，比如说 Instagram 照片中存在不同类型的内容。想象一下，我们确定了 10 种最常见的类型。它们加在一起只占所有照片的 20%。在剩下的 80% 中，可能还有数百种不同的类型。因此，这些结果的意义也取决于离散类别分布的形状。最流行、最常见、最典型的数据可能对应所有数据的 90%，抑或仅占 10%。

一般来说，如果潜在的现象是全球性的和多样性的，即使是大样本也很容易忽略区域差异，以及可能只在短时间内出现的模式和数以千计的小集群。因此，文化分析的主要原则之一是，理想情况下，我们应该尝试获取和分析任何文化过程产生的完整数据，无论是单个专业摄影师的职业生涯，还是在全球互联网上分享的所有图像。

在工作中，我们遵循这一原则，在任何可能的情况下使用所有可用的数据。在项目中，我们将文森特·凡·高的每一幅画，纽约现代艺术博物馆照片收藏中的每一张照片，吉加·维尔托夫创作的许多电影中的每一帧，1923—2009 年《时代》杂志的每一幅封面，以及《大众科学》杂志和《科学》杂志出版的最初几十年中的每一页都视为数字图像。我们在与社交媒体合作时也遵循了这一原则。2014 年，Twitter 在其举办的 Twitter 数据竞赛中向我们提供了一项研究资助，并询问我们希望获得 Twitter 数据的哪一部分用于研究。我提出希望获得所有在 Twitter 上公开分享图片推文的地理编码。我们收到了这些数据，其中包含 2.7 亿条图片推文。在本章前面内容中，我对通过分析该数据集揭示的 2011—2014 年图像共享模式进行了讨论。

我已经指出了使用完整数据而不是小样本的几个原因：考虑

小型文化集合，研究文化多样性，以及发现独特的器物。此外，我将使用我们对法国印象派画家的约 5000 幅画作的分析来证明使用完整数据的意义。据估计，在原始印象派画家的整个职业生涯中（1872—1886 年，十几个艺术家在巴黎组织了 8 次印象派画展）创作了大约 1.3 万幅油画和粉彩画，由此可见我们能够收集到的数据集是不完整的。但是，这要比通常在艺术书籍、在线画廊和其他地方的印象派表现形式更具包容性。詹姆斯·库廷（James Cutting）和他的学生们查阅了许多关于印象派和现代艺术的书籍，发现在这 13000 幅作品中，只有 140 幅被反复复制。（库廷撰写了一本精彩纷呈的书，对印象派经典形成的历史进行了追溯。[40]）

如果我们关于印象派的认知来自这 140 幅作品，约占印象派全部作品的 1%，那么我们从 5000 幅作品中（38%）可以得到什么呢？这些图像的可视化效果如彩图 3 所示，可视化效果的特写镜头如彩图 4 所示。图像由视觉相似性自动组织，包括颜色、亮度、纹理和构图特征。（对有技术头脑的读者来说，可视化使用了主成分分析的前两个组成部分，运行于从所有图像中提取的 200 个特征之上。）印象派绘画的著名特征——浅色调、多种颜色的运用、新的现代主题——只集中在我们搜集到的大约 25% 的作品上（可视化的左下部分）。其余的作品在外观上比较传统——要么非常暗，要么是以棕色、深红色和暗黄色为主。这种单色调色的创作手法是 19 世纪绘画中的典型代表。

哪种印象派是正确的？只从 140 幅作品中确定的经典还是从 5000 幅作品中确定的典型？我们不需要回答这样的问题。有价值的是，我们现在有了一个替代权威版本的方案。这一典型与1875年马修·阿诺德提出的"最佳"（the best）文化愿景相呼应。替代性版本不仅向我们展现了印象派艺术家和其他19世纪艺术家之间的延续性，还展现了印象派典型更为深广的背景。

第六章　元数据及特征

统计学可以看作是：（1）有关人口的研究；（2）有关变异的研究；（3）有关数据还原方法的研究。
——罗纳德·费希尔（Ronald Fisher），《研究工作者的统计方法》，1925年[1]

作为一种观察方式，统计学是指分类、计数及平均。正如巴尔扎克在《村里的神棍》中所做的那样，把社会描绘为一堆原子个体。
——西奥多·波特（Theodore Porter），《改革愿景：工程师勒普雷学着观察社会》，《科学观察史》，2011年[2]

表格的构成是18世纪科学、政治和经济技术的重大问题之一。18世纪的表格曾是一种权力的技能和一种知识的程序。
——米歇尔·福柯（Michel Foucault），《规训与惩罚：监狱的诞生》，1977年[3]

我们的工作假说是，随着社会进入所谓后工业时代及文化进入所谓后现代时代，知识的地位发生了改变。知识的本质在这种普遍转变的内容中不能一成不变。只有将学习转化为大量的信息，它才可以融入新的渠道，并且具有可操作性。我们可以预见，在构成知识体系中，任何不能转化的知识都将被抛弃，并且

> 最终结果被翻译成计算机语言的可能性决定着新研究的方向。随着计算机的普及,出现了一种特定的逻辑,因此,出现了一组特定的规定,这些规定决定着什么样的陈述才是"知识"的陈述。
>
> ——让-弗朗索瓦·利奥塔(Jean-François Lyotard),《场域:计算机化社会的知识》,出自《后现代状况:关于知识的报告》(*The Postmodern Condition: Report on Knowledge*,1979)[4]

从一个世界到一个数据集

前两章,我们着眼于文化现象的类型(媒体器物、行为、互动及事件)与抽样策略。通过这些策略,我们可以在进行一项新的分析项目时选择需要包含哪些内容。这些策略也可以帮助我们仔细考虑那些可能要求我们使用的现有集合或数据集。本章我们将探讨有关文化分析工作流程中的一个新步骤:将选定的文化现象以数据形式进行表示。

数据表示法(data representation)可以包含:数量和类别;文本、图像、视频、音频、三维形状;人类眼睛和身体运动的记录;空间位置与网络关系;其他事物。但是,这些媒体和记录类型需要以一种特别的方式来组织。只有这样,我们才能用计算机将其储存、分析、视觉化处理并将结果与他人分享。若你想对数据表示法的现有规定提出质疑或者想要尝试提出新规定,你首先需要学习现有的数据表示法是什么。

我们先来定义一下什么是数据表示法。文化现象的数据表示法包含诸多数据对象(data object)及对这些对象系统编码后的特性。若想创建这种表示法，需要回答 3 个关键问题。

首先，这种现象的范围是什么？举例来说，如果我们对当代社会研究感兴趣，那么我们怎么进行呢？或者，如果我们想要研究当代艺术的主题，我们如何选择时期、国家、艺术家、艺术作品、出版物、展会或其他信息？换一个例子来说，假如我们对当代摄影感兴趣，我们是应该着眼于专业的摄影比赛，还是 Flickr 上的摄影爱好者群体？现在每个人都有手机，手机上都有一个内置摄像头，这样一来，人人都是摄影师，那么从全球社交媒体网络中收集更大的图片样本是不是更好一些呢？

其次，我们应该展现什么样的对象？您可在第四章中找到答案，但是我们现在先看一些具体的例子。比如说，若我们想要展现表现 20 世纪视觉艺术的现象，我们可能会包含以下数据对象：艺术家、艺术作品、艺术家之间的通信记录、他们展览的清单、艺术杂志的评论、艺术书中的段落、拍卖价格，以及作品展出的具体展览。2012 年，纽约现代艺术博物馆举办了"抽象发明"（Inventing Abstraction）展览。它的入口有一个大型的静态网络可视化屏幕，根据 85 位艺术家之间通信往来的数量，展示了他们之间的联系。[5] 在这种表现形式中，现代抽象艺术被表现为通过信件联系起来的一个艺术家网络。其实博物馆也可以使用计算机算法来分析这些艺术家的作品，并基于视觉语言的相似性来展示艺术家网络。

数据科学使用诸多意义相同的术语来指代数据对象。这些术语源于更早使用数据的领域并应用于数据科学。这些术语分别是数据点、数据记录、数据项、数据样本、数据测量、数据自变量、目标变量。若你想要阅览数据分析的相关读物，利用在线教材学习数据技能或者使用 Python 和 R 这种编程语言来进行数据分析的话，了解这些术语是有帮助的。

最后，应该包含每个对象的哪些特性？对象的特征（characteristic）也可称为特性（property）、属性（attribute）、元数据（metadata）或特征（feature）。例如，为表现"当代社会"现象，我们可以构建一个随机选择的人的样本，里面包括他们的人口和经济特征、他们之间的联系、他们佩戴的传感器记录下的日常生理模式，以及他们在社交媒体上发布的帖子（若得到他们的许可的话）等。如果我们想要了解医院的工作模式，我们可以同时使用人员（医生、护士、病人）和医疗程序、测试、表单、医生记录，以及生成的医疗图像等，作为我们的数据对象。

逻辑上而言，虽然可以把这 3 个问题考虑成创建计算机可以分析的结构化表示过程中的 3 个阶段——限制范围、选择对象并选择它们的特性，但是没有必要严格按照这种线性顺序。在研究的任何一个节点，我们都可以添加任何新的对象、新对象的类型，以及新的特性。或者，我们会发现那些我们想用但无法获得的特性，所以我们不得不放弃我们原先的计划，转而仅仅分析我们已经获取的那些特性。简言之，创建数据表示法的过程与分析数据往往是同时进行的。

根据我们的观点，我们可以假定，无论我们怎样去研究它，"当代社会"这样的现象是客观存在的。我们也可以假设一个现象是由研究人员来构建的。它是这样的一组对象及其特性：被应用于不同的定性和定量研究、出版物，以及到目前为止与它相关的交流（书籍、文章、大众媒体、学术论文等）。换言之，现象是由其自身的表现及与之相关的对话而构成的，包含创建的数据集、研究问题，以及对这些数据集分析所产生的结果。

大学里人们往往研究那些已有的课题，要么对其进行改进，要么添加新的方法和问题，这个角度其实是有道理的。脸书现象在计算机科学和计算社会科学中的定义都源于至今发布在脸书上的研究。然而，我对创建数字文化数据需要回答的3个问题提出了第一个假设视角，即存在于我们研究之外的世界。本视角的优点在于它可以帮助我们看到现有研究的局限性，并帮助我们注意到这些现象的其他方面。这个第一视角可以称为经验主义者，而第二个视角更接近于米歇尔·福柯话语（discourse）的概念，即陈述构成知识的对象。

福柯于1969年[6]出版了《知识考古学》(The Archaeology of Knowledge)，其中的想法与文化现象的计算分析有很强的相关性。若统计学和定量社会科学号召我们在数据中寻找整体性和连续性，那么福柯的话语概念允许我们从不同的角度收集数据——用福柯的话语来说，这些数据可能包含了矛盾和多重立场，代表这不是一个连贯的系统，而是一个过渡的系统。所以，举例来说，若我们发现仅描述部分数据的相关性或模式，这并不意味着我们的方法是无用的。相反，我们预料一个制度、社会或文化过程中会产生大量的陈述，这些陈述可能遵循了不同的逻辑且彼此并不对应。

福柯的另一个观点也与我们的分析相关：他认为我们应该分析"说过的话"这个层面的话语，正如陈述的档案文件（archive）与彼此相关而不是与其外面的事物相关。于我而言，用户生成内容的大样本就是这样的档案文件。与其总是询问用户生成的内容（例如，某个区域内一组人分享在 Instagram 上的图片及他们的标签和描述）是否反映了城市、社会、经济和人口现实，不如把这些内容看作是视觉主题、风格、文本和网络关系，这样同样富有成效。毕竟，技术上来看，社交网络是通过鼓励用户根据分配标签、跟踪其他用户或标签、搜索标签等在元素之间建立多个连接的。

为了使用福柯的概念，在本章及下章中，我们会对数据科学进行部分考古学研究，探索数据科学的一些核心概念，并研究允许它生成关于世界的陈述的条件。

在 1979 年出版的《后现代状况：关于知识的报告》一书的开篇，利奥塔写道："随着计算机的普及，出现了一种特定的逻辑，因此，出现了一组特定的规定，这些规定决定着什么样的陈述才是'知识'的陈述。"但是，"计算机的普及"到底意味着什么呢？计算机充当了思想的载体和信使，是知识范式与早先发展的社会实践。后来，它们被编码到计算机技术中，因为应用如此广泛，所以现在无人不晓。这些范式中，数据科学是当今最重要的一个范式。我在本书的导言中许诺要对数据科学方法及其假设进行严格审查，这是文化分析的关键目标之一，那么我们就从这一章开始吧。

元数据及特征

我之前解释过,一个文化数据集包含了许多对象及它们的特性。不同领域采用不同的术语来指代这些特性。在人文领域、文化遗产和图书馆学中,人们通常将已经存在于数据中的对象特性(因为已经有人对此进行了记录)与我们通过手动标记添加的附加特性称为元数据。在社会科学领域,将手动创建对象结构化描述的过程称为编码。在数据科学中,研究人员使用算法来自动提取对象中的各种不同的统计数据(即对其特性的简要描述)。这些统计数据指的是特征(feature),这个过程称为特征提取(feature extraction)。

2016 年,纽约现代艺术博物馆在 GitHub 上发布了一个艺术家数据集,该数据集"包含了 15644 条记录,囊括了作品收藏在 MoMA 中的所有艺术家,他们的作品也已经编入了我们的数据库"。该数据集"包含了每位艺术家的基本元数据,包括名字、国籍、性别、出生年份、死亡年份、Wiki 标识符及 Getty ULAN[①] 标识符"。[7] 名字、国籍和出生年份就是元数据。这些对象的信息已经存在,并转移到计算机中,所以,这就成为我们可以用来分析的部分数据。

现在想象一下,我们已经用计算机算法来自动衡量这些作品的构图、色彩、纹理并识别了它们所属的流派。若这些画作显示了人物形象及脸孔,我们还可以进行识别并衡量画中人物的身体

---

① 艺术家联合名录。

姿势及面部表情。这些就是特征。对比那些已经存在于一个数据集或集合中的元数据，特征是通过算法来分析这些对象而创建的新信息。通常特征表现为数字，但是也有其他的数据格式。例如，当我们使用计算机视觉算法来分析图片去发现对象类型、构图类型、照片技巧或抽象概念，输出通常显示为单词列表。垃圾邮件检测算法可以使用二进制类别来对邮件进行分类：每封电子邮件被分为垃圾邮件或非垃圾邮件。此处还有一个例子：计算机可以分析一组邮件，提取谁给谁发邮件、发邮件的频率等信息，并用一个关系网络对其进行表示。总而言之，通过使用多种数据类型，比如，整数、实数、离散类别、自由文本（free text）、网络关系、空间坐标、日期或时间，元数据和特征都可以进行编码。

彩图 5 展示了"自拍探索"（Selfiexploratory）的一个截图，它是使用了我们的设计团队"潮自拍"创建的元数据和特征来探索图像集合从而形成的一个交互式可视化界面。用户可以按照城市、性别、年龄及软件提取的大量照片量度来过滤照片。城市名称就是一个元数据：因为我们是在特定城市收集的照片，那么每张照片中都含有这个信息。对于其他的特性，该界面显示了它们的分布（例如，柱状图）。用户可以通过部分选择这些分布来进行多重选择。在本例中，我们看到应用程序的界面后，选择了伦敦、年龄大于 30 岁与向左倾斜 10°—70°。无论什么时候进行一个选择，图表都会实时更新，而底部则显示与之相符的所有照片。其结果是一个在大型媒体数据集中浏览和定位模式的流动方法。我们可以这样描述本界面和该大型工程：

在该项目中，我们想要展示的是：没有任何一种对自拍现象的解释是绝对正确的。我们想要揭示理解自拍的内在复杂性——自拍既是数字图像制作和在线图像分享技术进步的器物，也反映了具有多种功能的社会现象（个性的自我表现、沟通等）。……艺术史学家与摄影史学家传统上忙于对一个独特形象的解读，而"潮自拍"项目专注于在一个更大的图像数据集中的模式，采用计算分析许多特征，如姿态（例如，向上看、向下看、向左或向右看）、面部表情和情绪。这是摄影在社交媒体上的悖论：每张单独的图片既重要，又不重要。[8]

对文化分析而言，元数据和特征哪个术语更恰当呢？不同领域的人们使用这两个术语的方式并不相同。在人文领域，对象的所有特性通常都被称为元数据，因为这是图书馆学的一个标准术语。图书馆是最早以系统的方式来组织信息的，早先的人文计算项目都是由图书馆来运行的，数字人文因此沿用了这一术语。相比之下，数据科学中，研究人员和工程师们通常将数据特性当作特征。因为数据科学是关于数据分析的算法，这些算法并不在乎数据的来源。我也会沿用这个用法。因此，我会用特征来指那些可以通过计算机分析从数据对象中提取新的信息，以及和数据一起的元数据。

现在我们来讨论一些别的理念。在自然科学和定量社会科学中，通常将研究对象的特性称为变量。这些是在实验中可以被分离和操纵的条件。该术语同样暗含分析数据的某些特定方式，即使用自变量来创建统计模型从而预测因变量。在这一范式中，会用一个或多个自变量来预测一个或多个因变量（这些模型的常用类型是线性回归）。举例来说，我们可以把公司环境政策的一些措施作为自变量，将通过调查获得的员工满意度指标作为因变量。这样一来，我们可以创建一个统计模型，这个统计模型可以根据公司政策来预测部分员工满意度。

当今科学出版物中占绝大部分的医学研究也使用同样的范式。通常，根据抽样法来选择一组病人进行科学研究，这代表有很多的人接受了某种治疗。然后，评估这些病人来判断这种治疗是否有效。治疗的小组与对照小组进行对比，对照小组是指那些没有进行治疗的病人。有时，对不同的病人小组采用不同的治疗方案，然后进行对比。不管怎么样，统计方法被用来评估并报告这些研究结果。通过测量各项生理指标或其他的身体状况，对治疗方案或新药的效果进行定量评价并进行统计测试，这样一来，可以确保观察到的变化不具有偶然性。

根据自变量的值来预测因变量的值，这个范式在自然科学、社会科学和生命科学中已经用了几十年，并且一直处于主导地位。这个范式也可以用在文化领域：例如，根据有关城市居民的人口统计信息、展览类型和举办的时间（自变量）来预测参观博物馆展览的人数（因变量）。正如我们已经看到的，计算机科学家使用的大型社交媒体数据集也是同样的模式：例如，根据照片的滤镜或内容预测 Instagram 照片的点赞数。2014 年，有一项针对 Instagram 上 100 万张照片的研究，研究人员发现"露脸的照片被点赞的可能性要高 38%，而被评论的可能性要高 32%"。[9]

但是，我们是否愿意用这个范式来解释诸多当代文化现象呢？并且"解释"文化到底是个什么概念呢？孤立一些变量并提出利用它们来影响其他变量的想法让我不禁想起了马克思主义文化社会学，在马克思主义文化社会学中，艺术是阶级斗争和社会经济组织的一种表达方式。当今，该方法的高度简化逻辑是显而易见的。然而，包括格奥尔格·卢卡奇（György Lukács）、西奥多·阿多诺和詹明信（Fredric Jameson）在内的诸多马克思主义思想家，成功地创造了非常有趣的、超越这种还原主义的文化解释。我认为，如果我们用原始的和自我反思的方式使用统计模型，那么这样解释文化也是富有成效的（关于这些问题，我将在本书结语章节中的"我们想要'解释'文化吗？"这一部分来讨论答案）。

这也是我为什么更愿意用特征而不是变量的另一个原因。因为前者并不暗含用一种特殊的范式进行分析和解释，比如创建一个统计模型。它只是意味着我们可以使用对象的特性，这些特性可以是已有的，或是测量出来的，或者用计算机预测的。但是，它并未说明我们该如何处理这些特性（比如，比起制作模型，我们可以创建一个公众互动的可视化平台从而允许其他研究人员、学生、公众可以探索这些数据）。

数据 = 对象 + 特征

许多对象及它们的特征构成了一个数据集，该数据集可以用来分析、可视化、声音化（sonified）（即以图像或声音的形式表现)、与其他数据集融合、讨论等。这是数据科学的工作原理,对文化分析而言也是可行的。若我们想要使用定量和可视化方法来研究任何文化现象,我们需要将该现象表现为一个数据集,也就是说,描述许多对象的某些特征。

人文和社会科学研究人员已经指出,数据是被构造出来的:它并不存在,是一系列选择的一个结果。丽莎·吉特尔曼(Lisa Gitelman)和弗吉尼亚·杰克逊(Virginia Jackson)在其编辑的文集《"原始数据"是一种矛盾的修辞》(*"Raw Data" Is an Oxymoron*)的引言中写道:

> 乍一看,数据显然是先于事实的:数据是我们知道什么、我们是谁,以及我们如何沟通的起点。这种从数据开始的共同意识往往造成一个未曾注意到的假设,即数据是透明的,信息是不言而喻的,是真理本身的基本要素。如果我们不小心的话,换句话说,我们对越来越多数据的热情就会变成对它们的中立性、自主性和客观性的信任。……我们是如何在不同的收集、存储和传输环境中以不同的方式"烹饪"数据的呢? 在那些可以在伦理上有效地将数据"简化"的现象那里,发生了什么样的冲突呢?[10]

当然,这种观点对思考及实际处理任何文化数据也很重要。我们应该始终思考现有的元数据是如何产生的,这些特征描述了什么特性,又有哪些被遗漏了。文化分析方法在这个问题上是非常有益的,因为它的目的是破坏现有的类别。这些类别通常在机构的元数据中进行编码。比如,许多艺术博物馆网站允许你通过搜索流派分类来查询收藏品。但是不是所有现代具象绘画都完全符合肖像、风景、城市景观、静物等类别？也有其他的绘画包含了风景、内部空间和一些物品，对我们而言，这些元素可能和画面中的人一样有趣。

文化分析方法不是盯着现有的、看似自然和具有逻辑的类别，而是提取低层次的特征，并找到基于这些特征的对象群。这些集群可能与现有的类别相呼应甚至部分重合，也有可能完全不同。

虽然特征提取可以帮助我们以一种全新的方式来看待现象，但是它会限制现有的分类，所以该方法有自身的局限性。无论我们有多少特征，对大多数的文化现象，这些特征也不能捕捉或探索所有与研究问题相关的东西。但是，对某些特定的问题，它们仍可以呈现出我们所需要的一切，比如说，若要分析蒙德里安（Mondrian）多年来绘画构图的变化，只需要描述组成他绘画的矩形的尺寸、比例和颜色等几个特征。

通常，优质做法是假设数据表示法包括现象的某些方面，并筛除其他方面。但这并不是什么新发明，比如，任何用于导航的二维地图仅代表了一个区域的某些特性。这样的地图无须显示所有的特性。它已经提供了我们完成某些任务所需的信息，而省略了其他信息。通常，这可以视为表示的一个基本限制，但是人们开始用交互式计算机媒体进行展示之后，情况完全不同。物理层面的地图显示的信息是固定的，而网上及应用中的交互电子地图，我们可以选择性地显示某些层和某些细节，可以搜索地点、切换实时交通视图、获取导航指示等。这极大地扩展了它们作为仪器的用途，尽管在视觉上它们可能使用的是与老式纸质地图相同的准则。但是，我们不能改变所有，比如使用的投影类型通常是固定的。我们也可以参与创建电子地图，比如非常流行的OpenStreetMap。这是一个应用，"由社区里的地图绘制者创建，贡献和维护关于世界各地的道路、步行街、咖啡馆、火车站等场所的数据"。[11]

考虑到当代现象的数据表示及其局限性，我们需要铭记的是这些表示并不是固定的。只要我们拥有相应的资源，它们的局限性通常是可以修正的。比如，通过向随机抽样的人询问一系列问题，我们调查了某一特定地区的社交媒体使用情况。（皮尤研究中心经常在美国进行这类调查。[12]）通过在其他地区进行更多调查，我们可以扩大地域覆盖范围。我们还可以在同地区进行新的调查并问询额外的问题等。之前，我提到了此项实践的一个好的示例：美国盖洛普每日民意测验。盖洛普每天在美国各地随机抽取500名受访者进行访谈；这样的话，每个月的受访者约高达15000名，加起来每年就是约180000人。[13]

一些文化现象的数据表示法与人类迄今为止使用的其他文化表示法有何不同？这些文化表示包括洞穴壁画、具象绘画、照片、文学叙事、史诗或图表。首先，数据表示法是模块化的。它包含了单独的不同元素：对象和它们的特征。其次，我们通过计算的方式对这些特征进行编码。之前，我已经罗列了一些这样的格式——整数、浮点数、空间坐标、时间单位等。最后，每个特征只能用一个格式，这是所有分析和可视化工具所期望的。例如，代表日期时，我们不能混合精确的数字（1877）、范围（1875—1988）和单词（"大约1875年"）。我们需要选择一个单独的格式并将这些日期转化成这样的格式。地理信息也是同理。当今用于分析和可视化数据的软件工具假定也遵循这些约定。大多数据科学项目的一大部分是"数据清洗"（data cleaning），这包含了将数据转换为此类标准格式。

当然，任何规约都存在着让你很难提前预料的可能性风险。例如，设想一个数据集，其中对象的单一特性有时表现为数字，有时为类别，而有时则表现为自由文本。从标准数据科学实践的角度来看，这并非"纯净数据"，我们在使用这些数据前需要对其进行处理。但是若我们需要调查的是文化现象，这样的数据集反而正合心意，即便使用这些数据比较费力。

为了存在于数字计算机中，数据表示法还需要遵循另一个基本约束：它只能包含一个有限的对象集合与有限数量的特征。举例而言，音乐的计算分析通常先是将音乐的音轨划分为短至100毫秒的音程，然后再去测量每个音程的声音特征。艺术家的姓名、他们作品的名称、百科全书中艺术家的文本传记、作品创作日期、电子图片，以及个人观看作品时的眼球运动等，这些都是个体数据对象。需要注意的是，这些对象的大小和复杂性是不同的——可以是几个单词构成的标题，也可以是一段时间内大脑活动的功能磁共振成像记录。更复杂或更大的对象通常需要用更紧凑的方式来表现；例如，百科全书中一位艺术家的传记可以表现为衡量其长度的单一数字，也可以表现为文本中的所有独特词汇。然而，你可以查询到全部原始的数据，并从中创建新的特征，开启新一轮的探索。目前，人们对历史上出版的百科全书中词条的长度进行了很多研究，其中有这样一项研究，研究人员研究了在重要时期内出版的几本百科全书中关于同一位文艺复兴时期艺术家的不同篇幅的文章，并通过此项研究来衡量他不断变化的声誉。[14]

总之，计算机数据不只是以任何媒介（如纸莎草纸或索引卡）记载的物品的任意集合。在计算环境中，数据是计算机可以读取、转化并分析的一种表示。这对什么可以用来表示与如何用来表示施加了某些约束。我们选择什么作为对象，选择什么特征，以及如何对这些特征进行编码——这3个决定确定了创建数据表示，这样一来，通过数据科学技术便可计算、可管理、可知和可共享这些数据。

若你之前没有处理过数据，那么接下来对管理数据集的基本实用惯例和格式的综述将会帮助你来理解。简短来说，主要是因为在很多数据科学和数据分析课本、在线指南及教材中，都已经对这些内容进行了详细的介绍。事实上，有多种方式可以组织对象以及特征。其中最为常用的一个是表格。包含一个工作表的Excel或谷歌电子表格就是表格。若我们用一些字符（如制表符或逗号）分开这些值（这些分别保存为TXT或CSV文件），表格也可以按照标准文本文件进行保存。通常，每一行代表一个对象，每一列代表一种特征。

存储在类似表格格式的、带有自身特征的对象的集合可能是当今最常用的数据表示法，基本上用于各个专业和科学领域。它是我们数据社会了解现象和个人并采取相应行动的方式。在这里我们想到福柯写下的有关18世纪表格的重要性，他是这样写的："表格的构成是18世纪科学、政治和经济技术的重大问题之一。18世纪的表格曾是一种权力的技能和一种知识的程序。"[15] 到了现在，表格甚至更为重要：表格无处不在，诸如电子表格这样的技术已经将这种思维方式自然化了。

其他常用的数据格式包括 XML 和 JSON。与表格相比，XML 有很重要的优势：数据可以按照层级进行组织并且随附描述（标记和属性名），还可以描述文件格式的模式。JSON 虽不具有这些特征，但它可以提供数据分层。处理数字档案或社交网络时，你可能经常会遇到以这些格式存储的数据，通过 API 可以获取这些数据。

为了进行分析，数据可以从这些格式转化成表格。用于存储、获取和处理数据的另一个基本的计算机技术是数据库。单个表格对小的数据（几百万行）来说很普通，数据库针对的是那些大数据和更复杂的数据。常见的类型是1970年发明的关系数据库——许多通过共享元素连接而成的表（例如 MySQL 关系数据库管理系统）。大规模的网页应用依赖于新的数据库技术来进行存储和处理数十亿的对象，如 MongoDB（2007）、Cassandra（2008）和其他 NoSQL 数据库。这些数据库为 Facebook Messenger、Spotify 音乐推荐，以及无数的其他应用存储并提供服务数据。比如，在中国广泛使用的搜索引擎暨全球第四大网站百度（截至2016年7月），其 MongoDB 数据库中存储了2000亿个对象。[16]

数据科学也使用了很多其他的数据格式和数据库类型，其未来的发展也是一个较大的研究领域。但是，无论什么样的技术，设计数据分析技术的理念是相同的：用一组对象和一组特征表示的典型器物、现象或过程的集合。因此，虽然人类社会使用这种类似数据的表现形式已有数千年，但统计学、数字计算机及后来的机器学习方法的采用，使得数据成为一个更为有限的概念。数据集不只是任何信息的集合，其结构方式使得它们得以存在于计算介质中，并可以通过特定的方法对其进行分析。

本节中，我论述了定义计算机数据的最普遍的原则，且先不管这些数据代表什么。理解数据的另一个常用范式是将数据分为若干类型，如地测数据、网络、3D体数据（volume data）、3D多边形模型（polygonal model）、时间序列数据（time-series data）、数字图像、数字视频、数字声音和自由文本。对特定的工业、专业和服务而言，这些类型的每一个都尤为重要：地测数据用于地图和地理信息系统（GIS）分析，网络数据用于社交网络，3D体数据用于医疗及无人驾驶汽车领域，等等。每种数据类型的计算分析都有单独的技术，而其他技术是共享的。在数字人文中的文化文本数据、数字历史中的地测数据，音乐信息检索领域中的音乐收藏中你会发现很多相关的研究。本书中，我使用的很多例子是我们实验室项目中使用的图像数据，因此我将着重讨论一些分析这种数据类型的想法和技术，这些都是在图像处理和计算机视觉领域发展起来的。要学习其他数据类型分析的概念和技术，你需要转到相应的领域：用于文本的自然语言处理，用于网络数据的网络科学,用于地测数据的地理信息系统,用于时间数据的时间序列分析,等等。但是,无论你对哪种类型文化数据感兴趣,在大多数文化定量研究中你还会遇到一门关于数据分析的概念和技术的学科。这门学科就是统计学。

19 世纪和 20 世纪的统计学:从单一变量到多变量

统计源于"国家"(state)这个单词,它兴起于十八九世纪,与现代官僚主义的形成及圆形监狱社会关注计数、了解、控制人口和经济资源不可分割。到了 19 世纪中期,统计这个词的意义才发生了改变:它成为一种独立学科的名称,专门总结和推理所有数字集合,而不只是研究对国家重要的数字。

下面我们简短且有选择性地介绍一下统计学的历史,这将有助于解释当代数据分析方法的特殊性。它的发展共分为 3 个阶段,其他统计资料可能会以不同的方式划分它的历史。在现代社会和学术领域的背景下,统计学的历史尚未详细讲述。不同的学者侧重于不同的人和历史时期[17]。若你只选择本领域的一本书来阅读的话,我推荐《大数字政治》(*The Politics of Large Numbers*)[18]。对我们而言,重要的并不是到底是谁在什么时候发明了什么,而是一些总体思路。

第一个阶段包括从 17 世纪至 19 世纪中叶这段时期。这期间,统计学意味着收集并列表显示各种社会和经济数据。到了 18 世纪末期,威廉·普莱费尔(William Playfair)开发了一些绘图技术来将这些收集的数据视觉化地表示出来。普莱费尔引入了4种基本方法，分别是：1786发明的柱状图和折线图，以及1801年发明的饼图和扇面图。普莱费尔在他的书中首次使用这些方法，这两本书的书名是激励他发明这些数据收集方式的例证——《商业与政治图集——用染色铜版图表示整个18世纪英国的商业、收入、支出和债务的发展》(The Commercial and Political Atlas: Representing, by Means of Stained Copper-Plate Charts, the Progress of the Commerce, Revenues, Expenditure and Debts of England during the Whole of the Eighteenth Century, 1786) 与《统计摘要——以全新的原则展示欧洲每个国家和王国的资源》(Statistical Breviary: Shewing, on a Principle Entirely New, the Resources of Every State and Kingdom in Europe, 1801)。

虽然后来出现了其他的可视化方法，但是普莱费尔的这4种可视化量化数据仍然是最受欢迎的。这些方法仅可以可视化研究对象的单个特性（或一个变量）。伴随着它们被嵌入所有的统计和绘图软件中，这些方法继续影响着人们今天如何使用和思考数据——尽管计算机可以做到更多。

在19世纪，局部地区地图也很流行。例子之一是一种国家地图，其中每个领域的基调代表了一些统计数据，比如，识字率、犯罪率等。[19] 尽管这样的地图是二维图示，但是它们仍只表示了一个变量。地图上显示的每个区域的亮度或图形风格取决于用数字表示的对象的单一特征。

统计学历史的第二个阶段（1830—1880），开始使用分析和图形技术来研究对象的两个特性之间的关系（即两个变量）。19 世纪 80 年代，弗朗西斯·高尔顿（Francis Galton）引入了相关和回归的概念。高尔顿也是首个使用图形技术的人，这种图形技术就是我们现在所熟知的散点图。[20] 今天，散点图仍然是把两个变量画在一起的最流行的技术。

19 世纪 30 年代早期，比利时统计学家阿道夫·凯特勒测量了大量不同年龄的儿童和成人的身高与体重。他将研究编撰成书并于 1836 年出版，书名为《人类及自身形态发展论或社会物理学》（ *A Treatise on Man and the Development of His Facilities or Social Physics* ）。尽管本书中凯特勒仅观察了平均值和频率，但后来他意识到还可以分析测量值的分布。他发现在大量人群中测量的这些特征遵循钟形曲线（自 19 世纪初以来，在其他的研究中也发现了这种曲线）。同时将身高和体重作为单独的变量进行分析，凯特勒也研究了这两者在许多人之间的联系，并于 1832 年创建了现代体重指数。他发现平均而言，身体"重量随着高度的平方而增加"。[21] 这是量化两个变量之间关系的统计数据的例证。

保罗·拉扎斯菲尔德于 20 世纪 40 年代创立了大众传播的定量研究，解释了凯特勒如何将他的统计结果转变为社会物理学的理念：

> 在他早期的出版物中，凯特勒主要感兴趣的是身体特征的平均值，随着时间的推移和国家之间的年龄和其他人口统计变量，犯罪率和结婚率显示出稳定的关系，这种稳定令人感到惊

讶。他所指出的社会的"法则"就是这些关系。然而，到现在，他关注的是这些平均数的分布。他深信若他观察到一定的程度，那么分布通常是正态分布或二项式分布。"法则"的概念现在延伸为：分布本身、它们的数学推导，以及它们不随时间和地点改变的特性，这些变成了定律。[22]

基本的统计概念和方法是在特定的研究背景下建立的，然而却花费了一些时间来适应不同的学科门类。人们公认埃米尔·涂尔干撰写的《自杀论》（Suicide，1897）是奠定了社会学基础的著作。[23] 书中使用了几十个数据表格。涂尔干用这样的汇总数据来比较不同人群的自杀率（新教徒与天主教徒、单身人士与已婚人士、士兵与平民等），然后再对这些差异进行理论解释。但是社会科学的基础工作仍然缺少一个单一的统计图表或不同国家自杀率差异的重要性的统计测试，因为那时还没有发明这样的测试。

第三阶段（1900—1930），一到两个变量的分析统计概念和方法进一步细化、扩展、系统化，并给出了严格的数学基础。这些包含了汇总一组数字（对集中趋势的测量，如平均值和中位数；对离散度的测量，如方差和标准差）以分析两个变量之间的关系（相关和回归）。同一时期，设计实验和在这些实验的基础上做推论统计的方法——使用小样本预测人群的特征的方法——也被正式化了。该时期做出关键贡献的人物是英国的卡尔·皮尔森（Karl Pearson）、查尔斯·斯皮尔曼（Charles Spearman）、罗纳德·费希尔与美国的查尔斯·桑德斯·皮尔斯（Charles Sanders Peirce）。俄国的安德烈·马尔可夫（Andrey Markov）开发了分析时间随机过程的新基本方法。俄国另外一位著名的数学家安德烈·柯尔莫哥洛夫（Andrey Kolmogorov）在1933年发表了现代概率论的基础。

与英国和美国的数学家相比，一些俄国和其他欧洲国家学者对统计学在文化分析领域的应用非常感兴趣。1913年，马尔可夫提出了他的方法来分析普希金（Pushkin）的《叶甫盖尼·奥涅金》(*Eugene Onegin*)；[24]安德烈·柯尔莫哥洛夫在20世纪60年代发表了大量的文章，使用概率论来分析诗歌。意大利社会学家阿尔弗雷多·尼切福罗（Alfredo Niceforo）将统计学用于研究文学和艺术，1921年，他出版了一本主要关于"文明和进步的衡量"的书籍，他将该研究项目称为"社会症候学"。[25]

1925年，罗纳德·费希尔所著的《研究工作者的统计方法》是当时非常有影响力的统计学方面的著作。该书内容涵盖了图表（费希尔统计图表术语）、分布、回归、相关性、方差和统计检验。

当代社会科学本科或研究生统计学入门教科书的内容与费希尔书中的内容非常相似——我们可能在想，为什么现在还仍沿用计算机发明之前的概念和工具来分析当今的大数据呢？20世纪初，人们利用统计学进行合并，这样的想法主要是考虑到手动进行计算的话花费的时间比较久。关于这样的考虑促进了学科的形成以及我们当代社会的数据想象。

看一下费希尔的课本，所有的数据分析方法中变量都不超过两个。现在，我们把这样超过两个变量的数据称为多变量数据（multivariate data）；用于进行此类分析的统计方法我们称为多变量统计（multivariate statistics）。其中有一个方法在 20 世纪的头 30 年就已显露：这就是因子分析（factor analysis）。英国心理学家乔治·斯皮尔曼（George Spearman）发现学生们在不同测试中的得分是相互关联的。他提出有一种一般心理能力会影响在各种测试中的表现，他将这种能力称为 g。斯皮尔曼这样写道："智力活动的所有分支都有一个共同的基本功能，而该活动的其余或具体的要素似乎在任何一种情况下，都是完全不同于其他一切情况。"[26] 1904 年，他发表了一种统计方法，来分析每个人在多项测试中的成绩，该方法后来被命名为因子分析。后来，方法逐渐延伸，演变为一种将我们测量的多个变量减少为更少的甚至未观察到的变量来衡量测试结果［称为因子（factor）或潜在变量（latent variable）］的方法。英国心理学家雷蒙德·卡特尔（Raymond Cattell）将因子分析应用到诸如人格和态度的测量的其他领域，[27] 美国心理学家瑟斯顿用该方法来研究心理能力（1934），[28] 保罗·拉扎斯菲尔德则普及了它在社会心理学中的应用（1950）。[29]

解读、说明、自动化

20 世纪 30 年代至 20 世纪 60 年代，统计学家和社会科学家逐渐开发了其他的方法来分析多变量数据。[30] 除了因子分析，又引入了一些其他的方法，并且至今仍广泛应用于包括判别分析、聚类分析、多元回归、多维标度在内的数据科学领域。[31] "二战"后，数字计算机用来进行数据分析，促进了这些方法的进一步发展。20世纪50年代，计算机飞速发展，并且开始在许多大学内普及，共同分析越来越多的变量变得越来越实用。

今天，统计学入门课程仍然只涉及一个或两个变量分析的技术；在他们的学习中，社会科学家可能有时使用几十个变量，但是通常只是很少的情况——虽然计算机可以处理无数的变量。相比之下，数据科学应用提取并处理数据集（或数据流，若数据持续不断的话）中每个对象的几百或几千个特征。在数据科学中的标准假设是使用大量特征描述数据对象。（21世纪10年代，神经网络对特征的不同处理方法开始被广泛应用于特征分析，我会在本章后面提到。）这是数据科学和定量社会科学不同点之一。在定量社会科学中，典型研究中考虑的变量数量非常少，虽然二者都使用许多相同的多变量分析方法。

为何数据科学家和社会科学家使用不同的表现方式呢？这是因为定量社会科学和数据科学的目标从根本上就是不同的。正如前面我们已经探讨过，这个差别对文化分析而言也至关重要。为了解这一点，我们首先需要了解一些其他的概念。

社会科学研究的问题促进了各种统计方法在20世纪的发展与应用。定量社会科学认为说明（explanation）是其主要目标之一，其方法是系统实验。实验的目标是研究并量化一些变化的条件（自变量）是如何影响某些变化的现象或过程［因变量，也可以称为影响（effect）］。此处，说明一词与其之前通用的意义是不同的：用定量社会科学的方法说明一种现象意味着可以量化一些事物对另一些事物产生的影响。

实验心理学领域中，实验是在实验室中进行的，需要严格控制各种状态。该领域的起源可以追溯到德国科学家恩斯特·韦伯（Ernst Weber）的研究成果，他从19世纪20年代开始进行了一系列实验，以衡量诸如重量和体验感等物理量之间的关系。若无法进行这种受控的实验，正如在社会学和经济学这样的情况，研究人员会剔除一些变量并研究它们之间的关系。举例而言，一个人的出生地、种族或受教育程度是怎样影响他当前的专业职位和薪资的？运动员的准备和饮食又是如何影响他在各种赛事中的表现的？

若有多种条件和影响，则很难判断是什么影响了什么。因此，在20世纪的一个实验中，一名研究人员仅衡量了一个条件和一个影响。理想状态下，其他的因素都是固定不变的。在实验中，条件是系统改变的，记录影响的值并采用可视化和统计技术，如绘图、相关和回归，来研究和量化可能的关系。

社会科学家往往同时分析一些条件和一些影响，但总是把变量的总数控制在较少的情况。否则，就很难理解是什么影响了什么。社会科学中量化一些变量间关系的最流行的方法是<u>多元回归分析（multiple regression analysis）</u>。例如，通过描述某人受教育程度、年龄、性别及参加工作时间这样的数值组合可以预测这个人的薪资水平。

尽管人文出版物、博物馆网站和展览目录经常会提到外部条件对风格、作品内容及艺术团体或文化运动的想法，但我并不了解人文出版物试图使用回归、相关，或者其他一些标准的统计方法来量化这种影响。若当今的人文学者想要尝试这种方法的话，毫无疑问，反应必定是消极的。然而，鉴于在社会学、政治学、心理学、经济学和其他社会科学领域，这些方法已经用了几十年并进行了数百万研究，没有理论依据说明我们不能将它们应用到文化数据中。

那为什么不用呢？在 19 世纪早期，欧洲浪漫主义运动发展了艺术家和艺术的现代概念。若早期的艺术家被看作是根据法则和传统来进行创作的工匠的话，通常他们创作的内容会在合同中详细说明[32]，现在，艺术的定义改变了，艺术是存在于社会和经济之外的东西，是无法用理性去理解的。显而易见，这种范式在 20 世纪仍然很强大，人们无法对各种社会、经济、政治、艺术和文化的地理条件进行量化分析，或者通过发展统计模型来观察艺术和文化的可变性并用一些外部变量的组合来解释变化的程度。

人文学科和定性社会科学的目标是解读（interpretation）。正如我们所看到的，定量社会科学的目标是说明，在这种背景下，说明意味着利用其他变量的组合对某些变量的值进行定量预测。但是数据科学的目标不同，它的目标是自动化（automation）。在这里，数据科学往往与人工智能重合。人工智能早在 50 年前就开始发展了。如同人工智能，数据科学用来将某些类型的人类认知自动化：找到正确的信息，根据诸多相关数据做出最好的决定，预测未来的行为或系统的状态，从既有信息中开发新的知识。自动化不仅意味着高效和快速，也意味着一致性——根据同样的输入来做出同样的决定。尽管与传统算法不同，但神经网络也是这样的原理，根据同样的输入进行同样的输出。

我们可以把这种算法决策看作是 19 世纪在许多国家中发展起来的现代官僚体制的延伸。官僚主义意味着在明确规定的基础上做出决定，绝无例外。官僚主义决策应该是理性和"精算"的，而不是以统治者的社会关系或权力为基础的。数据科学应用可看作是该决策算法的下一步。它们使得决策更加客观和正式，但要用更灵活的实时决策代替死板的规则，根据输入数据，这些决策是可以变化的，并根据各种实时条件自动响应。

2013 年以来，监督性的机器学习方法和神经网络开始取代更传统的算法，这意味着我们往往无法完全理解一个系统是如何做出决策的。但在工业应用中，重要的是速度和自动化决策的精确性与处理越来越多的实时数据流的能力。当代数据科学应用往往注重效率、精度和性能，而忽略了透明性。用户了解的模型称为"可诠释的"（interpretable），那些用户无法理解的，则称为"无法诠释的"（uninterpretable）。在诸如法律、招聘、医疗决策等应用领域，了解计算机系统如何做出决策或进行推荐的能力至关重要，所以诠释性（interpretability）这个话题颇受关注。[33]

总之，我们想要生活在这样一个社会里吗？在这里，许多决定都是自动做出的，我们却不知道它为何做出这样的决定。可能对我们而言，我们需要的是一个透明的社会，而不是速度和高效，用到的模型也都是完全可解读的。（这个问题可能将来会解决吧：许多计算机科学家正在积极研究对深度学习模型进行逆向工程的方法，这样就可以理解它们在学习什么以及怎样学习。[34]）

语义鸿沟

因为语义鸿沟（semantic gap）的存在，认知自动化的目标变得很难实现。计算机科学中语义鸿沟这个术语是指人类从此类数据中能提取的信息与计算机如何看待同样数据的差别。例如，人类理解文章的思想、风格和体裁，但是计算机只能"看到"由空格隔开的一系列的字母。看一个人的数字照片，我们立刻可以判断人脸并从背景中将人物分离出来，了解他的穿着，并解读他的面部表情。但是计算机只看到了组成这张图片的数字。

这些数字是什么呢？数字图像是由离散像素构成的矩阵。每个像素的颜色由它的 RGB（红绿蓝颜色表示法）值来确定——红色、绿色和蓝色的相对比例。一张水平像素为 4000，垂直像素为 6000 的数码照片总共包含 2400 万个像素。由于每个像素是由红、绿和蓝色值定义的，这样的相片包含了 7200 万个数字。

这是计算机被给予的信号（signal，这也是数据科学的一个术语）。它需要使用这 7200 万个数字来识别并定位不同的对象，识别场景的类型，找到人脸，检测并理解文字或执行其他任务。20 世纪 50 年代末，对有关解决这些发生在计算机科学领域的问题的算法进行的研究，称为计算机视觉。

我们每天都要依赖计算机视觉算法，比如，我们用手机或独立摄像头拍照。算法自动修正图片的对比度、色调和颜色；定位人脸并在人们微笑时拍照；识别场景类型后调整所有的曝光参数。各种应用，比如苹果 iOS 系统的图片、谷歌图片等，自动将图片分类为主题类别，如城市、海滩、天空、自拍、截图等。

举例来说，2016 年，苹果的 iPhone7 已经使用机器学习来识别物体、人和身体，然后相应设置"曝光、聚焦、白平衡、色调映射、降噪"。[35] 它会分析其两个摄像头中图像的深度信息，并利用这一信息对人脸和人物照片的背景进行模糊处理。然后自动并无缝地结合广角和长焦镜头的图像，为照片的某些部分提供更多的细节。[36] 也是在 2016 年，EyeEm（第一批使用计算机视觉技术来管理库存照片的公司之一）柏林办公室外墙上出现的广告语写道："照片不是拍出来的，而是制造出来的。"[37] 这完美诠释了镜头摄影向计算摄影（computational photography）的转变。诚然，这还是需要用镜头的，但是算法取代了镜头的中心地位。用我在 1997 年分析电影业发生同样转变时用到的术语来说，就是后期制作（post-production）比制作（production）更加重要。

ImageNet 是一项国际竞赛，每年计算机视觉算法的顶级研究实验室都会报名参加该竞赛的不同项目。21 世纪 10 年代举办的竞赛中，会在 3 项任务中对比算法的性能：图片分类（算法识别图像中出现的对象类别）、对象检测（算法识别图像中出现的所有对象及其位置）和单一对象定位（算法识别每种类型内容中的一个例子）。[38]2010—2015 年，许多因素——卷积深度网络的使用，拥有更多内存更快的计算机，所有团队竞争的相同数据集，以及大多数团队在线共享代码——促进了计算机视觉任务的快速发展。

例如，在单一对象定位类别中，整体误差率从 2010 年的 28.2% 下降至 2014 年的 6.7%。[39] 然而，取决于图像的内容，性能变化很大。2016 年夏天我们使用最先进的 Google Vision API [40] 识别的 Instagram 图片，可以发现面部识别几乎是 100% 正确的。但是用在有些类别上时，误差的比例超过了 50%。

现在我们回去回答一下之前提到的问题：为什么数据科学算法使用大量的特征呢？用计算机科学的标准用语来说，主要是为了缩小语义鸿沟（close the semantic gap）。我们无法精确地知道人类是如何立刻识别照片所代表的东西，如何理解说出的话语的意思，以及如何执行其他认知任务的。我们通过提取大量可能的特征来弥补认知的不足，并希望通过提供足够的信息让计算机去做人类能做的事情。

例如，垃圾邮件检测的特征可能包含了某些术语出现的频次、所有大写字母的使用、电子邮件的语法是否正确、句子的长度，以及在标题中出现特定的短语。[41] 在其他数据科学应用中，例如文本分析、版权食品检测或预测贷款违约率等，都是出于同样的原因才使用了大量的特征。

我们再更细致地研究一下计算机视觉特征提取技术的发展。（第九章会关注媒体可视化特征的使用。）现在计算机视觉与文化分析相关的一般目标包括了解图像内容、定位特定对象、检测人脸并预测其人口特征、识别摄影风格、用自然的语言描述图像的内容，以及预测其情感效果。[42] 20 世纪 90 年代中期，计算机速度较慢且内存较小，研究人员通常只提取几十个描述图像中的灰度、颜色和形状的特征。到了 21 世纪头 10 年，有两个算法非常流行，分别是尺度不变特征变换算法（SIFT，1999）和加速稳健特征算法（SURF，2006）。[43] 它们已经使用了每张图片中的上千个特征。

在分析图像采集时，我们使用了另一种比较流行的算法，也就是方向梯度直方图（HOG，2005）。它可用来生成几千个特征。

第一种算法，发布于 2001 年，可以在不到 30 秒内较好地检测人脸。[44] 它可以在两小时内处理 120 幅图片，只检测一种内容，即人脸。下面这个例子可以验证计算机视觉的发展进程：2015 年，利用谷歌发布的开源代码，在一台使用 GPU 的计算机上把 100 万张照片分成 1000 个内容类别仅耗时 2 小时。

这就是为什么我直到 2005 年才开始思考文化分析，虽然 1986—1988 年，当时我在纽约大学攻读实验心理学的博士学位时便选修了计算机视觉这门课。我当时无法想象有一天一台计算机每小时可以分析上百万图像。确实，现在再看 20 世纪 80 年代发表的有关计算机视觉的论文，我发现他们的报告中经常包含算法应用于单个图片的结果。这在今天看来非常不可思议，因为参加 ImageNet 竞赛的团队必须要处理数百万张图片。[45]

21 世纪 10 年代，许多计算机科学研究人员和工业应用开始采用不同的方法自动理解图像、语音、文本和其他媒体的内容，并自动完成其他任务。这种方法称为<u>深度学习（deep learning）</u>或<u>深度神经网络（deep neural networks）</u>。之前，我提到过这种转换，现在，我们将进一步了解一下神经网络。科学家使用一组标记过的示例（例如将一组电子邮件标记为垃圾邮件），而不是通过设计和调整不同的特性来弥补语义鸿沟，对系统进行训练，让其学习如何自动分类新数据。系统提取输入中的大量通用的底层特征集并通过众多步骤进行处理，从而可以用更紧凑的方式描述一个较小的高级特征集。[46] 对照片中的对象识别，系统从原始的像素值开始，并逐步学习如何找到边缘、角落、颜色梯度、对象的部分，最终找到整个对象。因此，每一步它都学习更高级的输入数据表示。这些提取的低级特征的数量通常多于使用单独制作的特征的旧方法。[47] 深度学习目前是研究的热门。例如，2012 年有一篇关于应用深度学习进行图像识别的论文发表，到 2016 年已经被引用了 6100 次，到 2018 年已经被引用了 27080 次。[48]

支持深度学习范式的学者批判早期的方法，认为早期的方法必须手工制作许多不同的功能。深度学习中，网络学会从标准的低级特征中构造什么样的高级特征。但是在新的范式中，科学家们仍无法测试并微调神经网络的结构及其他细节，还需要进行大量的实验。不管怎样，计算机需要运行很多步骤——要么提取不同类型的特征，要么只提取一种特征并通过深度学习从中创造更多的新特征，这样做都是为了减少语义鸿沟。

用算法进行特征提取是现代数据科学的基础构件。下一章中我们继续探索特征这个话题。我会讨论我们的两个项目来说明元数据和特征——现有的关于图片的高级信息，诸如时间周期和类型以及个人形象特征的测量之类，是如何结合用在分析中的。

现在来总结一下本章的要点。在能使用计算机分析文化现象、行为或典型特征集合或样本之前，它们必须用数据表示。我们了解到这样的表示需要遵循诸多约定和要求，而这些约定和要求是在统计和计算数据处理的长期历史中发展而来的：

1. 一种现象可以表示为对象集合（也称为数据点、度量、样本、记录）及其特征（也称为属性、特性、元数据、变量）。特征可能包含已有的元数据及我们使用算法生成的对象特性的度量（后者这个过程称为特征提取）。

2. 对象及其特征构成了数据集。

3. 一个数据集中对象的数量必须是有限的。

4. 使用数据类型可以对特征进行编码：整数和小数、类别、空间坐标、空间形状和轨迹、日期、时间、文本标签或自由文本。[49]

5. 每个特征仅能使用一种数据类型。

6. 数据集中特征的数量必须是有限的。

数据表示法中需要包含多少特征及要包含什么样的特征呢？这取决于这种表示的目标。定量社会科学的目标是说明，社会科学家们通常使用数量较少的特征。研究人员想要量化某些特征（自变量）对其他特征（因变量）的影响，若使用太多的变量，解读模型就会变得非常困难。在数据科学中，目标是实现知识创造和决策的自动化。人们常常不清楚人类是如何做决策的，比如，如何判断某封邮件是垃圾邮件。数据科学方法是提取大量不同特征，期望里面包含的正确信息可以帮助我们做正确的决策。那么文化分析呢？我们应该从文化典型器物及用户活动中提取怎样的特征呢？我们从这些特征中可以学到什么？这些问题我们将在第七章和第九章进行讨论。

第七章 语言、类别和感知

> 我们的目标不是把现有的分类当作"真实值"（ground truth）①的标签，建立机器学习工具来模仿它们，而是使用计算来更好地量化这些分类的可变性和不确定性。
>
> ——彼得·M.布劳德威尔（Peter M. Broadwell）、大卫·明诺（David Mimno）、蒂莫西·坦格利尼，《述说的帽子：民间传说分类中的不确定性》，2017年[1]

> 现实中，数字的重要性在于处理那些不能用"是"或"否"来简单回答的程度问题。统计模型特别适合表示模糊的界限，比如通过描述实例在多个类别中的混合隶属度或通过预测其作为一个连续变量隶属于单一类别的可能性。地图类型算法重要的原因在于，我们可以处理这些尺度上的模糊界限。
>
> ——泰德·安德伍德，《在100万卷集合内理解类型》，2014年[2]

数据类型

前面章节中我们谈到的数据表示法的规定对计算思维来说是一种限制约束。若我们想要使用电子计算机作为数据来表示并分析任何文化现象，例如，欧洲歌唱大赛所有表演的视频集（1956—），

---

① ground truth 代表了"标签"的质量，其准确性决定了所训练的模型是否足够精确。

纽约现代艺术博物馆历史上所有展览的列表（1929—）[3]，参观某一展览的所有参观者的经历，我们需要首先将这一现象转化为数据的介质（medium of data），这样才能用算法进行处理。这一转化并非反映该现象的一面镜子。只有典型器物、用户的行为及他们的感官、情感和认知体验的部分特征可以被捕获并编码为数据。

数据是一种介质。照片、电影或音乐，它们既有可见性也有限制性。通过数据，我们可以用多种方式表示事物，但数据也有局限性，它限制了我们可以表达什么及我们对它的看法。特别是它限制了我们选择其中一个可用的数据类型来表示现象的各类特性。数据类型分类的方法有很多种。常用的有3种，前面章节中我们已经讨论了第一种，但还没有讨论其他两种。

第一种方法中，数据类型是指被表示的现象和媒介的类型。其中包括地测数据（可以进一步分为空间坐标、轨迹、形状等）、3D数据（多边形、体素、点云）、2D图像数据（栅格和矢量）、时态数据、网络数据、声音数据、文本数据等。

第二种方法区分了分类和定量数据。定量数据可以进一步划分为离散型和连续型数据。[4] 同样的现象往往可以用不同的数据类型来表示，表示方式的选择会极大地影响我们如何思考、想象和分析这种现象。

举例而言，我们可以使用离散型时态分类来表示文化上的时间，比如世纪或时期，就像文艺复兴和巴洛克。有些表示可能会促使我们把每个时期看作一个实体并开始对比这样的实体。现代艺术历史的零起点教材，海因里希·沃尔夫林（Heinrich Wölfflin）

的《艺术史的原则》(*The Principles of Art History*，1915)，是该方法的完美例证。但是若我们用连续型或离散型数据来表现文化上的时间，例如按照年份来表现，则是一个更中性、更详细的数值范围。这样人们更容易从"渐变"的观点来理解文化。突然之间，文艺复兴、巴洛克、现代主义、后现代主义、俄罗斯先锋派和社会主义现实主义等标签不复存在，我们可以看到连续性和渐进式的演变。

我们再来看一个例子，这个例子不牵涉时间。我们使用自然语言提供的术语，或者使用 RGB、HSL、HSV 或其他颜色空间来表示图像中的颜色。比如说，浏览器支持的 X11 颜色系统有 9 种红色的名称——浅珊瑚色、印度红、砖红等。同样的颜色可以用 RGB 值来表示 (240, 128, 128)、(205, 92, 92)、(178, 34, 34) 等。相较于自然语言表示，数值表示 (numerical representation) 有一个关键的优势。使用 0—255 之间的 3 个数字，我们就可以表示 16777216 种不同颜色的值；这是人类自然语言无法实现的。本例说明某一种数据类型的选择使我们能够更准确地表示某些现象——这将决定如何分析一个现象。若我们对比蒙德里安的画作，我们发现只用一些颜色分类便已足够。但是在乔治·莫兰迪 (Giorgio Morandi) 的画作中，他使用了在亮度上彼此接近的去饱和颜色，这样的话，使用数值表示效果则更好。

第三种方法区分了结构化、非结构化和半结构化数据。结构化数据根据预定义的模型来组织。比如，为了分析和可视化大量艺术图像中的图案，我们创建一个表格，该表格包含了每个图像的信息。每一栏仅包含以特定格式存储的信息类型：例如，图像文件名、创建日期、作者给出的标题，以及一些提取的视觉特征。这样的表格可以用来进行统计分析和可视化。结构化数据的其他例子还有网页日志、销售点数据、股票交易数据和传感器数据。

非结构化数据有文本、音乐、数字图像和视频。从历史上看，计算数据处理只处理结构化数据，所以其他不适合表格或数据库格式的数据都被称为非结构化数据。

半结构化数据介于结构化和非结构化数据类型之间。邮件就属于半结构化数据。邮件有文本内容（非结构化数据）与以固定格式存储在计算机中的大量元素，这些固定格式包含发件人和收件人的邮件地址、发件日期、发件的时间。

选择特定的数据表示类型，会使我们对研究现象的理解产生较大的影响。一旦我们以某种方式对其进行编码后，再用其他方式是很困难的。比如，若我们使用有规律的间隔来表示时间，那这种机械的时间观就会阻止其他的时间观——比如周期性的时间观。[5] 若我们用数字坐标定义的一组离散点表示一个空间（即1637年笛卡尔提出的"笛卡尔坐标系统"），这样就很难用其他的方式去想象它。离散几何表示比较适合卡西米尔·马列维奇（Kazimir Malevich）或布里奇特·莱利（Bridget Riley）提出的几何抽象，但不适用于弗朗西斯·培根（Francis Bacon）或朴栖甫（Park Seo-Bo）提出的几何抽象，因为其中的一个表面是"可调节"的。这两种表示类型对应了计算机图形学中矢量图像和栅格图像之间，或多边形和体素（voxel）之间的不同。

数据类型的多种选择为数据表示添加了额外的约束，但也提供了独特可能性。用某些方法可能比较难以思考，但其他方法反而比较适用。事实上，在统计学中，有些方法仅对连续性变量讲得通，但有些方法只适用于分类资料。例如，计算均值或标准差仅适用于定量数据。

在21世纪的头20年里，有更多新的专业和研究领域及产业领域采用数据科学范式，这影响了当代社会表示知识和信息的方式。直到21世纪，仅有特定的知识领域（自然科学、生物科学、定量社会科学）和商业依靠定量数据。人类生活的其他许多领域和地区的"数据化"也会使用定量表示，这就意味着这些领域和区域就需要使用相同的数据挖掘、统计建模和预测分析技术。这些技术在当今形成了当代社会的"感官"和"心智"：它如何感知自己并持续性做出决定。

当我们从分类数据转向连续数据时，数据科学引发了一种更微妙的现象观点。然而，系统的类别定义了使用自然语言中的词语（例如，颜色术语），这一直是人类偏爱的表达方式，它们仍是政治、社会和文化生活的中心。本章第二部分，我会研究当代社会的范畴（society of categories）与分析文化范畴体系的一些方法。

测量尺度

我们如何创建数据？在科学中尤为常用的方法是测量一种现象。无论我们测量什么，我们需要使用一些系统来对这些测量数据进行编码。1946年，心理学家斯坦利·史蒂文斯（Stanley Stevens）定义了测量的尺度（scales of measurements）。虽然其他人也提出过其他尺度，但是史蒂文斯的系统被广泛使用，该系统包含了4种尺度：名义尺度（nominal）描述的是定性测量（即类别）；其他3种尺度分别是顺序（ordinal）、间隔（interval）、比率（ratio），描述了定量测量。[6]

史蒂文斯的尺度理论非常重要。该理论特别说明了如何将现象表示为不同的数据类型，以及每种类型可以使用什么类型的描述统计。这同样适用于生理、心理、社会和文化现象。例如，在艺术心理学和文化社会学领域，研究人员通过使用这些尺度之一来研究受众对典型器物的感知：让人们填写调查表；分析他们在活动过程中的面部视频，自动测量他们的情绪类型、表达水平和效价；使用其他方法衡量。[7]

不同的测量尺度可以用不同的统计技术来汇总数值数据。例如，众数用来表示名义数据——一种最常见的数据——的集中趋势。另一个汇总表示是中位数，该数字把数据一分为二。众数和中位数可用于顺序数据。至于间隔和比率数据，我们可以使用众数、中位数、平均值和离中趋势测量标准差和范围。

接下来我们继续学习测量尺度及如何将其应用于文化分析研究。我们从名义数据开始。该数据的一个例子就是词性类型：动词、名词、形容词等。名义值没有顺序也没有等级。很多分类系统都是这样的：所有类别都同等重要，它们之间并无内在的顺序。但是，在社会和文化领域就不同了。社会使用的许多重要分类系统，如生理性别、种族、性别认同和民族是分级的。几十年来，反对这些等级制度的斗争一直是许多国家政治、社会和知识分子议程的中心，而在其他国家，这种论争最近才开始。

文化的标准描述在当今仍具有很深的等级性。我们开始分析某些文化数据时，其元数据往往包含了对历史或当代等级进行编码的类别。这说明类别内容是根据人们感知的重要性、声誉和价值而进行隐式或显式排列的。17世纪和18世纪的欧洲学院艺术具有严格的绘画流派等级制度，人们认为历史画是最重要的，静物画是最不重要的。20世纪的文化则基于众多二元类别，其中一类被认为比另一类更有价值：美术与装饰艺术（或设计），高雅文化与大众文化，前卫与庸俗。[8] 即便只是在过去的20年内，我们的社会、生活方式和技术系统也已经发生了翻天覆地的变化，但是建立于19世纪和20世纪的文化二分法依旧影响着我们对文化的思考方式。事实上，当今博物馆基金会和政府机构所使用的主流文化观点仍是英国评论家马修·阿诺德在他1875年的书中所表达的观点："文化是一种追求，通过了解而不断完善，文化是我们关注的重点，也是我们在世界上可以思考和传达的最好的事情。"这一阐述建立了等级分类。文化是"最好的"，其他任何事情都不是"文化"。在这个"最好"之外的无尽世界中有了一些不同的标签，用于描述它的辽阔大陆，如文化工业、创意产业、用户生成的内容、大众媒体等，但是它们无法进入艺术博物馆，因为阿诺德的等级制度正小心地守护着这个博物馆。所以，你不可能在任何传统的、具有名望的艺术博物馆内看到伟大的广告设计、界面设计、Instagram 摄影、时尚或任何其他充满活力的当代文化。上述这些你可能在设计或应用艺术博物馆（如伦敦设计博物馆、维多利亚和阿尔伯特博物馆、维也纳应用艺术博物馆、库珀·休伊特设计博物馆），或有设计／时装部门的艺术博物馆才能看到（如纽约现代艺术博物馆与纽约大都会博物馆）。

有必要回顾的是，现代西方高雅文化与低俗文化的对立，这在 20 世纪并不是被普遍认可的。在 1917 年之后的社会主义国家，如在苏联、东欧诸国、中国、古巴及后来的许多国家中，这种对立并不是知识分子话语的一部分。相反，出现了另一种对立——专业创作者和其他人的对立。专业人员在公立学校及国家管理的创作机构接受过教育。他们有资源，而且国家还发补贴。西方艺术和大众媒体之间的对立也没有意义，因为专业教育体系、创作委员会的会员资质与画家、作曲家、电影导演、演员和建筑师获取资源的方法是相同的。

我们已经看到了高雅文化与大众文化、专业创作者与当今大文化数据业余创作者对立的现象。计算机科学和社会科学人员研究社交网络、媒体分享网络、线上论坛、博客、讨论区（如 Reddit 和 Quora）、点评网站（如 Yelp），以及专业网站（如 Behance）。于我而言，这就是当代文化，当代文化的尺度、多样性和全球覆盖性吸引人们去进行研究。但是很多学术人文主义者和那些从事高雅文化工作的人，如艺术策展人、评论家或节目组织者，他们认为社交媒体是大众（或流行）文化，这是不应进入博物馆和美术馆的，也不应该是学术研究的主体。从这个角度来看，艺术家是指那些获得艺术课程的学位认证与包括商业画廊、艺术中心和艺术博物馆在内的展览专业的人们。

举例而言，2017 年，我在美国一个最负盛名的私立大学研讨会上发表了演讲，这个研讨会是一个由艺术史博士生组织的，我演讲的内容有关我们实验室项目，演讲结束后，一名学生问我："为什么要研究 Instagram 呢？"我回答说，对我而言，Instagram是当代摄影和全球视觉想象的一个窗口。学生则说："Instagram就是个公司，跟其他公司没什么两样。它的目标就是赚钱。因此，跟我们这些艺术史学者没有关系。"不幸的是，在学院和艺术领域，持有这种态度的人数不胜数。当然，专业的艺术家、收藏家、画廊、艺术展也关心营利赚钱的问题，那么这之间真正的区别是什么呢？我想学术人士和高雅文化的专家们并不把在社交网络或在 DeviantArt 这样的网站上分享自己作品的人看作是专业艺术家，只因为他们没有艺术学位或举办展览的经验。因此，他们被自动排除在艺术家行列之外，且没有得到相应关注。

我刚才列举的例子展示了在对文化或社会进行批判性思考的团体（比如特定的学术领域）中，等级分类是如此根深蒂固。更为普遍的是，许多社会和文化分类可能看上去无序，但是现实中确有等级之分。当你把这些已经存在的类别作为数据集元数据的一部分时，你可能会在分析过程中无意识地重现它们的等级结构。

你可能已经注意到我列举的这些等级分类的例子是二元的：男性/女性、高雅文化/大众文化、艺术/设计等。虽然史蒂文斯的方案并未将这些分成特殊类型，但是这种二元分类在人类历史和文化中非常重要。结构主义特别强调二元对立在语言、文学和神话中的作用。最具影响力的结构主义人类学家克劳德·列维-斯特劳斯（Claude Lévi-Strauss）认为，二元对立对人类的思考来说是必不可少的。

语言学家罗曼·雅各布森（Roman Jakobson）和尼古拉·特鲁别茨科伊（Nikolai Trubetzkoy）在20世纪30年代提出了另一个被称为标记性（markedness）二元对立的分析。在很多语言现象中，一个术语支配着另一个术语。第一个无标记的术语，被认为是更常见或无须过多动脑思考的；第二个有标记术语的定义则与之相反。比如，有对立意思的两个单词诚实/不诚实，第一单词是未标记的，而第二个单词则是标记的。再比如说，老（old）/年轻（young）：在英语中，问询别人年龄时通常使用的是未标记的术语［How old are you?（你多大了？）］。1972年，雅各布森在其文章中写道："语言系统的每一个组成部分都是建立在两个逻辑矛盾的对立之上的：属性的存在（'标记'）与它的缺失（'无标记'）是相反的。"[9]社会科学和人文学科采用标记理论来批判性别等对立如何在社会和语言中发挥作用。比如，一名研究人员指出："在英语中，顺序很重要。因此，在比喻的意义上，排在前面在隐喻意义上被认为是第一位的，排名更高。因此，在'男人和女人'这个短语中，女人确实排在第二位。"[10]

现在再来看一下史蒂文斯方案中的另一个测量尺度。使用具有明确顺序的顺序尺度数据。比如，问卷调查表通常要求人们从以下5个选项中选择一个选项：强烈同意、同意、不同意、中立和强烈不同意。这种顺序尺度类型由 1932 年美国社会心理学家伦西斯·李克特（Rensis Likert）在他的博士论文中提出。[11] 社会科学、市场调查、意见和态度测量等领域都使用李克特量表组织问卷。顺序尺度数据的其他两个重要特性：一是它没有绝对的 0，二是它不能量化地定义点之间的距离。

对有等距尺度的数据，我们可以量化不同的程度，但也没有绝对的 0。空间坐标是等距尺度数据的例子之一。地球表面上的任何一个点可以通过经度和纬度来定义。选择 0 作为经度和纬度起始只是一种公认的惯例，这样一来，我们可以量化地球表面上点和点之间与区域和区域之间的距离及位置。当我们对比不同地理区域的文化特性、研究新发明或文化现象的地理扩散，分析社交媒体发帖的空间分布，或可视化文化创造者的运动时，空间坐标常用于文化分析。(《文化史的网络框架》中完美地利用了这一观点。[12])

最后，我们再来谈一谈比率尺度。使用比率尺度的数据既可以被定性地比较也可以通过与 0 的关系来测量。比率数据的例子有重量、长度和角度。0 重量、0 长度和 0 角度都是对应于物理现实现象中具有意义的概念。下一节我将讨论应尽可能多使用比率数据，而不是仅仅使用名义数据和顺序数据（类别），因为这是文化分析方法论的关键部分。我们可以使用数值测量来更好地表示这些维度上的值（如图像中颜色的亮度或饱和度、舞蹈时的速度和运动轨迹），而并非仅仅依靠自然语言提供的离散类别来描述文化的模拟维度。

语言和感知

目前为止，大多数由艺术家、学者及工程师构造的物理、生物和文化现象仅捕捉了这些现象的某些特性。线性视角代表了类人的角度看到的世界，但线性视角扭曲了物体在空间中的真实比例和位置。一个用当代专业相机拍摄的 1 亿像素照片可以捕捉人类皮肤和头发的细节，但是它并不能揭示皮肤下面的身体内部构成。

如果人造器物是合成的，有时反而能更精确地表示它们。构造这种人造器物的工程图纸、算法和制造细节其实已经是这些人造器物的表示。然而，大自然的工程非常复杂，即便使用我们全部的表示技术也仅仅能捕捉少量的信息。比如，目前最好的功能磁共振成像机器能进行分辨率为 1 毫米的脑部扫描。看上去这区域已经够小了，但是它包含了数以百万计的神经元和数百亿的突触。2018 年盖亚（欧洲航天局的航天器）绘制的最详细的星图有 17 亿颗星星，但是据估计，单是我们自己的星系就包含了数千亿颗星星。

甚至当我们考虑由人类创造并存在于人类尺度上的单一文化器物（如你拍的一张照片，用来拍照的手机，你在 Zara 或 COS 买的衣服）时，这些物品的数据表示仅能捕捉部分特性。至于数码照片，我们可以获取它包含的所有像素。这种器物包含了 100% 的机器数据。然而，每次呈现时，这些像素于我们而言可能都不同，因为这取决于它的亮度、对比度、色温设定和技术。而且，我们能对这幅图像做什么,只是部分取决于它的数据。2011 年,我写了一篇名为《唯有软件》("There Is Only Software")的文章,其中,我写道:"我所使用的软件不同,媒体对象的'性质'可发生巨大的变化。同样内容的一份文件,根据所使用的软件可呈现不同的特性。"[13]

数字像素图像是一种合成器物,完全仅由一种格式的一种数据类型定义,这种格式可随时用于机器处理(例如定义像素值的一系列数字)。但是实体器物呢?比如可能使用各种非标准饰面织物的时装设计,结合了多种材料、纹理和布料,或者设计出不同寻常的质感。我们可以在川久保玲(Rei Kawakubo)、德赖斯·范诺顿(Dries Van Noten)、梅森·马吉拉(Maison Margiela)、拉夫·西蒙斯(Raf Simons)和三宅一生(Issey Miyake)等时尚设计师设计的许多时装系列找到答案。我们该怎样把这些衣服转化为数据呢?图形的几何形状并不会告诉我们这些衣服的视觉印象或穿着体验。这些衣服可能有独特的二维和三维纹理,使用了装饰,考虑了透明度,等等。许多时尚设计的衣服,只有当你穿上它们时才能完全"实现",你走路时,衣服会呈现出特定的形状和体积。

将物质性人造器物的经验表示为数据是一种挑战,但这种挑战与计算一组数字的平均值没有什么不同。我们能机械地计算一个平均值,这个平均值并不能捕捉分布的形状,有时甚至毫无意义。[14] 普通的分布中,大部分数据靠近平均值,但是在双峰分布中,大多数数据反而远离平均值,所以,平均值说明不了什么。

同样地，在我们试图捕捉我们看到或穿着时尚服装时的感官、认知和情感体验时，我们采用的方法，例如，记录心跳、眼睛运动、大脑活动和其他生理、认知和情感过程，或者要求人们描述他们的主观经验并填写调查问卷，仅能表示出这种体验的某些方面。

但这并不说明任何数据编码都会自动遗漏信息，也并不证明我们的智能机器（数字计算机）在默认情况下不如人类机器（我们的感官和认知）。例如，我正在写一个大型艺术博览会上展出的艺术品，这个博览会的特色是策展了数百个画廊并展出了数百件作品。我能说的就是我在参观过程中看到了什么并记住了什么，这就受到了我的感官、认知、记忆、身体，以及写作所用的语言（英语、俄语等）的限制。

在人文学科，描述人造器物和体验的常用方法是观察某人经过学术训练后的反应，使用自然语言来描述并从理论上来阐明这些体验。在社会科学与衡量人们态度、品味和观点的实践领域，研究人员使用了问卷调查、群体观察和民族志方法，这些方法在今天仍然很有价值。同时，自20世纪40年代起，使用数字计算机的工程师和科学家们逐渐开发了一种非常不同的范式：通过数字特征描述文本、形状、音频和图像等媒体工件。（这些描述使用了史蒂文斯方案中的比率尺度，如果使用连续和离散数据方案的话，它们则属于连续数据。）文化分析采用了同样的范式，了解这个范式的优点对我们而言至关重要，下一段是我对它的简要总结，并会在其他章节中展开去仔细谈论。

文化器物、体验和过程的数值测量提供给我们一种新的语言来描述和讨论文化。这种语言更接近感官表达模拟信息的方式。感官将它们的输入转换为定量尺度值，这样一来，我们可以区分更多的声音、颜色、运动、形状、纹理，这比自然语言可以描述的要多。所以当我们用数字来表示人造器物、交互、行为的模拟特征时，也比自然语言更有优势。这也是为什么说数字语言比人类语言更适合用来描述文化的类比、相似方面（请参见彩图3—8、彩图10、彩图16，以及图 I.2、图 10.1 有关使用图像计算测量的可视化示例）。

数字人文出现之前，自然语言曾是人文学科来描述文化各个方面的唯一机制。自然或普通语言是指一种在人类进化过程中演化而来的语言。自然语言的起源是科学争论的焦点，许多人认为这是在大约25万年前发展起来的。自然语言不能表示美学人造器物和体验的模拟维度上的微小差异，如颜色、纹理、透明度、表面和表面处理的类型、视觉和时间节律、运动、速度、触感、声音、味道等。相比之下，我们的感官反而能更好地感知这些不同。

人类在几千年的文化历史中创造的审美工艺品和体验利用了我们感官的这些能力。现代时期，艺术开始系统地发展出新的审美。这种新的审美，利用了我们感官的高保真度和分辨率，力求在更大的多维空间中填补每一个可能的"细胞"，使所有的感觉维度具有其价值。洛伊·富勒（Loie Fuller）、玛莎·格雷厄姆（Martha Graham）、皮娜·鲍什（Pina Bausch）、威廉·弗西斯（William Forsythe）、云门舞集（Cloud Gate）等舞蹈界创新者界定了新的身体动作、身体位置、组成与动态,这些动态是由一群舞者或身体的一部分(如手指)或速度和转换类型创造出来的。舞蹈系统能够运作的原因就在于我们的眼睛和大脑能够记录形状、轮廓和动作的细微差别。

在视觉艺术中,许多现代画家开始尝试类似《白置于白上》(White on White)这类单色画的不同绘画变体,这种作品的特色是呈现单一颜色的一个域或同一颜色的几个形状,这些形状在亮度、饱和度或纹理上仅有些微不同。其中代表人物有卡西米尔·马列维奇[《至上主义构成:白置于白上》(Suprematist Composition: White on White,1918)]、阿德·莱因哈特(Ad Reinhardt)["黑色绘画"(black painting)]、阿格尼丝·马丁(Agnes Martin)、布莱斯·马尔顿(Brice Marden)、卢西欧·丰塔纳(Lucio Fontana)、伊夫·克莱因(Ives Klein),以及韩国艺术运动单色画(Dansaekhwa)流派的成员,等等。

21世纪,当代产品设计师的作品延续了许多20世纪艺术家的探索之旅。比如,21世纪10年代的后半段,顶尖的手机制造公司——华为、小米、三星、苹果变得沉迷于设计的感官效果。手机设计师开始开发独特的表面材料、颜色、光泽度、表面粗糙度和波浪度。随着手机越来越接近纯平或透明平面,这种对感官化剩余物质部分的痴迷可能是手机完全变成屏幕之前的最后一个设计阶段。尽管将来我们可能会迎来不同造型,其中小的材料更具审美力。[15]

例如,华为的P20(2018)创造了独特的颜色,每个都组合了一系列的颜色。华为将其命名为：极光闪蝶、珠光贝母、极光色和樱粉金。从不同的角度看手机背面的话，会呈现不同的颜色。[16] 华为在其网站上自豪地描述了为产生如此效果而使用的表面处理技术："华为 P20 极光色和宝石蓝款型采用'高硬度'真空保护镀层和纳米真空渐变外镀打造而成，具有高光泽度的外观。"[17] 2019 年我使用的华为 Mate 20 Pro 便拥有这样的效果。

21 世纪初，极简主义（minimalism）已经成为空间设计中最常用的审美，那么以全白或工业风为例，带有黑色元素或其他对比细节的美学风格又如何呢？从 20 世纪 90 年代后期这样的风格开始在西方出现的那一刻起，我就一直在酒店区、咖啡馆、休息室寻找这种风格的印记。今天，这种风格随处可见，但在 20 世纪 90 年代末，它却很少见。我于 1999 年秋天完成的《新媒体的语言》一书中，感谢了洛杉矶的 Standard 和 Mondrian 两家酒店，因为该书很大一部分创作是在这两家酒店的公共空间完成的。这两家酒店虽然不属于传统意义上的极简主义（它们并非全是白色的），但对纹理、材料的仔细选择及对细节的简化，无疑与极简主义的思维方式相符。之后我利用 2006 年和 2007 年的暑期时间在上海写书，在几家大型极简主义咖啡馆之间穿梭。那时，上海的极简主义咖啡馆比洛杉矶还多。

极简主义空间刷新了我们的感知极限，使我们同时接受黑和白、大和小、不规则和平滑的各种设计组合。我想到了建于 1450—1500 年日本京都著名的枯山水（kare-sansui）园林的例子：一大块黑色岩石放置在灰色小鹅卵石空间之中。1996 年，由伦敦建筑师约翰·波森（John Pawson）为 Calvin Klein 设计的一家商店在纽约 60 街附近的麦迪逊大道开业，给极简主义风格带来了极大的影响。波森受到日本禅宗的影响，《纽约时报》文章称他的店"少之又少"。[18] 商店照片显示了一个宽敞的白色空间与深色的木头长凳形成对比。[19] 为什么要举这些例子呢？

我认为极简主义设计在审美和空间效果上发挥了感官极限，而恰好我们的感官对细微差异非常敏感。黑色和白色（或者光滑和纹理、木头和混凝土等）之间的强烈对比能让我们更好地注意到后者的变化。比如，京都花园中小鹅卵石的形状差异，又如 1996 年 Calvin Klein 商店中所用的白色元素，它们都被大型窗户透过的不同角度的光线所烘托。

21 世纪早期著名的"迷你苹果"是由乔纳森·伊夫（Jonathan Ive）在 21 世纪头 10 年设计的白色或银灰色苹果产品。这个系列的第一款是 2001 年的 iPod，接下来是 2003 年的 PowerBook G4、2004 年的 iMac G5，以及 2007 年的 iPhone。在《史蒂夫·乔布斯对极简的热爱如何推动设计革命》（"How Steve Jobs' Love of Simplicity Fueled a Design Revolution"）一文中，沃尔特·艾萨克森（Walter Isaacson）引用了乔布斯谈到禅宗对其影响的话语："我一直觉得佛教，尤其是日本的禅宗，在美学上是崇高的，我见过的最壮观的东西就是京都的花园。"[20] 在我参观的京都花园里，我看到了由小鹅卵石制成的单色表面与一些大的黑色岩石，它们形成了鲜明对比。21 世纪头 10 年的苹果产品在设备关闭时，全白边框与全黑屏幕的对比,也与之类似。它让我们更加注重设备边角的圆弧度、按键的阴影,以及设备色调和形状等其他变化。

一般来说,极简主义包容一切,而非最小化,反之称其为"最大化主义"更为恰当一些。它小范围地占据感官尺度,然后将其扩展。在两个灰色值之间,实际上有更多的变化。(如今韩国称这种美学为"50度灰"。)光可以无尽地落在未经雕琢的材料上;手工切割成两部分的纹理边缘有着迷人的线条、体积和密度。这可能是从古至今人类美学中的关键功能之一。它不断打磨我们的感官来感受细微的差异以及鲜明的对比,并且将视觉、空间同声音环境与其他一切区分开来,从而让我们注意到这些差异以享受"少之又少"。

感官和数字

几千年来,艺术和设计都是依靠人类的辨别能力而发展的,人类能够在艺术品和表现的模拟维度上区分非常微小的差异并从中获得乐趣和意义,但是自然语言不包含表现这些细微差别的机制。为什么?以下是我的推断。在进化过程中,自然语言出现得比感官要晚得多,以弥补感官无法做到的事情——以世界为范畴表达各种经历。换言之,人类的感官和自然语言是互补的系统。感官允许我们记录环境中的微小差异及人类表情的细微差别(面部表情、身体运动等),而语言允许我们将感知到的东西分类推理,并使用它们进行交流。

演化（evolution）无须复制已有的功能，所以每个系统只负责一件任务而不是多任务。感官发展并持续进化了数十亿年。例如，第一只眼睛在大约 5 亿年前的寒武纪爆发（Cambrian explosion）时期发育。相比之下，人类语言及其分类能力的提高是最近（大约在 20 万—5 万年前）才出现的。

当我们把一种自然语言作为元语言来描述和论证模拟文化体验（analog cultural experience）时，有些特殊之处：把它强行划分为少数几个类别，且这些类别并非用以描述而设置。事实上，如果我们能够准确而详尽地"用语言"表达一种审美体验，那只能说这种体验是低等的。相比之下，数值特征能够比自然语言更好地让我们理解模拟体验。（在史蒂文斯的方案中，数值是指使用顺序、间隔和比率尺度的数据。或者说，若我们使用更简单的连续和离散数据，数值就是连续数据。）

传感器和数字计算机可以比我们的感官更精确地测量模拟值。也许你无法感知两张图片之间 1% 的亮度差异或者照片上两个人之间 1% 的微笑程度差异，但是计算机能够测量出。例如，在"潮自拍"中，我们使用了在线计算机视觉服务，测量每张照片在 0—100 的范围内的微笑程度。单凭肉眼，你无法分辨出差异如此细微的微笑。

另一个例子是颜色的表示。从 20 世纪 90 年代到 21 世纪头 10 年，数字图像通常为每像素 24 位，每个像素可以使用 0—255 的标度进行灰度编码。它可分辨 1600 多万种不同的颜色，人眼只能分辨大约 1000 万种颜色。如今，许多成像系统和图像编辑软件使用30、36或48位像素，而30位像素就可以编码超过10亿种不同的颜色。这种精确性意味着如果我们想比较不同画家、电影摄影师或时装设计师作品的用色，可以通过数字图像来进行高精度的计算。这种精确度当然远非我们用自然语言中的少量颜色术语所能做到的。[21] 与其他语言相比，自然语言能够表达很多颜色，但是没有一种语言能像数字图像格式表达数量如此之多的颜色。

总之，使用数值呈现计算出特征的"文化器物"或体验，可以比语言描述更加精确地捕捉模拟维度。自然语言除了单字和它们的组合之外，还有许多其他表示手段，包括隐喻、节奏、韵律、语调、情节和其他策略。这些策略能够让我们描绘出单个单词和短语无法描述的经历、感受和心理状态。因此，虽然自然语言是分类系统，但它们也提供了丰富的工具来超越自身的范畴。纵观人类历史，诗人、作家、演说家（以及最杰出的流行和说唱歌手）如今都通过这些工具创作出了杰出的作品。

不是每个人都能创造出伟大的隐喻。数值特征使我们能够测量任意精度比例尺（ratio scale）的模拟特性并使用计算机在比例尺上自动进行测量，但这并不意味着数字艺术品、过程和性能的数值呈现可以轻松地捕捉所有重要信息。

20世纪初，现代艺术拒绝具象和叙事，而是专注于感官交流，马歇尔·杜尚（Marcel Duchamp）称之为"视网膜艺术"（retinal art）。随着更多的可能性的出现，艺术家们开始创作出用任何语言和数据等外部代码都难以描述的作品。例如，今天我们可以很容易地将索尼娅·德劳内（Sonia Delaunay）、弗兰蒂谢克·库普卡（František Kupka）和卡西米尔·马列维奇的平面几何抽象表示为绘图的形状、颜色和大小等数据。我们甚至可以对这些画中每一笔可见的细节进行编码。（计算机科学家发表了诸多论文，讨论通过分析绘画的笔画来鉴定其作者身份的算法方法。）但这一切在20世纪六七十年代的新兴艺术中变得更加困难：詹姆斯·特瑞尔（James Turrell）的灯光装置、罗伯特·欧文（Robert Irvin）的丙烯酸3D造型、安娜·门迪塔（Ana Mendieta）的"地球体"表演、艾伦·卡普罗（Alan Kaprow）的作品，以及如苏联艺术运动（Движение）等其他成千上万艺术家的作品。此类作品还包括"赛博戏剧"（Cybertheatre，1967），1969年《莱昂纳多》（Leonardo）的期刊文章对此进行了详述。[22]这场戏剧表演中仅有的演员是15—18个工作模型控制设备（赛博），它们能够做出复杂的动作、改变光线、发出声音，也无须彩色烟雾特效。不那么技术性的案例则可参考玛丽娜·阿布拉莫维奇（Marina Abramović）和乌雷（Ulay）的《无法估量》（Imponderabilia，1977）：在1小时内，公众被邀请穿过由这两名艺术家裸体形成的窄"门"。

观看一场演出后的体验不同于观看过程中的体验；如果一件艺术品会随着时间的推移而变差或者像让·廷格利（Jean Tinguely）的《致敬纽约》（Homage to New York，1960）那样迅速自毁，我们还能衡量出什么？同样地，虽然维京·艾格琳（Viking Eggeling）、汉斯·里希特（Hans Richter）和梅·雷（May Ray）在20世纪20年代早期拍摄的最早的一系列抽象电影，可以像几何抽象画一样通过添加时间信息轻松捕捉到数字数据，但我们如何表现安迪·沃霍尔《帝国大厦》（Empire，1964）中帝国大厦8小时的单一投影视角？虽然我们可以编辑此影像中每一帧的内容，但描述出物理持续时间与拍摄期间实际时间的差异，而且在此期间帝国大厦外观非常缓慢地变化才是关键。影片以每秒24帧的速度摄制并以每秒16帧的速度投影，从而将6.5小时的实际时间变为8小时5分钟放映。（很少有观众能够从头到尾看完该片，但沃霍尔拒绝以任何其他方式展示。）

测量感知

近60年的现代艺术在文化领域中对文化分析方法提出挑战。那么其他文化表达呢？例如使用三维纹理、透明度、体积的文化表达，以及诸如时装、香水、食物、建筑、空间和物体设计的触觉、味觉与嗅觉方面又是如何面对文化分析方法的呢？关于捕捉穿着或观赏时装的丰富体验而所面临的挑战我们已经进行了讨论，并指出我们无法轻易从照片上获取体积、结构与材料表面的不同。哈德利·法因戈尔德（Hadley Feingold）在她的《雕塑时尚》（"Sculptural Fashion"）中描述了2000年春夏系列中侯赛因·卡拉扬（Hussein Chalayan）的一条著名连衣裙：" '远程控制'（常被称为'飞机连衣裙'），用玻璃纤维和树脂复合材料制成，并且它的襟翼可以远程打开。打开后下面是柔软的薄纱。令人震惊之处在于其模块化制造，光滑又冰冷，打开后开启了一个柔软、更人性化的内部空间，同时又不失结构感。"[23]

我们如何在有着众多设计的同类产品和体验中来捕捉一些独特的特点和细微的差别呢？让我们联想一下提供给消费者的新香水、新车或新型饮料：作者使用了形容词、历史典故和隐喻来进行描述。现在再来想一下产品开发、市场营销、广告和公司的其他部门，这些部门需要将这些产品推销给很多市场：他们进行用户调查，调查方式包括问卷调查、小组讨论、深入访谈、民族志研究方法和自我报告；利用互动数据分析人们的行为，分析与品牌和广告的互动，使用包括听力测量和功能磁共振成像等技术来捕捉生物和大脑活动。

消费者市场调查、广告调查及品牌管理中使用的大多数技术与社会学、人类学、人机交互、政治学，尤其是心理学使用的技术是相同的。在所有领域都会使用问卷调查和生理记录这样的方法用来量化人类体验、人类对自身的理解、产品和状况等。这些方法弥补了我们无法直接测量人类的认知和情感过程和状态的不足。例如，医生要求你用 0—10 的级别来描述疼痛，而不是用可观量度的方式。2013 年，研究人员使用功能磁共振成像技术成功地测量了疼痛的程度，但是考虑到所需的成本和仪器，这并不是常规方法。[24] 随着时间的流逝，新技术和现有技术的改进逐渐提高了我们直接衡量的能力，但这个过程非常缓慢。

这对文化分析方法意味着什么呢？我们可以测量人类对这些文化器物的感知和体验，以及我们与它们的互动，而不是仅仅测量文化器物本身。在这一新范式中，人类体验变成了同分母，这个同分母让我们无须再去测量多感官或短暂的供品。为了做到这一点，我们可以利用人机交互作用[25]、市场调研、态度和观点衡量，以及实验心理学。此外，还可以借鉴人文学科中的文化接受理论。所以，如果我们觉得文化器物的类型维度很重要，比如，时尚、食物、设计的空间和无法直接捕捉的音乐，那我们可以测量人们对这些物体的感知和体验。

但是这样的范式转变会完全解决问题吗？尤其是从测量器物和交流（例如，从文本、音乐、图像、视频和三维设计中提取特征）转变为测量感觉、认知、情感、情绪、内涵和态度。关注人类接受者方面而不是器物和信息本身（例如，博客文章）这一范式也面临着挑战。

如果我们利用诸如视线跟踪、脑电图、功能磁共振成像等技术来测量身体或脑部活动，输出的都是数值指标。这些数据可通过算法进行分析并创建更紧凑的数字表示或映射到类别。比如，使用Emotiv公司的消费级和专业级脑电仪可记录脑电图读数，并将其转换成兴趣、兴奋、放松、专注和压力水平的测量值。这些测量值在0—100范围内。[26]另一家公司Affectiva（美国情感识别公司）可以通过视频和音频来推断一个人的情绪和认知状态。其中的一个产品是汽车人工智能（Automotive AI），用来测量警觉、兴奋和投入的程度、睡意、喜悦、愤怒、惊讶和大笑的程度及所有的积极/消极情绪。这种监测可以在驾驶员开车时进行提醒和建议，也可以在半自动车辆中自动将控制权从司机手中移交给汽车。[27]

目前，这种测量背后的理论并没有区分出导致相同水平的情绪、注意力、放松度或许多种刺激。它们并不能帮助我们理解人和互动艺术装置之间的互动与司机和汽车之间互动的不同，比如区分我们对迈伦·克鲁格、大卫·洛克比、杰弗里·肖（Jeffrey Shaw）、藤幡正树（Masaki Fujihata）或查尔·戴维斯（Char Davies）所创造的交互式计算机装置（以上所提到的都是开创这一流派的重要艺术家）[28]的不同反应，也不能区分我们对川久保玲和瑞克·欧文斯（Rick Owens）时装系列的回应，对扎哈·哈迪德（Zaha Hadid）和麦德设计（MAD）的建筑的反应这件事情上也是同样结果。同样，用文本来测量大众情绪也具有难度：我们很难在阅读政治演讲文稿和托尔斯泰的著作《安娜·卡列尼娜》之间进行区分。

通常，我们对人类情感与认知状态、记忆、想象或创造性的技术测量表示不如我们对器物的测量更为精确和详细。计算机视觉算法可以提取一张图片中的数百种不同的特征，而脑电图或功能磁共振成像目前可以测量的人类认知过程的维度更少。技术的进步会使测量更精密、更具针对性，这可能需要几十年。相比之下，在大规模的情况下测量人造器物的特性很容易操作，这对文化分析很重要。现在，试想你的相机或编辑软件可以为任何照片构建的3个颜色通道（R、G、B）的直方图，类似的直方图计算了数百万张照片的线条方向、纹理、形状、面和对象，以及其他几十个维度。我们将这个直方图与现在流行的衡量7种"人类普遍情感"或兴奋和参与程度的方法进行对比。显而易见可以发现保真度的差异。更为重要的是，我可以在计算机上对这上百万的照片进行影像测量，而无须找研究人员来参与脑电图、功能磁共振成像等技术[29]的研究；我们也可以获取他们的许可使用健身追踪器等个人设备来获取数据。

准确地描述人类对文化物体和情境的反应很有挑战性，并且很难以简单的方式来实现大规模的分析。这也是为什么我们自己的实验室更注重对物体的分析，而不是对反应的分析。其实我也分析对物体的反应，因为我学过实验心理学。不过我认为，对反应、参与和互动进行量化分析最终会变成一种流行的方法，甚至是最重要的研究文化的方法。在与文化有关的学术学科中，例如，文学研究、建筑理论、视觉文化、媒体研究、城市人类学和互联网研究，研究人员迄今为止尚未采用广泛应用于交互设计或营销研究的认知和情感测量技术，在后两者中该技术被称为<u>神经营销学（neuromarketing）</u>。所以，若你拿到两个学位，一个是人文、社会科学或设计，第二个是神经科学，这样你才能在未来参与从研究对象到研究感知和经验的理论和实践的转变。例如，试想一下，电影批评不谈论电影故事和人物，而是分析人类感知、认知和情感数据。

自上而下和自下而上的分析

我认为获取数值特征相比使用语言分类可以更好地表示文化现象。然而，你愿意参观这样的当代艺术博物馆吗？这个博物馆里完全不使用任何类别，而只是通过数字度量（如图像大小、比例、颜色、灰度直方图或线曲率）来组织所有的展品，根本不考虑它们的渊源？说实话，我想。抛开类别不谈，我觉得会是令人耳目一新的体验。然而，鉴于语言在我们如何理解世界和与他人交流方面所发挥的作用，以及自然语言在进化过程中发展为分类的事实，文化类别不会在明天消失。

文化分类是权力的工具，用于包含、排除、统治和解放。人类文化的进化包含了分类系统的变化与"分类战争"。比如，在"冷战"期间（1947—1991），国家分为第一世界国家（资本主义国家）、第二世界国家（发达的共产主义国家）和第三世界国家（不结盟发展中国家）。1989—1991年世界范围内一批社会/共产主义政府垮台后，第三世界最终被称为全球南方，与全球北方相对。这个新词的出现"其目的之一是为了帮助南半球国家在政治、经济、社会、环境、文化和技术问题上开展合作"[30]。

作为概念地理学重构的一部分，第一世界和第二世界的差别逐渐消失，这种消除差异的方法是否真的恰当呢？今天我们该如何解释前第二世界的社会/共产主义退却后的滞后效应？最近，又出现了一个新词，"Global East"（全球东方），用来指代以上那些国家。[31]与"Global South"（全球南方，用来指代不发达国家）一样，这个新术语的目的是提高知名度，弥补"分析中的双重排斥，即后社会主义城市既不在中心也不在边缘，既不是主流也不是批评的一部分"。[32]

分类塑造了我们看待社会、经济和文化现象的视野。通过把我们的精力和资源引导至特定的方向，它们可以塑造我们对过去的看法和对未来的构建。文化分析的目标不是抛弃所有的历史、流派、媒介和其他文化类别。相反，我们希望审视那些文化类别体系。这意味着要提出一些问题：

1. 离散分类的某个特定体系是否可以捕捉现象的多样性？

2. 那些可能是在一段时间前刚建立起来的分类是否仍然充分地表示了这种现象？或者是否需要更新呢？比如，在《由软件来掌控》中，我考察了媒介的现代分类，而我认为另一个分类——元媒介（metamedium）——更适合计算机时代。[33]

3. 我们能否使用连续的特征（而不是离散分类）来表示这些现象的变体？

鉴于所有的文化机构仍然使用分类系统来构建它们自身及我们对文化制品的理解，并使用分类系统对它们进行生产、展览和存档，因此对这些类别的检查成为文化分析程序的一个重要部分。比如，维基百科的"亚文化列表"包含了130个词条[34]，而日本的漫画行业根据读者的年龄、性别将漫画分为4类，并再进一步划分为几十种题材。使用现有的或创建新的文化数据集时，有一点需要记住，就是为了研究目的，你可以修改现有分类或定义新的类别。

你也应该考虑现有分类是如何组织的（比如：是层次系统还是扁平系统），以及随着时间流逝，这些分类又是如何发展并改变的。此外，不同地域和不同机构的分类的不同点是什么，用于专业、学术和普通大众的类别之间有什么关系。

在人文和社会科学领域，也经常问到同样的问题，文化分析有何独特之处呢？我认为是有的。在1999年很有影响力的书《排序问题：分类及其后果》中，杰弗瑞·波克尔（Geoffrey Bowker）和苏珊·雷·斯塔尔（Susan Leigh Star）写道："分类是对世界的空间、时间或时空两者进行分割。分类系统是一组盒子（隐喻的或字面意思），可以把物品放入其中，然后开展一些工作——官僚主义或制造知识。"[35] 分割这个概念本身就很有相关性。文化现象和它们特定的维度通常是连续的，但是文化与学术机构对这些现象的表示和论述把它们分成了不同的类别。然而，因为我们现在使用算法测量连续维度并用任意精度的数字来表示它们，离散分类就不再是唯一的选择了。相反地，我们能用连续特征的分布来表示文化现象。这些分布可以与现有的相同现象的离散类别进行比较。

文化分析的一个关键概念是结合分析的两个方向：使用现有类别进行自上而下的分析与使用提取的连续特征进行自下而上的分析。这里的"自下而上"指提取特征并使用这些特征将现象可视化。我们可以将单个特征的分布可视化（直方图），也可以将两个特征的分布可视化（散点图或热图），或者将多个特征的分布可视化（双向散点图；平行坐标；使用 MDS、PCS、t-SNE、UMAP 或其他降维技术的散点图）。"自上而下"是指将数据的已有的文化类别叠加到这些可视化上（使用颜色或其他技术）。除了可视化，我们还有很多包括聚类分析和降维在内的用于检查特征空间结构的无监督机器学习方法。这些方法也是文化分析工具包的一部分。我们将其用在我们实验室的很多项目中（例如彩图 3 的可视化）。许多数据科学课程、教科书和教程中都可以找到这些方法，因此你可以自学。本章中有一章节称为"分析实例"，其中阐明了如何同时使用自上而下和自下而上的分析。

我认为人类历史上绝大多数文化器物和现象的连续维度最好由数字特征来表示。与此相对，当今与以前的文化领域的大多数概念性景观由离散类别构成。通过将这些离散类别叠加到特征的连续分布上，我们可以更好地看清这些分类是如何划分现象的，并且可以检视这样的分类是否可行。例如，这些分类可能对应特征分布的断层，也就是说它们确实捕捉到真正的分类；或者它们随意地划分了一个连续分布，导致我们认为这是不同的类别，而在现实中，这个类别并不存在；又或者分布可能有明显的断层，但并未反映在类别中（见彩图 9）。

除了上面列出的 3 个问题外，现在我们再加上两个问题：

4. 已有类别是如何划分现象特征的连续分布的？
5. 检查分布的特征和关系后是否需要进行新的分类？

只有在回答过这些问题之后，我们才能有信心去决定用什么来描述一个给定的现象更为合适：是类别还是数值特征。

规定性美学和现代主义

假设你获取了博物馆、网上公共储藏室或其他来源的文化数据集。数据里列明了一些文化器物并包含一些类别。你会只专注于使用分类来分析数据而忽略去提取特征吗？还是立刻从其中提取各种各样的特征？我认为你可选择下列两个假设之一作为出发点。

假设 1：若文化器物是由规定性美学（prescriptive aesthetics）制造的，那么现有类别可能更有意义。20 世纪前的历史文化现象就是这种情况。但是，你仍可能想要从数据集中提取出诸多特征来检验各类别的变体，并且要检验这些类别和特征是否完美契合。分析完成后，你可能会修订该类别。

假设 2：若文化器物是作者自己创作的，并未遵循任何的规定性美学（即无明确的规则），我们可以轻易观察数据集的明显变化，使用连续特征来表示这些制品比较合适。1870 年后，现代主义时期的作品就属于这种情况，当时很多艺术家的目标是不断创新。但是，许多艺术家继续按照规定性美学来进行创作。

古希腊和古罗马文明的建筑柱式（architectural orders）就是规定性美学的实际案例。最初希腊人只使用 3 种柱式：多利安柱式、爱奥尼柱式和科林斯柱式。罗马人添加了两种：托斯卡纳柱式和混合柱式。柱式确定了建筑立柱的细节，包含了比例、装饰和外形类型，以及其他建筑元素。与当今的 Instagram 滤镜相同，选择一个特定的柱式并不是确定建筑的全部设计，但是，这确实规定了这个建筑的"外形"。在欧洲艺术中，17 世纪和 18 世纪，规定性美学体系特别重要。比如说，在戏剧中，法国剧作家遵循的规则体系要求时间统一，地点统一，行动统一。即情节必须在 24 小时内展开，地点只有一个，并且遵循一条情节线。

现代主义艺术家厌恶规定性美学和约束。但是这种厌恶引导他们走向了一个奇怪的方向：一批艺术家在学术理论家的帮助下开始创造他们自己的规定性美学,每个艺术团体都声称他们的美学才是唯一且真正的现代艺术。这些运动包括未来主义、野兽派、立体主义、奥弗斯主义、人造主义、表现主义、旋涡主义、构成主义、超现实主义等。

其中一些类型,例如立体主义、建构主义和超现实主义开始流行并被其他艺术家采用。但是,追随各种各样风格的艺术作品仅占20世纪全部艺术作品的一小部分。现代艺术的标准艺术史叙事中省略了占据更多比例的那些作品,创作它们的艺术家既没有写什么宣言也没有打造品牌。我们只有这上百万件艺术品的一个类别:具象艺术(或现实主义艺术)。显然,这一个类别并不能捕捉所有不同的视觉语言、内容类型、感觉,以及在这个世纪不同国家的具象作品中所看到的情感。我们可以创建这些艺术品的大数据集、提取数值特征,然后利用这些特征将它们可视化和集群,从而可以开发出更具包容性的现代艺术地图。

现代主义也引发了许多规定性美学体系的发生。相关例子包括音乐中的十二音技法(1921—)、新造型主义、潜在文学工场(1960—)、道格玛95电影运动(1995—)、苹果的人机交互界面(1987—),以及界面设计中的平面设计运动(2006—)等。有一点很重要,需要记住的是规定性美学、设计或交流体系并不是锁定所有的工作要素,而只是限定了某些维度的参数变化或仅限在一个维度内。比如,Twitter原始的140个字符限制或Instagram原始的方形图片格式。提取特征并使用数值数据表示能够让我们捕捉到一些遵循规定性美学的作品的变化。

然而，在已有的类别中引进子类别或在已有的体系中添加新类别的做法很激进。若我们本身有一个描述某种文化领域的 5 个类别的体系，我们又添加了 15 个，这样可以增加这些类别提供的映射的分辨率。有时，我们可能需要 500 个类别；有时，我们可能需要 50 万个类别。现在创建这种大型分类体系的过程基于算法（如聚类分析），所以我们无须预先决定我们会有多少或者预先规定标准。

因此，分类体系在数据科学时代以新的方式发挥作用，它们可以动态生成、随时更改，并且有必要成员。与之相对的是僵化和约束，分类更具有活力、灵活性和可塑性。因此，下面的设想是错误的：文化分析的目的是在所有情况下用连续的数字特征来取代现有的文化类别。量化一个现象并使用数据科学方法建立更详细的分类系统同样具有成效。在这一方面，文化分析是结构主义运动［代表人物：索绪尔（Saussure）、列维-斯特劳斯、格雷马斯（Greimas）］的对立面，后者将文化现象的多样性简化为少量的基本结构和二元对立。文化分析想要的不是简化，而是使这些类别大幅增加并使其更加多样化，用模糊分类代替硬性分类，并使用计算方法对现象进行重新分类。

科学地图是算法重新分类的一个例子，即使用网络图显示学术领域许多出版物之间的联系。[36] 比较著名的科学地图于 2007 年创建，它使用了发表在 16000 种学术杂志上的 720 万篇论文，这些论文分别是爱思唯尔的 Scopus（2001—2005）国际期刊索引和汤森路透的科学网，包括科学、社会科学、艺术和人文学科索引（2001—2004）。³⁷ 该地图显示了研究范式之间的联系，用不同的颜色表示更大的分支，比如社会科学、人文学科、大脑研究等。作者提出了用一种新的算法发现科学范式的方法，而不再使用学科标准列表。用研究人员的话来说："问题很简单：学科并不采集一组研究人员独特的多学科活动。大学的研究人员或位于一个地区（州或国家）的研究人员面对多学科的研究问题倾向于自行组织。"³⁸ 因此，作者并不把学科体系视为理所当然，而是采用联合引用的方式对单篇文章进行聚类。集群产生了 554 个研究范式。比较用新旧两种方法生成的科学地图，结果表明前者可以更好地显现一所大学或一个国家的研究优势。2008 年我们设计的一个假设的文化分析界面就使用了科学地图的布局，这个界面使用了大量的作品或美学类型作为学术研究的范例（见彩图 1）。

当今，我们每天数字生活中都会遇到计算生成的分类。下面我将使用 Twitter Ads（提供给所有 Twitter 用户的一种服务）中的目标选择来阐释这一点。这里的目标意味着为广告信息选择特定的用户。这个例子中，我的某些推文会推送给我粉丝之外的其他 Twitter 用户，他们可能会看到这些推文。标准目标方法是通过使用明确的分类来选择用户：比如，我想将我的推文推送给某些国家中年龄 25—34 岁的男性和女性。但是 Twitter 也有一种新的算法（2014—）来选择"类似粉丝"。脸书也有"类似用户"。为了使用这种方法，我首先需要指定某些用户，比如，上传一个特定账号清单。算法会自动寻找与清单上的用户具有相似特征的新用户。或者，我可以要求 Twitter 建立具有与我现有粉丝相似特征的新受众。

重要的是，极为相像的粉丝的类别不是明确定义的，也就是说，我无须选择任何参数的任何数值。Twitter 的算法会自动计算我的粉丝的特征，然后找到具有相似特征的用户。若系统使用了监督机器学习，可能没人能判断出这些特征是什么，以及这些特征是如何结合在一起的，因为这一信息是通过神经网络的数百万个连接分配的。这里我们有一个新的分类：它不是人类定义的，而是随时可以改变。根据报告，这种方法比传统的受众选择方法更有效，所以，每天在社交网络上打广告的数百万人和企业都在使用它。

想象一下，今天有 100 万人在使用类似方法，那么 Twitter 的算法就建立了 100 万个类别。我们不知道它们具体是如何定义的，但确实很有用。与传统分类系统相比，这确实很激进。

人文学者喜欢参考 1942 年豪尔赫·路易斯·博尔赫斯（Jorge Luis Borges）的一篇文章《约翰·威尔金斯的分析语言》（"The Analytical Language of John Wilkins"），这篇文章很有名，是因为福柯在他的著作《事物的秩序——人文科学考古学》（1966。该书英文名为 The Order of Things，法文名为 Les Mots et Les Choses，此处随原文译为"事物的秩序"——编者注）中引用了它。[39] 这个故事叙述道："（中国的某部）百科全书写道：'动物可以划分为：① 属皇帝所有，② 芬芳的香味，③ 驯顺的，④ 乳猪，⑤ 鳗螈，⑥ 传说中的，⑦ 自由走动的狗，⑧ 包括在目前分类中的，⑨ 发疯似地烦燥不安的，⑩ 数不清的，⑪ 以十分精致的骆驼毛刷绘成的,⑫等等,⑬刚刚打破水罐的,⑭远看像苍蝇的'。"①人们经常引用这个描述来支持这一观点——类别可以是随意的、非系统的,并且因文化而异。这倒是事实,可对我而言更有趣的问题是:在我们的数据社会中,类别的功能有何不同?这些功能与早期又有何不同?使用处理大型数据集的算法几乎可以立刻生成动态类别,这些类别没有明确定义,但使用计算机在数据中可以检测到模式,并且系统可以有很多类别,而不是只有几个。

分析实例:776 幅凡·高的画作和 100 万页漫画集

之前已介绍过自上而下和自下而上的分析可以结合起来使用,现在我用实验室项目的两个例子来说明二者如何结合。第一个例子使用了一个数据集,该数据集包含 776 幅文森特·凡·高在 1881—1890 年创作的画作。这些数字图像是我班级里的学生们在 2010 年从公共网站上搜集的。我们把这一数据集加载到了免费发行的 ImagePlot 可视化图像处理软件中(2011—)。[40] 除了每幅画名称之类的元数据,我还添加了提取自各图像的大量视觉特征:亮度、饱和度、色调的平均数、中位数和标准差,不同形状的数量和平均形状大小。(这里的形状是图像中颜色或亮度与其他形状不同的任何明显的区域)。我们开发使用了 MATLAB 和 OpenCV 的软件来提取成百上千的视觉特征,但是因为凡·高数据集是专门用来学习 ImagePlot 的,所以我想尽量少地使用包含的特征。

---

① (法)福柯:《词与物——人文科学考古学》,莫伟民译,上海三联书店 2002 年版。

我决定使用凡·高画作的数字图像有几个原因，其一是我们并不知道许多艺术家的作品是什么时候被创作的。但是凡·高，我们知道他创作的年份、月份甚至精确到哪一周，因为他寄给他弟弟提奥的 700 多封信中描述了他的新画作。后者为凡·高画画提供了资金支持。所有与画作图像相关的信件可以在网站 vangoghletters.org 查到。因为我们知道每幅画创作的月份，这 776 幅画作是 10 年间（1881—1890）创作完成的，所以非常适合研究艺术家视觉和语义语言的渐变。

第二个原因是理解和呈现凡·高艺术的既定范畴的存在。这些类别分别是他居住的地方：比利时和荷兰（1880—1886），巴黎（1886.3—1888.1），阿尔勒（1888.2—1889.4），圣-雷米（1889.5—1890.5），以及奥维小镇（1890.5—1890.7）。许多艺术史和通史将凡·高的艺术传记划分到与这些地方相对应的风格时期，也因此使用了地理类别来将文体类别合理化。

举例而言，1886 年搬到巴黎后，阿姆斯特丹的凡·高博物馆这样描述凡·高的风格变化："一到巴黎，凡·高觉得他的深色调色板过时了。他的调色板逐渐变亮了，它对风景中的颜色变得更加敏感，他的笔触（变得）更加零碎。"[41] 1888 年，他搬到法国南部的阿尔勒后所创作的作品是被人这样描述的："受到普罗旺斯明亮的色彩和强烈的光线的启发，凡·高用他自己强大的语言创作了一幅幅画作。在巴黎，他的作品包含了广泛的主题和技巧，在阿尔勒，创作方法虽然一致，却融合了强烈的饱和色彩。"[42]

这些时期对这些差别的描述是否准确呢？艺术家在不同地方

创作的作品风格是否会不同呢？我们认为他（或任何其他艺术家）在不同时期的发展是连续的，这样的想法合适吗？如果艺术史家声称他的一些变化是逐渐发生的（"他的调色板逐渐变亮"），我们是否可以使这些表述更加精确并量化这些变化呢？对自上而下和自下而上相结合使用的分析而言，这些问题非常好，我会用3个可视化坐标图来进行说明。

在第一个可视化坐标图（彩图6），我们看到776幅凡·高画作的图像，这些图像按照它们的平均亮度（y轴）和创作日期（以年和月表示，x轴）来放置。这里，我使用中位数来测量亮度平均值。尽管我们只考虑单一的视觉维度，但是显然，那种公认的观点——艺术家的风格会随着居住地的不同而发生系统性的变化——并不成立。凡·高在巴黎、阿尔勒和圣-雷米的那段时期，他创作的许多作品仍然非常暗淡，与其早期的作品没什么不同。而且，很短时期内，他的画作中亮度的范围很明显。这对我而言说明了两个问题。一个是我们不该认为一种风格是一条穿越时间的窄线。相反，它更像是一条宽阔的河流，流动的方向是不变的，只是逐渐变化。另一个是，凡·高在每一个他居住的地方所进行的新的视觉突破并不适用于他在那里创作的所有作品，而是新旧两者共存（例如凡·高搬到法国后，他的作品中仍有非常暗淡的画作）。

第二个可视化坐标图在彩图7中。使用两种视觉特征来对比所有776幅图像：中位数亮度（x轴）和中位数饱和度（y轴）。在亮度轴，创作于1881—1885年的早期画作大部分在左边，创作于1885—1890年的画作在中间和右半部分，也就是说，它们的平均饱和度不高。即便是他最有名的在阿尔勒创作的作品也很少分布在上半部分。这是一个惊人的发现，因为博物馆将这些画描述为具有"强烈的饱和色彩"。这样说也没有错，但是不精确。确实有些在阿尔勒创作的作品饱和度比在巴黎创作的要高，但并不是所有的作品都这样。

为了进一步调查巴黎和阿尔勒时期的不同，我创建了第三个可视化坐标图，对比了我们数据集中所有巴黎和阿尔勒的画作（见彩图8）。我们使用了之前同样的可视化特征：中位数亮度（x轴）和中位数饱和度（y轴）。注意巴黎和阿尔勒画作的亮度和饱和度值是如何明显重叠的。这强调了第一个可视化坐标图中已经说明的一点：人们普遍根据凡·高的生活地点将其作品划分为不同风格时期，但这种做法可能需要重新考虑。

传统观点认为凡·高的风格发生了根本性变化的原因之一是我们往往只看了很少部分的作品。通常，我们考虑某个艺术家时，只考虑他们最著名的作品，这些作品可能夸大了艺术家不同时期创作的不同。凡·高经典作品的形成历史——他最常被复制的作品——复杂又漫长，但是有可能其中一个理由是：选择某个作品称其为"经典"，正是因为此作品强调了这些不同。使用提取的特征视觉化凡·高创作于巴黎和阿尔勒的作品并进行对称对比，我们会发现二者之间的差异很小，而只看他的那些著名作品时，差异就会很大。

现在我们可以更好地了解这些差异的本质了。首先，凡·高在巴黎创作的画作在亮度和饱和度上都比在阿尔勒创作的作品变化要大。其次，彩图8中阿尔勒所有画作所形成的"云"的中心向左向上移动。换句话说，在阿尔勒创作的画作整体上都比在巴黎创作的画作更明亮，饱和度更高。然而，这种区别并没有通常所说的那么明显。计算这两个时期绘画的亮度和饱和度的平均值和标准差的平均值可以将这些观察结果进行量化。创作于这两个地方的所有画作（按照0—255范围）的亮度平均值分别是129.83（巴黎）和158.51（阿尔勒）；饱和度平均值分别为95.70（巴黎）和109.28（阿尔勒）。亮度值的标准差是51.65（巴黎）和34.71（阿尔勒）；饱和度值的标准差分别是40.59(巴黎)和36.30(阿尔勒)。

亮度和饱和度的测量值为博物馆网站上的一项声明提供了依据："在巴黎，他的作品涵盖了广泛的题材和技巧；在阿尔勒创作的画作虽方法一致，但融合了强烈饱和的色彩。"[43]确实，在巴黎创作的画作的亮度和饱和度平均值的标准差小于在阿尔勒创作的画作。我们现在还可以理解在阿尔勒创作的许多画作的强度是在两种视觉特征变化的共同作用下实现的，而不是仅仅是饱和度的变化。换言之，凡·高同时增加了配色的饱和度和亮度。事实上，亮度的平均值变化大于饱和度的平均值：18% 对 12.4%。

诚然，这两种特征并没有涵盖凡·高画作的所有方面，若我们想要更全面地描述他的视觉语言，我们需要使用不同的特征组合来创建大量的表示。[44]（我们实验室编写的3种不同的可视化程序可以快速创建多种可视化）。或者，我们可以使用非监督机器学习方法，将许多特征投射到我们可以直接看到的低维2D或3D空间。这些方法我们统称为降维。例如，彩图3中的可视化使用了一种称为主成分分析（PCA）的方法，应用于提取自印象派绘画图像中的 200 个特征。与根据两个特征对图像进行分类的情节形成对比（例如亮度和饱和度的平均值），主分量分析和其他降维方法可同时根据多个特征对图像进行分组。

现在我们再看一下使用现有文化类别和特征提取的第二个例子。文化类别的一个显著案例就是流派。在数字人文领域，对历史上文学流派的定量分析促成了该领域一些最有趣的研究。其中包括佛朗哥·莫雷蒂对 1740—1990 年的 44 种英国小说体例的兴衰模式的调查，[45] 泰德·安德伍德和乔旦·塞勒斯（Jordan Sellers）追溯了 1700—1900 年的小说、诗歌和戏剧等文学语言从日常语言逐渐分离的过程，等等。[46]

流派对当代文化来说也很重要。从流行音乐、电影和其他领域的理论家提出的流派理论入手，我们可以看看文化工业中建立的流派类别。我们也能把计算文本分析应用于在线粉丝社区和媒体分享网站上的讨论，这样做可以研究观众如何理解和使用流派类别。在这些情况下，结合使用自上而下和自下而上的分析，我们可以对比文化领域的两份地图：一份是离散类别，另一份使用提取的特征显示了连续性。我接下来会描述我们实验室的项目"100 万页漫画集"（2010—2011）来说明实践中是如何使用这两种分析方法的。[47]

该项目分析了 883 部漫画出版物，使用 2009 年从粉丝网站 OneManga（onemanga.com）下载的数据和超过 100 万张图片。[48] 在那时，这是最流行的漫画扫译（粉丝扫描漫画出版物，并将文本翻译成不同的语言）网站。漫画出版物的结构是章节，持续发行时间从几个月到几年。我们下载的每个系列的元数据包含了作者和艺术家的名字、出版时期、目标受众，以及描述它们题材的标签。

日本漫画出版业根据年龄和性别将漫画市场分为 4 个类别：少女、少年、青年女性、青年男性（shoujo、shounen、josei、seinen）。每部漫画都属于上述类别中的一个。粉丝还使用 35 种题材分类在网站上对各部漫画打标签。许多系列包含多个标签。例如，非常流行的系列《火影忍者》的标签是"动作""冒险""动漫""喜剧""戏剧"和"幻想"；《死神》包含了刚才提及的这些标签，还追加了"超自然"；《娜娜》的标签则是"动漫""戏剧""真人化"和"浪漫"。我发现题材标签的平均值，少女漫画是 3.17，少年漫画是 3.47，表明针对少年的漫画标签更加多样化。

图 7.1 显示了一个网络图，表示了所有题材类别间的联系。线的粗细表明联系的强度，即这两个标签同时使用的频率。题材名称的字体大小和亮度说明了每个标签使用的频率：字体越大越黑，说明使用的频率越高。我们可以看到有些题材跟很多其他题材都是有联系的；有些仅跟一小部分有联系。因为，根据本图映射，我们可以看出题材受喜爱的程度：哪些组合是比较流行的，哪些组合虽然尚不流行但有可能会流行，而哪些组合又肯定是不可能流行的。

图 7.2 显示了题材类别和受众类别之间的联系。为了使图表更为简洁，我仅选取了 11 个最为常用的标签。有些联系是可预测

图 7.1

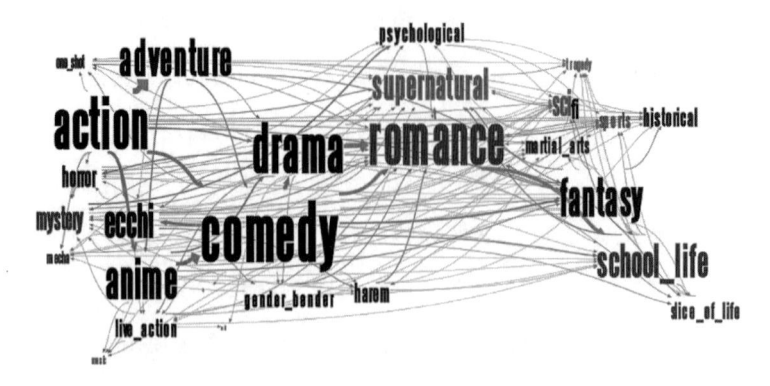

将粉丝们在 onemanga.com 上使用的 35 个题材标签之间的联系加以可视化，2009 年。

到的（少年和青年男性更喜欢"动作"），但有些并非如此。例如，少年和少女都喜欢"戏剧"，但是青年男性成了例外。"浪漫"和"戏剧"之间的联系比"浪漫"和"喜剧"的要强烈；大部分的浪漫场景设置在学校（标签是"学校生活"）。有意思的是，没有一个顶级题材是独一无二的——所有都与其他题材有联系。忠实的漫画迷和漫画行业的专业人士可能已经意识到了这种模式，但并不是所有人都意识到了，因为有些模式只有在我们将数百题材映射到一起时才会显现。

除了 883 种日本漫画出版物的元数据，我们还使用了这些出版物可在网站上看到的所有页面的图像进行分析，总计 1074790 页。每张漫画页包含了一些灰度图。在图 I.2 中，你可以看到一幅由两个视觉特征组织的所有页面的图像。很多页组成了一章，许多章又构成了一个出版物。每个出版物是由单个作者绘制而成

（有时在助手的帮助下），并且具有一致的视觉风格。我们想看一下这些风格、漫画产业的 4 个受众群体与粉丝们标记的 41 种题材之间是否有联系。换言之，针对不同读者所创作的漫画作品在某些方面是否有系统性的不同？不同题材的日本漫画又是否存在系统性不同呢？

定义和测量视觉风格的各个方面非常有挑战性，我们只能在"100 万页漫画集"项目中开始探索日本漫画。然而，这些初步的探索出现了很有意思的结果。我们在数据集中的每页上面提取 8 个灰度特征，比较了它们为女性和男性读者设计的出版物的统计摘要。我们数据集中少女出版物（针对十几岁女孩）上所有漫画图的平均亮度是 203.17（测量范围 0—255）。而少年出版物（针对十几岁男孩）的漫画图则明显要黑：184.19。针对青年女性和

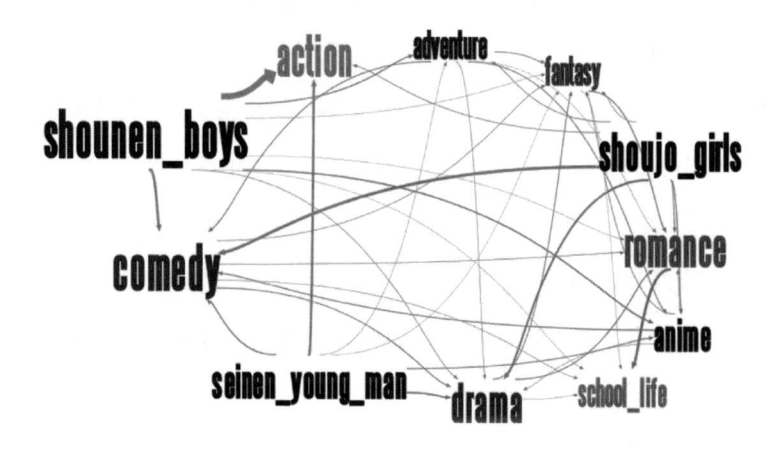

图 7.2
将 onemanga.com 上 3 个最常见的观众类别标签和 8 个最常见的题材标签之间联系加以可视化，2009 年。

青年男性的漫画（女性向和男性向漫画），二者之间的差别更大：205.45 比 184.44。对所有其他视觉特征的平均值进行比较，证实确实存在统计学上的显著差异。

该分析表明日本漫画中的视觉风格会被用来构建不同题材。但是，由风格定义的性别空间并不形成绝对集合。相反，它们之间有一些很强的重叠。对我而言，这是最有趣的结果。因为它揭示了更复杂的性别或风格空间。当我们绘制特征的分布时，可以看到这幅图。彩图 9 是少女和少年漫画页面的平均灰度直方图与散点图，每幅漫画都用一个点表示。图画灰度值的标准差映射到 x 轴，灰度值的熵映射到 y 轴。正如我们看到的，少女漫画和少年漫画特征的分布是重合的。（可视化中用蓝色和粉色来表示这两种类型的漫画）。不是所有的少女漫画都比少年漫画明亮，有些少女漫画在色调上甚至更暗。同样地，也不是所有的少年漫画都是暗色调的，有些相对明亮。每种分布都是钟形的。使用数值特征能让我们绘制这些分布，看看离散的类别（漫画观众）和连续的特征是怎样相互关联的。

更多案例：百万件艺术作品和 42571 部影片

我之前已经展示了如何在数据中使用类别和提取数字特征来探索一个艺术家的职业（凡·高）和一个大众文化领域（日本漫画）。现在来看一下文化类别系统的其他两个策略。

一个策略是检验系统是如何随着时间而变化。每个类别的人工器物数量变少还是增多了呢？在某一时期是否又添加了新的类别？举例来说，我们可以看到在世界各地的大学和专业艺术学校和学院的创造性领域项目类型和数量的增长。比如前身创立于1912年的南京艺术学院。2018年，它开设了25个本科学科和70个研究生学科，涉及设计批判史和新媒体及3个中国传统绘画专业（山水、人物、花鸟）。[49]同年，纽约著名的帕森斯设计学院（创建于1896年），在原有较为传统的学科，如时装设计和摄影的基础上，又开设了45个本科专业和许多辅修专业，涉及食品研究、创意编码和可持续发展的城市专业。[50]这些创造性学科和专业是何时开设的？在时间和空间上它们的增长模式又是什么？（它们是什么时候在不同城市和国家出现的？）收集、分析并将这些数据可视化是非常有趣的项目。

对2001—2010年分享在DeviantArt上面的百万艺术品进行分析时，我们看到投稿人和管理者逐渐引入类别来组织管理艺术品。[51]自2000年DeviantArt推出以来，顶级类别和子类别的数量呈现系统性增长，这样才能满足投稿人提交的作品的各种技术和主题。将分类系统组织成一棵树，下设更多子分类。到2011年，该树的分支已有多达6层的子类别，所有子类别的总数超过1700个。

有关时域分析法，我们放大为两个顶级类别："传统艺术"和"数字艺术"。我们比较了子类别的增长模式和所研究的10年间艺术家分享的艺术品数量。因为子分类能描述内容、媒介或技术，通过分析子类别的发展和每个子类别中共享艺术品的数量，我们可以更好地理解数字工具对艺术的影响。很多媒体理论家、批评家和艺术家都撰写过这一主题，但是我们的研究多年来首次使用量化大量的数字艺术品的样本来检验这些效果。

虽然两种类别都有相似的增长率，数字艺术子分类的数量与传统艺术子分类的数量却总是呈现大约两倍的关系。截至 2001 年底，传统艺术有 10 个子类别，而数字艺术有 22 个；2005 年，这些数字分别是 81 和 162；而到了 2010 年，它们分别变为 113 和 216。这一差异存在的一个可能解释就是数字艺术有更多的分类，这些分类描述了特定数字技术（矢量图形、像素艺术、三维艺术、分形等）和与这些创作技术相对应的艺术场景、特定的软件工具或应用程序。"场景"（scene），我这里说的是由对特定数字技术和创作应用程序充满热情的非专业和半专业艺术家组成的团体，他们通过出版物、当地兴趣团体和在线网络（如 DeviantArt）相互交流信息并相互学习。传统艺术的工具多年来并未改变，而数字工具在我们分析期间却不断变化，促成了围绕着新工具和新技术形成这样的场景。

我想对文化类别的系统进行定量分析的想法来自 20 世纪 60 年代发展起来的文献计量学和科学计量学。[52] 它们提供了很多的方法、工具和研究实例，这些都可以从它们的原始背景中延续到许多文化领域、学术出版物的分析和测量、科学领域的模式和关系和创新的增长。比如，许多科学计量学的研究人员量化分析科学的整体发展及某一特定学科的发展。一项研究中，作者使用了 1980—2012 年的 38508986 种出版物，观察每年公布的数据，以及 1650—2012 年引用的 256164353 篇文献。该分析确定了科学增长的 3 个阶段：18 世纪中期不到 1%，到"二战"时期是 2%—3%，之后直到 2012 年是 8%—9%。他们也发现不同学科出版物数量的增长非常相似。

在文化分析中使用这一范式的关键挑战是文化中缺少与科学中相同的正式引用方法。在设计、建筑、时尚、电影、文学或视觉艺术方面，作者借用了其他作品的艺术观点和元素，但并未有文献记录。然而，在某些领域，如流行音乐，大量的"引用"是明确的，因为想要使用任何样本或整个作品，作者和出版商必须获得授权。在流行音乐中，自 20 世纪 80 年代初 Grandmaster Flash 等嘻哈音乐制作人开始使用采样，所有出版作品都使用电子和后来的数字录音媒体，这样一来采样成为其功能的核心。负责版权管理的组织，包括出版商协会（ASCAP，拥有 68 万作词家、作曲家和出版商的 1000 万首作品），音乐广播公司（BMI，拥有 75 万名艺术家和 1200 万件作品），Sony/ATV（400 万件作品），环球音乐出版集团（UMPG，320 万件作品）。[53] 这种结构化的样本版权实践在其他文化领域并不存在，但我们可以发明其他方法来绕过这一限制。在这个标志性"文化图谱"（*Culturegraphy*，2014）项目中，可视化设计员金·阿尔布雷希特（Kim Albrecht）使用了 IMDB（互联网电影数据库）中记录的电影之间的引用。正如项目设计人员所说，IMDB 包含了"9 种不同的引用类型（替代语言版本、编辑格式、特征、仿效、参考、重拍、剥离形式、仿造、版本）"，"42571 部影片中包含了 119135 种这样的联系"。[54] 该项目的一个迷人结论，就是得出了"后现代电影的兴起"的第一个定量图解。特别是后来的电影对早先电影的引用的相对数量。[55] 该结论表明，1980年之后，这种引用的数量迅速增加。电影学者首先了解到了这一趋势，但阿尔布雷希特的项目首次证明了它并不局限于特定的电影。你应该自己在项目中关注这个及其他详细的可视化效果；它们"将宏观视角与微观视角联系起来，每一部电影的参考文献都显示出来，这样，生成更大的图形模式"。[56]

考虑到用于机构收藏的类别和每个类别中的项目数量，我们可以使这样的收藏"形状"清晰可见。2013年，纽约现代艺术博物馆允许我们实验室使用其摄影收藏中的2万多张数字化照片，这些照片涵盖了从19世纪40年代到现在的摄影历史。在我们创作的众多可视化作品中，其中有一个展示了纽约现代艺术博物馆记录的按创作年份排序的所有照片（见图7.3）。虽然我们可以期待一个主要机构的艺术或设计收藏，如纽约现代艺术博物馆的收藏，在某些时期和某些类型的图像方面比其他时期更有代表性，但根据我们的可视化显示，这种覆盖面的极端不平衡是相当惊人的。第一次世界大战和第二次世界大战之间的时期比其他所有时期都重要，因为在这一时期，现代主义艺术摄影占主导地位，其他类型的摄影，如新闻摄影、工业摄影和业余摄影则几乎没有。[57]

如果我们要建立一个新的摄影博物馆，那么什么才更能够代表摄影的历史呢？我们可能希望每个时间单位的大小相同，比如说5年或10年的间隔，这样就有大约相同数量的藏品。另一个策略是随着专业摄影的发展，逐渐增加收藏中的藏品数量。或许我们可以使用其他的采样策略。关键是要有一些策略来构建一个更具代表性的文化领域的历史（在这里指摄影）。

第七章 语言、类别和感知 255

图 7.3
纽约现代艺术博物馆将收藏的超两万张照片加以可视化（纽约）。
图像按照年份分类（从上到下是 1844—1989 年的照片）。

分类的社会

分类数据是现代社会对人、文化和社会互动的表示和"处理"的中心。21 世纪 10 年代，成功采用自动分类的监督机器学习和神经网络后，我们在新的领域和规模上使用了这种分类，使得分类数据变得更为重要。公司、非营利组织和学术研究人员使用分类数据和分析统计技巧来采集和分析人们的想法和信念以探索他们如何理解社会和经济现象，他们对产品和品牌的感知，以及他们间的互动。比如，数十年来，李克特的五点量表广泛应用于分析态度和意见。直到今天，尼尔森（Nielsen）、盖洛普、皮尤研究中心等许多公司和非营利组织仍在调查中使用这类问卷。

盖洛普于 1935 年在新泽西州成立，它普及了民意测验，确定了公众意见的方法；1939 年，它开始在广告和电影领域进行市场调研。尼尔森是 1923 年在芝加哥成立的，它在 20 世纪 30 年代开始测量无线电产业。盖洛普的全球幸福调查是在调查中从每个国家随机挑选 1000 个人，让他们对自己生活的方方面面进行打分，满分为 10 分。盖洛普公布的方法展示了在这种测量中所做的各种决定和选择——当然，这影响了公布的结果："通过让受访者用从 0 到 10 的'阶梯'来衡量自己的现在和未来生活，盖洛普测量了人们的生活满意度，其中'0'代表最糟糕的生活，而'10'则是最好的生活。那些认为自己目前的生活是'7'或更高而未来是'8'或更高的人，人们就认为他们是很幸福的。而那些打分为'4'或更低的人，人们则认为他们很不幸。剩余的其他个人则被认为是在努力中。"⁵⁸ 受测人员会使用一个区间量表：数字是从 0 到 10。他们的回答映射到只有 3 个类别的顺序量表中：这 3 个类别分别是繁荣、挣扎、痛苦。这是一个很好的例子，展示了如何使用度量表来收集和表示信息，并且展示了最终报告的信息是如何从一个尺度到另一个尺度映射。如果从区间到顺序量表映射的阈值设置不同，那么每个国家报告的三类人的比例就会不同。以下是 2010 年调查 3 个国家的结果，其中有繁荣、挣扎和痛苦三类人的比例：哥斯达黎加（63，35，2）、美国（57，40，3）、古巴（24，66，11）。

20 世纪，人们发明了很多统计方法来分析通过调查问卷和调查获得的分类数据。例如，法国著名社会学家皮埃尔·布尔迪厄后期的著作使用了由统计学家让-保罗·班兹克（Jean-Paul Benzécri）开发的对应分析。⁵⁹ 这些技术也是文化社会学中最有影响力的书——布尔迪厄的《区分》（1979）——中的关键。本书的经验性分析使用了 20 世纪 60 年代对法国公众品味进行的两次调查的结果。

设计当代数字社交网络的目的是可以让数亿用户创造出关注和兴趣的离散信号（discrete sign）。喜欢、点赞和分享已经被网络的接口预先量化了。换言之，它们要求人们将他们的感觉转化为分类数据。在脸书上，我们可以看到每篇帖文的点赞数和分享数。微博展示每个话题的粉丝、讨论和阅读数。例如，2016 年 8 月的第二周，微博本周最热门的微博被分享了 1155243 次，点赞数量为 575389 次。⁶⁰ 这些统计数据及添加了点赞或分享帖子的用户名，可以被网络和第三方算法使用，此举可以驱动社会媒体监测和发布指示板、上下文广告和其他媒体分析应用程序。研究人员则往往可以通过社交网络应用程序的 API 对它们进行使用。为使用数据科学术语，网络将用户关注、兴趣、社会联系和审美转化为结构数据，这种结构数据相比于诸如他们分享的社交媒体和博客文章、图片和视频，甚至是研究中进行的视频采访这类非结构数据更容易分析。当然，这些人类媒体的非结构化形式编码了我们的感觉、想法、态度、要求和想象，但是人类接收者和算法很难进行编码。在许多情况下，人类表达和交流的这种模糊性是令人愉快的、令人向往的、令人满意的，但是对这个行业及其控制营销、广告、物流、价格和其他商业要素的算法决策系统来说，情况却不容乐观。

事实上，社交媒体网络世界可以比作一项大规模的全球市场研究，人们在上面可以呈现众多文化器物（包括产品、歌曲、电影、图像、意见领袖、普通用户，乃至任何人发布的任何内容），他们必须要选择他们更喜欢的，用二元的方式来表达他们的偏好：我喜欢这个，我要分享那个。但是社会网络和正常的营销调研也有重要的不同。从历史上看，它们的发展只是为了承载用户生成的内容，而商业内容是后来才出现的。在它们目前的状态下，用户生成的内容和商业内容在他们的用户墙和信息流中相互裹挟。

越来越多的人点击社交网络和应用程序中个人内容旁边的广告（称为点击率），广告商开始进一步模糊这些类别之间的界限。一个方法是原生广告（native advertising），它是一种与平台的正常格式、风格相匹配的广告。[61] 原生广告的类型有显示在搜索结果中的广告、弹窗推荐（"你可能还喜欢"），以及平台编辑撰写的故事。另一个方法是付费让社交媒体上的"明星"和"网红"（有很多粉丝的人）在他们的定期帖子中推荐特定的产品，这是升级版的传统植入式广告方法，2016 年，在 Instagram 上拥有超过 1 万名粉丝的用户可以通过推广产品获得报酬。[62]

我们是否可以得出这样的结论：强迫人们对所有发布的内容使用同样的评价、点赞和分享机制，使得网络正在将人际关系"商品化"？或者可能正好相反：因为人们欣赏和点赞的方式与你朋友的照片或他们发布的重要生活事件帖子内容完全一样，这是不是说明产品被人性化和情绪化了？或者，这是否将商业物体人性化，而同时又使个人表达非人性化了呢？无论如何，现如今，在网络收集并提供用户点赞和分享的完美组织结构化数据，与公司、广告商、营销人员、非营利组织和政党对这些数据的计算分析之间存在着不可思议的对称性。收集意见和兴趣的格式与更早发展起来的统计方法和算法是相匹配的。

人们相对容易得出这样的结论：所有这些形式都是"冷冰冰的"设定，这样公司便能够提取我们的偏好和兴趣——但这是不对的。比如，最初发展网络超链接的想法源于 20 世纪 60 年代早期的超文本和用户界面研究，比网络出现并开始投入商业化使用早了几十年。但是，即使是一些看起来只是为了收集数据而设计的点赞按钮也并非如此。Facebook 的工程师在 2007 年夏天开始着手其原型设计。他们最初的想法是创建一个设计元素，让用户表达对帖子的喜欢。看到原型后，平台营销人员、团队及广告团队的人员对此很感兴趣，开始想象如何使用这样的特征来达成他们的目的。但是开发这个花费了两年时间，直到2009年初才发布。[63] 点赞按钮原本的一些功能并未实现。设计团队表明点赞并没有使帖子的评论减少，公司才决定所有用户可以使用点赞的功能。

上述反思开启了人工智能及其未来流行的讨论新视角。人工智能只有在我们按照可预测的方式行动时，才可以预测我们的行为。此处的可预测是指与日常习惯、观点、行为和购物模式一致。人工智能和预测分析的所有用户可能更希望我们有完全的一致性，但他们也期望我们自发的周期性改变，这样我们才会发现和采用新的品牌和产品。

但是我们并不总是按照可预测的方式表现或思考。比如，2015年的研究"由星星导航：调查网络用户评分的实际效度和感知效度"分析了120个产品类别中1272个产品的用户评分。作者发现：平均用户评分与消费者报告得分不一致，而消费者报告是消费者行为文献中最常用的衡量客观质量的方法。[64]

在19世纪和20世纪，没有可以让人们评价、点赞、分享产品和公司照片及帖子的社交媒体。组织和公司不得不使用调查问卷或让人们在正式场合下对产品进行比较。（现在这些方法仍旧广泛应用，因为与社交媒体数据相比而言，这些方法有很多优势，这点我之前已经提到了。）这也是统计学家发展使用和分析不同类别数据的方法和概念的原因之一。虽然现在的基本统计教科书和大多数入门课程都集中于定量（数值）数据的分析，但这只是现代统计学的一部分。定量数据分析的重要性反映了统计方法在19世纪后半叶和20世纪前1/3时期在数字测量方面的发展，比如：人类身体特征（凯特勒）、教育测试（斯皮尔曼）或农业实验（费希尔）。

文化分析当然可以使用定量和分类统计学。但是，将大规模文化现象或过程表示为定量数据或分类对计算分析并不总是必要的。我在本书第三部分会说明，在没有测量的情况下，我们可以用可视化方法来探索大量的视觉文化器物或文化过程的样本。

换言之，我们不必使用数字或分类。我们能够探索文化数据和信息的集合，看到不同规模的模式，直面我们的刻板印象并有所发现。但不一定要对它们进行量化，这就是可视化对文化分析来说与统计学和数据科学同样重要的原因。可视化不仅是定量文化分析的工具之一，它还是一种替代性的分析范式。它使我们能够看到通过阅读、观看或与单个文化艺术品互动所不能观察到的模式。它能够通过量化器物并使用统计和计算方法进行分析。

第三篇

探索文化数据

第八章　信息可视化

最初，我选择绘制图表是为了理清自己对问题的思路，因为我知道要对过去所发生的变化保持明晰的认知是十分困难的。然而，它在达到最初目的的基础上，还出乎意料地对历史事件中众多错综复杂的细节进行了一次归纳；真相有时互相联系，有时则不然。它们每次出现时都需要稍加思索。

——威廉·普莱费尔，《富强帝国衰落的永久性因素调查》（1805），该书中"图1呈现了所有富强帝国的兴衰，这种表现方式在历史上前所未有，所以在当时还没有得到公众的认可。"[1]

拉斯维加斯被人们装进照片里，但只有一张漂亮的照片是不够的。你还要思考：如何通过对照片的改造而使其对设计师提供参考意义？如何在平面图上把拟建建筑各方面的情况与建造建筑物之间的不同点展现出来？如何按照A先生的设想而不是用几何线条去表述商业带？如何在1∶1200的平面图上展示光与形状的品质？如何反映起伏变化、季节的变化或者随时间而产生的变化？

——罗伯特·文丘里（Robert Venturi）、史蒂芬·艾泽努尔（Steven Izenour）和丹尼斯·斯科特·布朗（Denise Scott Brown），《向拉斯维加斯学习：建筑风格被遗忘的象征意义》（1972）[2]

> "整体"是一个转瞬即逝的可视化概念。我们只需要回到"个体"的概念,并找到合适的重组条件,便可以轻易地改变或推翻原本的"整体",形成替代组合。
> ——布鲁诺·拉图尔(Bruno Latour),《塔尔德的量化思想》,出自《塔尔德影响下的社会学:争论和评估》(2010)[3]

> 信息可视化已不再只是作为处理大型数据集时用到的工具、科技方法和手段这么简单了。它本身也成了一种颇具表现潜力的媒介。
> ——埃里克·罗登贝克(Eric Rodenbeck)在 O'Reilly 科技大会上的演讲(2008-3-4)[4]

> 可视化即将成为下一个大众传播媒介。
> ——费尔南达·维埃加斯和马丁·瓦滕伯格,《采访:来自"流动的媒体"(Flowing Media)项目的费尔南达·维埃加斯和马丁·瓦滕伯格》(2010)[5]

2000 年,仅有少数专家了解信息可视化(information visualization)。10 年后,这一情况彻底发生了改变:2010 年,纽约现代艺术博物馆展出了一件动态可视化作品,该作品由 Imaginary Forces 工作室用 5 个屏幕制作而成;《纽约时报》定期在其纸质版和网页中刊登由互动设计团队制作的可视化作品;在互联网领域中,我们也目睹了越来越多的复杂可视化项目的诞生,它们出自科学家、设计师、艺术家或是学生之手。当你在谷歌上搜索一些特定的"公开数据"(public data)时,第一条搜索结果点击进去之后会是一个基于该数据集自动创建的交互式图像。⁶ 如果想要创建自定义的可视化数据集，可以通过谷歌文档、Tableau Public、Plotly 等几十个免费的线上可视化工具和平台来完成。300 年前，威廉·普莱费尔就对信息可视化所拥有的强大认知能力感到惊讶；300 年后，许多人终于意识到这一点。

（术语使用说明：现如今，"信息可视化"和"数据可视化"常互换使用。从发展的角度来看，前者出现的时间较早。为了进一步强调可视化技术并不是一蹴而就的，而是通过一段漫长的历史逐步演化至今的情况，在本章节中，保留"信息可视化"一词。）

我无法用短短一章的篇幅就完整地阐述信息可视化作为创新视觉传达和探索媒介时所需考虑到的各个方面，也不能教你如何将你的文化数据集进行可视化。你可以利用各种各样的线上教程、课程和书本来学习基本的可视化技巧，并不断练习直至你能够完成项目。而在这里，本章节要重点讨论的是可视化作为一种媒介的基本概念及它的历史：可视化是从一个领域到另一个领域的映射（mapping），可视化是信息的简化，可视化是一种主要的空间表现。接着，我会介绍一个新的范式，称之为"媒体可视化"（media visualization）。传统信息可视化需要将真实的数据对象表现为点、线和其他几何元素的形式，而媒体可视化则不需要这样的简化。我会列举几个著名的实验项目来进一步说明媒体可视化的可行性，并会将这种新范式对探索大型文化视觉数据集的意义加以解释。

可视化的本质

什么是信息可视化？虽然"infovis"（信息可视化，是 information visualization 的常见缩写）一词出现的频率很高，想定义它却并不简单。因为该定义不仅要适用于当下所有的可视化项目，还要能将这些项目与其他相关领域的项目（如科学可视化和信息设计）做出明确的区分。这里我们先给它一个暂时的定义，稍后再做修改。信息可视化可定义为数据和可视化表示（visual representation）之间的映射。除了"表示"之外，我们也可以使用其他不同的概念，每一个概念都会赋予信息可视化不同的含义。譬如，假设大脑有着多种不同的表征和认知模式，"信息可视化"就可定义为从其他认知模式（如数学和命题）到图像模式的映射。

然而，该定义无法涵盖信息可视化的另一些方面，例如静态、动态（动画）和交互式可视化之间的区别，而后者也是如今的重点话题。事实上，计算机研究人员对信息可视化的大多数定义都将其等同于交互式计算机可视化表示和界面。举两个例子："信息可视化是指通过交互式可视界面来传递抽象数据"[7]，"信息可视化是利用计算机制图和互动技术来帮助人类解决实际问题"[8]。

一般而言，交互式图形界面，特别是交互式可视化应用，提供了各种数据元素操作的新型技术——从改变现代操作系统（Modern Operating System）桌面的文件显示方式，到部分可视化软件（如 Mondrian）提供的多个协调视图[9]，这些都可以通过它来实现。然而，无论是印在纸上的可视化，还是计算机屏幕上可以随时更改的图像元素的动态交互排列，所产生的图像都是映射的结果。那么问题来了，这种映射产生的图像又有什么特别之处呢？

对一些研究人员来说，信息可视化不同于科学可视化：前者倾向使用非数值数据（如文本和关系网络），而后者倾向使用数值数据。[10] 我不确定在实践当中是否也能看到这种差异。大多数情况下，信息可视化项目将数字作为主要的数据来源。而且即便在研究其他类型的数据时，它仍然会涉及数值数据。例如，一个典型的网络可视化会同时采用网络结构的数据（相互连接的节点）和有关连接强度的定量数据（如一个社交圈成员之间交换的信息数量）。费尔南达·维埃加斯和马丁·瓦滕伯格共同打造的"流动的历史"（2003）是将非数值型数据和数值型数据结合在一起的一个典型例子，同时，它也是最早的大型文化数据可视化项目之一。[11]

这一项目为我们展示了维基百科界面的特定词条（随着不同作者对词条的编辑）的变化过程。每个作者对词条的贡献用一条线来表示，线条的宽度随时间变化，代表每一位作者对百科页面贡献的文字总量。另一个典型的信息可视化案例是由亚伦·科布林（Aaron Koblin）在 2005 年创作的"飞行路线图"（*Flight Patterns*）。该项目通过收集所有途经美国领土上空的飞机的飞行时刻表和飞行轨迹的数值数据，创建了一个动画地图，显示出全美 24 小时内飞机的飞行轨迹。[12]

相比用先验性的想法来区分信息可视化和科学可视化，不如让我们来尝试在谷歌图片搜索中输入每个短语，然后将其结果进行比较。当搜索信息可视化时，我们所得到的大多数图片都是二维的，采用的表现形式是点、线、曲线和其他简单几何形状的矢量图形（vector graphics）；搜索科学可视化时所得到的大多数图片都是三维的，采用的表现形式是 3D 立体图形或由 3D 点组成的体积。搜索结果表明，这两个领域的确存在差异。做出该判断并不是因为其默认使用的数据类型不同，而是因为它们各自享有的视觉技术和科技手段不同。

科学可视化和信息可视化产生于不同的文化背景（科学和设计），它们的发展也对应着计算机图形学技术的不同领域和时代。科学可视化与三维计算机图形学的发展都起始于 20 世纪 80 年代，当时人们正需要专业的图形工作站。信息可视化则起始于 20 世纪 90 年代，随着桌面二维图形软件的兴起和设计师使用个人计算机的普及而发展起来，并在 21 世纪初得到更广泛的关注。关注度提升的背后有两个关键的因素：自 2005 年起，我们可以更加轻易地通过主流的社交网络 API 获得大型数据集；该时期还出现了专门为图形设计打造的高级编程语言 Processing [13] 和可视化的绘图软件库（如 d3 [14] 和 ggplot2 [15]）。

信息可视化和信息设计（information design）之间是否又可以进行区分呢？这虽然看起来很难，但我对此做了尝试：信息设计的着手点在于已经具有清晰结构的数据，它的目的是用可视化的方法呈现出这类结构。例如，哈利·贝克（Harry Beck）于 1931 年设计的著名的伦敦地铁地图就采用了结构化的数据：地铁线路、车站及它们在伦敦的地理位置都在地图上展现。[16] 相比之下，信息可视化的目的是发现一组数据集（通常是大型数据集）的结构。即在没有先验知识的情况下，如果该可视化揭示了这个结构，便视为成功。换句话来讲，信息设计是对"信息"进行处理，而信息可视化则是对"数据"进行处理。与其他文化实践一样，我们可以很容易就找到个别例外情况，但绝大多数的情况还是与上述分类相符。通过做此区分，我们就可以理解尽管信息可视化和信息设计在实践上是部分重叠的，但在功能上是不同的。

那么，借由爱德华·塔夫特（Edward Tufte）开创性书籍中收集的案例[17]，而为人所悉的19、20世纪早期定量信息视觉呈现实践该如何评价？它们是否构成了我们今天所理解的信息可视化？如我所述，计算机科学领域研究人员提出的信息可视化定义，大多都将其等同于交互式计算机图形的应用。[18]通过使用软件，我们可以对更大型的数据集进行可视化处理，创建可视化动画，目睹可视化的建立过程，还可以与他人共享可视化成果。还有最重要的一点：可以通过互动的方式操纵可视化结果。这些定义之间的差异无疑是非常关键的，但由于本章节的重点是讨论信息可视化的视觉语言，因此这里不对这些差异展开详述。可视化最初由人们手绘来实现，现在则通过计算机来完成，但这样的转变并没有改变它的核心思想：将部分数据的属性（property）值映射到可视化表达当中。相同的，虽然计算机的出现推动了新的可视化技术的发展（散点图矩阵、树状图、各式各样的新型网络图等），但信息可视化的基本视觉语言与19世纪并无差异，都是点、线、矩形和其他图形基元。鉴于这种延续性，我将使用"信息可视化"

一词来同时指代早期由手工完成的和现代由软件驱动的可视化效果。

简化和空间

我认为信息可视化实践能够从 18 世纪下半叶延续至今，依赖于两个关键原则。第一个原则是简化（reduction）。信息可视化使用了图形基元，如点、直线、曲线和简单的几何形状来表示对象和对象之间的关系。这里的对象可以是人，也可以是社会关系，又或是股票价格、国家的财政收入、失业率数据等。信息可视化可以通过采用图形基元（或者矢量图——当代数字媒体的语言）来揭示数据对象的模式和结构。然而，这背后所付出的代价却是极度简化。我们舍弃 99% 的细节，只留下 1% 的特征，同时还希望通过这 1% 的特征来揭示整个对象的模式。

信息可视化并不是唯一一个依赖极度简化来获得新力量的实践。它在 19 世纪上半叶初露锋芒，在紧接着的几十年里，大部分统计和图表分析软件中常见的统计图类型就开始陆续诞生。[19] 19 世纪这种新视觉简化技术的发展与 19 世纪现代科学的简化论的发展不谋而合。物理学、化学、生物学、语言学、心理学和社会学中都提出过这样一个概念：自然世界和人类社会都可以被理解为简单元素及它们之间的交互规则的叠加。这些元素包括分子、原子、音素和最小可察觉的感官差等。简化论（reductionism）已经成为现代科学的默认元范式，并在当今继续引领着科学研究。譬如，最近流行的复杂性范式（paradigms of complexity）和人工生命（artificial life）向我们展示了复杂的结构与行为是如何在简单元素的相互作用中产生的。

19世纪的信息可视化的发展与社会统计学的兴起息息相关。菲利普·鲍尔（Philip Ball）在总结统计学的起源时提道："1749年，德国学者戈特弗里德·阿亨瓦尔（Gottfried Achenwall）提出，'科学'这门通过统计数字研究社会规律的学科涉及社会的各种自然'状态'（state），因此它可以被称作'统计'（Statistik）。苏格兰长老会的牧师约翰·辛克莱尔（John Sinclair）很喜欢这个词，并在其编撰的著作《苏格兰统计报告》（共21卷，第一卷于1791年出版）中将该词引入英语。然而，这门学科真正的传播者既不是数学家，也不是什么'科学家'，而是和数字打交道的制表工人，他们称自己为'统计学家'。"[20]

在19世纪上半叶，阿道夫·凯特勒、弗洛伦斯·南丁格尔（Florence Nightingale）、托马斯·巴克（Thomas Buckle）、弗朗西斯·高尔顿及许多其他学者利用统计学来寻找"社会规律"。这也不可避免地涉及总结和简化。它们可以运用于统计公民人口特征的数据总量并计算平均值；比较不同地理区域数据的均值，判断结果是否符合钟形分布；等等。因此，为了更好地展示汇总后的数据（summarized data），不少标准制图方法在这一时期发展了起来。依据迈克尔·弗兰德利（Michael Friendly）和丹尼尔·J.丹尼斯（Daniel J. Denis）的说法，早在1800—1850年，"现代所有用来展示数据的统计图样式就已经出现，包括柱状图、饼图、直方图、折线图、时间序列图、等高线图等"。[21]

除简化之外，不同的可视化技术之间还有其他的共同点吗？答案是肯定的。它们都采用了空间变量（位置、尺寸、形状、线条曲率和运动轨迹）来表示数据的核心差异，并揭示这些数据重要的变化规律和关系。这也是信息可视化技术经过300年的实践得出的第二个核心原则（仅次于简化）。从折线图的雏形（1711）、柱状图（1786）和饼图（1801）到如今所有的电子表格软件（如Excel、Numbers、谷歌文档、OpenOffice等）都可以体现这一原则。[22]

相比视觉维度，信息可视化会优先考虑空间维度。它会把研究者最感兴趣的数据属性映射到拓扑学和几何学。而对不那么重要的对象属性，它则会通过不同的视觉维度，如色调、填充图案、颜色、透明度、尺寸、形状或图像元素的形状来表示。

例如，柱状图和折线图是两种常见的统计图类型。它们首次出现在1786年出版的威廉·普莱费尔的《商业与政治图集》中，并在19世纪初得到大范围的应用。柱状图通过不同高度的等宽矩形反映对象数值大小，折线图通过线的高度变化表示数值随时间而发生的变化。

散点图是另一种比较常见的统计图，同样使用了空间变量（点与点之间的位置和举例）来表示数据的特点。如果点形成了集群，就意味着数据对象之间有相同点；如观察到图中出现了两个不同的集群，那就说明数据对象属于两个不同的类别；诸如此类。

再例如，网络可视化在如今已发展成为"网络社会"的一个独特符号。（具体案例请参考曼纽尔·利马的官方画廊网站——visualcomplexity.com，上面介绍了约1000个网络可视化作品。）

正如柱状图与折线图一样,网络可视化也将位置、大小和形状这几个空间维度作为重点。其优势就是可以通过直线或曲线来展示数据对象之间的关系。例如,本·弗莱(Ben Fry)在他的作品《辨析图》(*Distellamap*,2005)中使用线条连接 Atari 2600 游戏机的代码和数据,该可视化的手法再现了游戏软件执行行为的动态变化过程。[23] 马科斯·维斯克(Marcos Weskamp)在他的《Flickr 图表》(*Flickr Graph*,2005)中用线条可视化地呈现了 Flickr 用户之间的关系。[24] 除了线条之外,还有许多视觉手段可以表现这一关联性,例如,由印第安纳大学的凯蒂·伯尔纳(Katy Borner)和她信息可视化实验室的同事们绘制的几张科学地图。[25]

我认为 18 世纪后半叶至今的大多数信息可视化实践都遵循着相同的原则,即数据最重要的维度上应用空间变量,而在剩余维度上应用其他变量。有许多可视化作品都遵循这一原则。从查尔斯·约瑟夫·米纳德(Charles Joseph Minard)对拿破仑发动的对俄国侵略战争绘制的稠密图(1869)[26],到斯蒂芬妮·波萨韦茨(Stefanie Posavec)和格雷格·麦金纳尼(Greg McInerny)的《物种起源的进化》(*The Evolution of the Origin of Specie*,2009)[27] 都是如此。元素之间的距离与其位置、形状、大小、线条曲率和其他空间变量,对研究对象和/或其关系(例如,社交平台上的好友关系)的定量差异进行了编码。

为了将图形元素进行区分,可视化会用到多个颜色、填充图案或不同等级的饱和度。换句话说,这些非空间变量的作用其实就是标记分组。例如,谷歌趋势通过折线图比较不同单词或短语的搜索量，每一条折线都对应不同颜色。[28] 对同一个谷歌趋势的可视化，我们也可以在不改变颜色的情况下对每条折线添加标签。总的来说，颜色除了帮助提升可视化的可读性以外，并没有增加额外的信息。

16—19 世纪，欧洲造型艺术也将空间变量作为视觉维度中的首要考虑对象。画家首先会起草并拟定构图，再将构图转移至画布，用单色画出阴影部分（底纹），之后再进行上色。这种做法让画家更多地依赖各部分的空间结构来表达情感和意义，而不是使用颜色、纹理或其他的视觉元素。在亚洲传统水墨画中，色彩甚至从未出现过。水墨画最早出现在 7 世纪的中国，而后传入新罗，后来又传入日本（14 世纪）。画家们只用黑色的墨水探索表现不同物体的轮廓、空间排列和笔触之间的差异。

我们也能找到将颜色作为主要维度的信息可视化案例。例如，常见的交通信号灯"可视化"了驾驶员的 3 种行为：停车、准备、出发。该案例表明，如果我们将可视化的空间参数保持不变，即这 3 个灯的形状和大小完全相同，颜色也可以成为主要维度。显然，如果可视化的所有元素在空间维度上都具有相同的数值，我们的视觉系统就可以更多地关注颜色或其他非空间变量所表示的差异。

18 世纪末至 19 世纪初的图像技术发明者，数百万在自己的演讲和报告中使用了图表的人，又或是展览馆里先锋派的可视化艺术家，这些人都可以称为可视化设计师。为什么他们在可视化的过程中都会优先考虑空间变量，再考虑其他的视觉映射呢？为什么颜色、色调、透明度和形状只被用来代表数据的次要方面，而空间变量却被视为是最重要的维度呢？

我们在实验心理学视觉研究中找到了解答。可视化设计师最大限度地利用了人类视觉系统的优势。人的视觉可以敏感地感知元素在空间排列上的细小差异，并能快速地对元素的大小、方向、方位和形状进行比较。因此，大多数常见的可视化技术都需要我们判断点的位置、方向、曲率和条形的相对大小差异，由此来解读散点图、折线图和柱状图。

相较而言，人视觉系统对色相（color hue）、亮度或透明度的辨别能力就比较有限。这也是为什么可视化设计师往往将这些变量用于次要数据（secondary aspects of data）。例如，你可以为不同的色相或色调分配大约 8 个类别值。但如果你试图使用更多的值，便会导致可视化结果无法生成规律。同样，你也可以通过不同的颜色、色调或透明度的差异来表示一个定量的值，这样的方法能区分出几十个，有时甚至上百个值。但如果值更多的话，这种方法就会失效，因为这样做会超过人的视觉的承受能力。

为什么人类的视觉系统进化出了如此优越的空间能力？为什么在同一场景中，人类更能感知到元素的几何布置而不是其他的视觉维度？这可能是因为现实世界的所有物体都存在于三维空间之中。因此，人脑的空间分割能力非常重要。人的大脑可以将视野分割成空间上不同的物体，这些物体可能对人产生不同的行为和用途。例如，动物、树木、水果和人对人来说作用就各不相同，一种动物和几种动物的作用也不相同。物体识别（object recognition）也是从人类对物体结构差异的分辨能力中获得的灵感。物体各个部分的形状各不相同：一棵树由树干和树枝组成，一个人有头、躯干、胳膊和腿。因此，识别二维的形状和排列，并记录尺寸、形状和方向上的微小差异，可以在物体识别中发挥巨大作用。另一种情况可能是需要读取面部表情和识别面部，这也需要高分辨率和空间感知。每一个人的脸上都有眼睛、鼻子、嘴巴等，这就需要我们能区分它们在形状、位置和细节上的微小差异。

工匠、设计师、艺术家可以创造出物体和构图，将我们的注意力集中在非空间的视觉维度上，例如纹理、颜色、不同明暗的单色，或是材料的反射。传统文化中的装饰品、马蒂斯的绘画、米索尼的时装设计、20世纪90年代流行的极简主义空间、21世纪10年代的手机设计使用淡色系的颜色和镜面反射材质都是如此。但在日常生活中，最重要的还是对空间维度的感知。通过两个人之间的距离和他们的身体位置、面部表情、相对大小，我们能够估计两者距我们的距离；不同物体的特征形状也使我们能够"识别"物体。所有的空间特征都会在视网膜转化为信号后进入大脑，这对我们的日常生存至关重要。

这种对空间变量的优先考虑，也许能够揭示为什么18—20世纪的制图标准技术都无一例外地使用空间维度来表示数据的重点，而将其他的视觉维度视作不那么重要的因素。但我们也不能忽视视觉显示技术，它所带来的限制存在于过去的每一个阶段。20世纪90年代，人们开始使用计算机来进行设计并在显示屏上播放可视化效果，这时色彩才成为一种常见的视觉工具。时至今日，彩色印刷还是比单色印刷昂贵许多，所以有不少学术期刊目前还是黑白印刷。由此我们也可以猜测，创建和印刷彩色图像制品的昂贵价格也是可视化在过去的两个世纪里优先考虑空间变量的一个原因。

色相、阴影和其他非空间视觉变量在19世纪和大部分20世纪的可视化中通常只代表少量的离散值（通常是nominal and ordinal scales）。而如今，基于计算机的科学可视化、地理可视化和医学成像通常使用这样的变量来表示连续值（ordinal and ratio scales）。相应的，色相、阴影和透明度在这些领域中也被更多地用于表现连续变化的数值，如温度、气体密度、海拔、重力波等。

这种转变是怎么实现的呢？拿"色相"来说，现在的计算机可以用8—48个字节表示数字图像相应的像素。因此，如果显示器可以显示这些字节所组成的所有颜色，它里面就会包含我们人眼所不能看见的独特色彩。同样，显示器可以呈现不同程度的阴影和透明度，对连续变量进行编码。

这是否又与我之前的结论"空间布局是信息可视化的关键"相矛盾？想要破解这个问题，要先思考一下信息可视化和科学可视化/地理可视化之间的基本差别（目前我还没有讲过）。信息可视化使用元素的任意空间排列来表示数据对象之间的关系。科学、医学和地理可视化通常显示现有的（或模拟的）物体或过程，如人脑、海岸线、星系、地震等。这些可视化的空间布局相对固定，不能任意更改，因此色彩、阴影和其他非空间变量就被用来表示新的信息。

热图就是最典型的一个例子,它就是通过使用透明度、色相和饱和度,在空间地图上层层叠加可视化信息。[29]

我提出的两个关键的原则,简化数据(data reduction)和优先空间变量(privileging of spatial variable),虽然并不能解释过去300年出现过的所有可视化,但也足以区分信息可视化(至少是迄今为止普遍采用的)和其他视觉技术和工艺:地图、雕刻工艺、素描、油画、摄影、电影、视频、雷达、磁共振成像(MRI)、红外光谱等。它们赋予了信息可视化独特的身份,而这种身份在近300年来一直保持着显著的一致性,直到20世纪90年代的后半期才有所改变。

无简化的可视化

"可视化"(visualize)这个词的含义是"使……看见"和"在脑海中描绘一幅图像"。这意味着在我们将一件事物可视化之前,这一事物并不具有视觉的形式,是可视化的过程将其转化为图像。

回顾18—20世纪末的信息可视化案例,我们可以看到,可视化过程是将原本不可视的数据映射到了可视的领域中去。然而,这样的描述似乎已无法解释自20世纪90年代中期以来发明的一些新型可视化技术和项目。一般来讲,这些技术仍被视为信息可视化,但是否有可能它们之中其实包含了新的东西?例如,具象化和认识论技术的重要突破,又或是刚刚开始普及的还未定名的新的可视化方法。

有一种技术叫作"标签云"（tag cloud）。[30]这种技术2005年在Flickr上受到推广，如今在各类网站和博客上都应用了该技术。标签云的功能是生成一个文本中最常见的词汇，词的大小与其在文本中出现的频率成正比。我们也可以使用带文字标签的柱状图来表示相同的信息，并且在词汇频率都非常相近的情况下，这种方法会是更好的选择。但如果频率的范围比较广，我们便不必采取这种方法对数据进行映射。这时我们会通过改变词汇本身的大小直接显示它在文本中出现的频率——这就是标签云技术的概念。

标签云为我们提供了一种更宽泛的可视化方法，我将其称为媒体可视化（media visualization）——从原始的视觉媒体（或部分）上创造新的可视化效果。媒体可视化不是通过新的视觉符号（如点、矩形和线）表现文本、图像或其他媒体，而是从原始媒体中建立起新的可视化表现。图像仍是图像，文本仍是文本。（关于媒体可视化的例子，详见彩图12—16。）鉴于前面对数据简化原则的讨论，我们也可以把这种方法称作"直接可视化"（direct visualization）或"无简化的可视化"（visualization without reduction）。在这一方法中，数据将被重组，形成全新的可视化表示，并且数据的原始形态也被保留了下来。

媒体可视化常常会涉及类似改变数据大小之类的数据转换的概念。例如，文本云（text cloud）可视化不会显示长文本中的所有单词，只会显示其中小部分的高频词汇。但这仍只是一种定量而非定性的简化。因为我们没有使用新的对象（即信息可视化中常用的图形基元）来代替媒体对象，我们只是表示了这些对象的选定属性（例如，柱形图中表示词频的柱状高度）。我所谓"无简化的可视化"指的是直接从数据对象中创建可视化，并且同时保证更丰富的数据属性。

并不是所有的媒体可视化技术都起源于 21 世纪，标签云就是这样的例外。通过学习可视化历史，我们了解到还有一些媒体可视化技术在更早的时期就已出现。例如，我们熟悉的图书索引就可以被理解为一种媒体可视化技术。只需通过索引，读者便能知道哪些概念或名字比较重要，因为它们通常会反复出现；反之，出现次数较少的就是相对不那么重要的概念。

尽管图书索引和标签云都体现了媒体可视化的运用，但它们两者仍存在差异。传统的图书索引技术依赖于书籍印刷中的排版技术。排版时每种字体都有固定的尺寸，提前将某个特定词汇的频率与它的字体尺寸精确地结合在一起的这种想法是违反常理的，因此该想法也未被实现。相比之下，标签云就是"软件思维"（software thinking）的一个代表，这里我所说的"软件思维"是指探索现代软件的基本能力。标签云探索了软件对表达参数的改变能力，并使用外部数据对它进行控制。这些数据可以来自科学实验、数学模拟、参与装置互动的观众群、传感器等。如果我们确信这些软件的能力，那么根据信息（如在文本中出现的频率）随机改变文字大小的想法就可以在文化的演变过程中实现。事实上，当代所有的交互式可视化技术都依赖于两项基本能力：可视化效果中所有参数都是可变的，且它们的值可以被外部数据控制。

自 20 世纪 90 年代末以来，可视化项目、软件和网络服务的数量和种类都在迅速增长，这得益于计算机图形能力在硬件（处理器、内存、显示器）和软件（C、Java 和 Python 图形库，Flash、Processing、Flex、Prefuse、d3 等）方面的发展。它们的发展普及了信息可视化，同时也从根本上改变了它——突出可视化的动态、互动性，创造出能够处理更多对象关系的复杂的可视化，而这些在以前是无法做到的。[31] 伴随着这 3 大趋势的兴起，媒体可视化方法日渐增多。

艺术媒体可视化

本节将会介绍 3 个著名的数字项目，分别是："电影重现"（Cinema Redux）、"偏好痕迹的保存"（Preservation of Favored Traces）和"监听站"（Listening Post）。[32] 它们都是媒体可视化的范例。

"电影重现"项目是由交互式设计师布伦丹·道斯（Brendan Dawes）在 2004 年创建的。[33] 道斯在 Processing 软件中编写了一个程序，以每秒一帧的速度对一部叙事类型的电影进行采样，并将每一帧画面都缩放为 8×6 的像素，再将它们排列成矩形网格，每一行代表一分钟时长的影片。虽然道斯可以很容易地完成这个采样和重映射（remapping）的过程（比如，提取每一帧的主要颜色），但他最终仍选择使用电影中实际的、按比例缩小后的帧。由此产生的结果体现了可视化在两个极端之间的取舍：保留艺术品的所有原始细节，或将其结构完全抽象化处理。更贴近文化器物本身的可视化，虽然可以保留原始细节并带来更好的审美体验，却无法为我们揭示器物的规律；高度的抽象化也许会使电影拍摄和叙事的风格更加明显，但也会减少观众对电影的真实感受。

我们讨论的真正的关注点不在于道斯在"电影重现"中使用的特殊取样值，而在于他将<u>过去可视化中的一个常量重新诠释为一个变量</u>。整个可视化历史中默认的做法是，信息可视化的创作者可以将数据直接映射到由图形基元组成的图表当中。在计算机的帮助下，创作者现在可以在原始数据/抽象表征的维度上选择任何数值。换句话说，创作者现在可以选择使用图形基元或原始图像，也可以选择两者之间的任意格式。因此，尽管该项目的名称"电影重现"表达了一种简化的意义，但在早期信息可视化中，它也表示一种扩展（expansion）的想法：将典型的图形基元（点、矩形等）扩展为实际的数据对象（如电影的帧）。

软件被发明之前，创建一个可视化项目通常需要两个步骤：一是计算或量化数据；二是将结果以图的形式展示。而软件的诞生使我们可以越过量化这一步，直接对媒体进行操作。就像在"电影重现"项目中，我们可以借助软件完成大批量的文化器物（如数以千计的电影帧）之间关系的可视化。当然，这种没有经过量化的可视化之所以能实现，是因为先验量化的存在，它会把任何模拟数据变成数据表示。也就是说，正是因为数字化过程中首先进行了简化，我们才能够在不将各组模拟文化器物简化为图形符号的情况下,将其规律可视化。

另一个媒体可视化的例子是本·弗莱的"偏好痕迹的保存"(2009)。[34] 这是基于达尔文所著《物种起源》而创建的一个互动动画项目。弗莱用不同的颜色标记了达尔文在1859—1872年为这本书的6个版本所做的修改。随着动画进行,我们可以看到书中的句子和段落或被删除、或被插入和改写,慢慢从一个版本转变成为另一个版本。与许多不停改变形状或大小的空间结构可视化动画不同,弗莱的可视化所使用的每一个完整文本的矩形框架结构始终保持不变,唯一改变的只有内容。这也让我们了解到,随着时间的推移,《物种起源》新版本的补充和修订规则变得越来越复杂。

在上述可视化项目中,我们能够看到达尔文这本书的所有文本,而不只是版本变化的图示。同时,这个项目也有数据上的简化,例如,在计算机显示器和网络带宽的限制下,弗莱无法将这本书的所有文字一同显示出来。[35] 书中的每一句话都被简化显示为不同颜色的小矩形,你把鼠标放置在可视化界面的任意位置,都会出现一个带有句子的弹窗。用户可以通过这种方法自由访问这本书的所有文本内容,因此我认为这个项目属于媒体可视化的范畴。

还有一个例子就是本·鲁宾和马克·汉森的"监听站"(2001)。[36] 大多数人只把它当作一件计算机化的装置作品,但我认为它也可以被视作信息可视化的一种。因为它为传统的信息可视化开启了一个全新的发展方向——媒体可视化。"监听站"是根据作者预设好的参数，从在线聊天室中实时提取文本片段，将其在一个由上百个小屏幕组成的墙面上以六幕循环（six-act looping）的方式播放。该作品有六种不同的"演绎"方式，一幕接着一幕，每一幕都用了不同的空间布局对动态的文本进行排列。例如，一个章节中，短语以波浪的形状在墙上滚动播放；另一章节中，文字像棋盘一样排布，时而出现时而消失。每一章节都伴随不同的环境声，而控制声音的参数同样来自墙上的动态文本。

也有人认为"监听站"并不是可视化，因为其呈现效果的所有空间布局都是由艺术家事先安排的，不是由数据控制的。而在经典可视化的方法中，如散点图，点的布局是通过数据来控制的。但有一点需要注意——布局方式的确是预先安排的，布局中的数据却不是。它们是对网络上实时数据挖掘的产物。因此，即使以预先定义好的布局（波浪、棋盘形等）来呈现文字片段，最终的整体结果也会由于这些片段内容的不同而不尽相同。在散点图中则恰恰相反，所有的点都是相同的，所以只能靠布局方式的变化来传达信息。

另外，如果设计者们都想通过抽象的图形元素来表现文本，那么相同形式的章节就应该会形成相同的抽象图案。但事实上，实际的文本一直在发生变化，所以即使同一个章节所产出的图案也总是不同的。这也是我将"监听站"视为媒体可视化思维的完美代表的原因：作品中所呈现的图案样式既取决于出现在屏幕墙上的所有文本内容，也取决于预先设定好的布局形式。

普通的可视化技术，如散点图和柱状图，只定义了基本的映射方法，其余的地方（如点的位置、柱形长度）都由数据来决定，而网络可视化则采用了完全不同的方法。如同"监听站"一样，网络可视化需要某种预设的布局。曼纽尔·利马将网络可视化的语法（syntax）定义为"常用的布局通常有径向收敛（radial convergence）、弧形图（arc diagram）、同心径向网络（radial centralized network）等"。[37] 许多这样的网络可视化和"监听站"之间的关键区别在于，前者往往依赖于现有的可视化布局算法。因此，它们默认了这些布局背后的意识形态，特别是将网络表现为高度对称和/或圆形结构的趋势。"监听站"的布局算法是由创作者自己编写的，这使他们有权赋予不同的布局以不同的含义。更重要的是，他们采取了 6 个按顺序循环出现的各不相同的布局。这件作品的意义和审美体验在于，既能体现在线聊天功能的无限多样性，又能让我们发现一些反复生成的图案（很大程度上来自布局之间的时间对比）。在布鲁诺·拉图尔的文章（在本章开头引用）中，他认为我们创造的"可被修改和逆转的临时的可视化"的能力[38] 使我们获得了不同的思考方式，因为我们现在能构建任何的"整体"都只是众多"整体"中的一个，"监听站"这个作品完美地展示了这种由互动可视化促成的新的认识论范式。

文化时间序列

通过上述的 3 个可视化项目我们学到：想要突出数据中的特征，数据简化时不一定要将数据对象表现为抽象的图形元素，也不必像统计学和统计图那样对数据进行总结。将数据分为若干个条形的直方图，或同时表示不同种类事物的数量的柱状图都是如此。这就意味着，图像不必为了符合媒体可视化的需求而百分之百地显示原始数据（文本中的每一个字，电影中的每一帧）。在上述的3个可视化案例中，只有"偏好痕迹的保存"使用了全部的数据，而"电影重现"和"监听站"都对数据进行了采样。"电影重现"以每秒一帧的固定速度对叙事电影进行采样，"监听站"的每一节中都使用了特定的筛选标准，对在线聊天内容进行过滤。最关键的是，这些可视化元素并没有将数据重新映射成为新的表现形式，只是从完整的数据集中选择的原始数据对象，图像仍然是图像，文本仍然是文本。这种策略与传统的修辞学中的提喻法略有相似之处，它们都是在特定的情况下，用局部的细节代表全部的行为。[39] 例如，"电影重现"中的一帧就代表电影中的一秒钟。

抽样是揭示数据规律的有效方法。"偏好痕迹的保存"为我们提供了一种既能保留原有数据又能揭示数据规律的方法。很多人在日常生活中都会用到这种方法——例如，你用马克笔将重要内容进行局部高亮（或是文字处理软件中的类似功能），就是对此方法的运用。我们一般不会认为文本高亮是可视化，但把它看作是一个不需要抽样的媒体可视化的例子也并不是不可行。从完整的文本中选出特定的句子进行高亮，这样回看时便可以迅速定位。

"偏好痕迹的保存"和"电影重现"也都打破了传统可视化的第二个原则：通过元素的空间排列来传达意义。在这两个项目中，元素的布局是由数据的原始顺序决定的，例如电影中的连贯的镜头和书中相连的句子。这是合理且真的有可能实现的，因为它们可视化的数据对象与信息可视化中使用的常用数据类型是不一样的。一部电影或一本书不只是数据对象的集合，同时也是由这些数据对象组成的叙述形式。当然，信息可视化的创建者也经常使用序列数据（sequential data），例如实验中的时间测量，产品的季度销售额，社交平台的帖子数量，但这些都不是先验的叙述。况且通常情况下，我们只对这类数据的单一维度进行可视化，即随着时间推移产生的数量变化。而电影和书是真正的"长篇"叙事，它们中变化往往是多个维度的，并且事件和场景都前后相互照应。

我们可以创造出像"监听站"一样，能有效地将叙事顺序重映射到一个新的空间结构上的可视化。（其他案例详见斯蒂芬妮·波萨韦茨《无须文字的写作》和马丁·瓦滕伯格的《歌曲的形状》[40]。）但"电影重现"和"偏好痕迹的保存"证明其实在保留原始顺序的情况下也可以进行有效可视化。

对具有时间维度的文化数据集来说，保留数据的原始顺序反而是更恰当的做法。我把这种数据集称为<u>文化时间序列（cultural time series）</u>。无论是对叙事电影（"电影重现"）、书籍（"偏好痕迹的保存"），还是对维基百科上的长篇文章（"流动的历史"）来说，独立元素之间的关系（一部电影的镜头、一本书中的句子）和一部作品的各局部之间的关系（一部电影的场景、一本书的段落和章节）对作品的发展、意义和观感都是至关重要的。观众在观看、阅读或与作品互动时，会有意或无意地注意到许多规律，会将"时间"投射到"空间"中，将电影中的帧、书中的句子、杂志内页投射在一张图像上。这给我们提供了一个全新的研究方向。总的来说,空间在媒体可视化中起到了关键作用,它使我们能够看到被时间分割的媒体元素之间的规律。

超越信息可视化

我在 2002 年发表的一篇关于当时正兴起的艺术可视化的文章中,将可视化定义为"将非视觉的量化数据转化为视觉表现形式"。[41] 彼时我想强调的是,可视化参与了现代科学和现代艺术简化项目,这也是我为什么会给文章取这个标题:《作为新抽象和反崇高的数据可视化》("Data Visualization as New Abstraction and Anti-Sublime")。我认为,鉴于那个时候的经典信息可视化的分类,这个标题是合理的。尽管我对本章开头出现的定义使用了某种不恰当的表述——从其他代码到视觉代码的重映射,而这两个定义的重点都是同一个概念,即映射。

今天,大多数信息可视化继续采用图形基元。然而,如本章中的例子所示,除了比较"主流"的信息可视化,还存在着另一种趋势,即这些项目的可视化数据本身就是可以看到的,如文本、电影帧、杂志封面等。换句话说,这些项目是从视觉数据中创建新的可视化表示,而不是将其转化为图形符号。这些例子还从侧面证实了信息可视化的第二个关键原则"将最重要的数据维度映射为空间变量"并不是一个必需的步骤。

媒体可视化究竟是信息可视化的另一种形式,还是完全不同的范式?在这里我们有两个选择:要么接受它从根本上与信息可视化的不同，要么重新定义信息可视化。大多数媒体可视化的目的都是为了揭示数据中的特征和关系，这无疑与信息可视化在过去 300 年里的发展理念不谋而合。同时，在过去的 20 年里，一些比较有名的信息可视化项目中也使用了媒体可视化的方法。包括"电影重现"和"偏好痕迹的保存"及其他一些我没有提到却具有开创性意义的作品，例如大卫·史莫（David Small）的《塔木德项目》（*Talmud Project*，1999）[42]、本·弗莱的《瓦朗斯》（*Valence*，2001）[43] 和布拉德福德·佩利（Bradford Paley）的《文本弧》（*TextArc*，2002）[44]。这意味着人们已经直观地将它们归为信息可视化的范畴，即使它们不是由矢量元素，而是由媒体（文字或图像）组成。还有一个例子：由弗兰克·范·汉姆（Frank van Ham）、马丁·瓦滕伯格和费尔南达·维埃加斯开发并获得 2009 年国际信息可视化大会（IEEE InfoVis）最佳论文奖的短语网络（phrase net）技术也运用了媒体可视化的范式。[45]

那这又是否意味着在信息可视化出现后的前 3 个世纪内，人们曾经所认为的信息可视化的核心原则，即对图形基元的简化，只是一种特殊的历史现象，一种现有图形技术的器物？我认为是的。同样，将空间变量优先于其他视觉参数的做法也可能是一种历史上特有的做法，而不能算是信息可视化的基本原则。计算机图形学使我们可以更加精准地对图形进行控制，比如大范围地给图形的任意部分上色、调整透明度和纹理等其他视觉参数，这也使我们开始使用非空间参数来表示数据的关键维度。这种表示方法在科学、医学和地理可视化中已十分常见，但在信息可视化中尚未出现。

在 20 世纪 90 年代和 21 世纪头 10 年，计算机渲染图像的速度在逐步提升，而这时的信息可视化的设计者还在使用计算机生成的矢量图（这是一种 170—200 年前开发的视觉语言，只是现在靠计算机运行）。其主要的原因是我们选择了互联网作为交互可视化的主要窗口。网络技术使创建矢量图形和流媒体视频变得简单，却不能实时渲染大量的连续调图像（continuous-tone images）。要实现这样的实时渲染，就需要使用图形工作站，带有独立显卡的高端个人计算机，自带图形性能优化处理器的游戏主机，或是选择耗时的软件开发。电子视频游戏和三维动画程序可以实时渲染大量的像素，但这其实是通过修改硬件的代码实现的，而 Processing 和 Flash、Flex 等高级媒体编程环境则无法做到。

然而，随着个人计算机和计算机设备（台式机、笔记本计算机、平板计算机、手机等）的处理能力的提高和内存大小的增加，用高级语言编写的程序和在低级机器上运行的程序之间的差异已经微不足道了。

例如，在 2009 年，我为实验室项目开发了一款可视化工具——ImagePlot，[46] 使用了 ImageJ（用于科学领域的开源的图像处理软件）[47] 的高级脚本语言作为它的编程语言。在 2010 版的苹果 Powerbook 笔记本计算机（2.8GHz 英特尔酷睿 2 双核处理器、4GB 内存）上，我对一个媒体可视化进行渲染，该可视化由 4535 期的《时代》杂志组成，呈现了《时代》杂志从 1923—2009 年设计和内容的变迁。可视化的分辨率为 30000×40000 像素，完成渲染只花费了几分钟的时间,其中大部分的时间是将图片从原来的尺寸缩小到可视化中的尺寸(见彩图12)。

此外,在2009年,我们还与加利福尼亚电信与信息技术研究所的图形、可视化和虚拟现实中心(GRAVITY)共同开发了HiperView软件[48],以使其适用于实验室中的视觉型超级计算机——它是当时最大的可视化系统,由70台30英寸的苹果显示器(每个屏幕的分辨率2560×1600像素,组成可达2.86亿像素平铺显示的大屏)和装有高端显卡的PC计算机组成。研究人员可以通过HiperView对媒体可视化进行实时操控,在操作系统上显示高达10000张的任意大小的图像。例如,按照时间顺序(x轴)对《时代》杂志的封面图片依次排序,接着选择y轴坐标代表的视觉特征或元数据(封面人物的性别或种族,图像的平均饱和度或色调,等等),这样便可以观察到不同维度上的时间规律。它还可以负荷超高分辨率的100万页日本漫画的可视化,可以通过放大、拖拽来探索漫画的局部细节,或者缩小查看全局内容(见彩图10)。

我相信媒体可视化的方法对人文学科领域、媒体研究领域和各个文化机构都有重要且深远的意义。这些领域有的直到最近才开始发掘可视化的用途,但最终应该都会将它用于研究、教学和文化器物的展示。(2010年,第一届人文领域的可视化学术会议在麻省理工学院召开。[49])

如果所有媒体和人文学科的学者都开始系统地将可视化应用于研究、教学和文化器物及其演变过程的展示,那么完整地呈现媒体器物的能力就显得至关重要。选择在数据集中显示原本的可视化媒体而不选择用图形基元来表示，有助于研究人员理解规律背后的意义和 / 或原因，进一步发现其他的规律和模式。

　　图形简化方法仍会被继续沿用，但它已不再是唯一的选择。计算机和媒体能力的发展促进了新的可视化范式的诞生——媒体可视化。这种可视化不会将原始的媒体对象简化为点、柱、线；相反，它保留了媒体数据最初的形式，并用多种方式对数据进行分类、取样和重映射，并由此来发现新的规律。[50]

第九章 探索性媒体分析

数据科学的教科书目录往往有许多相似之处。一般而言，第一章的主题都是探索性分析（或"探索性数据分析"）。通过阅读这一章，你将会对数据集有一个初步的了解。例如，有多少个体、使用的数据类型、可获得的统计特征。你也可以通过绘制各种图表，看看数字特征是如何分布的，它们有多少的变异性，以及是否有任何相关性。你还可以尝试寻找一些有趣的模型，如一些常见的数据分析的编程软件（Python 和 R）、电子表格（Excel）与数据可视化分析软件（Tableau 和 Power BI）中的交互式绘图功能，它们可以帮助使用者快速创建图表。这种探索性分析的假设可能会需要收集更多的数据，归纳新的特征，并进行统计检验和建立拟合数据的模型。

探索性数据分析的概念是由约翰·W.图基在 20 世纪 60 年代提出的，并在他 1977 年出版的相关书籍中得到推广。[1] 图基曾经是普林斯顿大学统计系的主席，也是贝尔实验室（Bell Laboratories）的研究科学家，与他同实验室的同事在 20 世纪 70 年代中期编写了最初支持互动图形设备的统计编程语言，S 语言就是其中之一。20 世纪 90 年代，在 S 语言的基础上，R 语言诞生了。2000 年，R 语言被数以百万计的人使用，成为探索性数据分析的标配工具（大部分 S 语言的代码同样适用于 R 语言）。

探索性数据分析的观点和技术，最早是在科学家和统计学家处理结构化数据时发展起来的。这些观点至今仍被认可，并在数据科学教科书中采用。但是，探索性分析要如何应用到大量的文化器物研究中呢？文本、地图、音频、视频和图像，这些都是非结构化数据的例子。虽然我们可以通过特征提取的方法和基本的探索性数据技巧对它们进行分析，但这样我们会损失很多有用的信息。小说不能被简化成几个常见的主题，电影不能被简化为一连串的人物、情节和剪辑手法，照片不能被简化为几个物体或一些颜色和灰度的堆叠。通过计算分析提炼后所得到的特征只能作为阅读、观看、聆听原始器物的参考，但无法取代原始器物本身。这又把我们带回到了本书开篇时的问题：我们要如何同时看到 10 亿张图片？

幸运的是，有了视觉媒体的帮助，就有可能做到在研究单个器物的同时，还能在上百万个这样的个体中找出规律。这一方法在我的实验室里已经使用多年，并获得成功。受到探索性数据分析（exploratory data analysis）这个说法的启发，我想到了探索性媒体分析（exploratory media analysis），用来描述这种借助媒体可视化的研究方法。

第八章中我介绍了媒体可视化的概念。在接下来的几个章节，我会进一步论证这个方法的好处，讨论如何使用数字图像处理技术和计算机视觉进行媒体可视化，并结合实际案例介绍应用方法。媒体可视化不仅可以使用现成的数据集，也可以使用由这些数据集提取出的特征,但在任何情况下,我们都要保留原始媒体,同时利用人类特有的感知力辅助处理图像,以更快速地发现其中的规律。

针对性搜索

21 世纪早期的媒体研究人员拥有着空前丰富的媒体内容——远远超出了他们的学习能力,更不用说简单观察甚至进行搜索。国家级图书馆和媒体博物馆以数字化的形式保存着数百万个小时的电视节目,我们还拥有来自 19 世纪和 20 世纪的数百万电子报刊[2],超过 40 亿份涵盖 1996 年至今的网页[3],另外还有无数其他规模的媒体收藏,这些都等待研究人员去发掘。

这种新的媒体规模如何才能运用到实践中去呢?假设,我们想要研究政治领袖的演讲和采访视频如何被重新制作并出现在不同国家的电视节目中。例如,我们在 2011 年美国国家艺术基金会举办的"挖掘数据"比赛中的参赛作品。比赛在 2011 年 6 月进行,那时我们可得到的相关的大型媒体集合包括 1800 个奥巴马的白宫官方视频,500 个小布什的总统演讲,21532 个半岛电视台的英语节目(2007—2011),以及 5167 个《民主当今》电视节目(2001—2011)。这些媒体集合共包含了数万个小时的视频。我们想描述每套视频所特有的修辞、编辑方法和电影摄影术的策略,了解不同的新闻制作人如何以不同的方式使用领导人的视频,还想要识别异常值,找到类似的节目群。但是,我们如何才能看完所有材料,来解答这些及其他相关问题呢?

即使我们面对的是大量的静止图像,要处理它们也不是一件简单的事。例如,Flickr 上 Art Now 群组中的 30 万张图片[4]、coroflot 网站上每月发布的 15 万个学生和专业人士的作品设计[5],或者国会图书馆数字化的超过 17 万张 1935—1944 年拍摄的农场安全管理局/战争信息办公室的照片[6],这些处理起来可都不容易。在媒体对象数量较少的情况下可行的观测方法是:浏览所有的图像或视频,收听所有的音频,寻找其中的规律并解释它们,但在面对大量媒体对象时这种方法就不再有效。

由于数字媒体集合的规模都很庞大,了解它们的全貌都已几无可能(暂且不说后面的提问、假设、样本分析等步骤)。虽然表面上人类视觉的局限和信息处理能力不足是主要的因素,但实际上,我认为界面设计才是问题所在。主流社交媒体的交互界面往往会采用图像列表、图像网格和一次只显示出一张图像的单张的详细视图(来源:美国国会图书馆的印刷品和照片网站),因此我们看不到一整个集合的内容。这些界面通常只能显示几张照片,并且有固定的呈现顺序,所以这样的排版无法让我们了解作品的"外形",从而找到作品内部的规律。

大多数媒体集合都包含某种元数据,如作者姓名、制作日期、项目名称、图片格式。Instagram 和 Flickr 等社交媒体平台还包含了上传日期和时间、用户自定义标签、地点、点赞数及其他信息。[7] 如果整个集合能以一种特定的形式(如电子表格、数据库)呈现出来,我们就可以理解数据、日期、获得统计量(access statistics)和其他细节信息的分布情况。然而,许多线上媒体网站并没有将完整的作品元数据作为网站的一部分提供给用户（尽管现在有更多的博物馆在 GitHub 等网站上单独发布作品的元数据）。

19 世纪和 20 世纪流行的媒体访问技术（media access technologies），例如幻灯机、电影放映机、缩微阅读机、Moviola 和 Steenbeck 之类的电影剪辑设备、唱片机、录音机和录像机，都是为了能够以特定的速度访问单一数量的媒体项目而设计的。这些技术与媒体传播途径是匹配的，单独的唱片店和录像带商店、图书馆、电视或者广播在同一时间都无法向观众/客户提供多个媒体项目——没有人能同时观看好几个电视频道，或是一次从图书馆借到许多盘录像带。

同样地，图书馆的层级分类目录检索系统给以与系统分类不同的次序浏览或指向图书带来了不便。当你从一排排书架前走过，就会知道每排书架上的书都按照主题分类，再按照作者的姓名分类。

20 世纪的这些分类系统为当时的媒体研究人员提供更便捷的媒体内容筛选。研究人员通常会先确立主题：某一位作家的电影、某一位摄影师的作品、20 世纪 50 年代美国实验电影、20 世纪初巴黎明信片等。但想要看完至今诞生的所有电影或明信片显然是一件不可能的事情。最早一批讲述媒体档案发展历史的作品包括让-吕克·戈达尔（Jean-Luc Godard）在 1989—1999 年监制的《电影史》[*Histoire(s) du cinéma*]，该影片只截取了数百部的电影片段。内容分析（content analysis）是一种处理大型的媒体集时常用的科学方法，即由几个人使用预先定义的词汇对每个媒体集的内容进行标记，[8]需要研究人员事先决定哪些信息与标记有关。同样地，如果使用如亚马逊 Mechanical Turk 或 Figure Eight 这样的众包服务，工作人员会对每张图片进行标记，但这也需要你事先定义这些标签。有监督的机器学习则是通过事先训练好的计算机将媒体对象分为多个类别，再给一个新的数据集进行分类，不过这种方法也有同样的限制：需要事先定义分类的标签。

换句话说，不做假设和设置预期的情况下探索一批媒体集只是"看看里面有什么"。而与此不同的是，研究人员需要先假设集合里有什么，又有哪些重要的信息是值得我们去挖掘的。

目前的媒体访问标准，计算机检索（computer search），并没有帮助我们跳出这种模式。检索界面是一个可输入的空白框体，在点击搜索按钮之前，需要先决定要搜索的关键词。尽管这种检索方式大幅度地提高了访问速度，但它有一个特定的前提——用户需要对搜索内容有一定的了解。

如今的信息检索技术和结果的呈现方式可以一直追溯到20世纪40年代末信息检索研究范式发展起步的时候。[9]正如第三章中提到的，信息检索这个术语是由卡尔文·穆尔斯在1950年提出的。他在论文中写道："信息检索是在已知主题的情况下寻找存储信息的过程。"之后他又为这种用户与计算机交互的过程提出了一个新的概念：

> 信息检索的目的是为信息用户提供便利。检索的过程往往由用户一个模糊的描述开始，描述中包括了他想要检索的信息的主题。该描述一定是模糊的，因为如果用户已经清楚地知道想要

的信息，他就不会有搜索的需求，并且也可能知道在哪里可以找到答案，检索的过程到此就直接结束。如检索成功，就会显示一份与检索要求相对应的详尽的信息列表，允许用户调取与之相关的文件，进行检验。[10]

穆尔斯的描述与今天的一些搜索界面出乎意料地相同，比如：媒体网站、博物馆和图书馆网站上面的搜索界面。这些页面上的搜索都是从某个主题开始，之后计算机会找到所有相关的结果，并以列表的形式呈现。然后我们可以点击某个特定的结果，获得更多信息。

但穆尔斯并没有告诉我们，如果"详尽的信息列表"数目众多或者由多个媒体项目组成，又该如何将其展示？当然，后一种情况当时并不在科学家的思考范围之内。我们又找到了一些关于过去人们如何整理冗长的文本信息的例子。在 1951 年的一篇论文中，穆尔斯提到了"近 12 种不同的缺口卡片和分拣机信息检索系统"，其中一些系统已经使用了 3 年以上，并指出"有一个系统已经积累输出了 3 万张卡片"。[11]他还举例解释了如何使用该系统，检索结果印了整整一打的卡片。但其实他在 1950 年的原始论文中就得到过更长的结果，论文中写道："信息检索分为两个层次。对普通公司或者对个人来说，信息检索必须以组织排列高效用的项目信息为前提，以使这些项目在未来可以被随时使用。而信息检索的另一个目的则是全面地组织所有的信息和知识，它的规则是非常不同的。"[12]

万维网的诞生（1991）推动了信息数字化的发展，这也让网罗全球信息成为可能。然而，正如你只能通过搜索显示的结果来获取大量信息，定义网络的超文本范式（hypertext paradigm）也只允许通过他人创建的链接进行导航，而无法随意浏览想要获取的内容。这与万尼瓦尔·布什（Vannevar Bush）在1945年发表的著名文章《诚如所思》（"As We May Think"）[13]中对超文本的最初设想是一致的：研究人员可以通过大量的科研信息创建"小径"，供他人日后使用。[14]（Instagram等社交网络的导航界面更为灵活：可以搜索账户、地点和标签，点击照片下方的标签查看所有带有该标签的照片、内容相关账户，以及推荐内容页面。[15]）

纵观那些最大的公共在线机构媒体收藏，如欧洲文化图书馆（europeana.org）、互联网档案馆（archive.org）和维基共享资源（commons.wikimedia.org），我认为，它们的用户界面结合了19世纪的层次结构分类技术和20世纪中期的信息检索技术。它们的主要界面使用了元数据搜索，如姓名、标题、日期、媒介、视频长度等。有些作品也按照主题标签进行分类。在一些浏览模式下，你甚至可以看到作品按照元数据进行系统性分类后的各个部分。

类别、元数据和标签最初由负责藏品的档案管理人员输入，这个过程决定了数据特定的顺序。因此，当用户通过网站访问一个机构的媒体集合时，他们只能按照媒体集的分类方法和元数据的类型所定义的固定数量的轨迹进行访问。我列举的是最早一批将大型媒体器物和记录数字化的网站，它们都无一例外地选择了相同的界面设计。因此，关于界面设计缺少多样性这件事，我并不感到意外。

与浏览界面不同的是，直接用眼睛观察一个真实场景，你可以更毫不费力地环顾四周，并迅速注意到不同的规律、结构和关系。想象一下，在城市街道的转角处，你可以看到开阔的广场、路人、咖啡馆、汽车、树木、商店橱窗和所有其他元素。你还可以根据视觉和语义信息分辨那些动态变化的元素：平行行进的汽车、颜色相似的房屋、沿着轨迹行进的人和相互交谈的人、不同寻常的面孔、与众不同的商店窗户等。[感知城市中行进的模式是维尔托夫的《持摄影机的人》(A Man with a Movie Camera) 和雅克·塔蒂 (Jacques Tati) 的《游戏时间》(Playtime) 这类影片的重要主题。]

我们需要类似的技术辅助我们观察庞大的媒体世界，快速探索所有值得探索的规律。这些技术的运行速度必须要比正常的播放速度快很多倍（针对那些基于时间的动态媒体）。对静止图像来说，我在 100 万张图像中找到的不同模式应该和我在 1 张图像中看到的时间是一样的。这些技术必须将大规模的"媒体宇宙"压缩成与人类信息处理速度相适应的可观察媒体景观。同时，他们必须保留原始图像、视频、音频记录、互动体验中足够的细节，以便能够研究数据中的细微差异。

界面

不管是媒体网站的界面，还是媒体浏览器、编目软件和剪辑软件的界面，都有着同样的缺点。这些应用程序允许用户浏览和搜索图像和视频，并像幻灯片放映一样呈现出来。然而，作为研究工具，其作用是相当有限的。计算机软件如 Adobe Lightroom Classic CC，或者手机应用和共享媒体网站，如 Instagram、500px 或 Photobucket（图片托管、视频托管、幻灯片制作和照片共享网站），只能以少数固定格式显示图像，通常这些格式为单列、二维网格或幻灯片，在某些情况下，还可能是地图视图（照片叠加在地图上）。[16] 随着 21 世纪计算机应用的普及，这些格式成了媒体网站界面的标准。从 21 世纪头 10 年末期开始，移动客户端普遍流行开来。由于移动屏幕的尺寸较小，单一的竖排图片成为最普遍的流行方式，但也依然存在一些其他的形式。

我为了将手机里的照片归类，花了很长时间给所有照片添加新的元数据（仅在 2019 年的前十个星期，我就用手上这部华为 Mate 20 Pro 手机拍摄了约两万张照片，手动标记全部的照片真的会耗费很长时间）。公共机构的网站无法完成这样的工作。我也无法在脑中自动将照片按照视觉属性或语义关系进行分类，比较不同集合中的照片（每个集合可能有成百上千张图片），或使用各种数据可视化技术来探索不同集合之间的模式。所以为了分类照片，花费这么多的时间的确无可奈何。

大约从 2014 年开始，谷歌相册等领先的移动照片应用程序开始利用计算机视觉和机器学习技术，将用户照片自动按照语义单元进行分类。Flickr 也开始向其照片添加机器生成的语义标签。谷歌图片搜索以及其他更专业的图片网站上的搜索引擎，都提供按颜色和某些其他视觉和语义特征进行搜索的功能。例如，知名图片网站 shutterstock.com 允许用户按照人数、种族、年龄和性别对照片进行分类搜索。

公共机构媒体（institutional collections）可能会在未来增加此类功能（截至 2016 年，库珀·休伊特设计博物馆与维多利亚和阿尔伯特博物馆的装饰艺术和设计网站为顾客提供按颜色搜索的功能）。博物馆的导航界面应做到时常更新、与时俱进，这样才有利于人们对媒体数据集进行探索，或是像万尼瓦尔·布什在 1945 年在《诚如所思》中那样建立研究联系。

Power BI、Google Docs、Excel、Tableau、Plotly、R、Python、ggplot2 及其他一些图形软件、电子表格、统计软件、编程库中的图形和可视化工具提供了一系列的数据可视化技术。但这些工具各自存在局限性。如上一章所提到的，创建信息可视化的一个关键原则是使用点、条、直线、曲线和类似的图形基元来表示数据。从 19 世纪早期的统计图形到当代常用于大型数据库的交互式可视化软件，这个原则始终没有改变。然而，这样的表述虽然使数据的关系变得清晰，却隐去了数据背后的对象。对许多类型的数据来说这样做没有什么影响，但对图像和视频的集合来说，隐去对象就不太可行了。例如，用二维散点图展示某一个班级的成绩分布时，可以将其中每个学生都表示成一个点。但如果我们想要展示艺术家职业生涯中作品风格的变化，在不看到艺术作品图像的情况下，散点图就无法适用了。

在第八章中，我介绍了媒体可视化的概念，并讨论了几个著名的艺术可视化项目，在我看来，这些项目都使用了该方法。这些项目启发我将同样的方法用于文化分析。尽管上一章列举的每个艺术项目最终都找到了最符合作品本身（电影镜头、网络流行语、达尔文的著作）和艺术理念的可视化技术，但我的目标只不过是希望采用一些简单有效的技术，让除专业媒体艺术家或可视化设计师之外的人学习媒体可视化。换句话说，我想把媒体可视化的方法"标准化"，创建开源的工具，并展示如何将它运用在不同类型的媒体集合。

从2008年开始，为了探索这些技术的可行性，我们实验室将它应用到不同类型的媒体集合。这些技术可以适用于从几十条到几百万条不等的视觉媒体集合，而且使用者不需要具备任何计算机编程的知识。我所教授的数字艺术课、媒体艺术课、设计和艺术史课的学生们都曾经使用这个工具来完成课堂作业和独立项目。

媒体可视化也可以作为互动工具和应用程序的方式存在。例如，用户可以选择看到一个集合中的所有对象，或者选择只看符合条件的部分。同时，用户还可以选择指定参数来控制显示器上显示的图像排序，获得更多指定图像的细节信息，在显示完整的图像或显示一点之间切换以及执行其他操作。所有这些操作都在我们2009年的HiperView应用程序中实现，当时采用的是高分辨率的平铺显示器。关于其他交互式操作的例子，可以参考我们在"潮自拍"和"百老汇"项目中的"自拍探索"应用（彩图5是"自拍探索"的截图，彩图11是"百老汇"项目界面的截图）。[17]

通常，数据可视化首先要将大量信息数字化，然后再将这些数字之间的关系可视化。相比之下，媒体可视化需要将一组图像转换成新的图像，从而揭示出这组图像的规律。简而言之，图片被翻译成了图片。

媒体可视化可以被定义为<u>从一个集合中的视觉对象或部分对象当中创造新的视觉表现</u>。在一个包含单一图像的集合中，媒体可视化意味着显示所有的图像或它们的部分，这些图像已经根据它们的元数据（日期、地点、作者）、内容属性（如人脸的存在）和/或视觉属性（如主要的颜色、纹理的数量、形状的数量）组合成了各种结构。

如果我们要对视频集进行可视化处理，通常比较简单的做法是选择一些捕捉到视频特征的画面，然后将其可视化。这种筛选可以遵照标准自动完成——颜色、运动、镜头位置、表演和摄影方面的显著变化；内容的变化，如新的镜头的第一帧或是一个场景、一首配乐、一段对话的开始；角色对话时引入的新话题等——自动完成。图10.2所示的媒体可视化使用的是吉加·维尔托夫1928年的电影《第十一年》（*The Eleventh Year*）的每个镜头中的一个画面，排列顺序为镜头顺序（从左到右，从上到下）。

图像处理和计算机视觉

媒体可视化既可以利用现有的元数据集合，也可以使用应用于图像或视频的数字图像处理所得到的结果。[18] 数字图像处理在概念上与21世纪头10年末期数字人文学科所采用的计算性文本分析（computational analysis of texts）相近。[19] 这种分析涉及对文本内容的自动计算，如单词使用频率、单词长度和位置、句子长度、名词和动词使用频率等。这些数据（在统计学中被称为特征）被用来研究单个文本的模式、文本之间的关系、文学流派、作者的风格和流派的演变等。其余可以通过一组文本来进行算法计算的信息包括：主题（一组表达文本中存在的主题的词）、简短的摘要、语义上的相似性和差异（这些相似性和差异在二维空间中被可视化为文本之间的距离）、可变性的测量值及其他测量值。（在计算机科学中，计算性文本分析是自然语言处理领域的一部分。）Voyant 是一个非常流行的定量分析、比较和可视化文本在线工具，特别面向人文学者。我们可以通过阅读它的使用说明书来对许多标准文本分析技术做一个很好的了解。[20]

和自然语言处理中使用的文本特征类似，图像和视频的计算分析也包括计算各种视觉属性的统计数据。这种特征的设计是计算机视觉领域的一部分。我在前面关于语义差距的部分已经谈到了特征的概念，现在我们再来看看它在媒体可视化方面的作用。特征概括了图像或视频的所有细节，并将这些细节以一个、几个或一串数字表示出来。比如，用数字表示平均亮度、饱和度、色调、直方图、形状的数量、边缘的数量和方向、最常见的颜色、纹理的特征、不同镜头在全片中的位置等。如果细节信息概括了整个图像的特征，它就被称为全局特征（global feature）；如果细节信息概括了图像的一部分特征，它就被称为局部特征（local feature）。例如，Photoshop 可以调取图像或选定部分灰度图的统计数据，包括最小值、最大值、平均值、中位数和直方图。如果你把一幅图像分成一个矩形网格，并测量网格的每一部分的局部特征，这样，局部特征相加就会比全局特征提供更多的细节。

随着计算机处理速度的逐渐提高，自 20 世纪 90 年代起，数字图像处理技术从更简单的全局特征演变为更复杂的局部特征。21 世纪初出现了 SIFT 和 HOG 这样的复杂特征；21 世纪 10 年代，卷积神经网络（convolutional neural networks）开始流行，它不仅具有表征学习和特征获取的能力，还可以将特征在不断增加的抽象的层次中进行组织。[21] 这种复杂的、自动生成的特征更加适合一些主流的图像处理任务，如图像分类。但正如我们在实验室的许多项目中发现的一样，简单的全局特征适合研究文化类的图像集合，探索其内在的模式及观测它们因时间推移而发生的变化（见彩图 3—4 和彩图 6—10）。简单的全局特征具有"可译性"，即我们可以用语言的概念来解释视觉层面的信息，以便于更好地理解诸如"最常见的颜色""平均灰度等级"或"独特形状的数量"等特征的含义。

同时，这些特征也可以被用于类似于这些文本调查的其他调查——不同杂志上的新闻照片的视觉和内容差异，不同国家的新闻照片之间的视觉和内容差异，摄影师职业生涯中视觉风格的变化，20 世纪新闻摄影的总体演变，等等。我们实验室坚信可以将图像特征运用于更基础的方面：用于一切大型图像集的初步探索。总之，图像特征对探索性的媒体分析来说效果显著。

计算机视觉领域发展的主要目标是图像的自动理解。不过这种"理解"会随着时间的推移而变化，因为科学家们会不断发现新的研究问题和方向，并将它们应用到真实的工业场景中。现如今，这些研究方向还包括人体和面部识别，不同类型的物体、场景、图像风格和抽象概念的识别。[22] 还有许多更为具体的应用，如服装类型、食品类型、品牌标志、名人、人体裸露程度的识别、人脸微笑识别（应用于相机）、将医疗图像分类等。[23] 例如，在2019年4月，提供计算机视觉服务的领先公司Clarifai，拥有一个可以分辨11000种物体和概念的系统。下面是我选取的一张从地面仰拍的摩天大楼直冲天际的专业照片，经过该系统分析后所得的词汇如下：

窗户、都市、商业、天空、反射、城市景观、天际线、最高的、现代的、未来感的、塔、镜子、透视、玻璃制品、城市、建筑、摩天大楼、大厦、市中心、办公室。

如果将数字图像处理比作人类视觉系统中信息处理的第一阶段，那么计算机视觉就相当于后期阶段。在这个阶段中，视觉系统开始识别人脸、物体、场景和概念。因此，计算机视觉采用在图像处理阶段提取的各种特征，并利用它们完成其他任务，如识别数千种不同类型物体，识别人脸以及其表达的情绪，检测照片的拍摄地点（室外、室内等），判断照片中的对象正在进行的活动类型，以及其他与人类视觉具有相似性的工作。

下面这个例子解释了一款手机应用如何以多种方式来运用计算机视觉技术。抖音（TikTok）是一款短视频手机应用："抖音的视频都是基于用户数据的分析来推荐的，包括用户的地理位置，用户停留时长最久的视频当中出现的脸孔、声音、音乐或物体。用户的每一次点赞、分享或评论其实都在推动抖音算法的优化。在短短一天之内，抖音就好像会'读心术'一样，准确地猜出你的想法……抖音还会使用面部识别技术识别出未成年用户的面孔，防止他们接触过于成熟的内容。"[24]

利用图像特征进行探索性媒体分析

计算机视觉技术在探索大型视觉媒体集时也十分有用。例如，2015 年，我们使用 Twitter 上发布的来自美国 20 个城市的 100 万张照片，比较了其中最流行的主题出现的频率。[25] 在同年的另一个项目中，我们使用神经网络分析了 10 万张 Instagram 上的图片，这些照片来自全球 5 个不同的城市，包含 1000 种不同类型的物品和活动。[26]

耶鲁大学数字人文实验室开发了一套交互工具用于 27000 张历史照片的研究。[27] 该工具也使用了经过训练的神经网络来识别照片中的主体，但是使用的方式与我们实验室并不相同。这样的神经网络自动从图像中提取高级特征，这些特征可用于根据视觉相似性来进行的图像分类。使用这套交互工具时，需要先选择一张照片，之后计算机就会从照片集中找出由算法得出的最相似的 8 张照片。耶鲁大学实验室的另一个名为 PixPlot 的绘图软件将这 27000 张照片可视化后，根据相似度对其进行了排序。

21 世纪 10 年代神经网络在图像内容检测上的成功应用，是近 10 年来最成功的人工智能案例之一。但它在实践中的效果如何呢？2016 年夏天，我们使用谷歌最先进的计算机视觉服务（例如 Google Vision API）对 Instagram 上的发布于俄罗斯圣彼得堡的 5 万张照片进行识别，共返回 3882 个不同的标签。大多数图片被配上了多个标签，有些图片有多达 30 个标签。分配给这些图片的标签总数为 261290。同时，输出的结果还包括每个标签被正确分配的概率（1 表示完全准确）。下面是其中一张照片的标签：

{'表情'：0.675, '草图'：0.737, '艺术'：0.833, '自拍'：0.527, '笑声'：0.617, '摄影'：0.859, '插图'：0.591, '牙齿'：0.640, '现代艺术'：0.615, '面部表情'：0.889, '肖像'：0.794, '绘画'：0.843, '绘图'：0.531}

这是一个典型的现代计算机视觉软件的输出结果，有数以亿计的社交媒体图片都经过了这样的处理。如果我们只关注某个特定标签（如'肖像'或'笑声'），就一定会忽略不少有趣的细节。随着计算机视觉的发展，可以被检测的内容越来越多，比如日常活动和面部表情等。但当我们使用这样的结果进行文化分析时，往往不会让它变得更简单，而是会带来更新的挑战。

在计算机科学中，探索大规模图像和视频的研究方法现今自成一门学科。这些方法可以利用数据科学技术对图像进行聚类，利用自动提取的视觉特征将它们在一个大图像中可视化，利用网络自动学习图像内容，等等。科学家们还开发了许多原型界面，这些界面提供各种布局选项，并支持在海量集合中进行导航。[28]

然而，只有少数界面的作者在网上公布了作品的代码，并且即使公布了，也需要有足够的相关背景知识才知道如何使用。通常来说，这些代码只在出版的论文数据集上进行过测试。

最重要的是，在计算机科学领域，相关文章和会议论文通常是介绍新的算法或现有算法的改进，而不是介绍如何使用它们。图像采集探索领域的大多数论文（就像计算机科学中与文化分析有关的其他领域一样）都是先描述算法，然后介绍它在一个或几个数据集上的应用。研究人员并没有将算法应用于其他文化媒体集合来发掘有趣的人文见识，没有触类旁通，所以这也算不上计算机科学的真正"研究"。这也导致研究人员对新的算法（或使用机器学习的新技术）在实验室外的环境中（例如博物馆藏品、设计师作品集、社交媒体平台图片）的表现不甚了解。

但也有一些例外，如伯努瓦·赛金（Benoît Seguin）负责的"复制品"（Replica）项目。他在洛桑瑞士联邦理工学院数字人文实验室的博士论文就是关于该项目的研究，这个项目模拟了一个交互式网络界面，用于搜索大型艺术历史收藏。[29] 项目中使用的媒体集是来源于乔治·西尼基金会的 30 多万张数字化的艺术图片。用户可以在该界面上通过上传图片来找到平台上类似的图片，也可以通过选择图片的局部进行搜索，或者同时上传多张相同主题的图片以进行精确查找。其搜索结果的显示方式也令人耳目一新。与标准的搜索引擎的网格布局不同，"复制品"可以根据图片的内容和视觉相似性，将图片像"地图"一样排列。这样的排列方式允许用户为整体或局部图片之间添加关系，增添系统数据。

正如赛金所描述的:"用户可以在可视化界面上自由地拖动和缩放,以探索由学习到的视觉描述符(visual descriptor)定义的视觉相似性空间。"[30]

"复制品"有强大的功能,将它建立起来也需要大量的资源和时间。同样,在一个新的集合上使用它时,也需要大量的时间来调整代码,还要对集合内的关系添加人工注释。"潮自拍"项目和"百老汇"项目的互动界面也只为特定的图片集而开发。相比之下,我们在实验室里一直使用的简单媒体可视化技术可以对任何媒体集合进行初步探索,而且它们不需要使用数字图像处理或计算机视觉。在下一章中,我会结合一些不同类型的视觉媒体项目的例子来介绍这些技术。从计算机科学的角度来看,这些技术是相当基础的,因为它们正是为那些非技术背景的用户所准备的。我们开发的这款软件的数据是公开的,并且还对其代码进行了完整的注释。它已被许多研究人员和学生用于数字人文、文化分析、数字艺术、媒体艺术和其他学科的课程。在实验室里,我们用软件对40多个涵盖多个领域的图像和视频集进行了研究,其中包括:凡·高的776幅画作,1923—2009年出版的《时代》杂志的每一个封面(共4535张图片),100万页的日本漫画,纽约现代艺术博物馆收藏的2.1万张照片,2001—2010年在领先的用户生成的艺术网站deviantart.com上分享的100万件艺术作品,100小时的游戏视频,130小时的奥巴马每周视频讲话(2009—2011),吉加·维尔托夫的电影,《大众科学》(1872创刊)和《科学》(1880创刊)杂志开办后的几十年里出版的全部页面。

相比不断开发新技术或实践更复杂的技术，我们更希望看到简单的技术有更加长远的发展。同时，我们想看看这项技术是否能让我们在熟悉的文化器物中发现新的规律，比如蒙德里安和马克·罗斯科（Mark Rothko）的绘画是否有不一样的规律，并将这些规律做出合理的解释。因为艺术史学家和博物馆馆长几乎早已对这些熟悉的文化图像做了详尽的解释，这就可以更好地帮助我们验证文化分析方法的有效性。正如我们所发现的，即使面对的只是几百张图片，特定的可视化技术也能揭示出我们无法用肉眼注意到的细微的差异和规律，又或者是那些随着时间推移才能注意到的变化。当有几十万或几百万张图片时，我们就只能使用计算机来"看"这些数据。媒体可视化（或其他计算方法）成了一种必须，而不再只是一种选择。

观察与分析的比较

之前有提到过，媒体可视化与信息可视化、统计图表绘制的过程恰好相反。它与内容分析法（content analysis，一个在传播和媒体研究领域中广泛使用的分析方法）也不乏可以对照的部分。内容分析法是将媒体集进行编码，一般是对内容的语义进行描述。[21世纪初以来，以亚马逊 Mechanical Turk、Figure Eight（人工智能领域网站）和其他服务为首的众包平台，常常交由人工来对社交媒体上大型媒体集合进行数据标注，或给物体和标志添加注释，等等。]

与内容分析法相比，我们的媒体可视化技术省略了耗时的"元数据添加"。与自动计算方法相比，我们的技术不需要专业的计算机知识，任何能够操作入门级别计算机软件（像苹果相册和微软 Excel 图表基本功能）的人都能使用。

为了用更短的时间处理最多的数据，媒体分析技术（media analytics）已经实现基本自动化。但媒体可视化仍然需要对不断生成的新的数据表达（data representations）采取"人工介入"：不仅需要对照片和视频本身进行肉眼的比较，更需要在多个可视化界面之间做出比较。标准的媒体可视化已经能很好地展现一个集合的"形状"，但为了研究出新的可视化技术，我常常反复研究同一个集合，甚至不惜花上几年的时间。

最后，媒体可视化和内容/媒体分析之间还有一个最关键的区别：内容/媒体分析在完成图像编码、图像特征提取（见第十章）的任务之后，研究人员就无须再关注原始图像，而是只需分析原始图像中提取的数据——元数据、标签、特征。这个分析的过程相当于一个处理非视觉的符号代码（文本和数字）的过程。（文本包括那些由研究人员和图片原作者手动添加的标签，以及其他出现在图像中的信息如用户名、博物馆中负责图像的部门名称，等等；数字则是已提取的特征。）这些文本和数字虽然和原始图像相关，但它们并不原始。它们限制了对图像的进一步分析。因为如果提取的特征没有捕捉到构图的细节，我们就不会去分析这些细节；又如果标签描述了图像内容，但没有描述其空间类型（type of space），那我们就不会将空间类型列入考虑范畴。

与内容/媒体分析不同，媒体可视化是一种视觉领域的研究方法，它可以还原原始图像。因此，在媒体可视化的过程中，研究者可以充分利用视觉和自我认知对图像的细节和规律进行比较研究，这是文本和数字无法提供的。

通常研究者认为，可视化只对数据的初步探索有用，适用于提出假设或是呈现计算分析的数据结果。然而，如果数据是视觉媒体集合，那么媒体可视化就可以作为一种研究方法，达到使用标准的定量分析的工作流（pipeline）一样甚至更好的效果。

第十章　媒体可视化的方法

媒体可视化（media visualization）不是定量研究方法而是一种深入的定性研究方法。我们无须进行计算或是将文本和数字转换成符号，就可以用它来处理大量数据。

但这是如何做到的呢？媒体可视化利用了这样一个事实：现实世界的图像集合自带可被用于图像分类的元数据。例如，数字视频（digital video）中每一帧的编码顺序取决于不同的储存格式。其他视频体裁也存在着更复杂的编码：叙事电影的镜头和场景排列顺序，新闻节目中不同主题的出场次序，每周播出的电视剧剧集顺序。而一张图片自带的信息包括：图片创建、修改或分享的日期和时间、作者、图片的标题、标签、信息描述、相机参数等。

我们可以通过两种互补的方式使用这些现有的信息。一方面，我们可以按照元数据提供的顺序将一个集合中的所有图像可视化。例如，在我们对1923—2009年出版的共4535期《时代》杂志封面的可视化处理中，图像是按照出版日期从左到右、自上而下组织的（见彩图12）。另一方面，为了避免因特定排序方式造成的局限性，我们也可以通过其他的序列和布局整理图像。在这一过程中，我们打破了元数据造成的大众对文化图像集合的限制性认知，这种概念性的操作我称之为重映射。改变对媒体器物的排序和分类方式的既定思维，就能为媒体业创造另一种可能性。

媒体可视化技术还可以依照第二种概念维度进行分类，这取决于对象是使用一整个集合还是只使用一个样本。我们可以在时间上（如只使用可用图像）或空间上（如只使用图像的局部）对集合取样。吉加·维尔托夫的《第十一年》的可视化模型便使用了时间采样：每个镜头我都截取了其中 1 帧作为样本（见图 10.2）。《时代》杂志的可视化则使用了空间采样：共截取了 4535 个封面的"切片"，每个切片都是一条 1 像素宽度的窄列（见彩图 13）。

第三种概念维度的可视化技术的分类依据是目标信息的类型和来源。正如之前所说，媒体可视化利用的是媒体集合中已存在的最低限度的元数据，所以它不需要来自单个媒体项目的新的元数据。但是我们也可以添加一些适用于可视化的元数据，例如：通过人工内容分析创建的内容标签，通过自动聚类分析生成的类似图像组的标签，自动生成的语义概念（如物体、场景类型或摄影技术），人脸检测数据，通过数字图像处理提取的视觉特征，等等。

媒体可视化提供了处理信息的新方式。举个例子，为了区分封面内容（究竟是人物肖像还是概念性的插图），我引入了一个新的数据信息。除了用折线图来表示这两种类别的封面的比例是如何随出版时间的变化而变化（见图 10.1），还有另一个办法：在可视化界面上显示所有图片，依照不同颜色的边框或其他因素对这两种类型的封面进行分类标记。与折线图相比，这种可视化方法显示了更多的图像内容，因此可能让我们注意到更多的规律。

在本章节的剩余部分，我会更详细地说明这些区别，并配合

第十章　媒体可视化的方法　321

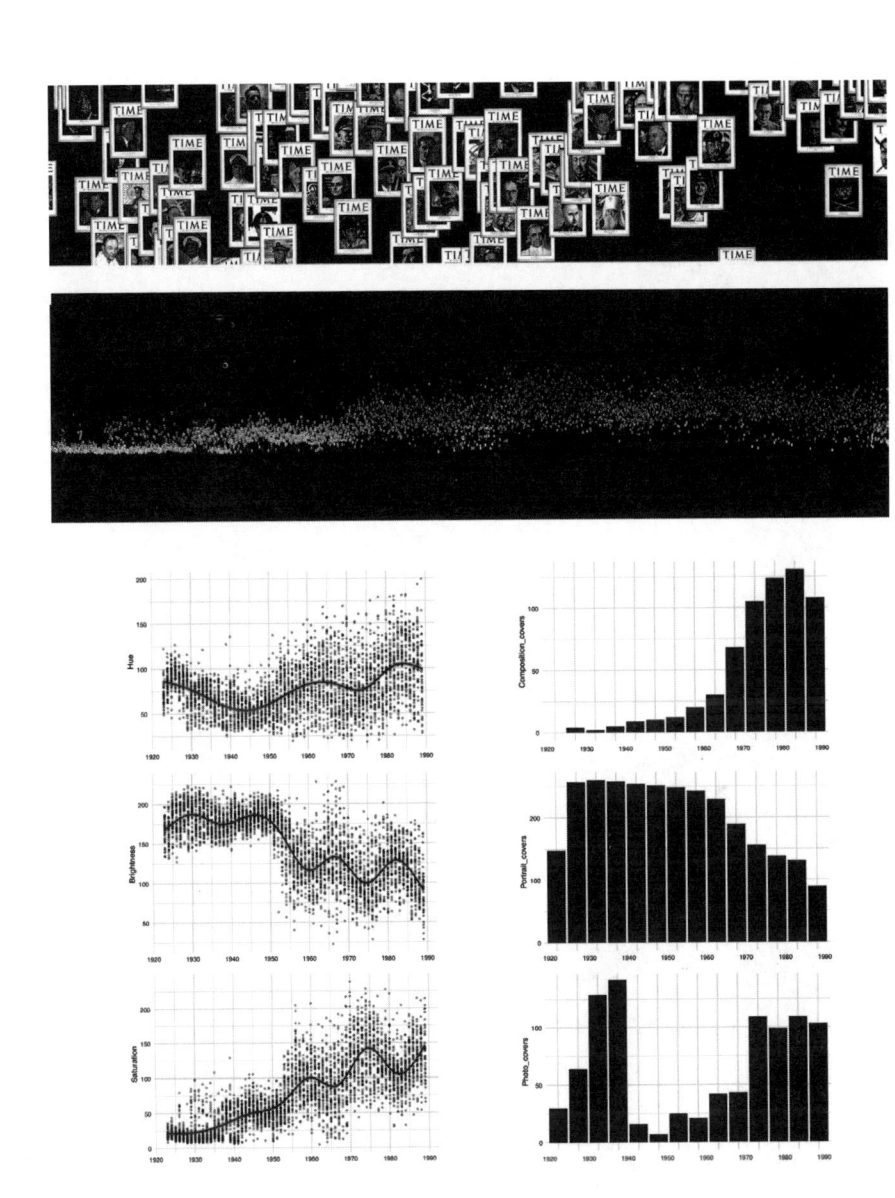

图 10.1

1923—2009 年 4535 份《时代》杂志封面设计和内容的部分变化。x 轴代表时间，y 轴代表在某一年具有特定特征的封面比例。

实验室中创建的可视化模型解释其中的原理。首先我将介绍一项简单的技术：将图片集中所有的图片根据现有的元数据的属性排序。之后我还将介绍时间采样（temporal sampling）和空间采样（spatial sampling）技术。在最后一节我会介绍重映射。

图像蒙太奇

以概念和技术的视角来看，最简单的可视化技术是在单一可视化模型中展示一个集合或一个样本中的所有图像。这种媒体可视化技术叫作图像蒙太奇（image montage）。我们可以依据由现有的元数据或者图像处理技术从所有图像中提取的视觉特征进行图像排列。例如，《时代》杂志封面的图像蒙太奇（彩图 12）是按照发行时间的顺序排列的。

通过比较一组互相关联的物品，图像蒙太奇可以被用于媒体学和人文学科课堂学习的拓展。2000 年，约翰·昂斯沃斯（John Unsworth）提出，所有的学术研究都有 7 个共同的基本要素：发现、注释、比较、参考、取样、说明和展示。[1] 图像蒙太奇是通过比较图片来发现内容和视觉形式的趋势。

20 世纪的科学技术很难将大量的作品同时进行对比。例如，以前的艺术史课会专门并排放置两台幻灯机，用于图像投影（这一教学方法起源于 1900 年）。而现在的计算机软件早已可以同时显示成千上万张图像。常用的图片整理和编辑软件，如 macOS Finder、Preview、Photos、Adobe Bridge，都可以以网格格式显示图像。同样，谷歌图像搜索等图像搜索引擎和 Instagram、Flickr 等媒体共享网站也采用了网格布局。但通常它们不允许用户对图像进行排序，也不允许用户自定义布局。尽管这些网站/软件一般可以将图像自动分为几个类别，例如 iPhone 上的照片应用中的收藏夹、自拍、全景和屏幕截图，但用户还是无法自定义分类的类别。

为了使用图像网格进行分析和比较，我们需要先使用元数据字段（metadata fields）或提取的图像特征来对图像进行分类、创建新的分类，并对所有的细节进行把关。这种能够修改所有的数据和细节的功能在数据可视化软件中是很常见的，但在媒体管理应用中却很少见。2008 年底，我发现在科学领域很流行的开源图像分析软件 ImageJ 可以实现图像集合可视化的网格处理，同时还可以进行其他的一些操作（也可以选择 Processing、Python、Java 或其他编程语言来实现这种可视化，或对互动应用程序进行编程）。ImageJ 将这个制作图像网格的指令称为"制作蒙太奇"（make montage）。[2] 因此，我们开始在实验室使用 ImageJ 后也将这种媒体可视化称为蒙太奇。2009 年，我用 ImageJ 的脚本语言写了一个程序，增加了标准命令中没有的额外控制。2010 年我们做得最大的蒙太奇是从视频游戏《王国之心》（*Kingdom Hearts*，2002）62.5 小时的游玩记录中抽样的 22500 帧序列（见彩图 14）。

图像蒙太奇增加了对比图像的数量，并让我们能够从中获取更多的信息。在同一界面显示上千张图片能够让我们能够更方便地了解它们的构图、颜色、内容和其他特征的规律。如果按创作或出版日期对图像进行分类，我们便可以了解到这些特征是否随时间而变化，以及这些变化的速度是快还是慢。通过蒙太奇，还可以注意到和大多数图片差异较大的图（即异常值），或者发现具有某些共同特征的图像群（即聚类）。如果在探索性媒体分析过程中发现了可以量化的图像规律，在大多数情况下，我们可以提取相应的特征，然后使用标准的统计和数据可视化技术对其进行分析。这种在产生假设之前先对媒体集合进行视觉探索的方法将约翰·W.图基的探索性数据分析范式进一步拓展到了媒体数据领域。[3]

但为了增加效率，简单的媒体可视化技术首先要求统一研究对象。为了能够更好地观察大型图片集内部的相似性、差异性和规律，我们需要提前统一图片集内的图片尺寸。在特定情况下，最好还需要将图像相邻并排放置，中间不留任何空隙；或者添加空隙、改变背景颜色。保险起见，我们通常会制作多个图像蒙太奇，用不同的方式对集合进行分类。

我们实验室的另一位成员，达蒙·克罗克特（Damon Crockett）用 Python 开发了一个用于辅助蒙太奇的应用程序。用户可以使用该程序创建 6 种不同的媒体可视化布局：直线蒙太奇和圆形蒙太奇，笛卡尔直方图和极坐标直方图，笛卡尔图像地图和极坐标图像地图。[4] 所有用来创建布局的可视化和代码都储存在一个叫 Jupiter Notebook 的应用程序中，可供编辑、扩展和共享。这个程序还可以从图像中提取特征，或使用聚类和降维技术对图像进行处理。根据图像的视觉特征，分析的结果还可被用于图像整理。

此外，我们为大型平铺显示器开发的另一个互动媒体可视化软件也可以在短时间内生成不同方式分类的蒙太奇。我们还为 ImageJ 和 ImageMagic 专门编写了脚本，为特定数据集渲染新的蒙太奇布局。

图 7.3 是我们为纽约现代艺术博物馆的 2.1 万张历史摄影图像进行可视化处理时的布局。每一行都显示了 1844—1989 年（从上到下）中的某个年份的照片。这个可视化的结果解释了为什么有一些图像集合可以更好地代表某段特定的历史时期。由此可见，图像蒙太奇不仅仅是一种可视化技术，更是一种普适的探索性媒体分析策略——可以随时按照项目需求建立新的蒙太奇布局。

将 4535 份《时代》杂志的封面（1923—2009）进行可视化，我们可以跟随这个例子了解蒙太奇的多种显示结果（见彩图 12）。由于有一大部分封面带有红色边框，我们选择裁掉这些边框，并将所有图片按比例缩放到相同大小。以下是我从该可视化模型中得出的结论：

媒介：20 世纪 20 年代至 20 世纪 30 年代，《时代》的封面大多为摄影作品。1941 年后，该杂志改用绘画作为主要的封面形式。在后来的几十年里，摄影又逐渐占据了主导地位。在 20 世纪 90 年代，出现了如今的视觉化程式设计语言（software-based visual language），结合了摄影、图形和印刷元素。

彩色与黑白：从早期的黑白封面逐步转变为全彩封面，两种类型的封面共存了许多年。由于全彩印刷相当昂贵，一开始偶尔会有一些封面只在边角处使用一种颜色。最后，所有的封面都开始使用彩色印刷。

色彩："色彩周期"显示了不同时期的颜色偏好，由开始的绿色、黄色和棕色、红色和蓝色，到黄色和棕色、黄色，在 2000 年前后又出现了浅黄色和浅蓝色。

明亮度：1923—2009 年的图像明亮度变化（每个封面的所有像素的灰度值的平均值）遵循周期变化的模式。

对比度和饱和度：两者都随着时间的推移逐渐增加。然而自 20 世纪 90 年代末起，这一趋势发生了逆转——低对比度和低饱和度的封面又开始流行。

内容：大多数早期的杂志封面的内容都是包含中性背景的个人肖像。随着时间的推移，肖像和背景变成了代表概念的构图。后来，肖像和背景再次出现，而背景（物品或人物）的构图被用来烘托主题概念。

元模式：可视化还揭示了一个重要的元模式——几乎所有的变化都是循序渐进的。每一种新的传播策略都是在长达几个月、几年，甚至十几年的时间里慢慢出现的。

这一图像蒙太奇项目利用了杂志出版物的连续性和周期性。因为杂志每周都会出版，所以在《时代》发行的 86 年中，每年都会有数量均衡的封面图像。又因为所有的封面都有相同的尺寸和比例，这也让观众可以一目了然地发现有哪些视觉特征发生了变化、开始变化的时间，以及变化速度的快与慢。

人类的视觉往往会关注到那些重复的或差异较大的现象。以《时代》杂志封面为例，20 世纪 20 年代，偶尔出现的彩色封面在其他黑白封面中就显得格外突出。我们还同样善于发现循序渐进式的变化，能在其他条件不变的情况下推测二维的趋势和走向。前一种能力让我们读懂柱状图和折线图，而后一种则让我们读懂散点图。假如所有的柱状图都有着相同的宽度和颜色，那我们的大脑就会更关注它们各自的长度。但在《时代》杂志的可视化的案例中，所有封面图片的大小和比例都完全相同，所以我们更容易注意到每个封面中其他不同的地方。

在自然界和人造的世界中，语言的含义总是与视觉表达息息相关：夏季的天空是蓝色的，大树是绿色的；云没有鲜明的边界，海滩上的鹅卵石却各个分明；飞机的外形大同小异，汽车通常有4个轮子；Instagram上带有"自拍"标签的大多数照片中的确都有一个或多个人。因此，当我们通过媒体可视化发现了一些视觉规律时，这些规律的背后一定都有其特殊的内容含义。例如，在《时代》杂志封面的图像蒙太奇中，我们看到上部有一大片橙黄色的区域（如果你从顶部将图像蒙太奇分成5个部分，这将是第2部分）。放大后，我们了解到这一区域对应的是20世纪40年代和战争年代，封面上手绘的人物都是军事领导人和其他与战争有关的人。这个时期赋予了橙黄色特殊的含义。

《时代》杂志封面的图像蒙太奇中很难找到完全相同的内容。20世纪50年代以后的几十年里，封面内容的语义和视觉含义相差越来越大。大脑的视觉皮层无法迅速计算每一主题在一段时间内出现的频率、对称与不对称构图的比例、男性与女性的比例、人物头部大小和角度的规律等。为了研究这些特征，我们先通过计算机自动检测或者手动标记主题、人物和物体的位置与封面的视觉特征，然后对这些新的元数据进行分析和可视化。

我们使用 14 个不同的类别为每个《时代》封面图像人工加注了标签：是肖像还是概念的插图，是图画还是照片，是男性肖像还是女性肖像，由封面人物肤色所判断的他们的种族，等等。通过对标签绘制频率图，我们可以发现一些在图像蒙太奇中看不到的重要规律（部分图表见图 10.1）。有不少流行趋势从 20 世纪 50 年代初已经开始形成，在随后的几十年里不断加强，并且这些趋势的增长速度都十分相近，其中包括概念插图比例的增长（相比肖像画），摄影作品比例的增长（相比绘图），主题数量增加，男性肖像（或全身图）的封面数量减少。不同的增长现象背后都存在着千丝万缕的联系，不难想到当时有更大的趋势已经悄然来临——消费文化和青年文化的流行、旅游业的发展和彩色摄影的技术变革。这些都发生在 20 世纪 50 年代。另外，在 20 世纪 60 年代，《时代》杂志和世界上许多其他出版物都开始涵盖更多元的主题——旅游、科学、生活方式、体育等。这也许解释了为什么 1960 年之后的封面与早期的封面相比具有如此多样的视觉变化。

从《时代》杂志封面的图像蒙太奇这一例子当中我们不难发现，媒体可视化只能揭示图像集合的部分规律。一般来说，如果集合当中的图片拥有更多的共同的特征，媒体可视化的效果也就会更好。例如，《时代》杂志的封面都来自一个出版社，每个封面都有着相同的比例，在顶部区域的大致相同位置都有"time"（时代）一词。除此之外，适合进行可视化的集合也可以是一组具有时间维度的单一媒介的图像。例如，一位艺术家或一个艺术运动的成员在一段时间内创作的绘画，电影或视频中的关键帧，连续出版的杂志的内页等。

此类图片集合还有一个例子，那就是一段持续时间内在社交媒体上分享的照片。我曾用这种方法将 2014 年乌克兰"颜色革命"5 天期间在 Instagram 上分享的位于基辅（乌克兰首都）的照片可视化［详见我们的项目"平常的和不平常的：在基辅的 144 个小时"（*The Exceptional and the Everyday: 144 hours in Kiev;* the-everyday.net）］。另一个例子是由纳达夫·霍赫曼（Nadav Hochman）领导的"2013 Phototrails"项目（phototrails.info）中的两幅图像蒙太奇（彩图 15）——每幅图像蒙太奇都是由 5 万张 Instagram 上 2012 年春天在某座城市中心分享的照片组成。上面的蒙太奇是来自纽约的图片，而下面的蒙太奇是来自东京的图片。这些图片是我们从 5 千米 × 5 千米范围内收集的带有地理信息的所有公开图片中的随机样本。在纽约，这个区域涵盖了从曼哈顿南端到中央公园之间的地区。在蒙太奇面板中，这些图片按照分享日期和时间（从上到下，从左到右）排列。

这些照片不是来自某一个艺术家或某一个出版社，而是由成千上万的人拍摄和分享，并且没有固定的拍摄内容和时间。但是，当我们把这些图像沿着时间维度放在一起时，就出现了一部"城市电影"。这部电影遵循着系统的规律，同时也充满了不确定性。换句话说，它很好地可视化了一个城市（或一般社会）的运作方式：个人有自由意志，可以决定自己的行动，同时他们有可能遵循某些常规的程序，创造社会事实（social facts）。

例如，纽约和东京的图像蒙太奇的垂直和水平区域都由浅色和深色交替组成。浅色部分代表白天，深色代表夜晚。但这种模式并不会机械地重复。因为照片的数量不同，所以每个白天和每个夜晚及其过渡都各不相同。我们收集数据期间，在纽约的人比在东京的人分享了更多的照片：上面的蒙太奇只有3个24小时的周期，而在下面的蒙太奇有4个24小时的周期。每个蒙太奇都有着大量不同的色彩：在东京的蒙太奇里，代表着传统食物的黄色和棕色更为突出。最后，东京的蒙太奇比纽约的蒙太奇在视觉上更统一：东京的相邻的照片往往比纽约的更相似。这种图像视觉多样性的差异很好地捕捉到了两个大都市之间文化多样性的差异：例如，2018年全年，东京大约有1500万外国游客，而纽约则有6500万。

这个例子说明了在媒体可视化中尝试用不同的方法来组织图像非常重要。比较彩图15的图像蒙太奇和彩图16的中心放射状图表。后者根据平均亮度和色调值对曼谷的5万张Instagram图片进行分类，同时控制图片与中心的距离和它们的角度。因为图像集合只按照时间戳排序，我们的图像蒙太奇实际上只是一个一维的可视化，但它比用了两个特征的二维放射状图表富含更多的信息。

图像蒙太奇技术已经在数字艺术项目中得到开拓，如道斯的"电影重现"和乔纳森·哈里斯（Jonathan Harris）的《捕鲸记》（*Whale Hunt*，2007）。为了生成图像蒙太奇，艺术家们编写了自定义代码。在每个案例中，这些代码都是为指定的数据集量身打造的，且没有公开发布。2009 年，我编写并发布了由免费且开放源码的 ImageJ 软件创建图像蒙太奇的代码。该代码之后被我们实验室的成员扩展完善。

我在 2008 年开始创建图像蒙太奇可视化时，数字艺术家使用这种技术的例子寥寥无几。但几年后，苹果公司在其 iOS 系统的"照片"应用中加入了类似蒙太奇的动态显示模式。可以按年份、相册和时间查看拍摄的照片，应用程序会自动将它们排列在网格中，根据显示的照片数量将单张照片的尺寸放大或缩小。[5] 如果你手中刚好有一台 iPhone 或苹果笔记本计算机，可以看看它们自带的照片软件是否采用了这种显示方式。

虽然蒙太奇方法在概念上和技术上都是最简单的，但要从理论上对其进行定性还是相当有难度。鉴于信息可视化通常是将非视觉化的数据在视觉领域中表现出来，那么蒙太奇是否也可被归为一种可视化的方式呢？为了制作蒙太奇，我们从视觉领域出发并在视觉领域结束：我们先把所有图片摆放在一起使之成为一个整体，为了可以同时看到全部的图片，又对它们进行整体缩小。

虽然蒙太奇的数据转换方向与信息可视化正好相反，但它们也有不少的相似之处。蒙太奇之所以能被称作可视化方法，是因为它可以通过对可视化元素的排列，让人们能够更清晰地观察到那些曾经难以发觉的规律。从这个角度来看，图像蒙太奇是名副其实的可视化技术。例如，目前谷歌图书的界面上一次性最多只能显示 10 本杂志封面，所以很难观察这些封面从过去到现在的规律。但如果我们能收集一种杂志的所有封面，并以特定的方式排列,这些规律就很容易看到了。具体来说,我们将所有封面的尺寸缩放到完全相同,并将其像《时代》杂志封面的蒙太奇那样,按照出版日期有序排列在一个长方形网格中。在其他一切都相同的情况下,我们的眼睛就会集中在比较不同的地方——封面的内容、布局、颜色等其他视觉特征。

抽样与摘要的比较

接下来我将介绍两种概念性的步骤:抽样,它不是显示一个集合中的所有图像,而是选择其中的部分图像和/或图像的部分内容(见图10.2和彩图13)。

在统计学中,样本是数据的一部分,它通常对整体具有代表性,我在这里也以同样的方式使用这个术语。然而,我们的整体如果是一个大型的图像或视频集合,那么代表性可以以多种方式定义。一种类型的样本可能在揭示某些特征和模式方面是表现最好的,而另一种类型的样本可能揭示不同的特征和模式。因此,没有一种正确的方式来对媒体集合进行采样。我们应该尝试不同的采样策略,并将这些样本视觉化,这并不是因为我们想要得出一个"正确"的策略,而是因为我们想丰富对一个收藏品的理解,并创造其替代的视觉表现。换句话说,我们要创造的不是一张单一的地图,而是许多不同的地图。

我们可以将这种方法与计算机科学领域中使用的一种叫作自动视频摘要(automatic video summarization)的方法进行对比。

自动视频摘要的目标是为一个视频按照下面的要求生产最佳、最精简的摘要：

> 视频摘要必须包含视频中高度优先的实体和事件。例如，一场足球比赛的摘要必须包含进球的瞬间、精彩的进球尝试，以及其他受到关注的事件——球员被驱逐出场、打架等。此外，摘要本身应该表现出合理的连续性，而不能像一堆随意拼接在一起的视频片段。第三个标准可能比较难实现，即摘要应该避免内容出现重复。例如，在一段足球视频中，一个进球被重复播放几次是很常见的，想要自动检测出被循环播放的片段对计算机来说不是一件容易的事。这 3 个原则，CPR（连续性、优先性、无重复性），构成了视频摘要的基本核心。[6]

一些在线媒体集合的界面中使用了视频摘要。例如，互联网档案馆为网站上的一些视频提供了日常采样的帧，还有一些移动应用软件可以进行简短的视频摘要制作。

一个能够快速处理视频并自动生成摘要的算法对实际应用很有帮助，但如果我们的目的是想要找到媒体集合中不同的模式，提出不同的见解，那视频摘要还会适用吗？该方法对视频先抽样后总结，但我们为什么要使用抽样来进行媒体探索性分析呢？毕竟，我们已经进入了"大数据"时代，计算机可以运行数百万张图像的可视化。为什么我们反而只想使用整体中的一小部分呢？为什么我们在分析并推广媒体可视化作为一种替代方式之后，又想再次回到起点呢？

进行视频采样是为了突出整体的独特元素，并去除重复的部分。这使得我们的大脑能够集中比较这些独特的元素，而不被重复的元素所干扰——以克劳德·香农（Claude Shannon）在《通信的数学原理》中的理论来讲，这些重复的元素并不携带任何新的信息。然而，我们也不必总是选取"高优先级"的事件。重要程度是由传统观念定义的，但并不是所有传统都令人信服。我们应该允许不同媒体可视化的存在，譬如尝试以不同的方式对信息进行采样，或者关注不同种类的事件和规律。

丰富的视频和媒体艺术传统为媒体提供了许多替代采样的例子，这些例子不仅能揭示出艺术家所要表达的含义，而且还能对其进行反向解读、揭露其意识形态，并尝试通过采样的材料构建全新的视听体验。同样丰富且具有启发性的还有音乐的采样过程。这些传统媒体与忠于原作、寻求单一解决方案的视频摘要研究恰恰相反。文化分析的魅力就在于它不必在计算机科学家的客观方法和艺术家的创新方法之间做出选择。

采用这种计算机科学研究方法的公司为大众创造了实际的应用价值：它们改变了大众对传统媒体单一性的固定思维。观众与媒体的互动趋于"自动化"，如自动生成的视频摘要、根据用户喜好对照片进行的推广，而这一切背后都少不了大众主流审美的主导。

在20世纪70年代，伯明翰文化研究学院的成员认为，认同大众传播中所讲的"客观"（即预期）信息并不是唯一正确的选择。斯图亚特·霍尔（Stuart Hall）在他著名的1973年的文章《电视话语中的编码与解码》（"Encoding and Decoding in the

Television Discourse"）中提出，主体在解码大众传媒信息时可以遵循三种策略：霸权的、协商的和对抗的。[7] 在第一种情况下，主体按原意解码信息，也就是按编码方式解码。（"霸权的"指的是"对'处于支配地位'的情况和事件的定义"[8]。）在第二种情况下，主体理解了目标信息，但随后根据实际情况对目标信息进行调整。在第三种情况下，主体拒绝或抵制编码时所设定的预期。霍尔举例解释了第三种情况："一个人旁听了一场关于限制工资涨幅的辩论，但他把每一次出现的'国家利益'都故意解读成了'阶级利益'。"[9]

从这个角度来看，大多数媒体计算机科学出版物把霸权的解码策略当作唯一的立场。这一观点与现在的消费社会的价值观相符：不轻易质疑这个社会，使生活更有效率和更加满足。所以计算机领域的许多公司试图通过改进图像搜索引擎、改进电影和书籍推荐算法、改善用户界面等来推动建立一个更加有效率的社会。同时，这些公司认为自己的功能是为行业需求服务，比如让更多的人点击在线和应用程序的广告。换句话说，计算机科学的很多研究都与霸权体系相一致。正如 21 世纪 10 年代流行过的一句话——我们这一代最优秀的人都在思考如何让人们点击广告。[10]当然，我们所处的并不是一个非黑即白的世界。与许多计算机科学家的交谈让我明白，不论行业需求是如何间接地影响着他们，总还是有人愿意专注于研究那些烧脑的难题或者是坚持他们更感兴趣的研究方向。

这就可以说，例如，计算机科学出版物中提出的视频摘要是这种霸权式解码的一个实例。当研究人员说，"一场足球比赛的总结必须包括进球、夺目的攻门，以及任何其他值得关注的事件"时，这种摘要就遵循了当今体育行业想要向大众传递的信息（全球直播和广告销售，要求体育必须有"夺目"的时刻）。

对文化分析来说，没有入选摘要的部分，抑或是媒体集合/单个视频的整体画面或许才更加有趣。图10.3是我创建的一个对抗式的媒体可视化的例子。这是一个以动态拍摄而著称的导演所拍摄的电影，我们通过特殊的采样手法提取了它的静态特征（将在本章后半部分接着讨论）。

时间采样

由于基于时间的视觉媒体并存于空间（图像是二维的表现）和时间（《时代》杂志封面图像序列、视频帧、互动界面），我们可以在空间或时间上对其进行采样，或者同时使用两种类型的采样。时间采样（temporal sampling）就是从一个更大的图像序列中选择一个图像子集。假设这个序列由现有的元数据定义，比如视频中的帧数、社交媒体网站上的图片分享日期，或者漫画书中的页码，我们保留原始序列，并且只显示一部分的图片或视频帧。

时间抽样对展现文化器物、过程和经历十分有用，它们通常都需要一段较长的时间才能完成（比如玩电动游戏）。完成一个单人游戏可能需要几十个甚至几百个小时。而完成一个大型多人在线角色扮演游戏（MMORPG），所需要的时间则可能会长达好几年。[尼克·伊（Nick Yee）在2005年的一项研究中发现，MMORPG玩家平均每周在游戏中花费21个小时。[11]] 在下面的例子中，威廉·休伯在我们的实验室中创建的两个可视化项目中展示了100个小时的游戏过程。

这两个游戏分别是《王国之心》（2002）和《王国之心Ⅱ》（2005）。每个游戏都由同一个玩家分不同的时间段完整地玩了一遍。《王国之心》的整体游戏时长为62.5小时，总共花费20天，共登录29次。《王国之心Ⅱ》的整体游戏时长为37小时，花费了18天，登录了16次。每次游戏过程都进行录制，之后再合成为一个单序列。这些序列以每秒6帧的速度进行采样，最终《王国之心》共计225000帧，《王国之心Ⅱ》共计133000帧。最后再从所有帧的集合中对每10帧进行截取用于可视化，画面网格按照游戏的顺序（从左到右，从上到下）排版。彩图14中展示的是《王国之心》的可视化。

《王国之心》是2002年由东京的电子游戏厂商史克威尔[Square，现在的史克威尔·艾尼克斯（Square Enix）前身之一]和华特迪士尼公司（Walt Disney Company）联手打造的一个系列视频游戏和媒体项目。该系列游戏由史克威尔提供原创人物，这些人物在迪士尼世界里（《泰山》《爱丽丝梦游仙境》《圣诞夜惊魂》等）穿越旅行。每个游戏世界中都有来自不同迪士尼电影的人物，以及和电影的视觉风格相呼应的主题色调与渲染风格。可视化向我们展示了该游戏的结构，一边是剧情的发展，一边是探索迪士尼世界，这两个元素应接不暇地出现。

关于使用时间采样进行电影可视化的例子，可见图10.2。图中显示的维尔托夫《第十一年》的可视化依赖于影片的语义和视觉上的一个重要的分割——镜头顺序。该片长52分钟，包含了654个镜头。我们并没有以固定的速率对影片进行自动采样（例如，每秒一帧），而是选择在镜头边界对影片进行采样。每个镜头由其第二帧表示，但也可以使用中间或最后一帧。这些帧是按照电影中的镜头顺序从左到右、从上到下排列的。我们可以把这种可视化看作是对一个假想的电影故事板进行了逆向工程处理，类似于摄影、剪辑和内容的重构计划。免费的镜头检测软件Shotdetect和我们的ImageMontage软件都可以帮助完成这样的电影可视化的制作。[更多关于图像蒙太奇和其他电影、视频和电视节目可视化的例子，请参见我们下列项目：Visualizing Vertov、Media Species、ObamaVideo、PoliticalVideoAds.viz、Remix.viz，以及阿德尔海德·赫夫博格（Adelheid Heftberger）所著的《数字人文学科和电影研究：维尔托夫作品的视觉化》(*Digital Humanities and Film Studies: Visualising Dziga Vertov's Work*)。]

空间采样

空间采样（spatial sampling）是指根据一定的程序对图像的局部进行采样。例如，我们对《时代》杂志封面的可视化进行空间采样时，裁剪了该杂志几十年来一直沿用的红色边框。这些边框会因其饱和的颜色吸引观众的注意力，使他们很难再注意封面

图 10.2

《第十一年》的视觉化。影片中 654 个镜头中的每一个都由其第二帧表示。画面按照影片中的镜头顺序从左到右、从上到下排列。下面展示的是其中一排帧的特写。

的其他部分。因此，在最终的可视化渲染之前，我们决定将这些红色边框从所有的图像中移除。通过下一个例子我们会知道，在更加极端的抽样中，图像局部面积越小反而越有可能帮助研究人员找到一些无法从完整的图像蒙太奇中得出的规律。为了与医学和生物研究及 ImageJ 软件中使用的这种可视化的标准名称保持一致，我们把它称为切片（slices）。[12]

在生物学、神经科学和医学领域，研究人员使用切片技术来研究并可视化大脑活动。例如，目前为制作非常详细的脑图谱而进行的研究就使用了 100 微米的超薄切片。[13] 磁共振成像技术和功能磁共振成像技术也是通过分析切片信息对大脑进行成像。[14] 事实上，ImageJ 及其前身 Image 最初是由美国国立卫生研究院（NIH）开发，用于处理通过光学显微镜获得的图像，该软件在生物医学图像处理方面一直大受欢迎。这些领域的称呼也被沿用到了 ImageJ 的用户界面上：单个图像称为切片，而这些切片的序列称为堆栈（stack）。[15] 刚开始学习这个软件时，我发现了一个用于执行"切片"的指令：正交视图（orthogonal view）。用户指南中对该命令的描述如下："一个现实矢状切面的堆栈会根据数据集显示出冠状（YZ 投影）和横向（XZ 投影）两种视图。"[16] 我意识到这些都是医学上的术语，所以并没有去查找它们的意思，而是直接把这个指令应用到我自己的图像序列中（所有帧都来自一个简短的音乐视频）。这个可视化的结果对我们而言非常具有启发性，我们开始用"切片"来称呼它们。切片操作是从序列中每张图像的中心提取一个窄列，宽度可变，再将它们组合在一起。这在概念上类似于图像蒙太奇，但它不是展示完整的图像，而是先对每张图像进行局部采样。

彩图 13 中的可视化向读者展示了 4535 份《时代》杂志的图像切片的使用方法。每张封面都在中心截取一个 1 像素宽的垂直切片。这些切片按照出版顺序（1923—2009，从左到右）一个接一个地排列。这种可视化的方式使那些无法在完整图像的蒙太奇中发现的规律变得更加明显。几十年来，杂志一直在改变它的主标题名称垂直位置和设计：起初为黑色，相对较大；然后变小；后来几乎消失；再后来，使用红色印刷，变得更明显。杂志开始出版后的第一个十年里有一段时期正处于"二战"中，这时摄影封面被肖像画代替（统一的橙色区域）。大多数可见的变化都是慢慢产生的，但有一个例外：1952 年，封面图像在短短几个月内就彻底改变了大小。以前封面的图像只占封面的一部分，现在它几乎占满了整个封面。该变化的完成可以分为两个阶段。刚开始，图像铺满整个封面的顶部边缘，几个月后，图像向下延伸到了底部边缘。

这里所说的视觉媒体的抽样技术与统计学和社会科学中的抽样理论和实践之间有什么关系呢？[17] 统计学的抽样调查是为了从大量样本中获得可靠信息。由于研究对象数量庞大，一次性收集所有的数据不太可能，所以统计学家发明了抽样调查，这也成了 20 世纪统计学应用的基础。立足当下的大数据时代来回顾历史，你也许会感到奇怪：为什么在整个 20 世纪，如此多的研究和实际政策都是基于非常小的样本。而且，小样本的使用在今天仍然是许多领域（如人口抽样调查）的标准。（关于抽样用于社会和文化研究时的局限性的详细讨论，见第五章。）

实验的设计，包括样本的类型和大小，一直是现代统计学发展的一个重要领域。1870—1930 年，查尔斯·皮尔斯、罗纳德·费希尔和其他人提出了抽样的理论和方法。之后统计学家们又发明了各种方法，帮助他们通过精心设计的实验和小规模的样本来对更大规模的人群做出推论。

媒体可视化也会面临同样的限制。以每秒 24 帧的速度对一部 90 分钟的故事片进行取样，会得到 129600 帧。以同样的速度对一个持续 50 个小时的游戏录像采样，最终会得到 1728000 帧。这就是为什么在《王国之心》的可视化中，我们只选取了部分帧对游戏视频进行取样。

理想情况下，如果 ImageJ 软件能够使用所有的视频帧创建一个蒙太奇，我们就不必这样做了。然而，正如《时代》封面切片的可视化和维尔托夫电影的图像蒙太奇所显示的那样，有时大幅度地限制所显示的数据比使用所有数据更能有效地揭示某些规律。虽然我们也可以在全图蒙太奇中注意到封面布局随时间而发生的变化，但切片蒙太奇会使这些变化更加清晰。我们看到了"时代"这个单词不规则的位置和其大小的变化，以及在 20 世纪 50 年代初封面图像覆盖面积突然增加的变化。我们还看到，在 1960 年以前，封面序列的视觉可变性较少；1960 年后，可变性增加，也因此很难再根据之前的封面来预测下一个封面的颜色和内容。

重映射

任何表征都可以被理解为两个实体之间的映射运作的结果。就弗迪南·德·索绪尔提出的符号学而言，这种映射是从一个符号到另一个符号。就查尔斯·皮尔斯的符号学而言，这种映射是从对象到符号。皮尔斯定义的符号分类法——图标、索引、符号和图表——定义了对象和表征之间映射的不同类型。

在数学上，映射是在两个领域的元素之间建立对应关系的函数。映射中为大家所熟知的一个例子是投影原理，我们可以使用等距投影和透视投影来创建一个三维场景的二维图像。二维地图上整个物理空间的表示方法也是这种映射的表现。

20世纪的文化理论经常强调，文化表述只能展现研究对象的局部面貌。因为任何文化表征都是有选择性的，被表征的内容往往由权力利益、意识形态，以及当下的媒体技术决定。如今，我们需要重新思考这个定义。在过去的几十年里，人们研究了几十种用于收集物理或生物对象信息的新型技术，同时也有能力从海量数据中提取各种特征或其他信息。例如，谷歌通过网络爬虫技术不断更新其搜索数据库，到2008年，该数据库包含了1万亿个链接。[18]

现代媒体技术，包括摄影、电影、录音、传真和复印机、磁性录音和录像、后期软件、网络等，形成了一种新的文化映射（cultural mapping）：对现有的媒体器物局部取样、重新组合后再创造，赋予作品新的意义或新的美学效果。这种艺术形式在19世纪下半叶开始兴起（例如，摄影蒙太奇），在20世纪10年代和20世纪20年代逐渐进入当代媒体艺术的视野，在20世纪50年代得到进一步发展。它的不同表现形式包括流行艺术、汇编电影[①]、挪用艺术、混音，以及新媒体艺术的重要部分——从布鲁斯·康纳（Bruce Conner）的第一部汇编电影《一部电影》(*A Movie*, 1958)到达拉·伯恩鲍姆（Dara Birnbaum）的《技术/转型：神奇女侠》(*Technology/Transformation: Wonder Woman*, 1979)、道格拉斯·戈登（Douglas Gordon）的《24小时惊魂记》(*24 Hour Psycho*, 1993)、约阿希姆·索特尔和德克·吕塞布林克的《过去事物的无形形态》(*The Invisible Shapes of Things Past*, 1995)、马克·纳皮尔（Mark Napier）的《碎纸机》(*Shredder*, 1998)、珍妮弗（Jennifer McCoy）和凯文·麦考伊（Kevin McCoy）的《每一镜/每一集》(*Every Shot/Every Episode*, 2001)、布伦丹·道斯的"电影重现"(2004)、娜塔莉·布钦（Natalie Bookchin）的《大众装饰品》(*Mass Ornament*, 2009)、克里斯蒂安·马克雷（Christian Marclay）的《时钟》(*The Clock*, 2011)等。早期的电影汇编靠人工剪辑完成，只能包含少量的元素。而现在，艺术家能够借助计算机自动创建包含几千个元素的新媒体作品。

如果原始的媒体器物，如新闻照片、故事影片、网站，可以被理解为某种"现实"的映射，那么艺术元素的重新组织就可以被称作重映射。这一做法的意义和美学效果在于它们系统性地将

[①] 又译"混剪电影"，是将已经拍摄好的电影片段重新剪辑成为新的作品。

原始媒体的样本通过重新组织变成一件新的作品。回过头来看，这些艺术项目中许多也都可以被理解为媒体可视化。它们研究了大众媒体中的意识形态，尝试与媒体互动的不同方式，建立动态的媒体景观，多方位地调动着我们的感官。

例如，2008年，视觉艺术家、视频导演马克·布兰比拉（Marco Brambilla）为纽约切尔西地区的标准酒店的电梯制作了一系列令人惊叹的视频。其中一个视频《文明（超巨幕）》[*Civilization (Megaplex)*]，使用了400多个从以前的电影中提取的片段，这些片段被拼接在一个精心制作的多层动态"地图"中。[19] 当你乘坐电梯从底层到达顶层时，眼前的视频画面也会随之从地狱转入天堂。在这个系列的其他视频中，马克和他的制作公司将数百个代表了20世纪视觉文化标志的电影片段结合在一起。这些片段中的人物和场景以微缩模型的形式展现，每一个人物都有自己的动作。媒体文化的历史"长河"就这样在我们的眼前徐徐展开。在观看的过程中，人物的面孔、身体、布景设计和时期之间都存在着不少关联，这不仅丰富了视觉上的表现层次，也给予了这个作品深层次的含义，同时还让它更具学术研究价值。

本章所描述的媒体可视化方法使用了艺术家们先前使用过的一些技术。而摄影蒙太奇、电影剪辑、采样、混音和数字艺术都还有不少其他的方法技巧也可被用于媒体可视化。就像采样的概念一样，这些媒体重映射的艺术实践与将媒体可视化作为媒体学习的研究方法之间的关系值得我们进一步思考。譬如，大家可以先试着回答这个问题：媒体的重映射和可视化之间究竟有什么区别？

艺术项目对媒体作品进行取样后，通常会按照特定的方式再一次重新组合。例如，在一部名为《技术/转型：神奇女侠》的经典的视频艺术作品中，达拉·伯恩鲍姆对电视剧《神奇女侠》进行了取样，从中选出了很多镜头片段，例如神奇女侠从人到超级英雄的整个转变过程。这些片段随后按照和原著不同的顺序重复播放，故事所述内容就变得与之前完全不同。

在文化分析中，我们的目标是探究一个完整的媒体作品或一系列媒体作品的规律。无论我们选取的是所有的媒体对象（比如在《时代》封面的蒙太奇或《王国之心》的蒙太奇中）还是它们的样本（《时代》封面的切片），所采取的主要排列顺序会与原作保持一致。

此外，我们并不是凭直觉或是选择性地表达我们的观点，而是采取更加系统性的抽样方法——例如，选择一部电影中每个镜头的第一帧或选择影片中的某些参数波动巨大的所有帧（有一个新的人进入镜头、色调的变化、镜头构成的变化等）。

我们也会经常尝试不同的采样方法和空间排列，就像设计师和艺术家会对媒体素材进行重新组合。［在处理媒体样本方面，艺术家们有时可能是相当"暴力"的。譬如，汉娜·霍赫（Hannah Hoch）、拉斯洛·莫霍利-纳吉（László Moholy-Nagy）和约翰·赫特菲尔德（John Heartfield）在20世纪二三十年代进行的摄影蒙太奇，超现实主义者盖拉辛·卢卡（Gherasim Luca）的蒙太奇，以及20世纪60年代波谱艺术家们的作品。］不过，我们只会利用可视化去归纳总结现有的规律，而不是利用它制造一些新的内容。

我们暂且不谈论这个目标是否现实。首先不容置喙的是，对媒体作品的二次解读很可能会让大众失去对特定角度的观测和找寻规律的机会。换句话说，即使是看似最"自然"、最"客观"的取样方法或可视化布局，也已经造成了一种有指向性的解读。

下面这个重映射的例子也来自我的实验室。我创建了一个可视化，用来比较《第十一年》中每个镜头的第一帧和最后一帧，图 10.3 显示了该可视化的一部分。完整的可视化图的尺寸是 133204 × 600 像素；为了使图中的帧数清晰可见，我放大了其中一小部分，以缩放级别显示。

Vertov（"维尔托夫"）是导演本人创造的一个新名词，他在职业生涯早期将这个词作为自己的姓氏。该词源自俄语里的一个动词"vertet"，意思是"旋转"。他使用这个词可能是为了指代 20 世纪 20 年代电影拍摄的基本动作——旋转摄像机的手柄，也可能是指他本人的丰富的镜头语言。同那个年代来自俄罗斯和欧洲的大多数艺术家、设计师、摄影师一样，维尔托夫希望通过极具动感的对角线构图和不同寻常视角的拍摄，让观众透过他的镜头可以重新审视自己看到的世界。

然而，可视化的结果却与他的目的明显有所出入。结果显示，《第十一年》每个镜头的开头和结尾处的构图和主题都相差无几。换言之，这些镜头基本上是静态的。回到真实的电影中进一步研究这些镜头，我们发现其中一些镜头是完全固定的，例如人物的

图 10.3

《第十一年》(1928)中共 654 个镜头中的一小部分的可视化特写。每个镜头都由其第一帧(上排)和最后一帧(下排)表示。这些镜头按照它们在影片中的顺序从左到右排列。

脸部特写，他们就只是站在原地看向不同的方向。还有一些镜头采用了静止摄像来定格人物活动，例如正在工作的机器和工人。但这些活动都是在取景框能够拍摄到的范围进行的；也就是说，物体和人物并没有在画面外或跨越画面的边界移动。当然，维尔托夫最著名的电影《持摄影机的人》（1929）中的很多镜头都是经过专门设计的，以使其看上去更加动态化：在一辆移动的汽车上拍摄，这就可以使拍摄对象不断超出摄像机的取景框。但即使在维尔托夫这部最具实验性的影片中，这样的镜头也只占了影片的很小一部分。

在本章中，我提到了探索大型媒体集合的视觉技术。这些技术的思路大致相同：使用集合中的内容——所有的图像、它们的子集（时间抽样）或它们的局部（空间抽样）——并以不同的空间配置来呈现可视化结果，帮助观众更好地找到其中的规律和"形状"。为了更好地与大家熟知的信息可视化进行比对，我把它称作媒体可视化。

我用了几个例子向大家介绍了可视化中元数据（如，杂志发行日期或电影帧数）的使用方法。同时，如果研究人员为集合添加了新的信息，这些新的信息也可以被用于创建媒体可视化。例如，手动编码的和自动检测的内容特征，或通过数字图像处理提取的视觉特征都可以被用来绘制图像。就视频而言，我们也可以使用自动提取或编码后的信息，如后期技术、取景、人物和其他物体的存在、镜头内的活动等。为了比较维尔托夫电影中每个镜头的第一帧和最后一帧，我使用了识别镜头边界的软件

Shotdetect。

从概念上讲，媒体可视化基于 3 种操作：缩小以查看整个集合（图像蒙太奇），时间采样和空间采样，以及重映射（以新的配置重新组合媒体样本）。要想用重映射技术获得有意义的结果往往需要不断实验并花费大量时间，而前两种方法通常很快就能产生有用的结果。因此，要想分析一个新的媒体集合，一般会首先使用图像蒙太奇和切片。

维基词典中对"browse"（浏览）这个词的定义是："在事先不知道要找寻什么的情况下，通过扫描、随意翻阅以找到感兴趣的东西。"[20] 同样相关的是"exploration"（探索）一词的其中一个定义："在寻找的过程中旅行。"[21] 那我们怎样才能在大规模的媒体集合中发现有趣的东西呢？或者换句话说，我们在不知道要找寻的目标的情况下，如何更有效地浏览这些媒体集合呢？这时候，媒体可视化中的部分技术也许可以为我们带来一些启发。

结语　我们可以不依靠"分类"来思考吗？

21世纪初，全球数字文化进入了一个全新阶段。对数字文化器物生命周期和用户与器物间互动的计算分析让我们重新认识了文化的机制和多面性。当下，这样的文化分析在各领域被广泛采用，包括一些社交网络公司，有推广需求的非政府组织和来自世界各地无数的小型企业，其中更多的是那些想要在互联网上进行自我创业、营销、管理的个体用户。与此同时，时尚公司、图书和音乐出版商、影视制作人、食品饮料企业、连锁酒店、航空公司，以及其他与文化和生活相关行业的商业巨头也都利用与其业务相关的大数据和数据科学技术对自己的产品进行设计、测试、营销，以及预测用户需求。

其他近似的计算方法和基本概念也为计算机科学、数据科学、计算社会科学、数字人文、城市研究、媒体研究、数据可视化、数据设计、数字艺术等领域的社会文化研究提供了一些新的方法。文化分析也是这样一个出现在20世纪后半期的研究领域。通过这本书，我想向读者传达我与文化分析之间的不解之缘，以及我从2007年开始此项研究后所学习到的所有东西。书中详细介绍了以数据的方式来表示、探索文化现象时所需要的步骤。本书的目标是检验所有步骤中涉及的概念并对现有的方法提出质疑，找到其他未被发现的规律。

这本书主要聚焦于我长期从事的3个领域：媒体理论、数字艺术和数据科学。其中，媒体理论的发展离不开对个别主要理论的分析及对数据科学技术的运用，同时也离不开现代媒体技术的发展。媒体分析是媒体技术发展的一个新阶段，该阶段的特点是：研究对媒体和用户的互动进行大规模的算法分析，并将分析结果应用于算法决策（上下文广告、推荐、搜索和其他类型的信息检索、搜索结果和内容过滤、用户照片内容分类、文档分类、抄袭检测、视频指纹识别、自动生成新闻等）。我们现在都还处于起步阶段。由于现在越来越多的功能型算法正在逐步走向自动化，所以我认为许多商业文化的生产和精准投送也会逐步转向自动化。因此，未来数字发行平台和媒体分析将迎来第三个方向：算法媒体生成（algorithmic media generation）。实验派艺术家、设计师、作曲家、诗人和电影制片人自20世纪60年代初就开始使用算法，在未来这可能会成为整个文化工业的常态。这种趋势在目前的一些工作中已初见端倪：新闻报道自动生成，线上写作的主题经过算法推荐，商业音乐可以靠人工智能生成，电影的收购和发行决策，电视节目的制作和体育赛事的直播可以由摄像机器人进行操作（自动跟踪、放大场上正在移动的人）。我在2018年出版的《人工智能美学》一书中更详细地讨论了人工智能的文化用途。[1]

截至21世纪初，常用于表达和推理的重要文化技术主要包括自然语言、现实捕捉技术（照片、视频和录音）、地图绘制技术、逻辑学、微积分和数字计算机。过去数据型社会的核心概念现今看来同样重要，因为它们形成了数据型社会的核心思想，是我们与这个世界及人们相遇、相知、相处时所遵循的特殊准则。所以，即使你并不打算从事文化分析研究，你还是需要熟悉这些以数据为中心的新文化技术。[2]

当代数据科学涵盖了数百种算法和几十种数据处理方法，它们来自不同领域，涉及不同类型的操作，如数据准备、探索性数据分析（包括可视化）、描述统计、无监督机器学习（聚类、维度简化等）、统计模型、有监督机器学习（和它的主要应用——分类和回归）、时间序列分析、网络分析等。其中部分领域在 20 世纪的头几十年就已经开始发展，另一部分因为其算法对计算机的高要求与对大型数据集的依赖以至最近才开始流行。

其中，有两个领域在当今尤其重要，我们也可以把它们看作两个数据型社会的认知类型：无监督的机器学习和有监督的机器学习。我们在工作中往往更加注重前者而非后者，因为我们想看到文化领域的精细结构和"风貌"，从对象特征出发找到组织并建立联系，而不是将已有分类系统套用在文化数据上。但这两种认知类型我们都需要熟知，因为它们都可以成为可行的研究方法。当然，描述统计和可视化也应该是人人必备的技能。在所有其他的领域中，网络分析和时间序列分析对探索文化也尤其重要。除此之外，我们还应该学习一些专用于特定媒体类型的方法，最好是自己感兴趣的领域，比如自然语言处理、计算机视觉、音乐信息检索或空间分析（用于分析文本、图像与视频、音乐与声音，还有空间）。

我们想要"解释"文化吗？

将文化发展的过程和文化器物视作数据来处理，有助于引导我们提出专业人士（无论是作家、策展人还是管理者）不会提出的问题。因为这些问题往往与我们公认的人文或大众媒体抑或艺术领域传递的文化、创造力、审美和品位背道而驰。例如，如果数据分析结果表明，当代艺术家的作品尽管拥有很高的经济价值却缺乏原创性，那么收藏家和博物馆是否还会为这些作品支付数百万的美金？或者，如果数据告诉我们艺术界的趋势可以如时尚界的趋势一样被准确预测，那将会怎么样？

在社会科学中，最著名和最具有影响力的文化数据定量分析仍然要数皮埃尔·布尔迪厄的《区分》。正如之前提到的，这本书中使用的数据来自法国的公众调查。为了分析和可视化数据，布尔迪厄用到了一个目前新发展起来的统计分析技术——对应分析（correspondence analysis）。它类似于主成分分析（PCA）方法，但适用于离散的类别，分析结果以图形的形式表达不同类别之间的关系。对布尔迪厄来说，这种数据分析的可视化形式与他对社会和文化的理论概念相一致，这也是为什么这种方法会在书中发挥至关重要的作用。《区分》是布尔迪厄最著名的一本作品，在2012年他成为世界上被引用次数第二多的学者，仅次于福柯。[3]

定量社会科学中最常见的方法是：在一个数学模型中，用自变量代表的现象预先规定数值，用以"解释"（explain）由因变量代表的观测现象。布尔迪厄并没有采用这种方法。然而，鉴于当今文化数据的多样性和规模，也许在现在使用这样的方法也能得出有趣的结果。

如果我们也采用其他的定量社会科学方法来"解释"这个看似难以捉摸的、主观的、非理性的文化世界，又会发生什么呢？例如，我们可以用因子分析法来分析世界各地的观众对各国音乐MV的选择和偏好，这样就可以了解观众们在比较艺术家和歌曲时所选择的维度。或者我们可以使用回归分析法，并结合人口变量、社会变量和经济变量，对"文化杂食者"（cultural omnivores，指同时喜欢着精英和大众文化器物的人群）的选择进行模拟。[4]［关于第一个使用大型社交媒体数据的文化品位的定量研究，见《通过在线社交媒体了解音乐的多样性》（"Understanding Musical Diversity via Online Social Media"，2016。][5]

在文化、市场营销和广告的定量社会学研究中，科研人员最感兴趣的就是与消费品和文化器物相关的一些问题。计算机科学家在分析社交媒体和网络数据时也会对这类问题不断发问，但这种情况在人文学科中并未发生。事实上，如果在艺术和人文领域，这种问题甚至可能会让人感到非常不舒服，而这恰恰是我们应该继续探索的原因。

除非你的本职工作是媒体分析，否则将定量或计算方法应用于文化分析的最终意义并不在于是否能取得成功。这两个方法可以迫使我们以新的方式看待一个主题，并更加坚定自己的假设，也可以细分我们想要研究的方向和概念。

让我们做一个思维实验，考虑一下将定量社会科学中的范式应用于文化领域会发生什么。定量社会科学是一门解释社会现象的学科，旨在用少数的变量表达社会现象中存在的数学关系（A在多大的程度上影响了B）。这类模型建立后通常会被用于预测事件的发生。此类探索常用的统计方法包括回归模型、因子分析，或对数据进行概率分布的拟合。后者用于确定观察数据是否可以用一个简单的数学模型来描述，这些数学模型包括高斯分布、对数正态分布、帕累托分布等。例如，在定量的电影研究中，一些研究人员发现20世纪好莱坞电影的镜头（数）频率遵循对数正态分布。[6]

我们是否应该尝试使用数学模型预测文化未来的走向？我们是否需要通过外在的经济和社会变量来解释文化？我们是否真的需要找到一个作家的传记，然后解释该作品中30%的多样性？或者我们是否真的需要知道年龄、地点、性别变量解释Instagram帖子中20%的多样性？即使我们通过一些变量的组合能够以95%的准确率预测一些Instagram用户帖子的内容和风格，但在文化领域中，真正重要的却可能是我们无法预测的那5%。

回归模型在对真实数据进行分析时，通常只能预测部分的信息。而没有被预测的部分通常被称为"噪音"，因为它不满足数学模型的要求。在回归分析的标准表述中，统计模型中未预测出的信息统称为误差项（error term）或噪音（noise）。噪音可能是由随机变化造成的，这些变化给统计观察和建模的过程带来了干扰。然而，在文化发展的过程中，统计模型无法预测的部分才是最有趣的。因为如果某样东西无法被预测，那就说明它一定是原创的。

我们是否能够对标准事件和特殊事物一视同仁？文化历史往往会过多地关注原创和发明。在人类历史中，对前卫事物的追求往往都是以舍弃一些常规、典范和传统为代价的。大型文化数据和定量方法适合对这些常规进行研究。正如莫雷蒂在1998年谈到文学时说："文学所讲述的其实就是一些常规的事情，只是它采取了更加花哨的表达结构，这就意味着它的一些内容发展是重复的、缓慢的甚至是无聊的。但这正也是大多数生活的样子，我们不应该想着把文学从其平淡的特征中拯救出来，而应该学会认识它，理解它的含义。"[7] 我完全同意她的观点，但我也希望文化分析可以做得更多。理想情况下，文化分析应当兼顾乏味的事物和新鲜的事物，兼顾规范的标准和新颖的发明。如果统计学和其他数据科学方法只能用于研究文化历史中的常规部分，我们就应当从根本上重新思考这些方法。

文化分析的目标是为了研究规律吗？（是或否）

虽说人文学科比较注重个人创作，但它们对大型的文化模式同样十分关注。20世纪的人文学科常常用以下列词汇总结文化发展的规律：<u>技巧</u>、<u>传统</u>、<u>结构</u>、<u>类型</u>、<u>主题</u>、<u>话题</u>、<u>动机</u>。这些规律被认为是特定<u>流派</u>、<u>文化运动</u>、<u>历史阶段</u>、<u>民族文化传统</u>或<u>亚文化</u>的作品或作者的共同特征。

在我看来，文化分析也是在同一个范式下进行的，但它使用了更大、更具有代表性的样本，同时还拓宽了研究的维度，并使用计算机技术测量和量化这些维度。最重要的是文化分析不是从已经被接受的文化类别开始分析，而是从"原始"文化数据着手来发现与这些类别不同的规律、联结和集群。

所以文化分析也可以被定义为<u>不同规模文化模式的定量研究</u>。不过要注意，我们所得的文化模式只能表示文化器物之间在某些维度上的部分规律，因为我们暂时地忽略了它们之间其他的差异。而当我们开始考虑这些差异时就会发现，看似相似的一组器物还可以再被分成多个差异分明的小组。文化分析的结果总是与我们选择比较和选择忽略的维度相对应的。

总之，尽管我们都希望能在不同规模的文化数据中找到规律，但我们更应该记住，这些规律只反映了文化器物的一部分。

在上一节中，我简单地探讨了如何以 20 世纪社会学家看待社会的方式来理解文化。文化分析的目的并不是简单地用数学模型"解释"大（小）部分信息，再把其余无法被数学模型解释的部分当作错误或噪音处理。我们不应该先入为主地认为所有文化差异都是一种偏离平均值（deviation from a mean），或总是将一些流派与媒介和某些规律联想到一起（如英雄之旅[①]、黄金比例或二元对立），又或是像 19 世纪的一些艺术史学家那样认为每一种文化都需要经历相同的 3 个或 5 个发展阶段。

我们在研究文化多样性的时候，不应该预先假定它是由某种类型或结构变化导致的。这与定量社会科学的现代思维和它所采

---

① Hero's journey，一种叙事模式。

用的统计范式有很大的不同。正如我在这本书中提到的，统计学在十八九世纪的发展，导致了该领域采用偏离平均值的方法对数据进行观察。

这样的研究方式是不是意味着我们只对差异感兴趣？又或者意味着我们想要竭尽全力避免任何信息的损失？如果你认为世界上存在可被描述的文化模式，那其实就是接受了我们在思考和分析数据时一定会造成损失。如果不想有任何损失，我们就无法对事物做比较，除非面对的是极端的文化极简主义或具有连续性特点的作品，比如只有一个变量的索尔·勒维特（Sol LeWitt）的作品。

接下来我会用两个段落总结我的观点，这也是我认为本书最精华的部分。除了介绍文化分析目前的发展情况以外，我还会介绍它未来的发展目标和所面临的挑战。

对任何一件文化器物来说，作品表达的信息和与观众的联结都是独一无二的，除非这件器物是另一个文化器物的"复制品"或者是通过机械或算法制作的统一器物。独特性有时候并不是分析的重点，但在某些分析中，这种独特性又很重要。例如，我们通过提取 Instagram 的自拍照片数据集中的面部特征信息，可以得出拍摄于不同城市、不同时间照片的差异。但是当我们在实际浏览 Instagram 时，并不会对无数陌生的面孔、身体和风景感到厌倦，因为他（它）们都具有独特性。

文化分析最终是为了更好地理解全球文化器物的多样性，所以除了相同点之外，我们更要关注无数文化器物之间的差异。这些作品的作者既可以是专业领域的艺术家，也可以是普通的互联网用户。在19世纪和20世纪，由于缺乏合适的技术对大型文化数据进行储存、整理和对比，简化型的文化理论得以出现。今天，随意一台计算机设备都可以映射和可视化处理无数个对象之间的差异，我们就再也没有借口只去关注文化器物或行为之间的共同点。事实上，当我们在进行分类或是想要将一个标准贯彻到底时，其实就是在忽略差异。在文化分析的初始阶段，由于数据的数量众多，我们需要借助一些规律和模式来帮助我们搭建当代文化地图的初始结构。但最终这些模式和规律都会逐渐淡出至消失，因为最后我们只会关注个别对象之间的差异。

如何进行不分类的思考

根据我的经验，这些想法总是说起来容易，做起来难。人类的大脑和语言其实就是分类机器。我们的认知总是在不断地处理感官信息并对其进行分类。观察到一个从未发现过的规律就像是在构建一个新的类别：认识到某些事物或这些事物的某些方面有着共同的特点。那么我们如何才能学会在不分类的情况下对文化进行思考呢？

人文学科假设（直到现在还"统治"着文化领域的思考和写作）的研究目标是发现一般文化类型并对其做出解释，这些类型可能是"现实主义""叙事结构"或是"自叙"。我们如何才能摆脱这种假设呢？如何才能学会更详细地了解文化，而不是急于寻找类型、结构或模式呢?

在这本书中,我借鉴了一些数据科学的想法来描述了一种可行的策略。首先,我们需要足够大的文化数据样本。然后,我们从中提取出足够多的特征,这些特征能够描述文化器物的特质,观众对它们的接受和使用程度,以及它们的流通属性。(我们还需要更加系统地思考如何表现文化的历程和互动,尤其我们如今使用的还是互动数字文化媒体,而不是传统的静态历史器物。)一旦我们有了这样的数据集,我们就可以通过数据科学来对其进行探索。但是同时我们要记住,这些提取出来的特征并不能代表所有,所以人类的观察能力,推理异同的能力,以及对文化历史的理论知识的了解是至关重要的。

在第三部分,我介绍了一些视觉媒体数据集的常用的探索性方法,但现在我想介绍另一种用来观察文化的、可替换使用的、更为大众化的方法。该方法进一步扩展了我之前的想法,即文化分析的目的之一是为了在无数文化器物中找到不同之处,而不是像我们在19世纪和20世纪那样寻找它们的共同点。

一般来说,我认为观察和分析文化需要具备描绘和测量5个基本特征的能力。前4个是多样性、独特性、动态性(时间变化)和结构。结构在这里指的是集群、网络与其他多种对象之间的关系,也就是探索性数据分析和无监督机器学习中所理解的结构,而不是20世纪60年代出现的结构主义。在使用既定的审美标准或模板创造文化器物的情况下,例如,使用Instagram中的滤镜和统一的主题,我们就可以开始考虑第五个特征——可变性。我们在分析 Instagram 的图片样本时，首先可以提取出相同主题的内容，然后再对每个内容的偏差进行分析，或对那些不包含任何主题的图片进行观察。但这也并不是说偏离类型（偏离平均值或其他可计算统计值）是所有文化情景的必要衡量标准。

要对多个种类文化器物及其经历的文化可变性、多样性、时间变化、影响力、独特性和结构的测量方法进行研究和试验，这在理论和实践上都是一项庞大的任务。当然，仅靠文化分析本身并不能迅速解决这其中的难点。在统计学、信息论、计算机科学、生态学、人口学、机器学习和其他领域中，也有许多测量方法或概念可以用于此，例如，生物学中的多样性指数、经济学中的基尼系数、人口统计学中的异质性指数，以及信息论中的散度测量和共享信息距离。依我所见，了解哪些措施对不同类型的文化数据更有效，并对它们进行完善将是文化分析的一个重要发展方向。

"视觉地球"项目是这项研究的一个例子。我们在该项目中使用了基尼系数来测量社交媒体中的不平衡——在特定的地理区域内或两个区域之间所发布的社交媒体帖子数量的不平衡空间分布。我们使用了 2014 年的 5 个月（3 月—7 月）里，在曼哈顿地区上传的 7442454 张公开且带有定位信息的 Instagram 图片数据集，还收集了曼哈顿 287 个区的人口统计学数据。研究结果显示，曼哈顿的 Instagram 发帖数量的不平衡现象比该行政区内各地区之间的收入、租金和失业水平的不平衡还要大。[8]

为了更好地研究多样性、可变性、独特性、结构和时间变化的定量分析，我们可以参考俄罗斯著名的定量人文学者鲍里斯·亚尔科在20世纪二三十年代所做的开创性工作。我在2018年数字人文学科大会上总结了他的方法的几个特点：多样性、易变性和连续性是方法的基础；利用比较和统计方法来发掘文学作品中的典型模式；研究模式在不同时间点和流派中的变化；生物学和系统方法是未来文学研究的标准。[9]亚尔科在他的书中写道：

> 从理论上讲，文学可以被视为一种结构。它不是一种组合，而是其各属性之间的比例和关系的一套系统。这个系统被认为是不断运动的，各属性（特征）沿着各种类型的曲线运动，有时互相独立，有时成双成群。而这又引起了对文学中有机动态（变化）的理解，各种定性、定量和等级的概念也伴随着出现……这些概念的具体内容如下：第一，它们与当代科学对生命（有机世界）概念的理解非常接近；第二，这些属性大多可以被测量。

亚尔科用特征变化的时间曲线来表达文化动态，这在今天看来仍是非常有意义的。虽然他将文学看作是一个单一的系统的观点值得商榷。在此不可忽视的一点是，他其实是在对前几个世纪的文学发展进行理论化，当时活跃在特定国家各个文化领域的专业创作者的数量是比较少的，所以这些创作者及他们的评论家所在的职业世界确实可以作为一个单一的系统呈现。如今，当我们分析一个只有少数代理商的特定文化领域时，比如大型网络社交公司和其他大型在线平台，它们的行为也可以被视作一个单一的系统（例如，它们密切监视着彼此，并定期将其他平台新添加的功能纳入自己的平台中）。但在当代其他有数百万参与者的领域，比如音乐、时尚、电影制作或设计，没有人可以听到、读到、看到所有的作品，就连大规模的计算分析（即文化分析）也无法揭示所有的模式。

全新的规模上看问题

探索的旅程不妨说是比较的过程。在比较的过程中，我们首先需要观察。我们可以使用数据科学方法和更大的数据集，以一个全新的角度审视当代文学。但即使是一个特定历史时期的或当代的文化领域、文化现象，也没有这样一个大规模的数据驱动的分析来帮助我们质疑我们天生的直觉、假设和类别。

21世纪前，我们通常只会对少量的文化器物进行比较。在没有机器帮助的情况下，仅靠人类的认知能力也能完成这样的比较。但是今天，数以万计的文化器物需要进行比较。用户生成的内容，专业的共享内容，以及在线交互（用户之间，用户和软件之间，用户和文化器物之间）都是典型的大规模文化数据。同时，数字化器物的数量也非常庞大，可以达到数千万件（例如，Internet Archive、[10] Europena、proza.ru、stihi.ru）。因此，即使是使用抽样来选择这些文化世界的一小部分进行分析，我们也必须用上各种计算方法。

如果我们不充足地去分析当今人类在文化上的行为和创造，那么任何基于我们直觉和学识所提出的理论和解释都有可能是具有误导性的。这一观点，在我们分析2012—2015年在全球17个城市共享的 1600 万张 Instagram 图片的数据时，分析 100 万页漫画集时，分析 5000 幅印象派艺术家的画作以及其他的文化数据集时，均得到了印证：在进行上述分析时，我根据直觉和理论所提出的假设都被推翻了。

人文学科基本方法包括比较文化器物、时期、作者、体裁、动作、主题、技巧和话题，而这种计算性的文化视野可以视作是这些基本方法的一个扩展。所以即使这种文化视野就规模而言是激进的（因为你一眼就能看到这么多内容），但它也延续了人类最基本和最古老的思维方式。

我希望你可以将文化分析视作一个装有想法、方法和技术的工具箱，将它用于实验、探索、发现以及交流新的发现。这本书的目的是讨论为什么我们今天会需要这个工具箱，同时也是展示核心概念和我们在探索中发现的一些行之有效的方法。现在，是时候由你来扩展这个工具箱，找到属于自己的发现了。

注　释

导言　如何看到 10 亿张图片

1. Dell H. Hymes, "Introduction," in *The Use of Computers in Anthropology,* ed. Dell H. Hymes (The Hague: Mouton, 1965), 29–30. Emphasis in original.

2. 美国证券交易委员会，Pinterest S-1 表格注册声明，2019 年 3 月 22 日，https://www.sec.gov/Archives/edgar/data/1506293/000119312519083544/d674330ds1.htm。

3. "About," *Meetup,* accessed August 12, 2019, https://www.meetup.com/about/.

4. 该功能于 2016 年首次在苹果 iPhone 7 中引入。然而更早之前，某些移动应用和服务 (例如 Google 照片) 已经为手机中的照片提供了对象检测技术。

5. Cultural Analytics Lab, "About," accessed February 28, 2020, http://lab.culturalanalytics.info/p/about.html.

6. *Cultural Analytics: Computational Approaches to the Study of Culture,* symposium at the University of Chicago, Chicago, May 22–23, 2019, http://neubauercollegium.uchicago.edu/events/uc/cultural_analytics/; *Cultural Analytics 2017,* symposium at Notre Dame University, Notre Dame, May 26–27, 2017, https://sites.google.com/nd.edu/ca2017.

7. "Culture Analytics program," Institute for Pure and Applied Mathematics (IPAM), UCLA, March 7–June 10, 2016, http://www.ipam.ucla.edu/programs/long-programs/culture-analytics/.

8. "About," *Journal of Cultural Analytics,* accessed July 23, 2019, http://culturalanalytics.org/about/.

9. "Articles," *Journal of Cultural Analytics,* accessed October 1, 2019, https://culturalanalytics.org/category/articles/.

10. Digital Humanities 2019 Conference, Utrecht, Netherlands, July 9–12, 2019, https://dh2019.adho.org.

11. Erik Malcolm Champion, "Digital Humanities Is Text Heavy, Visualization Light, and Simulation Poor," *Digital Scholarship in the Humanities* 32, s1 (2017): 25–32.

12. Miriam Redi, Frank Z. Liu, and Neil O'Hare, "Bridging the Aesthetic Gap: The Wild Beauty of Web Imagery," in *Proceedings of the 2017 ACM International Conference on Multimedia Retrieval,* (New York: ACM, 2017), 242–250.

13. Clarifai（位于纽约的初创公司）报告称，该公司在 2017 年能够可靠地探测到 1.1 万种物体。参见 Clarifai, "Models," accessed October 13, 2017, https://www.clarifai.com/models。

14. Douglas Engelbart, "Augmenting Human Intellect: A Conceptual Framework," SRI Project no. 3578, October 1962, http://dougengelbart.org/content/view/138.

15. David Moats and Nick Seaver, "'You Social Scientists Love Mind Games': Experimenting in the 'Divide' between Data Science and Critical Algorithm Studies," *Big Data & Society* 6, no. 1, (2019), https://doi.org/10.1177/2053951719833404; Andrew Iliadis and Federica Russo, "Critical Data Studies: An Introduction," *Big Data & Society* 3, no. 2 (2016), https://doi.org/10.1177/2053951716674238.

16. Jean-Baptiste Michel et al., "Quantitative Analysis of Culture Using Millions of Digitized Books," Science 331, no. 6014 (2011): 176–182, https://doi.org/10.1126/science.1199644.

17. Adelheid Heftberger, *Digital Humanities and Film Studies: Visualising Dziga Vertov's Work* (Basel: Springer, 2018).

18. Karin van Es and Mirko Tobias Schäfer, eds., *The Datafied Society. Studying Culture through Data* (Amsterdam: Amsterdam University Press, 2017), https://oapen.org/search?identifier=624771.

19. Eli Pariser, *The Filter Bubble: What the Internet Is Hiding from You* (New York: Penguin Press, 2011).

20. Chris Anderson, "The Long Tail," *Wired,* October 1, 2004, https://www.wired.com/2004/10/tail/; Erik Brynjolfsson, Yu Jeffrey Hu, and Michael D. Smith, "The Longer Tail: The Changing Shape of Amazon's Sales Distribution Curve," September 22, 2010, https://papers.ssrn.com/sol3/papers.cfm?abstract_id=1679991.

21. "On Broadway," 2014; http://on-broadway.nyc/; "Inequaligram," 2016, http://inequaligram.net/.

22. "How I Edit My Instagram" (search results), *YouTube,* accessed January 15, 2016, https://www.youtube.com/results?search_query=%22how+i+edit+my+instagram%22.

23. Lev Manovich, *Software Takes Command,* rev. ed. (London: Bloomsbury Academic, 2013). An earlier version was released under a Creative Commons license in 2007, 15; italics in original.

24. Lev Manovich, *AI Aesthetics* (Moscow: Strelka Press, 2018).

25. Lev Manovich, "Teaching," accessed September 20, 2019, http://manovich.net/index.php/teaching.

第一章　从新媒体到更多媒体

1. Gustav Theodor Fechner, *Elements of Psychophysics* (New York: Holt, Rinehart & Winston, 1966); L. L. Thurstone, "The Vectors of Mind," *Psychological Review* 41 (1934): 1–32; Jacob Levy Moreno, *Who Shall Survive? A New Approach to the Problem of Human Interrelations* (Washington, DC: Nervous and Mental Disease Publ. Co, 1934).

2. 该文本的后期版本参见: Lev Manovich, "Cultural Analytics: Visualizing Cultural Patterns in the Era of 'More Media,'" *Domus* 923 (March 2009), http://manovich.net/index.php/projects/cultural-analytics-visualizing-cultural-patterns。

3. International Conference on Weblogs and Social Media (ICWSM) 2017, "Previous Conferences," accessed October 11, 2017, https://icwsm.org/2019/contact/previous-conferences/.

4. International Conference on Weblogs and Social Media (ICWSM) 2019, accessed October 11, 2017, https://icwsm.org/2007/.

5. "How Many Online Forums Are in Existence?," *Quora,* accessed October 11, 2017, https://www.quora.com/How-many-online-forums-are-in-existence.

6. "How Many People Use Quora?," *Quora,* accessed October 11, 2017, https://www.quora.com/How-many-people-use-Quora-7?redirected_qid=12824.

7. "Academia: About," accessed February 7, 2020, https://www.academia.edu/about.

8. WGSN, "Fashion," accessed October 11, 2017, https://www.wgsn.com/en/products/fashion/.

9. WGSN, "About WGSN," accessed October 11, 2017, https://www.wgsn.com/en/wgsn/#!/page/our-services.

10. Fern Seto, "How Does Trend Forecasting Really Work?," Highsnobiety, April 5, 2017, https://www.highsnobiety.com/2017/04/05/trend-forecasting-how-to/.

11. Uma Karmarkar and Hilke Plassmann, "Consumer Neuroscience: Past, Present, and Future," *Organizational Research Methods* 22, no. 1 (2019): 174–195.

12. Behance, "Year in Review—2015," accessed July 5, 2016, http://www.behance.net/yearinreview.

13. Jesse Alpert and Nissan Hajaj, "We Knew the Web Was Big ...," *Google Official Blog,* July 25, 2008, http://googleblog.blogspot.com/2008/07/we-knew-web-was-big.html.

14. Wikipedia, "YouTube," accessed August 1, 2008, http://en.wikipedia.org/wiki/YouTube.

15. Heather Champ, "3 Billion!," *Flickr Blog,* November 3, 2008, http://blog.flickr.net/en/2008/11/03/3-billion/.

16. John F. Gantz et al., The Diverse and Exploding Digital Universe: An Updated Forecast of Worldwide Information Growth through 2011 (Framingham, MA: International Data Corporation, March 2008), https://www.atour.com/media/images/service/IDC-EMC-The-Diverse-and-Exploding-Digital-Universe-2008.pdf.

17. The number of design portfolios submitted by users to Coroflot.com grew from 90,657 on May 7, 2008, to 120,659 on December 24, 2008.

18. "A Brief History of Google Analytics, Part One," *Digital State,* May 1, 2014, http://digitalstatemarketing.com/articles/brief-history-google-analytics-part-one.

19. Lev Manovich, "Cultural Analytics Visualizations on Ultra High Resolution Displays," *Software Studies Initiative* (blog), December 24, 2008, http://lab.softwarestudies.com/2008/12/cultural-analytics-hiperspace-and.html.

20. "UC San Diego Unveils World's Highest-Resolution Scientific Display System," California Institute for Telecommunications and Information Technology, July 9, 2008, http://www.calit2.net/newsroom/release.php?id=1332.

21. Gapminder, "Gapminder Tools," accessed September 18, 2019, http://www.gapminder.org/world/.

22. Brandon Keim, "Map of Science Looks Like Milky Way," *Wired,* March 11, 2009, https://www.wired.com/2009/03/mapofscience/.

23. Sprout Social, accessed July 29, 2016, http://sproutsocial.com/.

24. Mention, accessed July 29, 2016, https://mention.com/en/.

25. Brandwatch, "Historical Data," accessed July 29, 2016, https://www.brandwatch.com/historical-data/.

26. DataSift, accessed October 14, 2017, http://datasift.com/.

27. *Operationalization* is the practice in natural and social sciences of defining concepts through measurement operations. For example, in psychology, emotion can be measured in a number of ways, such as by facial expression, body movements, choice of vocabulary, and tone of voice.

28. Lynn Gamwell, *Mathematics and Art: A Cultural History* (Princeton, NJ: Princeton University Press, 2015), 169–170.

29. Hymes, *The Use of Computers in Anthropology,* 29–30.

30. Martin Wattenberg, "The Shape of Song," 2001, http://www.bewitched.com/song.html; "History Flow," 2003, http://www.bewitched.com/historyflow.html.

31. Peter Eleey, "Mark Hansen and Ben Rubin," *Frieze,* May 6, 2003, https://frieze.com/article/mark-hansen-and-ben-rubin.

32. Jason Salavon, *The Top Grossing Film of All Time, 1 x 1,* 2000, 有机玻璃上的数字 C 版画（digital C-print）, 47" × 72", http://www.salavon.com/work/TopGrossingFilmAllTime/。

33. George Legrady, Making Visible the Invisible, 2005–2014, 玻璃墙上的 6 块 LCD 屏幕, 45" × 24", Seattle Central Library, Seattle, http://www.mat.ucsb.edu/g.legrady/glWeb/Projects/spl/spl.html。

34. Susan Hockey, "The History of Humanities Computing," in *A Companion to Digital Humanities,* ed. Susan Schreibman, Ray Siemens, and John Unsworth (Oxford: Blackwell, 2004), 3–19.

第二章　文化学？

1. Friedrich von Hayek, "Prize Lecture" (Nobel Prize lecture, December 11, 1974), https://www.nobelprize.org/nobel_prizes/economic-sciences/laureates/1974/hayek-lecture.html.

2. *The 22nd ACM Conference on Computer-Supported Cooperative Work and Social Computing,* Austin, Texas, November 9–13, 2019.

3. Joan Serrà et al., "Measuring the Evolution of Contemporary Western Popular Music," *Scientific Reports* 2, no. 521 (2012), https://doi.org/10.1038/srep00521; Maximilian Schich, Chaoming Song, Yong-Yeol Ahn, Alexander Mirsky, Mauro Martino, Albert-László Barabási, and Dirk Helbing, "A Network Framework of Cultural History," *Science* 345, no. 6196 (2014): 558–562, https://doi.org/10.1126/science.1240064.

4. *PLOS ONE,* accessed September 18, 2019, http://journals.plos.org/plosone/.

5. Miriam Redi, Neil O'Hare, Rossano Schifanella, Michele Trevisiol, and Alejandro Jaimes, "6 Seconds of Sound and Vision: Creativity in Micro-videos," in *CVPR '14 Proceedings of the 2014 IEEE Conference on Computer Vision and Pattern Recognition* (Washington, DC: IEEE Computer Society, 2014), 4272–4279.

6. Yuheng Hu, Lydia Manikonda, and Subbarao Kambhampati, "What We Instagram: A First Analysis of Instagram Photo Content and User Types," in *Proceedings of Ninth International AAAI Conference on Web and Social Media* (Palo Alto, CA: AAAI Press, 2014), 595–598, https://www.aaai.org/ocs/index.php/ICWSM/ICWSM14/paper/view/8118/8087.

7. Saeideh Bakhshi, David A. Shamma, Lyndon Kennedy, and Eric Gilbert, "Why We Filter Our Photos and How It Impacts Engagement," in *Proceedings of the 8th International Conference on Weblogs and Social Media* (Palo Alto, CA: AAAI Press, 2015), http://comp.social.gatech.edu/papers/icwsm15.why.bakhshi.pdf.

8. Flávio Souza, Diego de Las Casas, Vinícius Flores, SunBum Youn, Meeyoung Cha, Daniele Quercia, and Virgílio Almeida, "Dawn of the Selfie Era: The Whos, Wheres, and Hows of Selfies on Instagram," paper presented at the ACM Conference on Online Social Networks 2015, Stanford University, Stanford, CA, October 19, 2015, https://arxiv.org/abs/1510.05700.

9. Kevin Matzen, Kavita Bala, and Noah Snavely, "StreetStyle: Exploring World-Wide Clothing Styles from Millions of Photos," June 6, 2017, https://arxiv.org/abs/1706.01869.

10. Babak Saleh et al., "Toward Automated Discovery of Artistic Influence," *Multimedia Tools and Applications* 75, no. 7 (2016): 3565–3591, https://doi.org/10.1007/s11042-014-2193-x.

11. Joan Serrà, Álvaro Corral, Marián Boguñá, Martín Haro, and Josep Ll. Arcos, "Measuring the Evolution of Contemporary Western Popular Music," *Scientific Reports* 2, no. 521 (2012), https://doi.org/10.1038/srep00521.

12. James E. Cutting, Kaitlin L. Brunick, Jordan E. DeLong, Catalina Iricinschi, and Ayse Candan, "Quicker, Faster, Darker: Changes in Hollywood Film over 75 Years," *i-Perception* 2, no. 6 (2011): 569–576, https://doi.org/10.1068/i0441aap.

13. Susan Hockey, "The History of Humanities Computing," in *Companion to Digital Humanities,* ed. Susan Schreibman, Ray Siemens, and John Unsworth (Oxford: Blackwell, 2004), 3–19.

14. Ted Underwood, "A Genealogy of Distant Reading," *Digital Humanities Quarterly* 11, no. 2 (2017).

15. Rachel Sagner Buurma and Laura Heffernan, "Search and Replace: Josephine Miles and the Origins of Distant Reading," *Modernism/Modernity,* April 11, 1018, https://modernismmodernity.org/forums/posts/search-and-replace.

16. The Alliance of Digital Humanities Organizations (ADHO), "Conference," accessed September 18, 2019, http://adho.org/conference.

17. Ted Underwood, "Seven Ways Humanists Are Using Computers to Understand Text," *The Stone and the Shell* (blog), June 4, 2015, https://tedunderwood.com/2015/06/04/seven-ways-humanists-are-using-computers-to-understand-text/.

18. Ted Underwood, Michael L. Black, Loretta Auvil, and Boris Capitanu, "Mapping Mutable Genres in Structurally Complex Volumes," in *2013 IEEE Conference on Big Data* (Santa Clara, California), 95–103, http://arxiv.org/abs/1309.3323.

19. Underwood et al., "Mapping Mutable Genres."

20. Peter Klimek, Robert Kreuzbauer and Stefan Thurner, "Fashion and Art Cycles Are Driven by Counter-Dominance Signals of Elite Competition: Quantitative Evidence from Music Styles," *Journal of the Royal Society Interface* 16, no. 151, February 6, 2019, https://doi.org/10.1098/rsif.2018.0731.

21. Natasha Singer, "In a Scoreboard of Words, a Cultural Guide," *New York Times,* December 7, 2013, https://www.nytimes.com/2013/12/08/technology/in-a-scoreboard-of-words-a-cultural-guide.html.

22. New York Public Library, "Visualize the Public Domain," accessed October 21, 2019, http://publicdomain.nypl.org/pd-visualization.

23. New York Public Library, "Photographers' Identities Catalog," accessed October 21, 2019, http://pic.nypl.org.

24. Spotify, "Celebrating a Decade of Discovery on Spotify," October 18, 2018, https://newsroom.spotify.com/2018-10-10/celebrating-a-decade-of-discovery-on-spotify/.

25. Rossano Schifanella, Miriam Redi, and Luca Maria Aiello, "An Image Is Worth More than a Thousand Favorites: Surfacing the Hidden Beauty of Flickr Pictures," in *Proceedings of the 8th International Conference on Weblogs and Social Media* (Palo Alto, CA: AAAI Press, 2015), http://arxiv.org/pdf/1505.03358.pdf.

26. Katharina Reinecke and Krzysztof Z. Gajos, "Quantifying Visual Preferences around the World," in *Proceedings of the 2014 ACM CHI Conference on Human Factors in Computing Systems* (New York: ACM, 2014), 11–20, http://www.eecs.harvard.edu/~kgajos/papers/2014/reinecke14visual.pdf; Yuheng Hu, Lydia Manikonda, and Subbarao Kambhampati, "What We Instagram."

27. Haewoon Kwak, Changhyun Lee, Hosung Park, and Sue Moon, "What Is Twitter, a Social Network or a News Media?," in *Proceedings of the 19th International World Wide Web (WWW)Conference* (New York: ACM, 2014), 591–600, http://www.eecs.wsu.edu/~assefaw/CptS580-06/papers/2010-www-twitter.pdf.

28. Google Scholar, "Haewoon Kwak," accessed February 20, 2010, https://scholar.google.com/citations?user=M6i3Be0AAAAJ&hl=en.

29. Paul F. Lazarsfeld and Frank N. Stanton, eds., *Radio Research,* 1941 (New York: Duel, Sloan and Pearce, 1942).

30. 参见 Pierre Bourdieu, *Distinction: A Social Critique of the Judgement of Taste,* trans. Richard Nice (London: Routledge & Kegan Paul, 1979)。

31. Maeve Duggan, Nicole B. Ellison, Cliff Lampe, Amanda Lenhart, and Mary Madden, "Demographics of Key Social Networking Platforms," Social Media Update 2014, Pew Research Center, January 9, 2015, http://www.pewinternet.org/2015/01/09/demographics-of-key-social-networking-platforms-2/.

32. Quoted in Philip Ball, *Critical Mass: How One Thing Leads to Another* (London: Arrow Books, 2004), 69–71.

33. Craig Smith, "By the Numbers: 400 Surprising Facebook Statistics (July 2016)," *Expandedramblings. com,* July 16, 2016, http://expandedramblings.com/index.php/by-the-numbers-17-amazing-facebook-stats/15/.

34. Christian Stefansen, "Google Flu Trends Gets a Brand New Engine," *Google AI Blog,* October 31, 2014, https://research.googleblog.com/2014/10/google-flu-trends-gets-brand-new-engine.html.

35. Michael Gavin, "Agent-Based Modeling and Historical Simulation," *Digital Humanities Quarterly* 8, no. 4 (2014); Graham Alexander Sack, "Character Networks for Narrative Generation: Structural Balance Theory and the Emergence of Proto-Narratives," in *Workshop on Computational Models of Narrative* (Dagstuhl, Germany: Schloss Dagstuhl-Leibniz-Zentrum fuer Informatik, 2013), 183–197.

36. Douglas Fox, "IBM Reveals the Biggest Artificial Brain of All Time," *Popular Mechanics,* December 18, 2009, http://www.popularmechanics.com/technology/a4948/4337190/.

37. Nigel Gilbert and Klaus G. Troitzsch, *Simulation for the Social Scientist,* 2nd ed. (Maidenhead, England: Open University Press, 2005): 3–4; italics in original.

38. 有关如何使用基于主体的仿真研究人类社会演变的示例，参见 Peter Turchin, Thomas E. Currie, Edward A. L. Turner, and Sergey Gavrilets, "War, Space, and the Evolution of Old World Complex Societies," in *Proceedings of the National Academy of Sciences of the United States of America* 110, no. 41 (2013): 16384–16389.

第三章 文化工业和媒体分析

1. Max Horkheimer and Theodor W. Adorno, *Dialectic of Enlightenment,* trans. E. Jephcott (Stanford, CA: Stanford University Press, 2002). 原著在 1947 年于德国出版。

2. Janet Wiener and Nathan Bronson, "Facebook's Top Open Data Problems," Facebook Research, October 22, 2014, https://research.fb.com/facebook-s-top-open-data-problems/.

3. Chartbeat, "About," accessed July 1, 2015, https://chartbeat.com/about.

4. Nathan Bierma, "Amazon's SIPs Let Readers Search and Dip into Books," *Chicago Tribune,* May 24, 2005, http://articles.chicagotribune.com/2005-05-24/features/0505240239_1_improbable-phrases-books-word-pairs.

5. Greg Linden, Brent Smith, and Jeremy York, "Amazon.com Recommendations: Item-to-Item Collaborative Filtering," *IEEE Internet Computing* 7, no. 1 (2003): 76–80.

6. Linden, Smith, and York, "Amazon.com Recommendations."

7. Gordon Donnelly, "75 Super-Useful Facebook Statistics for 2018," *WordStream* (blog), August 12, 2019, https://www.wordstream.com/blog/ws/2017/11/07/facebook-statistics.

8. J. Clement, "Most Famous Social Network Sites Worldwide as of July 2019, Ranked by Number of Active Users (in Millions)," Statista, accessed September 18, 2019, https://www.statista.com/statistics/272014/global-social-networks-ranked-by-number-of-users/.

9. Axel Bruns, "Facebook Shuts the Gate after the Horse Has Bolted, and Hurts Real Research in the Process," *Medium,* April 25, 2018, https://medium.com/@Snurb/facebook-research-data-18662cf2cacb.

10. "2019 Conference on Digital Experimentation (CODE). About," *MIT Digital,* accessed September 18, 2019, http://ide.mit.edu/events/2017-conference-digital-experimentation-code.

11. Matt Asay, "Beyond Hadoop: The Streaming Future of Big Data," *InfoWorld* (blog), March 23, 2015, http://www.infoworld.com/article/2900504/big-data/beyond-hadoop-streaming-future-of-big-data.html.

12. Spotify, "Get Audio Features for a Track," Spotify for Developers, accessed October 12, 2019, https://developer.spotify.com/documentation/web-api/reference/tracks/get-audio-features/.

13. Google, "How Google Search Works," accessed October 21, 2019, https://www.google.com/search/howsearchworks.

14. Alexis C. Madrigal, "How Netflix Reverse-Engineered Hollywood," *Atlantic, January* 2, 2014, http://www.theatlantic.com/technology/archive/2014/01/how-netflix-reverse-engineered-hollywood/282679/.

15. Stuart Dredge, "How Does Facebook Decide What to Show in My News Feed?," *Guardian,* June 30, 2014, https://www.theguardian.com/technology/2014/jun/30/facebook-news-feed-filters-emotion-study.

16. Françoise Beaufays, "The Neural Networks behind Google Voice Transcription," August 11, 2015, https://research.googleblog.com/2015/08/the-neural-networks-behind-google-voice.html.

17. Sundar Pichai, "TensorFlow: Smarter Machine Learning, for Everyone," November 9, 2015, https://googleblog.blogspot.com/2015/11/tensorflow-smarter-machine-learning-for.html.

18. Paul Sawers, "The Rise of OpenStreetMap: A Quest to Conquer Google's Mapping Empire," *TNW* (blog), February 28, 2014, http://thenextweb.com/insider/2014/02/28/openstreetmap/.

19. David Segal, "The Dirty Little Secrets of Search," *New York Times,* February 12, 2011, https://www.nytimes.com/2011/02/13/business/13search.html; Tom Vanderbilt, "The Science behind the Netflix Algorithms That Decide What You'll Watch Next," *Wired,* August 7, 2013, http://www.wired.com/2013/08/qq_netflix-algorithm/.

20. George Ritzer and Nathan Jurgenson, "Production, Consumption, Prosumption: The Nature of Capitalism in the Age of the Digital 'Prosumer,' " *Journal of Consumer Culture* 10 (1): 13–36. https://doi.org/10.1177/1469540509354673.

21. Mark Sanderson and W. Bruce Croft, "The History of Information Retrieval Research," *Proceedings of the IEEE* 100 (2012): 1444–1451, http://ciir-publications.cs.umass.edu/getpdf.php?id=1066.

22. Quoted in Eugene Garfield, "A Tribute to Calvin N. Mooers, a Pioneer of Information Retrieval," *Scientist* 11, no. 6 (March 17, 1997): 9, http://www.garfield.library.upenn.edu/commentaries/tsv11(06)p09y19970317.pdf.

23. 本部分分析见 Lev Manovich, *Software Takes Command,* rev. ed. (London: Bloomsbury Academic, 2013)。

24. Josh Constine, "How Instagram's Algorithm Works," *TechCrunch,* June 1, 2018, https://techcrunch.com/2018/06/01/how-instagram-feed-works/.

25. 例如，Celeste LeCompte, "Automation in the Newsroom," *Nieman Reports,* September 1, 2015, http://niemanreports.org/articles/automation-in-the-newsroom/; Shelley Podolny, "If an Algorithm Wrote This, How Would You Even Know?," *New York Times,* March 7, 2015, http://www.nytimes.com/2015/03/08/opinion/sunday/if-an-algorithm-wrote-this-how-would-you-even-know.html。

26. Mailchimp, "Use Send Time Optimization," October 5, 2017, https://kb.mailchimp.com/delivery/deliverability-research/use-send-time-optimization.

27. Twitter, "Follower Targeting on Twitter," accessed July 1, 2017, https://business.twitter.com/en/targeting/follower.html.

28. Felix Richter, "Digital Accounts for Nearly 70% of U.S. Music Revenues," Statista, September 30, 2014, https://www.statista.com/chart/2773/digital-music-in-the-united-states/.

29. 根据本文撰写时的默认设置，Facebook 只会显示部分由算法自动选择的被称为"热门故事"的帖子。这个设置可以刊登进入 News Feed 标签，选择"最近"而不是"最热门的故事"来改变。另请参见 Victor Luckerson, "Here's How Facebook's News Feed Actually Works," *Time,* July 9, 2015, http://time.com/3950525/facebook-news-feed-algorithm。

30. Corrado Mencar, "What Do You Mean by 'Interpretability' in Models?," ResearchGate, question posted July 7, 2013, https://www.researchgate.net/post/What_do_you_mean_by_interpretability_in_models.

31. Lev Manovich, "The Algorithms of Our Lives," *Chronicle of Higher Education,* December 16, 2013, http://chronicle.com/article/The-Algorithms-of-Our-Lives-/143557/.

32. Lev Manovich, *Software Takes Command,* rev. ed. (London: Bloomsbury Academic, 2013).

33. Wiener and Bronson, "Facebook's Top Open Data Problems."

34. Mikael Huss, "Data Size Estimates," *Follow the Data* (blog), June 24, 2014, https://followthedata.wordpress.com/2014/06/24/data-size-estimates/.

35. Alex Woodie, "The Rise of Predictive Modeling Factories," *Datanami* (blog), February 9, 2015, https://www.datanami.com/2015/02/09/rise-predictive-modeling-factories.

36. Gregory D. Abowd et al., "Towards a Better Understanding of Context and Context-Awareness," in *Handheld and Ubiquitous Computing 1999,* ed. H-W. Gellersen (Berlin and Heidelberg:Springer, 2001), ftp://ftp.cc.gatech.edu/pub/gvu/tr/1999/99-22.pdf.

37. David Carr, "Giving Viewers What They Want," *New York Times,* February 24, 2013, http://www.nytimes.com/2013/02/25/business/media/for-house-of-cards-using-big-data-to-guarantee-its-popularity.html.

38. Vanderbilt, "The Science behind the Netflix Algorithms."

39. Phil Simon, "Big Data Lessons from Netflix," *Wired,* March 2014, accessed February 28, 2020, https://www.wired.com/insights/2014/03/big-data-lessons-netflix/.

40. "Extracting Image Metadata at Scale," *Netflix Tech Blog,* March 21, 2016, https://netflixtechblog.com/extracting-image-metadata-at-scale-c89c60a2b9d2. .

41. Alex M., "Finding Beautiful Yelp Photos Using Deep Learning," *Yelp Engineering* (blog), November 29, 2016, https://engineeringblog.yelp.com/2016/11/finding-beautiful-yelp-photos-using-deep-learning.html.

42. Association for Psychological Science, "Political Polarization on Twitter Depends on the Issue," *ScienceDaily,* August 27, 2015, http://www.sciencedaily.com/releases/2015/08/150827083423.htm; Karen Kaplan, "Your Twitter Feed Says More about Your Political Views than You Think, Study Says," *Los Angeles Times,*" September 18, 2015, http://www.latimes.com/science/la-sci-sn-twitter-political-conservative-republicans-20150917-story.html.

43. David A. Shamma, "One Hundred Million Creative Commons Flickr Images for Research," Yahoo Research, June 24, 2014, https://yahooresearch.tumblr.com/post/89783581601/one-hundred-million-creative-commons-flickr-images.

44. Miriam Redi, Damon Crockett, Lev Manovich, and Simon Osindero, "What Makes Photo Cultures Different?," in *Proceedings of the 24th ACM International Conference on Multimedia* (New York: ACM, 2016), 287–291, http://manovich.net/index.php/projects/what-makes-photo-cultures-different.

45. Cultural Analytics Lab, Phototrails, 2013, http://phototrails.info.

46. David Bordwell, Janet Staiger, Kristin Thompson, *The Classical Hollywood Cinema: Film Style and Mode of Production to 1960* (New York: Columbia University Press, 1985).

47. Max Horkheimer and Theodor W. Adorno, *Dialectic of Enlightenment,* trans. Edmund Jephcott (Stanford: Stanford University Press, 2002), 94.

48. Anant Gupta and Kuldeep Singh, "Location Based Personalized Restaurant Recommendation System for Mobile Environments," in *Proceedings of the International Conference on Advances in Computing, Communications and Informatics* (Mysore, India: Sri Jayachamarajendra College of Engineering, 2013), https://doi.org/10.1109/ICACCI.2013.6637223.

49. Renjie Zhou, Samamon Khemmarat, and Lixin Gao, "The Impact of YouTube Recommendation System on Video Views," in *Proceedings of the 2010 ACM Internet Measurement Conference* (New York: ACM, 2010), 404–410, http://conferences.sigcomm.org/imc/2010/papers/p404.pdf.

50. Nadav Hochman and Lev Manovich, "Zooming into an Instagram City: Reading the Local through Social Media," *First Monday* 18, no. 7 (July 1, 2013), http://firstmonday.org/ojs/index.php/fm/article/view/4711/3698.

51. Joan Serrà, Álvaro Corral, Marián Boguñá, Martín Haro, and Josep Ll. Arcos, "Measuring the Evolution of Contemporary Western Popular Music," *Scientific Reports* 2, no. 521 (2012), https://doi.org/10.1038/srep00521.

52. Matthias Mauch, Robert M. MacCallum, Mark Levy, and Armand M. Leroi, "The Evolution of Popular Music: USA 1960–2010," *Royal Society Open Science*, May 1, 2015, https://doi.org/10.1098/rsos.150081.

53. Academia.edu, accessed December 23, 2017, https://www.academia.edu/.

54. See also "List of Internet Phenomena," Wikipedia, accessed September 18, 2019, https://en.wikipedia.org/wiki/List_of_Internet_phenomena.

第四章 文化数据的类型

1. Samuel P. Fraiberger, Roberta Sinatra, Magnus Resch, Christoph Riedl, and Albert-László Barabási, "Quantifying Reputation and Success in Art," *Science* 362, no. 6416 (November 16, 2018): 825–829, https://science.sciencemag.org/content/362/6416/825.

2. "The 11th International AAAI Conference on Web and Social Media," accessed September 18, 2019, http://www.icwsm.org/2017/index.php.

3. Sandeep Junnarkar, "Bloggers Add Moving Images to Their Musings," *New York Times,* February 24, 2005, http://www.nytimes.com/2005/02/24/technology/circuits/bloggers-add-moving-images-to-their-musings.html; Nitecruzr, "Using Images in Your Posts," *The Real Blogger Status* (blog), October 6, 2006, http://blogging.nitecruzr.net/2006/10/using-images-in-your-posts.html.

4. Wikipedia, "DeviantArt," accessed August 2, 2016, http://en.wikipedia.org/wiki/DeviantArt.

5. DeviantArt, "About DeviantArt," accessed July 25, 2016, https://about.deviantart.com/.

6. Vimeo, "Motion Graphic Artists," accessed March 5, 2017, https://vimeo.com/

groups/motion.

7. Daniela Ushizima et al., "Cultural Analytics of Large Datasets from Flickr," in *Proceedings of the Sixth International AAAI Conference on Weblogs and Social Media* (Palo Alto, CA: AAAI Press, 2015), http://manovich.net/index.php/projects/cultural-analytics-of-large-datasets-from-flickr.

8. Sirion Vittayakorn et al., "Runway to Realway: Visual Analysis of Fashion," in *Proceedings of 2015 IEEE Winter Conference on Applications of Computer Vision* (Waikoloa, HI: IEEE, 2015), 951–958.

9. Elena Garces et al., "A Similarity Measure for Illustration Style," *Journal ACM Transactions on Graphics* 33, no. 4 (July 2014). See also the Related Works section in this paper for more relevant research.

10. Yuji Yoshimura et al., "Deep Learning Architect: Classification for Architectural Design through the Eye of Artificial Intelligence," in *Computational Urban Planning and Management for Smart Cities,* ed. Stan Geertman et al. (Cham: Springer, 2019).

11. 本部分分析见 Lev Manovich, *Software Takes Command,* rev. ed. (London: Bloomsbury Academic, 2013)。

12. 在 *Software Takes Command* 中，我认为这种不断进化是计算机媒体的决定性特征。

13. Schich et al., "A Network Framework of Cultural History".

14. Twitter Developer, "Tweet Objects," accessed March 12, 2017, https://dev.twitter.com/overview/api/users.

15. US Department of Health and Human Services, "Considerations and Recommendations Concerning Internet Research and Human Subjects Research Regulations," for SACHRP, March 13, 2013, http://www.hhs.gov/ohrp/sites/default/files/ohrp/sachrp/mtgings/2013%20March%20 Mtg/internet_research.pdf.

16. Mike Schroepfer, "Research at Facebook," Facebook Newsroom, October 2, 2014, http://newsroom.fb.com/news/2014/10/research-at-facebook/.

17. Social Media Research Group, *Using Social Media for Social Research: An Introduction,* May 2016, https://www.gov.uk/government/uploads/system/uploads/attachment_data/file/524750/GSR_Social_Media_Research_Guidance_-_Using_social_media_for_social_research.pdf.

18. Venturini Tommaso and Richard Rogers, "'API-Based Research' or How Can Digital Sociology and Digital Journalism Studies Learn from the Cambridge Analytica Affair," *Digital Journalism 7,* no. 4 (2019): 532–540.

19. Ars Electronica, "Interactive Art +," accessed October 1, 2019, https://ars.electronica.art/prix/en/categories/interactive-art/.

20. Benjamin Tatler et al., "Yarbus, Eye Movements, and Vision," *Iperception* 1, no. 1 (2010): 7–27.

21. Alfred Yarbus, *Eye Movements and Vision* (New York: Plenum Press, 1967), 190.

22. Stanislav Sobolevsky et al., "Scaling of City Attractiveness for Foreign Visitors through Big Data of Human Economical and Social Media Activity," in *Proceedings of 2015 IEEE International Congress on Big Data* (Santa Clara, CA: IEEE, 2015), 600–607.

23. Senseable City Lab, accessed September 18, 2019, http://senseable.mit.edu/; Spin Unit, accessed September 18, 2019, http://www.spinunit.eu/; Habidatum, accessed September 18, 2019, https://habidatum.com/.

24. Todd Schneider, "A Tale of Twenty-Two Million Citi Bike Rides: Analyzing the NYC Bike Share System," *Todd W. Schneider* (blog), January 13, 2016, http://toddwschneider.com/posts/a-tale-of-twenty-two-million-citi-bikes-analyzing-the-nyc-bike-share-system/.

25. Patrick Nelson, "Just One Autonomous Car Will Use 4,000 GB of Data/Day," *NetworkWorld,* December 7, 2016, https://www.networkworld.com/article/3147892/internet/one-autonomous-car-will-use-4000-gb-of-dataday.html.

26. Jordan Gilbertson and Andrew Salzberg, "Introducing Uber Movement," *Uber Newsroom,* January 9, 2017, https://newsroom.uber.com/introducing-uber-movement/.

27. William H. Whyte, *The Social Life of Small Urban Spaces* (New York: Project for Public Spaces, 1980).

28. 本部分相关更多内容，请参见 Lev Manovich, *Software Takes Command,* rev. ed. (London: Bloomsbury Academic, 2013)。

29. Meetup, "Meetup: About," accessed March 11, 2017, https://www.meetup.com/about/.

30. Eventbrite, "Eventbrite: About," accessed March 11, 2017, https://www.eventbrite.com/about/.

31. J. Clement, "Number of Monthly Active Facebook Users Worldwide as of 4th Quarter 2019 (in Millions)," Statista, January 30, 2020, https://www.statista.com/statistics/264810/number-of-monthly-active-facebook-users-worldwide/; J. Clement, "Leading Countries Based on Number of Facebook Users as of July

2019 (in Millions)," Statista, February 14, 2020, https://www.statista.com/statistics/268136/top-15-countries-based-on-number-of-facebook-users/.

第五章　文化抽样

1. Matthew Arnold, preface to *Culture and Anarchy* (1875), in *Arnold: Culture and Anarchy and Other Writings,* ed. Stefan Collini (Cambridge: Cambridge University Press, 1993).

2. Franco Moretti, "Conjectures on World Literature," *New Left Review* 1, no. 1 (January–February 2000): 54–68, http://newleftreview.org/II/1/franco-moretti-conjectures-on-world-literature.

3. Europeana, accessed August 3, 2018, http://www.europeana.eu/portal/en.

4. Internet Archive, accessed August 3, 2018, http://archive.org.

5. Google Arts & Culture, accessed July 26, 2016, http://www.google.com/culturalinstitute/beta/search/exhibit.

6. Lev Manovich, "How to Follow Global Digital Cultures, or Cultural Analytics for Beginners," in *Deep Search: The Politics of Search beyond Google,* ed. Konrad Becker and Felix Stalder (Innsbruck: Studien Verlag, 2009), 198–211, http://manovich.net/index.php/projects/how-to-follow-global-digital-cultures.

7. Artstor 艺术和科学图片数据库的第一个核心的大型机构收藏是"加州大学圣地亚哥分校的幻灯片图书馆"——我从 1996 年起就在这所大学教授数字艺术和媒体理论。该图书馆包含超过 20 万张已经实现数字化的幻灯片，全部收录在 Artstor 艺术和科学图片数据库中。2009 年，这是 Artstor 艺术和科学图片数据库中最大的单收藏品。幻灯片是由视觉艺术系的艺术史教师直接创建的，或者由艺术图书馆的工作人员刊登所提供图像的列表创建的。近几十年来，彩色幻灯片是艺术教学和研究的主要媒介，铸就了这个非常有趣的收藏集，从中可以看到许多艺术史中的观点。

8. Manovich, "How to Follow Global Digital Cultures."

9. The New York Public Library Digital Collections, "Photographs of the Catskill Water Supply System in Process of Construction," accessed July 26, 2016, http://digitalcollections.nypl.org/collections/photographs-of-the-catskill-water-supply-system-in-process-of-construction.

10. The New York Public Library Digital Collections, "The Buttolph Collection of Menus," http://digitalcollections.nypl.org/collections/the-buttolph-collection-of-menus#/?tab=about.

11. The New York Public Library Digital Collections, "Catalogue of the Chiroptera by G.E. Dobson," accessed July 26, 2016, http://digitalcollections.nypl.org/collections/catalogue-of-the-chiroptera-by-ge-dobson.

12. Aleksandra Strzelichowska, "Maggy's Picks: New Content in Europeana," *Europeana Blog*, July 25, 2016, http://blog.europeana.eu/2016/07/maggys-picks-new-content-in-europeana/.

13. Lev Manovich, *Instagram and Contemporary Image* (self-published under Creative Commons License, 2017), http://manovich.net/index.php/projects/instagram-and-contemporary-image.

14. "Category: Geographic Region-Oriented Digital Libraries," Wikipedia, accessed September 18, 2019, https://en.wikipedia.org/wiki/Category:Geographic_region-oriented_digital_libraries; "List of Digital Library Projects," Wikipedia, accessed September 18, 2019, https://en.wikipedia.org/wiki/List_of_digital_library_projects.

15. 关于不同抽样方法的概述，请参见 Sam Cook, "Sampling Methods," Revise Sociology, May 4, 2011, https://revisesociology.wordpress.com/2011/05/04/5-sampling-methods。更长的方法列表见维基百科，"Sampling (Statistics)," accessed August 2, 2018, https://en.wikipedia.org/wiki/Sampling_(statistics)。

16. Nina Cesare, Christian Grant, Quynh Nguyen, Hedwig Lee, and Elaine O. Nsoesie, *How Well Can Machine Learning Predict Demographics of Social Media Users?*, ArXiv.org, February 6, 2017, https://arxiv.org/pdf/1702.01807.pdf.

17. Agustin Indaco and Lev Manovich, *Urban Social Media Inequality: Definition, Measurements, and Application*, ArXiv.org, July 7, 2016, https://arxiv.org/abs/1607.01845.

18. Manovich, *Instagram and Contemporary Image*.

19. Lydia Manikonda, Yuheng Hu, and Subbarao Kambhampati, *Analyzing User Activities, Demographics, Social Network Structure and User-Generated Content on Instagram*, Arxiv.org, October 29, 2014, http://arxiv.org/pdf/1410.8099v1.pdf.

20. National Gallery of Art, *The Art of the American Snapshot, 1888–1978: From the Collection of Robert E. Jackson*, accessed March 1, 2020, https://www.nga.gov/exhibitions/2007/snapshot.html.

21. Gallup, "Methodology Center," accessed August 2, 2016, http://www.gallup.com/178685/methodology-center.aspx.

22. Gallup, "How Does the Gallup U.S. Daily Work?," accessed August 2, 2016, http://www.gallup.com/185462/gallup-daily-work.aspx.

23. Rachel Donadio, "Revisiting the Canon Wars," *New York Times,* September 16, 2007, http://www.nytimes.com/2007/09/16/books/review/Donadio-t.html; Jan Gorak, *The Making of the Modern Canon: Genesis and Crisis of a Literary Idea* (London: Bloomsbury Academic, 2013).

24. Pew Research Center, "Internet User Demographics," accessed September 25, 2016, http://www.pewinternet.org/data-trend/teens/internet-user-demographics.

25. Brand Analytics, "Статистика по источникам," accessed September 20, 2016, https://br-analytics.ru/statistics/.

26. Statista, "Regional Distribution of Instagram Traffic in the Last Three Months as of April 2016, by Country," accessed September 20, 2016, https://www.statista.com/statistics/272933/distribution-of-instagram-traffic-by-country/.

27. Pierre Bourdieu, *Distinction: A Social Critique of the Judgement of Taste,* trans. Richard Nice (London: Routledge & Kegan Paul, 1979).

28. Frédéric Lebaron, "How Bourdieu 'Quantified' Bourdieu: The Geometric Modelling of Data," in *Quantifying Theory: Pierre Bourdieu,* ed. Karen Robson and Chris Sanders (Dordrecht: Springer, 2009), 11–29.

29. Christine A. Knoop, Valentin Wagner, Thomas Jacobsen, and Winfried Menninghaus, "Mapping the Aesthetic Space of Literature 'from Below,' " *Poetics* 56, no. 5 (June 2016): 35–49, https://doi.org/10.1016/j.poetic.2016.02.001.

30. Marc Verboord, Giselinde Kuipers, and Susanne Janssen, "Institutional Recognition in the Transnational Literary Field, 1955–2005," *Cultural Sociology* 9, no. 3 (September 2015): 447–465, https://doi.org/10.1177/1749975515576939.

31. Aurélie Van de Peer, "Re-artification in a World of De-artification: Materiality and Intellectualization in Fashion Media Discourse (1949–2010)," *Cultural Sociology* 8, no. 4 (December 2014): 443–461, https://doi.org/10.1177/1749975514539799.

32. James E. Cutting, *Impressionism and Its Canon* (Lanham, MD: University Press of America, 2006).

33. Jin Yea Jang et al., "Teens Engage More with Fewer Photos: Temporal and Comparative Analysis on Behaviors in Instagram," in *Proceedings of 2016 ACM Conference on Hypertext and Social Media* (New York: ACM, 2016), 71–81, https://doi.org/10.1145/2914586.2914602.

34. Manikonda, Hu, and Kambhampati, *Analyzing User Activities.*

35. Manikonda, Hu, and Kambhampati, *Analyzing User Activities.*

36. Émile Durkheim, *The Rules of Sociological Method* (New York: Free Press, [1895] 1982).

37. David Pierce, "Inside Spotify's Hunt for the Perfect Playlist," *Wired,* July 20, 2015, https://www.wired.com/2015/07/spotify-perfect-playlist/.

38. Franco Moretti, "Conjectures on World Literature."

39. "The Museum of Modern Art (MoMA) Exhibition and Staff Histories," GitHub, accessed September 18, 2019, https://github.com/MuseumofModernArt/exhibitions.

40. Cutting, *Impressionism and Its Canon.*

第六章　元数据及特征

1. Ronald Fisher, *Statistical Methods for Research Workers* (Edinburgh: Oliver and Boyd, 1925), http://psychclassics.yorku.ca/Fisher/Methods/.

2. Theodore M. Porter, "Reforming Vision: The Engineer Le Play Learns to Observe Society Sagely," in *Histories of Scientific Observation,* ed. Lorraine Daston and Elizabeth Lunbeck (Chicago: University of Chicago Press, 2011), 281–302.

3. Michel Foucault, *Discipline and Punish: The Birth of the Prison,* trans. A. M. Sheridan Smith (New York: Pantheon Books, 1977), 129. Original book published in France in 1975.

4. Jean-Francois Lyotard, "The Field: Knowledge in Computerized Societies," in *The Postmodern Condition: Report on Knowledge* (Manchester, UK: Manchester University Press, 1984), 3–4. Original book published in France in 1979.

5. Museum of Modern Art, "Network Diagram of the Artists in Inventing Abstraction, 1910–1925," MoMA December 23, 2012–April 15, 2013, http://www.moma.org/interactives/exhibitions/2012/inventingabstraction/?page=connections.

6. Michel Foucault, *The Archaeology of Knowledge,* trans. A. M. Sheridan Smith (London: Routledge, 2002). Original book published in France in 1969.

7. "The Museum of Modern Art (MoMA) Collection," GitHub, accessed September 18, 2019, https://github.com/MuseumofModernArt/collection.

8. Alise Tifentale and Lev Manovich, "Selfiecity: Exploring Photography and Self-Fashioning in Social Media," in *Postdigital Aesthetics: Art, Computation and Design,* ed. David M. Berry and Michael Dieter (London: Palgrave Macmillan, 2015), 109–122, http://manovich.net/index.php/projects/selfiecity-exploring.

9. Saeideh Bakhshi, David Shamma, and Eric Gilbert, "Faces Engage Us: Photos with Faces Attract More Likes and Comments on Instagram," in *Proceedings of the SIGCHI Conference on Human Factors in Computing Systems* (New York: ACM, 2014), 965–974.

10. Lisa Gitelman and Virginia Jackson, "Introduction," in *"Raw Data" Is an Oxymoron,* ed. Lisa Gitelman (Cambridge: MIT Press, 2013), 3.

11. OpenStreetMap, "OpenStreetMap: About," accessed September 19, 2019, https://www.openstreetmap.org/about.

12. Pew Research Center, accessed September 19, 2019, http://www.pewinternet.org.

13. Gallup, "How Does the Gallup U.S. Daily Work?"

14. Victor Ginsburgh and Sheila Weyers, "Persistence and Fashion in Art: Italian Renaissance from Vasari to Berenson and Beyond," *Poetics* 34, no. 1 (2006): 24–44.

15. Fionn Murtagh, *Origins of Modern Data Analysis Linked to the Beginnings and Early Development of Computer Science and Information Engineering,* ArXiv.org, October 30, 2018, https://arxiv.org/pdf/0811.2519.pdf.

16. MongoDB, "Industries," accessed September 28, 2016, https://www.mongodb.com/industries.

17. 关于另一种认为传统历史忽略了某些关键人物及另类史实的案例，请参见 Paul F. Lazarsfeld, "Notes on the History of Quantification in Sociology—Trends, Sources and Problems," *Isis* 52, no. 2 (1961): 277–333, https://www.jstor.org/stable/228683。

18. Alain Desrosieres, *The Politics of Large Numbers* (Cambridge, MA: Harvard University Press, 2002).

19. 有关历史的示例，请参见 Michael Friendly and Daniel J. Denis, "Milestones in the History of Thematic Cartography, Statistical Graphics, and Data Visualization," 2001, accessed March 1, 2020, http://www.datavis.ca/milestones/index.php。

20. Michael Friendly and Daniel Denis, "The Early Origins and Development of the Scatterplot," *Journal of the History of the Behavioral Sciences* 41, no. 2 (2005): 103–130.

21. Garabed Eknoyan, "Adolphe Quetelet (1796–1874)—the Average Man and Indices of Obesity," *Nephrology Dialysis Transplantation* 23, no. 1 (2008): 47–51, https://doi.org/10.1093/ndt/gfm517.

22. Lazarsfeld, "Notes on the History of Quantification in Sociology," 297.

23. Émile Durkheim, *Le Suicide. Étude de Sociologie* (Paris: F. Alcan, 1897).

24. 有关当代的演示和实用教程,请参见 Oleksandr Pavlyk, "Centennial of Markov Chains," *Wolfram Blog,* February 4, 2013, http://blog.wolfram.com/2013/02/04/centennial-of-markov-chains/。

25. Lazarsfeld, "Notes on the History of Quantification in Sociology," 310.

26. Charles E. Spearman, " 'General Intelligence' Objectively Determined and Measured," *American Journal of Psychology* 15 (1904): 201–293.

27. Raymond B. Cattell, ed., *Handbook of Multivariate Experimental Psychology* (Chicago: Rand McNally, 1966).

28. L. L. Thurstone, "The Vectors of Mind," *Psychological Review* 41 (1934): 1–32.

29. Neil W. Henry, "Latent Structure Analysis at Fifty," in *Proceedings of the Survey Research Methods Section* (American Statistical Association, 1999), 587–592, http://www.asasrms.org/Proceedings/papers/1999_102.pdf.

30. T. W. Anderson, *An Introduction to Multivariate Statistical Analysis* (New York: Wiley, 1958).

31. Warren S. Torgerson, *Theory and Methods of Scaling* (New York: Wiley, 1958).

32. Michael Baxandall, *Painting and Experience in Fifteenth Century Italy: A Primer in the Social History of Pictorial Style* (Oxford: Clarendon Press, 1972); Victor Burgin, *The End of Art Theory: Criticism and Postmodernity* (Basingstoke: Macmillan, 1986).

33. 例如,为 2016 Workshop on Human Interpretability in Machine Learning 开发的程序, New York, June 23, 2016, https://sites.google.com/site/2016whi/。

34. 例子参见 Matthew D. Zeiler and Rob Fergus, *Visualizing and Understanding Convolutional Networks,* ArXiv.org, November 28, 2013, http://arxiv.org/abs/1311.2901。

35. Phil Schiller, quoted in Tonya Riley, "Apple's iPhone 7 Camera Uses Machine Learning to Look for People," *Inverse,* September 7, 2016, https://www.inverse.com/article/20677-iphone-7-camera-isp-phone.

36. Glenn Fleishman, "Two Cameras in iPhone 7 Plus Allow Synthetic Zoom, Soft-Focus Backgrounds," *Macworld,* September 7, 2016, http://www.macworld.

com/article/3117258/iphone-ipad/two-cameras-in-iphone-7-plus-allow-synthetic-zoom-soft-focus-backgrounds.html.

37. EyeEm, "EyeEm Team," accessed September 23, 2016, https://www.eyeem.com/u/team.

38. Olga Russakovsky et al., "ImageNet Large Scale Visual Recognition Challenge," *International Journal of Computer Vision* 115, no. 3 (2015): 211–252, https://doi.org/10.1007/s11263-015-0816-y.

39. See Russakovsky et al., "ImageNet Large Scale Visual Recognition Challenge." For the details of the results from all competing teams, see ImageNet, "Large Scale Visual Recognition Challenge 2015 (ILSVRC2015)," accessed March 1, 2020, http://www.image-net.org/challenges/LSVRC/2015/results.

40. Google Cloud Platform, "Cloud Vision API," accessed August 8, 2016, https://cloud.google.com/vision/.

41. Andrew Ng, Machine Learning Course, online course, week 6, accessed September 28, 2016, https://www.coursera.org/learn/machine-learning/home/week/6.

42. Kim Hye-Rin et al., "Building Emotional Machines: Recognizing Image Emotions through Deep Neural Networks," *IEEE Transactions on Multimedia* 20, no. 11 (November 2018): 2980–2992.

43. David G. Lowe, "Object Recognition from Local Scale-Invariant Features," in *Proceedings of the Seventh IEEE International Conference on Computer Vision*, vol. 2 (Washington, DC: IEEE Computer Society, 1999), 1150–1157, https://doi.org/10.1109/ICCV.1999.790410. Gil Levi 在 "Bag of Words Models for Visual Categorization" 文中提供了有关使用 "bag of words" 方法将 SIFT 用于对象检测的很好的总结，*Gil's CV Blog*, August 23, 2013, https://gilscvblog.com/2013/08/23/bag-of-words-models-for-visual-categorization/。

44. Paul Viola and Michael Jones, "Rapid Object Detection Using a Boosted Cascade of Simple Features," in *Proceedings of the 2001 IEEE Computer Society Conference on Computer Vision and Pattern Recognition*, vol. 1 (Los Alamitos, CA: IEEE Computer Society, 2001), 511–518, https://doi.org/10.1109/CVPR.2001.990517.

45. A. Huertas and R. Nevatia, "Detecting Buildings in Aerial Images," *Computer Vision, Graphics, and Image Processing* 41, no. 2 (1988): 131–152.

46. Yann LeCun, Yoshua Bengio, and Geoffrey E. Hinton, "Deep Learning," *Nature* 521, no. 7553 (2015): 436–444, https://doi.org/10.1038/nature14539.

47. The paper that started the trend of using deep networks for image classification is Alex Krizhevsky, Ilya Sutskever, and Geoffrey E. Hinton, "ImageNet Classifica-

tion with Deep Convolutional Neural Networks," *Advances in Neural Information Processing Systems* 25 (New York: AMC, 2012), 1097–1105, http://papers.nips.cc/paper/4824-imagenet-classification-with-deep-convolutional-neural-networks.

48. Krizhevsky et al., "ImageNet Classification with Deep Convolutional Neural Networks."

49. 某些数据类型非常流行的原因与计算机在研究和工业中的使用历史有关。许多算法是为了分析某些类型而开发的，而其他可能的类型却没有得到同样的关注。对列表中的每一种数据类型，现在都有常用的分析方法、相应的算法和各种数据格式。例如，空间数据可以表示为坐标、形状文件或其他方式。

第七章　语言、类别和感知

1. Peter M. Broadwell, David Mimno, and Timothy R. Tangherlini, "The Tell-Tale Hat: Surfacing the Uncertainty in Folklore Classification," *Journal of Cultural Analytics,* February 8, 2017, https://doi.org/10.31235/osf.io/a7dp8.

2. Ted Underwood, *Understanding Genre in a Collection of a Million Volumes,* Interim Performance Report Digital Humanities Start-Up Grant, Award HD5178713, December 29, 2014, https://figshare.com/articles/Understanding_Genre_in_a_Collection_of_a_Million_Volumes_Interim_Report/1281251.

3. "The Museum of Modern Art (MoMA) Exhibition and Staff Histories," GitHub, accessed September 18, 2019, https://github.com/MuseumofModernArt/exhibitions.

4. Wikipedia, "Statistical Data Type," accessed August 15, 2016, https://en.wikipedia.org/wiki/Statistical_data_type.

5. 关于公制时间系统的引入及其对工作和生活合理化的贡献的文献颇多，如 E. P. Thompson, "Time, Work-Discipline, and Industrial Capitalism," *Past & Present,* no. 38 (December 1967): 56–97; Jonathan Martineau, *Time, Capitalism, and Alienation: A Socio-Historical Inquiry into the Making of Modern Time* (Chicago: Haymarket Books, 2016)。

6. Stanley S. Stevens, "On the Theory of Scales of Measurement," *Science* 103, no. 2684 (June 7, 1946): 677–680.

7. Affectiva, "Metrics," accessed September 18, 2019, https://developer.affectiva.com/metrics/.

8. Clement Greenberg, "Avant Garde and Kitsch," *Partisan Review* (1939): 34–49.

9. Roman Jakobson, "Verbal Communication," *Scientific American* 227 (1972):

72–80.

10. Marta J. Hardman, "Why We Should Say 'Women and Men' Until It Doesn't Matter Anymore," *Women and Language* 22, no. 1 (1999): 1–2.

11. Rensis Likert, "A Technique for the Measurement of Attitudes," *Archives of Psychology* 22 (1932–1933): 5–55, https://legacy.voteview.com/pdf/Likert_1932.pdf.

12. Maximilian Schich et al., "A Network Framework of Cultural History."

13. Lev Manovich, "There Is No Software," in *Nam June Paik Reader: Contributions to an Artistic Anthropology,* ed. Youngchul Lee and Henk Slager (Seoul: NJP Art Center, 2009), 26–29.

14. 19世纪有关平均值和不同类型平均值含义辩论的讨论，请参考 Alain Desrosières, "Averages and the Realism of Aggregates," in *The Politics of Large Numbers: A History of Statistical Reasoning* (Cambridge, MA: Harvard University Press, 1998), 67–102。

15. 关于手机设计从功能性到高度审美性的变化，请见本人于2007年发表的 "Information as an Aesthetic Event," *Receiver* 17, http://manovich.net/index.php/projects/information-as-an-aesthetic-event。

16. James Peckham, "Huawei P20 and P20 Pro Colors: What Shade Should You Buy?," *TechRadar,* March 27, 2018, https://www.techradar.com/news/huawei-p20-and-p20-pro-colors-what-shade-should-you-buy.

17. Huawei, "Huawei P20," accessed October 1, 2019, https://consumer.huawei.com/en/phones/p20/.

18. Paul Goldberger, "On Madison Avenue, Sometimes Less Is Less," *New York Times,* October 27, 1996, http://www.nytimes.com/1996/10/27/arts/on-madison-avenue-sometimes-less-is-less.html.

19. John Pawson, *Calvin Klein Collections Store,* Johnpawson.com, accessed June 1, 2017, http://www.johnpawson.com/works/calvin-klein-collections-store.

20. Walter Isaacson, "How Steve Jobs' Love of Simplicity Fueled a Design Revolution," *Smithsonian Magazine,* September 24, 2012, https://www.smithsonianmag.com/arts-culture/how-steve-jobs-love-of-simplicity-fueled-a-design-revolution-23868877/.

21. Ted Gibson and Bevil R. Conway, "The World Has Millions of Colors. Why Do We Only Name a Few?" *Smithsonian Magazine,* September 19, 2017, https://www.smithsonianmag.com/science-nature/why-different-languages-name-different-colors-180964945/.

22. Lev Nusberg, "Cybertheater," *Leonardo* 2 (1969): 61–62, https://monoskop.org/images/a/af/Nusberg_Lev_1969_Cybertheater.pdf.

23. Hadley Feingold, "Sculptural Fashion: Volume, Structure, and the Body," *Textile Arts Center* (blog), January 15, 2018, http://textileartscenter.com/blog/sculptural-fashion-volume-structure-and-the-body.

24. Tor D. Wager, Lauren Y. Atlas, Martin A. Lindquist, Mathieu Roy, Choong-Wan Woo, and Ethan Kross, "An fMRI-Based Neurologic Signature of Physical Pain," *New England Journal of Medicine* 368 (2013): 1388–1397.

25. Jeffrey Bardzell, "Interaction Criticism: An Introduction to the Practice," *Interacting with Computers* 23 (2011): 604–621.

26. Emotiv, "MyEmotiv," accessed September 18, 2019, https://www.emotiv.com/myemotiv/.

27. Affectiva, "Affectiva Automotive AI," accessed December 16, 2018, https://www.affectiva .com/product/affectiva-automotive-ai/.

28. Peter Weibel and Jeffrey Shaw, *Future Cinema: The Cinematic Imaginary after Film* (Cambridge, MA: MIT Press, 2003); Cristiane Paul, *Digital Art* (London: Thames and Hudson, 2003); Lucy Bullivant, *Responsive Environments: Architecture, Art and Design,* (London: Victoria and Albert Museum, 2006).

29. 关于神经学电影（测量电影对大脑反应的领域）的进展，请见 Aalto University, "Nolan Film 'Memento' Reveals How the Brain Remembers and Interprets Events from Clues," *Medical Press,* February 22, 2018, https://medicalxpress.com/news/2018-02-nolan-memento-reveals-brain-events.html。

30. Kevin Gray and Barry Gills, "South–South Cooperation and the Rise of the Global South," *Third World Quarterly* 37, no. 4 (2016): 557–574.

31. Martin Muller, "In Search of the Global East: Thinking between North and South," *Geopolitics,* October 2008, 1–22, https://doi.org/10.1080/14650045.2018.1477757.

32. Tuvikene, quoted in Wladimir Zbignev, "Theorizing Cities from/with a Global East," *Connections,* September 14, 2018, https://www.connections.clio-online.net/event/id/termine-38138.

33. Lev Manovich, *Software Takes Command,* rev. ed. (London: Bloomsbury Academic, 2013).

34. Wikipedia, "List of Subcultures," accessed August 12, 2016, https://en.wikipedia.org/wiki/List_of_subcultures.

35. Geoffrey C. Bowker and Susan L. Star, *Sorting Things Out: Classification and Its Consequences* (Cambridge, MA: MIT Press, 2000), https://www.ics.uci.edu/~gbowker/classification/. Emphasis in original.

36. Johan Bollen, Herbert Van de Sompel, Aric Hagberg, Luis Bettencourt, Ryan Chute, Marko A. Rodriguez, and Lyudmila Balakireva, "Clickstream Data Yields High-Resolution Maps of Science," *PLOS ONE* 4, no. 3 (2009), https://doi.org/10.1371/journal.pone.0004803; Katy Börner, Richard Klavans, Michael Patek, Angela M. Zoss, Joseph R. Biberstine, Robert P. Light, Vincent Larivière, and Kevin W. Boyack, "Design and Update of a Classification System: The UCSD Map of Science," *PLOS ONE* 7, no. 7 (2012), https://doi.org/10.1371/journal.pone.0039464.

37. Katy Börner at al, "Design and Update of a Classification System: The UCSD Map of Science."

38. Richard Klavans and Kevin Boyack, "Toward an Objective, Reliable and Accurate Method for Measuring Research Leadership," *Scientometrics* 82 (2010): 539–553.

39. Michel Foucault, *Les mots et les choses: Une archéologie des sciences humaines* (Paris: Éditions Gallimard, 1966).

40. Software Studies Initiative, "ImagePlot Visualisation Software," 2011, accessed March 1, 2020, http://lab.softwarestudies.com/p/imageplot.html.

41. Van Gogh Museum, "Meet Vincent," accessed July 31, 2016, vangoghmuseum.nl.

42. Van Gogh Museum, "Arles 1888–1889," accessed July 31, 2016, vangoghmuseum.nl.

43. Van Gogh Museum, "Arles 1888–1889," accessed July 31, 2016, vangoghmuseum.nl.

44. For additional examples, see Lev Manovich, *Style Space: How to Compare Image Sets and Follow Their Evolution*, 2011, accessed March 1, 2010, http://manovich.net/index.php/projects/style-space.

45. Franco Moretti, *Graphs, Maps, Trees: Abstract Models for a Literary History* (London: Verso, 2005). See also "Pamphlets," Stanford Literary Lab, accessed September 18, 2019, https://litlab.stanford.edu/pamphlets/.

46. Ted Underwood and Jordan Sellers, "The Emergence of Literary Diction," *Journal of Digital Humanities* 1, no. 2 (2012), http://journalofdigitalhumanities.org/1-2/the-emergence-of-literary-diction-by-ted-underwood-and-jordan-sellers/; Ted Underwood, Michael L. Black, Loretta Auvil, and Boris Capitanu, "Mapping

Mutable Genres in Structurally Complex Volumes," arXiv.org, September 18, 2013, https://arxiv.org/abs/1309.3323; Ted Underwood, "The Life Cycles of Genres," *Cultural Analytics* 1 (May 23, 2016), http://culturalanalytics.org/2016/05/the-life-cycles-of-genres.

47. Lev Manovich, *One Million Manga Pages,* 2010 research report, March 1, 2020, http://lab.softwarestudies.com/2010/11/one-million-manga-pages.html.

48. Jeremy Douglass, William Huber, and Lev Manovich, "Understanding Scanlation: How to Read One Million Fan-Translated Manga Pages," *Image and Narrative* (Winter 2011), http://manovich.net/index.php/projects/understanding-scanlation. For history of the OneManga site, see http://fanlore.org/wiki/OneManga, accessed October 26, 2016.

49. Nanjing University of the Arts, "Disciplines," accessed December 28, 2018, http://en.nua.edu.cn/2639/list.htm.

50. The New School, "Undergraduate Academics," accessed December 28, 2018, https://www.newschool.edu/academics/undergraduate/.

51. Mehrdad Yazdani, Jay Chow, and Lev Manovich, "Quantifying the Development of User-Generated Art during 2001–2010," *PLOS One,* August 7, 2017, http://journals.plos.org/plosone/article?id=10.1371/journal.pone.0175350.

52. Eugene Garfield, "Citation Indexes for Science: A New Dimension in Documentation through Association of Ideas," *Science* 122, no. 3159 (1955): 108–111, https://doi.org/10.1126/science.122.3159.108.

53. Tim Ingham, "World's Top 5 Music Publishers Now Control 11 Million Songs," *Music Business Worldwide,* May 25, 2015, https://www.musicbusinessworldwide.com/top-5-publishers-now-control-11m-songs/.

54. Kim Albrecht, "Cultural Development in Movie History," *Culturegraphy,* accessed September 18, 2019, https://www.culturegraphy.com/extras/findings/.

55. Kim Albrecht, "Cultural Development in Movie History."

56. Albrecht, "Cultural Development in Movie History."

57. Nadav Hochman and Lev Manovich, "A View from Above: Exploratory Visualizations of the Thomas Walther Collection," in *Object:Photo. Modern Photographs: The Thomas Walther Collection 1909–1949,* ed. Mitra Abbaspour, Lee Ann Daffner, and Maria Morris Hambourg (New York: Museum of Modern Art, 2014), 1–6, http://www.moma.org/interactives/objectphoto/assets/essays/Manovich_Hochman.pdf.

58. Gallup, *Gallup Global Wellbeing: The Behavioral Economics of GDP Growth*

(Washington, DC: Gallup, 2010), http://www.gallup.com/poll/126965/gallup-global-wellbeing.aspx.

59. Jean-Paul Benzécri, *L'Analyse des Données,* vol. 2, *L'Analyse des Correspondances* (Paris: Dunod, 1973). Correspondence analysis is available in various statistical software environments, including R.

60. Weibo, accessed August 12, 2016, http://d.weibo.com/.

61. Mitch Joel, "We Need a Better Definition of 'Native Advertising,' " *Harvard Business Review,* February 13, 2013, https://hbr.org/2013/02/we-need-a-better-definition-of.

62. Presentations during Advertising Week NYC 2016, New York, September 26–30, 2016.

63. Andrew Bosworth, "What's the History of the Awesome Button (that Eventually Became the Like Button) on Facebook?," Quora, October 17, 2014, https://www.quora.com/Whats-the-history-of-the-Awesome-Button-that-eventually-became-the-Like-button-on-Facebook.

64. Bart de Langhe, Philip M. Fernbach, and Donald R. Lichtenstein, "Navigating by the Stars: Investigating the Actual and Perceived Validity of Online User Rating," *Journal of Consumer Research* 42, no. 6 (2016): 817–833.

第八章　信息可视化

1. William Playfair, *An Inquiry into the Permanent Causes of the Decline and Fall of Powerful and Wealthy Nations: Illustrated by Four Engraved Charts* (London: Printed for Greenland and Norris, 1805).

2. Robert Venturi, Denise Scott Brown, and Steven Izenour, *Learning from Las Vegas: The Forgotten Symbolism of Architectural Form* (Cambridge, MA: MIT Press, 1977). Emphasis in original.

3. Bruno Latour, "Tarde's Idea of Quantification," in *The Social after Gabriel Tarde: Debates and Assessments,* ed. Mattei Candea (London: Routledge, 2010), 116.

4. Eric Rodenbeck, keynote lecture at O'Reilly Emerging Technology 2008 conference, March 4, 2008.

5. "Interview: Fernanda Viégas and Martin Wattenberg from Flowing Media," *Information Aesthetics,* May 7, 2010, https://flowingdata.com/2010/05/13/interview-fernanda-vigas-and-martin-wattenberg/.

6. Google, "Public Data," accessed September 18, 2019, http://www.google.com/publicdata/directory.

7. Daniel A. Keim, Florian Mansmann, Jörn Schneidewind, and Hartmut Ziegler, "Challenges in Visual Data Analysis," in *Proceedings of Information Visualization* (Piscataway, NJ: IEEE Computer Society, 2006), 9–16, 10, https://doi.org/10.1109/IV.2006.31.

8. Helen C. Purchase, Natalia Andrienko, T. J. Jankun-Kelly, and Matthew Ward, "Theoretical Foundations of Information Visualization," in *Information Visualization: Human-Centered Issues and Perspectives,* ed. Andreas Kerren, John T. Stasko, and Jean-Daniel Fekete (Berlin: Springer, 2008), 46–64.

9. Theusrus, "Mondrian: About," accessed September 18, 2019, http://www.theusrus.de/Mondrian/.

10. For example: "In contrast to scientific visualization, information visualization typically deals with nonnumeric, nonspatial, and high-dimensional data." Chaomei Chen, "Top 10 Unsolved Information Visualization Problems," *IEEE Computer Graphics and Applications* 25, no. 4 (2005): 12–16.

11. Fernanda B. Viégas, Martin Wattenberg, and Kushal Dave, "Studying Cooperation and Conflict between Authors with History Flow Visualizations," in *Proceedings of the SIGCHI Conference on Human Factors in Computing Systems,* April 2004, 575–582, https://doi.org/10.1145/985692.985765.

12. Aaron Koblin, *Flight Patterns,* accessed September 18, 2019, http://www.aaronkoblin.com/work/flightpatterns/.

13. Processing, accessed September 18, 2019, http://processing.org/.

14. Data-Driven Documents, accessed September 18, 2019, https://d3js.org/.

15. Hadley Wickham et al,, ggplot2 (software), accessed March 1, 2020, https://ggplot2.tidyverse.org/.

16. "Harry Beck's Tube Map," Transport for London, accessed September 18, 2019, https://tfl.gov.uk/corporate/about-tfl/culture-and-heritage/art-and-design/harry-becks-tube-map.

17. Edward Tufte, *The Visual Display of Quantitative Information* (Cheshire, CT: Graphics Press, 1983); *Envisioning Information* (Cheshire, CT: Graphics Press, 1990); *Visual Explanations: Images and Quantities, Evidence and Narrative* (Cheshire, CT: Graphics Press, 1997); *Beautiful Evidence* (Cheshire, CT: Graphics Press, 2006).

18. Several definitions of information visualization from the recent literature are

available at "Information Visualization," InfoVis Wiki, accessed September 27, 2019, https://infovis-wiki.net/wiki/Information_Visualization.

19. Michael Friendly and Daniel J. Denis, "1800–1849: Beginnings of Modern Data Graphics," Milestones in the History of Thematic Cartography, Statistical Graphics, and Data Visualization, accessed March 1, 2020. http://www.datavis.ca/milestones/index.php?group=1800%2B.

20. Philip Ball, Critical Mass (London: Arrow Books, 2004), 64–65.

21. Michael Friendly and Daniel J. Denis, Milestones in the History of Thematic Cartography, Statistical Graphics, and Data Visualization, 2001, accessed March 1, 2020, http://www.datavis.ca/milestones/.

22. Historical data is from Friendly and Denis, Milestones in the History of Thematic Cartography, Statistical Graphics, and Data Visualization.

23. Ben Fry, *Distellamap,* August 2005, accessed March 1, 2020, http://benfry.com/distellamap/.

24. Marcos Weskamp, "The Movement," December 29, 2005, https://www.flickr.com/photos/pkeenan/79036462.

25. InfoVis Lab, "Research," accessed September 18, 2019, http://ivl.slis.indiana.edu/research/.

26. Edward Tufte, "Minard's Sources—from Virginia Tufte and Dawn Finley," Edwardtufte.com, August 7, 2002, http://www.edwardtufte.com/tufte/minard.

27. Visual Complexity, "The Evolution of The Origin of Species," accessed September 19, 2019, http://www.visualcomplexity.com/vc/project.cfm?id=696.

28. Google Trends, accessed September 19, 2019, http://www.google.com/trends.

29. 一个不符合我分析的重要案例是，在18世纪印刷地形图中，使用不同的色调或颜色来表示地形高程和浮雕已经很常见。在这些地图中，色调或颜色编码的是定量数据，而不是类别。

30. Wikipedia, "Tag Cloud," accessed July 18, 2016, http://en.wikipedia.org/wiki/Tag_cloud.

31. 例如，在我处理器为2.8 GHz，内存为4 GB，2009年的苹果PowerBook笔记本计算机上运行开源数据可视化软件Mondrian 1.0，用大约7秒的时间可绘制包含100万点的散点图。

32. 在运动图形领域还可以找到许多直接可视化的例子：电影和电视标题、图形、广告和音乐视频。在许多动态图形中，文本或图像被动画化，以创建动态变化的、有意义的模式，这些模式由这些媒体对象构成。

33. Brendan Dawes, "Cinema Redux," 2004, accessed March 1, 2020, http://brendandawes.com/projects/cinemaredux.

34. Ben Fry, "Traces," 2009, accessed March 1, 2020, https://fathom.info/traces/.

35. 我已经创建了一些可视化效果，能将整本书显示在一个单独的图像中。参见 http://www.flickr.com/photos/culturevis/sets/72157615900916808/；http://www.flickr.com/photos/culturevis/sets/72157622994317650/。为了以最小的字体显示托尔斯泰的《安娜·卡列尼娜》的全文，我不得不制作一张 14000 × 6000 像素的图像，远远超出了当前的屏幕分辨率。

36. Roberta Smith, "Art in Review; Mark Hansen and Ben Rubin— 'Listening Post,'" *New York Times,* February 21, 2003, https://www.nytimes.com/2003/02/21/arts/art-in-review-mark-hansen-and-ben-rubin-listening-post.html.

37. To see Manual Lima's taxonomy of network display methods, select "filter by method" from the "Filter by:" dropdown," accessed March 1, 2020, www.visualcomplexity.com/vc/.

38. Latour, "Tarde's Idea of Quantification."

39. Wikipedia, "Synechdoche," Wikipedia, accessed July 18, 2016, http://en.wikipedia.org/wiki/Synecdoche.

40. Stefanie Posavec, *Writing without Words,* 2008, accessed March 1, 2020, http://www.stefanieposavec.com/writing-without-words; Martin Wattenberg, The Shape of Song, 2001, accessed March 1, 2020, http://www.bewitched.com/song.html.

41. Lev Manovich, "Data Visualization as New Abstraction and Anti-Sublime," *SMAC! 3* (2002): n.p. (San Francisco, 2002), http://manovich.net/index.php/projects/data-visualisation-as-new-abstraction-and-anti-sublime.

42. David L. Small, *Rethinking the Book* (PhD thesis, MIT, January 1999), https://acg.media.mit.edu/projects/thesis/DSThesis.pdf.

43. Ben Fry, *Valence,* 2001, accessed March 1, 2020, http://benfry.com/valence/.

44. W. Bradford Paley, TextArc, 2002, accessed March 1, 2020, http://wbpaley.com/brad/projects.html.

45. Frank van Ham, Martin Wattenberg, and Fernanda B. Viégas, "Mapping Text with Phrase Nets," *IEEE Transactions on Visualization and Computer Graphics* 15, no. 6 (2009): 1169–1176, https://doi.org/10.1109/TVCG.2009.165.

46. Software Studies Initiative, "Image_Graphr Outputs," Flickr, accessed September 18, 2019, https://www.flickr.com/photos/culturevis/sets/72157617847338031/.

47. Wayne Rasband, ImageJ, accessed September 20, 2019, https://imagej.nih.gov/ij/.

48. Lev Manovich, "Cultural Analytics Visualizations on Ultra High Resolution Displays," Software Studies Initiative, December 24, 2008, http://lab.softwarestudies.com/2008/12/cultural-analytics-hiperspace-and.html.

49. Humanities+Digital Visual Interpretations Conference: Aesthetics, Methods, and Critiques of Information Visualization in the Humanities, Arts, and Social Sciences, conference at Massachusetts Institute of Technology, Cambridge, Massachusetts, May 22–22, 2010, https://www.iri.centrepompidou.fr/evenement/humanitiesdigital-visual-interpretations-conference-2010/.

50. 然而，我们的可视化交互界面之所以有效，可能正是因为它们提供了某些简化功能。我正在考虑缩放命令。 放大直接呈现可视化效果，例如《时代杂志》的封面，以检查特定封面的详细信息。缩小则能查看整体趋势。当我们这样做时，图像的尺寸会逐渐减小，最终变成较小的色点。

第九章　探索性媒体分析

1. John W. Tukey, *Exploratory Data Analysis* (Reading, MA: Addison-Wesley, 1977).

2. "Chronicling America: Historic American Newspapers," Library of Congress, accessed July 7, 2019, http://chroniclingamerica.loc.gov/.

3. Internet Archive, accessed February 20, 2020, https://archive.org/.

4. "Art Now", Flickr group, accessed July 7, 2016, http://www.flickr.com/groups/37996597808@N01/.

5. Coroflot, "About Us," accessed July 7, 2016, http://www.coroflot.com/about.

6. "Prints & Photographs Online Catalog," Library of Congress, accessed July 7, 2016. http://www.loc.gov/pictures/.

7. Flickr, "The App Garden," accessed July 7, 2016, http://www.flickr.com/services/api/.

8. For more details, see Steve Stemler, "An Overview of Content Analysis," *Prac-

tical *Assessment, Research & Evaluation 7,* no. 17 (2001), http://PAREonline.net/getvn.asp?v=7&n=17.

9. Calvin N. Mooers, *The Theory of Digital Handling of Non-Numerical Information and Its Implications to Machine Economics* (Boston: Zator Co., 1950).

10. Mooers, *The Theory of Digital Handling,* 1–2. Emphasis added.

11. Calvin N. Mooers, *Scientific Information Retrieval Systems for Machine Operation: Case Studies in Design* (Boston: Zator Co., 1951), 3.

12. Mooers, *The Theory of Digital Handling,* 2. Emphasis added.

13. Vannevar Bush, "As We May Think," *Atlantic Monthly,* July 1945, http://web.mit.edu/STS.035/www/PDFs/think.pdf.

14. 今天，科学家很难从一篇文章的参考文献追踪到其他文章或网站；相反，他们搜索大型数据库和科学出版物和数据的存储库，如国际计算机学会（ACM）、arXiv、IEEE、PubMed、ProQuest、Web of Science、ScienceDirect等。因为科学出版是高度结构化的，有文章和会议论文，包括主题类别、关键字、引用次数多的相关研究综述和 ID 号，对于每个新出版物都是自动生成的，因此数据库范例非常有效。

15. 这些功能对应于 2019 年 3 月的 Instagram 用户界面。在未来，界面可以改变：可以添加新的功能，改变旧的功能。

16. 本说明适用于这些应用程序和软件在 2019 年 3 月之前的版本。

17. Lev Manovich, Moritz Stefaner, Mehrdad Yazdani, Dominikus Baur, Daniel Goddemeyer, Alise Tifentale, Nadav Hochman, and Jay Chow, *Selfiecity,* a website and custom interactive app, 2014, and *Selfiecity London,* a website and custom interactive app, 2015, http://selfiecity.net/ and http://selfiecity.net/london/; Daniel Goddemeyer, Moritz Stefaner, Dominikus Baur, and Lev Manovich, *On Broadway,* interactive artwork for touch display, 2014, http://on-broadway.nyc.

18. Wikipedia, "Digital Image Processing," accessed June 6, 2016, http://en.wikipedia.org/wiki/Digital_image_processing.

19. "Text Analysis," Tooling up for Digital Humanities, accessed July 27, 2016, http://toolingup.stanford.edu/?page_id=981.

20. Voyant, accessed September 20, 2019, https://voyant-tools.org; Matthew Jockers, *Text Analysis with R for Students of Literature* (Berlin: Springer, 2014).

21. 关于卷积网络学习的图像特征的说明，请参阅 Matthew D. Zeiler and Rob Fergus, *Visualizing and Understanding Convolutional Networks,* ArXiv.org, November 12, 2013, https://arxiv.org/abs/1311.2901。

22. 关于在摄影服务和手机摄像中采用计算机视觉的讨论，请参阅 Lev Manovich, *AI Aesthetics* (Moscow: Strelka Press, 2018)。

23. Clarifai, "Models," accessed September 20, 2019, https://clarifai.com/models.

24. David Ramli and Shelly Banjo, "The Kids Use TikTok Now Because Data-Mined Videos Are So Much Fun," *Bloomsburg BusinessWeek,* April 17, 2019, http://www.bloomberg.com/news/features/2019-04-18/tiktok-brings-chinese-style-censorship-to-america-s-tweens.

25. Mehrdad Yazdani and Lev Manovich, "Predicting Social Trends from Non-photographic Images on Twitter," in *Proceedings of the 2015 IEEE International Conference on Big Data* (Washington, DC: IEEE Computer Society, 2015), 1653–1660.

26. Miriam Redi, Damon Crockett, and Lev Manovich, "What Makes Photo Cultures Different?," in *Proceedings of the 24th ACM International Conference on Multimedia* (New York: ACM, 2016), 287–291.

27. Yale Digital Humanities Lab, "Neural Neighbors: Capturing Image Similarity," accessed October 1, 2019, https://dhlab.yale.edu/projects/neural-neighbors/.

28. Konstantinos Rematas, Basura Fernando, Frank Dellaert, and Tinne Tuytelaars, "Dataset Fingerprints: Exploring Image Collections through Data Mining," in *Proceedings of the IEEE Conference on Computer Vision and Pattern Recognition* (Washington, DC: IEEE Computer Society, 2015), 4867–4875.

29. Benoît Seguin, *Making Large Art Historical Photo Archives Searchable* (Lausanne: EPFL, 2018), https://infoscience.epfl.ch/record/261212?ln=en.

30. Seguin, *Making Large Art Historical Photo Archives Searchable,* 118.

第十章　媒体可视化的方法

1. John Unsworth, "Scholarly Primitives: What Methods Do Humanities Researchers Have in Common, and How Might our Tools Reflect This?," Humanities Computing Symposium, May 13, 2000, King's College, London, accessed October 1, 2019, http://www.people.virginia.edu/~jmu2m/Kings.5-00/primitives.html.

2. Tiago Ferreira and Wayne Rasband, *ImageJ User Guide,* last updated October 2, 2012, https://imagej.nih.gov/ij/docs/guide/index.html.

3. John W. Tukey, *Exploratory Data Analysis* (Reading, MA: Addison-Wesley, 1977).

4. Damon Crockett, "ivpy," GitHub, accessed October 1, 2019, http://github.com/

damoncrockett/ivpy.

5. Apple, "Photos," accessed July 17, 2016, http://www.apple.com/ios/photos/.

6. M. Albanese et al., "Video Summarization," in *Encyclopedia of Multimedia*, ed. B. Furht (Boston: Springer, 2006), https://doi.org/10.1007/0-387-30038-4.

7. Stuart Hall, *Encoding and Decoding in the Television Discourse* (Birmingham: Centre for Contemporary Cultural Studies, 1973).

8. Stuart Hall, "Encoding/Decoding," in *Culture, Media, Language: Working Papers in Cultural Studies, 1972–79,* ed. Stuart Hall (London: Hutchinson, 1980), 128–138.

9. Hall, "Encoding/Decoding."

10. Drake Baer, "Why Data God Jeffrey Hammerbacher Left Facebook to Found Cloudera," *Fast Company,* April 18, 2013, http://www.fastcompany.com/3008436/takeaway/why-data-god-jeffrey-hammerbacher-left-facebook-found-cloudera.

11. Nick Yee, "The Demographics, Motivations and Derived Experiences of Users of Massively Multi-User Online Graphical Environments," *Presence: Teleoperators and Virtual Environments* 15, no. 3 (2006): 309–329.

12. Ferreira and Rasband, *ImageJ User Guide.*

13. Jeffrey M. Perkel, "Life Science Technologies: This Is Your Brain: Mapping the Connectome," Science 339, no. 6117 (January 18, 2013): 350–352, https://doi.org/10.1126/science.339.6117.350.

14. Johannes Schindelin, Curtis T. Rueden, Mark C. Hiner, and Kevin W. Eliceiri, "The ImageJ Ecosystem: An Open Platform for Biomedical Image Analysis," *Molecular Reproduction and Development* 82, no. 7–8 (2015): 518–529, https://doi.org/10.1002/mrd.22489; Ferreira and Rasband, *ImageJ User Guide.*

15. Ferreira and Rasband, ch. 28, sec. 6 ("Stacks") in *ImageJ User Guide.*

16. Ferreira and Rasband, ch. 28, sec. 6 ("Stacks") in *ImageJ User Guide.*

17. 关于一般抽样概念在数字人文学科中的应用，请参阅 Anthony Kenny, *The Computation of Style: An Introduction to Statistics for Students of Literature and Humanities* (Oxford: Pergamon Press, 1982)。

18. Jesse Alpert and Nissan Hajaj, "We Knew the Web Was Big . . . ," *Google Official Blog,* July 25, 2008, http://googleblog.blogspot.com/2008/07/we-knew-web-was-big.html.

19. Marco Brambilla, *Civilization (Megaplex),* 2008, high-definition 3D video,

https://www.marcobrambilla.com/civilization-megaplex.

20. Wiktionary, "Browse," accessed July 28, 2016, http://en.wiktionary.org/wiki/browse.

21. Wiktionary, "Explore," accessed July 28, 2016, http://en.wiktionary.org/wiki/explore.

结语 我们可以不依靠"分类"来思考吗？

1. Lev Manovich, *AI Aesthetics* (Moscow: Strelka Press, 2018).

2. "文化技术"的概念在近期德国媒体理论中得到了广泛的应用，请参阅Geoffrey Winthrop-Young, Ilinca Irascu, and Jussi Parikka, eds., "Cultural Techniques," special issue, *Theory, Culture & Society* 30, no. 6 (November 2013)。

3. Nicolas Truong and Nicolas Weill, "A Decade after His Death, French Sociologist Pierre Bourdieu Stands Tall," *Guardian,* February 21, 2012, https://www.theguardian.com/world/2012/feb/21/pierre-bourdieu-philosophy-most-quoted.

4. "文化杂食"（*cultural omnivore*）这一概念由美国社会学家 Richard Peterson 提出，参阅 Richard Peterson, "Understanding Audience Segmentation: From Elite and Mass to Omnivore and Univore," *Poetics* 21, no. 4 (1992): 243–258。

5. Minsu Park et al., "Understanding Musical Diversity via Online Social Media," in *Proceedings of the Ninth International AAAI Conference on Web and Social Media* (Oxford: AAAI Press, 2016), 308–317, http://www.aaai.org/ocs/index.php/ICWSM/ICWSM15/paper/view/10570.

6. 例如，Jordan DeLong, "Horseshoes, Handgrenades, and Model Fitting: The Lognormal Distribution Is a Pretty Good Model for Shot-Length Distribution of Hollywood Films," *Digital Scholarship in the Humanities* 30, no. 1 (2015): 129–136。

7. Franco Moretti, *Atlas of the European Novel: 1800–1900* (London: Verso, 1998), 150.

8. Agustin Indaco and Lev Manovich, *Urban Social Media Inequality: Definition, Measurements, and Application,* arXiv.org, July 7, 2016, https://arxiv.org/abs/1607.01845.

9. Inna Kizhner et al., "The History and Context of the Digital Humanities in Russia," paper presented at the Digital Humanities 2018 conference, Mexico City, June 26–29, 2018, https://dh2018.adho.org/the-history-and-context-of-the-digital-humanities-in-russia.

10. Internet Archive, accessed September 10, 2019, https://archive.org.

译名对照表

24 Hour Psycho（Gordon）《24 小时惊魂记》戈登
Abramović, Marina，玛丽娜·阿布拉莫维奇
A/B testing 随机试验（网络分析中的一种流行工具，A 和 B 指两个变量）
Achenwall, Gottfried 戈特弗里德·阿亨瓦尔
ACM 国际计算机学会
Adorno, Theodor 西奥多·阿多诺
Advertising 广告
 behavioral 行为
 categories and 分类和
 contextual 上下文语境
 data types and 数据类型和
 Facebook and 脸书和
 media analysis and 媒体分析和
 perceptions and 感知和
 sampling and 抽样和
 scale and 规模和
 top-down/bottom-up analysis and 自上而下/自下而上的分析和
 Twitter and Twitter 和
 user targets and 用户目标和
Aesthetics 美学
 776 van Gogh paintings and, 776 幅凡·高的画作和
algorithms and 算法和
architecture and 建筑和
artists and 艺术家和
avant-garde 先锋派
beauty and 美感和
categories and 分类和
cinema and 电影和
cluster analysis and 聚类分析和
computational 计算
cultural data and 文化数据和
designers and 设计师和
digital art and 数字艺术和
Facebook and 脸书和
fashion and 时尚和
features and 特征和
graphics and 图形和
humanities and 人文学科和
Instagram and Instagram 和
kitsch 媚俗
language and 语言和
machine learning and 机器学习和
metadata and 元数据和
modernism and 现代主义和
movies and 电影和
music and 音乐和

    neural networks and 神经网络和
    One Million Manga Pages and "100万页漫画集"和
    patterns and 规律和
    perceptions and 感知和
    prescriptive 规定
    quantification and 量化和
    science of culture and 文化学和
    style and 风格和
    tags and 标签和
    text analytics and 文本分析和
    Twitter and Twitter 和
    visualization and 可视化和
After Effects 影视特效
AI Aesthetic（Manovich）《人工智能美学》马诺维奇
Albrecht, Kim 金·阿尔布雷希特
Algorithmic culture 算法文化
Algorithms 算法
    aesthetics and 美学和
    artists and 艺术家和
    automation and 自动化和
    bottom-up analysis and 自下而上的分析和
    categories and 分类和
    data studies and 数据研究和
    data types and 数据类型和
    decision trees and 决策树和
    features and 特征和
    filter bubbles and 过滤气泡和
    forms of omission and 省略形式和
    historical perspective on 历史观点
    increased use of 增加使用
    Instagram and Instagram 和
    k-means clustering k 均值聚类

    k-NN k 近邻算法
    language and 语言和
    materiality and 物质性和
    measurement and 测量工具和
    media analysis and 媒体分析和
    Netflix and 奈飞和
    numbers and 数字和
    photography and 摄影和
    recommendation systems and 推荐系统和
    sampling and 抽样和
    science of culture and 文化学和
    semantic gap and 语义鸿沟和
    SIFT 尺度不变特征变换算法
    support vector machine 支持向量机
    SURF 加速稳健特征算法
    TikTok and 抖音和
    top-down analysis and 自上而下的分析和
    visualization and 可视化和
AliExpress 全球速卖通
Al Jazeera 半岛电视台
Alliance of Digital Humanities Organizations 数字人文组织联盟
Amatriain, Xavier 泽维尔·阿玛特里亚因
Amazon 亚马逊
    data types and 数据类型和
    Mechanical Turk and 土耳其机器人和
    media analysis and 媒体分析和
    sampling and 抽样和
    scale and 规模和
Analog content 模拟内容
    language and 语言和
    media analysis and 媒体分析和

numbers and 数字和
sampling and 抽样和
scale and 规模和
visualization and 可视化和
"Analytical Language of John Wilkins, The"（Borges），《约翰·威尔金斯的分析语言》（博尔赫斯）
"Analyzing User Activities, Demographics, Social Network Structure and User-Generated Content on Instagram"（paper），《有关 Instagram 用户活动、人口统计、社交网络结构及用户生成内容的分析》（论文）
Annual Digital Humanities Conferences 数字人文科学年会
Anthropology 人类学
Apple 苹果公司
 Human Interface Guidelines and 人机界面指引和
 ImagePlot and 图形块和
 iOS 操作系统
 Jobs and 乔布斯和
 media analysis and 媒体分析和
 Photos and 照片和
 sensory design and 感官设计和
Application programming interfaces（APIs）应用程序编程接口
 categories and 分类和
 data types and 数据类型和
 features and 特征和
 media analysis and 媒体分析和
 sampling and 抽样和
 Twitter and Twitter 和
 visualization and 可视化和

Aquinas, Thomas 托马斯·阿奎那
Archaeology of Knowledge, The（Foucault）《知识考古学》（福柯）
Architecture 建筑
 aesthetics and 美学和
 automation and 自动化和
 cultural analytics and 文化分析和
 cultural experiences and 文化体验和
 data types and 数据类型和
 mass media and 大众媒体和
 media analysis and 媒体分析和
 neural networks and 神经网络和
 patterns and 规律和
 Pawson and 波森和
 perceptions and 感知和
 platforms and 平台和
 portfolio sites and 作品集网站和
 sampling and 抽样和
 top-down/bottom-up analysis and 自上而下/自下而上的分析和
 urban design and 城市设计和
 visualization and 可视化和
Arnold, Matthew 马修·阿诺德
Ars Electronica festival 林茨电子艺术节
Artificial intelligence（AI）人工智能
 automation and 自动化和
 categories and 分类和
 data types and 数据类型和
 measurement and 测量工具和
 media analysis and 媒体分析和
 neural networks and 神经网络和
 scale and 规模和
Artists 艺术家
 aesthetics and 美学和
 algorithms and 算法和

automation and 自动化和
　　categories and 分类和
　　color systems and 色彩体系和
　　data types and 数据类型和
　　digital 数字的
　　features and 特征和
　　grayscale and 灰度和
　　language and 语言和
　　manga 日本漫画
　　media analysis and 媒体分析和
　　minimalism and 极简主义和
　　numbers and 数字和
　　perceptions and 感知和
　　sampling and 抽样和
　　scale and 规模和
　　science of culture and 文化学和
　　style and 风格和
　　visualization and 可视化和

Art of the American Snapshot, 1888–1978, The: From the Collection of Robert E. Jackson（exhibition）"美国快照艺术，罗伯特·E. 杰克逊 1888—1978 年的收藏"（展览）

Arts and Education Network 艺术与教育网络

ASCAP 美国作曲家、作家与出版商协会

Association for Computer and the Humanities 计算机与人文学科协会

"As We May Think"（Bush）《诚如所思》布什

Audiences 受众
　　categories and 分类和
　　data types and 数据类型和
　　media analysis and 媒体分析和
　　sampling and 抽样和
　　scale and 规模和
　　science of culture and 文化学和
　　tags and 标签和
　　top-down/bottom-up analysis and 自上而下 / 自下而上的分析和
　　visualization and 可视化和

"Augmenting Human Intellect"（Engelbart）《增强人类智能》（恩格尔巴特）

Austrian Film Museum 奥地利电影博物馆

Autocomplete 自动完成

Automation 自动化
　　algorithms and 算法和
　　architecture and 建筑和
　　artificial intelligence（AI）and 人工智能（AI）和
　　artists and 艺术家和
　　categories and 分类和
　　cinema and 电影院和
　　cluster analysis and 聚类分析和
　　cognition and 感知和
　　computer science and 计算机科学和
　　context-awareness and 情境感知和
　　data science and 数据科学和
　　determinism and 决定论和
　　economics and 经济学和
　　features and 特征和
　　Google and 谷歌和
　　Instagram and Instagram 和
　　machine learning and 机器学习和
　　mapping and 映射和
　　media analysis and 媒体分析和
　　metadata and 元数据和

neural networks and 神经网络和
photographs and 照片和
psychology and 心理学和
real-time analysis and 实时分析和
semantic gap and 语义鸿沟和
statistics and 统计和

Bacon, Francis 弗朗西斯·培根
Baidu 百度
Ball, Philip 菲利普·鲍尔
Bar charts 条形图
Baur, Dominicus 多米尼克斯·鲍尔
Bausch, Pina 皮娜·鲍什
Beck, Harry 哈利·贝克
Bell Laboratories 贝尔实验室
Bely, Andrei 安德烈·别雷
Benzécri, Jean-Paul 让-保罗·班兹克
Bias 偏差
 media analysis and 媒体分析和
 sampling and 抽样和
 stereotypes and 刻板印象和
Bibliometrics 文献计量学
Big data 大数据
 categories and 分类和
 data types and 数据类型和
 features and 特征和
 media analysis and 媒体分析和
 sampling and 抽样和
 science of culture and 文化学和
 visualization and 可视化和
Bimodal distribution 双峰分布
Bing 必应
Birmingham School of Cultural Studies 伯明翰文化研究学院
Birnbaum, Dara 达拉·伯恩鲍姆

BitTorrent 比特流
Blogs 博客
 categories and 分类和
 data types and 数据类型和
 measurement and 测量工具和
 media analysis and 媒体分析和
 sampling and 抽样和
 scale and 规模和
 science of culture and 文化学和
 visualization and 可视化和
BMI 音乐广播公司
Bookchin, Natalie 娜塔莉·布钦
Borges, Jorge Luis 豪尔赫·路易斯·博尔赫斯
Born analog artifacts 人造模拟器物
Born digital artifacts 人造数字器物
Borner, Katy 凯蒂·伯尔纳
Bottom-up analysis. Also see Top-down/bottom-up analysis 自下而上的分析。又见自上而下/自下而上的分析
Bourdieu, Pierre 皮埃尔·布尔迪厄
Bowker, Geoffrey 杰弗瑞·波克尔
Brambilla, Marco 马克·布兰比拉
British Museum 大英博物馆
Broadwell, Peter M. 彼得·M.布劳德威尔
Brockman, Will 威尔·布罗克曼
Bronson, Nathan 内森，布朗森
Brown, Denise Scott 丹尼斯·斯科特·布朗
Buckle, Thomas 托马斯·巴克
Busa, Roberto 罗伯特·布萨
Bush, George W. 乔治·W.布什
Bush, Vannevar 万尼瓦尔·布什
Buurma, Rachel Sagner 瑞秋·萨格

纳·布尔马

Cage, John 约翰·凯奇
California Institute for Telecommunications and Information（Calit2）加利福尼亚电信与信息技术研究所
Categories 分类
 advertising and 广告和
 aesthetics and 美学和
 algorithms and 算法和
 application programming interfaces（APIs）and 应用程序编程界面和
 artificial intelligence（AI）and 人工智能（AI）和
 artists and 艺术家和
 audiences and 受众和
 author and 作者和
 automation and 自动化和
 big data and 大数据和
 blogs and 博客和
 cluster analysis and 聚类分析和
 cognition and 感知和
 computational analysis and 计算分析和
 computer science and 计算机科学和
 cultural data and 文化数据和
 culture industries and 文化工业和
 data science and 数据科学和
 data types and（see also Data types）数据类型和，亦见"数据类型"
 designers and 设计师和
 destabilizing 不稳定因素
 digital art and 数字艺术和
 digital culture and 数字文化和
 economics and 经济学和
 explaining culture and 解释文化和
 Facebook and 脸书和
 fashion and 时尚和
 features and 特征和
 hierarchical 等级体系
 humanities and 人文学科和
 Instagram and Instagram 和
 machine learning and 机器学习和
 manga and 日本漫画和
 maps of science and 科学地图和
 modernism and 现代主义和
 movies and 电影和
 museums and 博物馆和
 music and 音乐和
 neural networks and 神经网络和
 nominal 标称
 patterns and 规律和
 perceptions and 感知和
 photographs and 照片和
 qualitative 定性
 quantitative 定量
 scale and 规模和
 social media and 社交媒体和
 society of 社会的
 statistics and 统计和
 style and 风格和
 texts and 文本和
 thinking without 不考虑
 top-down/bottom-up analysis and 自上而下/自下而上的分析和
 video and 视频和
 visualization and 可视化和
Center of Graphics, Visualization and Virtual Reality（简称 GRAVITY）图

形、可视化和虚拟现实中心
Chalayan, Hussein 侯赛因·卡拉扬
Chat rooms 聊天室
Cinema 电影院
 aesthetics and 美学和
 automation and 自动化和
 data types and 数据类型和
 Hollywood and 好莱坞和
 media analysis and 媒体分析和
 neurocinema and 神经学电影和
 numbers and 数字和
 sampling and 抽样和
 visualization and 可视化和
Cinema Redux "电影重现"项目
Circle graphs 饼图
Civilization（*Megaplex*）（Brambilla）《文明》（超巨幕）（布兰比拉）
Clock, The（Marclay）《时钟》（马克雷）
Cloud Gate 云门舞集
Cluster analysis 聚类分析
 aesthetics and 美学和
 automation and 自动化和
 categories and 分类和
 features and 特征和
 media analysis and 媒体分析和
 sampling and 抽样和
 scale and 规模和
 science of culture and 文化学和
 top-down analysis and 自上而下的分析和
 visualization and 可视化和
Coding 编码
Cognition 认知
 automation and 自动化和
 categories and 分类和
 data types and 数据类型和
 language and 语言和
 media analysis and 媒体分析和
 perceptions and 感知和
 sampling and 抽样和
 science of culture and 文化学和
 visualization and 可视化和
Cold War "冷战"
Comic books 漫画书
Commercial and Political Atlas, The（Playfair），《商业与政治图集》（普莱费尔）
Comte, Auguste 奥古斯特·孔德
Computational aesthetics 计算美学
Computational analysis 计算分析
 categories and 分类和
 data types and 数据类型和
 Elsewhere project and "在别处"项目和
 features and 特征和
 games and 游戏和
 Google and 谷歌和
 media analysis and 媒体分析和
 sampling and 抽样和
 scale and 规模和
 science of culture and 文化学和
Computational media studies 计算媒体研究
Computational photography 计算摄影
Computers and the Humanities（journal）《计算机与人文学科》（期刊）
Computer science 计算机科学
 automation and 自动化和

categories and 分类和
context awareness and 情境感知和
data types and 数据类型和
features and 特征和
increased computing power and 增强的算力和
increasing hardware capabilities and 增强硬件功能和
measurement and 测量工具和
media analysis and 媒体分析和
sampling and 抽样和
scale and 规模和
science of culture and 文化学和
UNIVAC and 通用自动计算机和
visualization and 可视化和
Computer vision 计算机视觉
automation and 自动化和
data types and 数据类型和
features and 特征和
image processing and 图像处理和
measurement and 测量工具和
media analysis and 媒体分析和
numbers and 数字和
photographs and 照片和
sampling and 抽样和
science of culture and 文化学和
visualization and 可视化和
Computing culture 计算机文化
Condorcet, Nicolas de 尼古拉·孔多塞
Conjectures on World Literature（Moretti）《世界文学的猜想》（莫雷蒂）
Conner, Bruce 布鲁斯·康纳
Context awareness 情境感知
Cook, Sam 山姆·库克
Cooper Hewitt Museum 库珀·休伊特设计博物馆
Correlation 相关性
Correspondence analysis 对应分析
Cours de philosophie positive（Comte）《实证哲学教程》（孔德）
Crockett, Damon 达蒙·克罗克特
CSV format 输出数据
Cultural analytics 文化分析
architecture and 建筑和
concepts for 概念
data science assumptions and 数据科学假设和
explaining 解释
five ideas in 五个观点
forms of representation and 表现形式和
historical perspective on 历史观点
interaction and 互动和
linguistics and 语言学和
media analysis and 媒体分析和
new interfaces for 新界面
paradigm of 范式
patterns and 规律和
performance and 性能和
programs of 程序
situational awareness and 态势感知和
sociology of culture and 文化社会学和
software studies and 软件研究和
teaching 教学
twelve research challenges and 12个研究难题
Cultural Analytics Research Environment "文化分析研究环境"

Cultural behavior 文化行为
　　data types and 数据类型和
　　media analysis and 媒体分析和
　　sampling and 抽样和
　　scale and 规模和
　　science of culture and 文化学和
Cultural data 文化数据
　　aesthetics and 美学和
　　architecture and 建筑和
　　audiences and 受众和
　　automation and 自动化和
　　big data and 大数据和
　　born digital artifacts and 人造数字器物和
　　bottom-up analysis and 自下而上的分析和
　　categories and 分类和
　　digital/physical behavioral traces and 数字/物理行为痕迹和
　　Elsewhere project and "在别处"项目和
　　events and 活动和
　　features and 特征和
　　historical perspective on 历史观点
　　interacting with 互动
　　interest groups and 利益集团和
　　measurement and 测量工具工具和
　　media analysis and 媒体分析和
　　Ngram Viewer and Ngram Viewer 和
　　numbers and 数字和
　　object detection and 对象检测和
　　organizations and 组织和
　　performance and 性能和
　　places and 地方和
　　professional networks and 专业人士社交平台和
　　representing interaction and 代表互动和
　　sampling and 抽样和
　　scale and 规模和
　　science of culture and 文化学和
　　social networks and 社交网络和
　　stereotypes and 刻板印象和
　　top-down analysis and 自上而下的分析和
　　types of 类型
　　visualization and 可视化和
Cultural discourse 文化话语
Cultural experience 文化体验
Cultural information 文化信息
Cultural omnivores 文化杂食性
Culture and Anarchy（Arnold）《文化与无政府状态》（阿诺德）
Culturegraphy（Albrecht）"文化图谱"（阿尔布雷希特）
Culture industry 文化工业
　　categories and 分类和
　　data types and 数据类型和
　　measurement and 测量工具工具和
　　media analysis and 媒体分析和
　　scale and 规模和
　　top-down/bottom-up analysis and 自上而下/自下而上的分析和
Cutting, James 詹姆斯·库廷
Cybertheatre performance 赛博戏剧演出

Dansaekhwa movement 单色画运动
Darwin, Charles 查尔斯·达尔文
Dashboards 仪表板

Datafied Society, The: Studying Culture though Data（anthology）《数据化社会：通过数据研究文化》（选集）
Data formats 数据格式
Data mining 数据挖掘技术
Data objects 数据对象
　features and 特征和
　visualization and 可视化和
Data representations 数据表示
Data science 数据科学
　automation and 自动化和
　categories and 分类和
　data types and 数据类型和
　features and 特征和
　media analysis and 媒体分析和
　sampling and 抽样和
　scale and 规模和
　science of culture and 文化学和
　semantic gap and 语义鸿沟和
　statistics and 统计和
　top-down/bottom-up analysis and 自上而下／自下而上的分析和
Data society 数据社会
Data stream 数据流
Data types 数据类型
　advertising and 广告和
　algorithms and 算法和
　Amazon and 亚马逊和
　application programming interfaces（APIs）and 应用程序编程界面和
　architecture and 建筑和
　artists and 艺术家和
　audiences and 受众和
　Behance and 创意设计类的平台和
　big data and 大数据和
　blogs and 博客和
　born digital artifacts and 人造数字器物和
　categorical 分类属性
　cinema and 电影院和
　cognition and 感知和
　computational analysis and 计算分析和
　computer science and 计算机科学和
　concept of 概念
　cultural behavior and 文化行为和
　cultural data and 文化数据和
　cultural discourse and 文化话语和
　culture industries and 文化工业和
　data science and 数据科学和
　designers and 设计师和
　digital art and 数字艺术和
　digital culture and 数字文化和
　digital humanities and 数字人文和
　digital/physical behavioral traces and 数字／物理行为痕迹和
　digitization and 数字化和
　economics and 经济学和
　events and 活动和
　Facebook and 脸书和
　fashion and 时尚和
　features and 特征和
　Flickr and Flickr 和
　games and 游戏和
　Google and 谷歌和
　graphics and 图形和
　hierarchical 等级体系
　humanities and 人文学科和
　Instagram and Instagram 和
　linguistics and 语言学和

machine learning and 机器学习和
medium of data and 媒介的数据和
metadata and 元数据和
mobile phones and 手机和
modernism and 现代主义和
movies and 电影和
museums and 博物馆和
music and 音乐和
neural networks and 神经网络和
nominal 标称
organizations and 组织和
patterns and 规律和
perceptions and 感知和
performance and 性能和
photographs and 照片和
places and 地方和
professional networks and 专业人士社交平台和
psychology and 心理学和
qualitative data and 定性数据和
quantification and 量化和
real-time analysis and 实时分析和
representing interaction and 代表互动和
social media and 社交媒体和
statistics and 统计和
structure and 结构和
style and 风格和
tags and 标签和
text analytics and 文本分析和
Twitter and Twitter 和
video and 视频和
visualization and 可视化和
YouTube and YouTube 和
"Data Visualization as New Abstraction and Anti-Sublime" (Manovich)《作为新抽象和反崇高的数据可视化》(马诺维奇)
Davies, Char 查尔·戴维斯
Dawes, Brendan 布伦丹·道斯
Deep learning 深度学习
Delaunay, Sonia 索尼娅·德劳内
Democracy Now! (TV program)《民主当今》(电视节目)
Denis, Daniel J. 丹尼尔·J. 丹尼斯
Dependent variables 因变量
De Saussure, Ferdinan 弗迪南·德·索绪尔
Descartes, René 勒内·笛卡尔
Designers 设计师
    A/B testing and 随机试验和
    aesthetics and 美学和
    categories and 分类和
    creativity and 创造力和
    data types and 数据类型和
    fashion 时尚
    flat design movement and 平面设计运动和
    graphic 图形
    information design and 信息设计和
    language and 语言和
    media analysis and 媒体分析和
    minimalism and 极简主义和
    numbers and 数字和
    Parsons School of Design and 帕森斯设计学院和
    product 产品
    sampling and 抽样和
    scale and 规模和
    science of culture and 文化学和

visualization and 可视化和
Determinism 决定论
Dialectic of Enlightenment（Horkheimer and Adorno）《启蒙辩证法》（霍克海默和阿多诺）
Digging into Data competition 挖掘数据竞争
Digital art 数字艺术
 aesthetics and 美学和
 Artstor and 艺术图像数据库和
 categories and 分类和
 data types and 数据类型和
 image processing and 图像处理和
 media analysis and 媒体分析和
 sampling and 抽样和
 scale and 规模和
 scenes and 场景和
 visualization and 可视化和
Digital culture 数据文化
 categories and 分类和
 contemporary 当代
 data types and 数据类型和
 diffusion of 扩散
 features and 特征和
 industrial influence and 工业影响和
 long tail of 长尾的
 measurement and 测量工具和
 media analysis and 媒体分析和
 new forms of 新形式和
 sampling and 抽样和
 scale and 规模和
 science of culture and 文化学和
 various studies of 各种研究
 vocabulary of 词汇
Digital ethnography 数字民族志

Digital humanities 数字人文
 aesthetics and 美学和
 Alliance of Digital Humanities Organizations and 数字人文组织联盟和
 categories and 分类和
 data types and 数据类型和
 features and 特征和
 language and 语言和
 media analysis and 媒体分析和
 sampling and 抽样和
 scale and 规模和
 science of culture and 文化学和
 top-down analysis and 自上而下的分析和
 visualization and 可视化和
Digital Humanities Conference 数字人文会议
Digital Humanities Quarterly（journal）《数字人文季刊》（期刊）
Digital Public Library of America（DPLA）美国数字公共图书馆
Digital Scholarship in the Humanities（journal）《人文学科的数字学术》（期刊）
Digital traces 数字痕迹
Digitization 数字化
 data types and 数据类型和
 historical collections and 历史收藏和
 media analysis and 媒体分析和
 sampling and 抽样和
 scale and 规模和
 visualization and 可视化和
Dimension reduction 维数简化
Discipline and Punish: The Birth of the

Prison（Foucault）《规训与惩罚：监狱的诞生》（福柯）
Distellamap（Fry）《辨析图》（弗莱）
Distinction: A Social Critique of the Judgment of Taste（Bourdieu）《区分：判断力的社会批判》（布尔迪厄）
Dogma 95 道格玛 95
Douglass, Jeremy 杰里米·道格拉斯
Duchamp, Marcel 马歇尔·杜尚
Durkheim, Émile 埃米尔·涂尔干

Economics 经济学
    automation and 自动化和
    bottom-up analysis and 自下而上的分析和
    categories and 分类和
    data types and 数据类型和
    features and 特征和
    media analysis and 媒体分析和
    neuromarketing and 神经学营销和
    portfolios and 作品集和
    prosumer capitalism and 产消者资本主义和
    sampling and 抽样和
    scale and 规模和
    science of culture and 文化学和
    statistics and 统计和
    top-down analysis and 自上而下的分析和
EEG 脑电图
Eggeling, Viking 维京·艾格琳
Eisenstein, Sergei 谢尔盖·艾森斯坦
Eleventh Year, The（Vertov）《第十一年》（维尔托夫）
Elsevier 爱思唯尔

Elsewhere project "在别处"项目
Empire（Warhol）《帝国大厦》（沃霍尔）
"Encoding and Decoding in the Television Discourse（Hall）"《电视话语中的编码与解码》（霍尔）
Engelbart, Douglas C. 道格拉斯·C. 恩格尔巴特
Entropy 熵
Essay on Applications of Analysis to the Probability of Majority（Condorset）《论多数派决策的概率分析的应用》（孔多塞）
Eugene Onegin（Pushkin）《叶甫盖尼·奥涅金》（普希金）
EU General Data Protection Regulation 欧盟《一般数据保护条例》
Europeana 欧洲数字图书馆
European Film Gateway 欧洲电影网关
Every Shot/Every Episode（McCoy）《每一镜/每一集》（麦考伊）
"Evolution of Popular Music: USA 1960–2010, The"（Paper）《流行音乐的演变：美国 1960—2010》（论文）
Evolution of the Origin of Species, The（Posavec and McInerny）《物种起源的进化》（波萨韦茨和麦金纳尼）
Eye Movements and Vision（Yarbus）《眼动与视觉》（雅尔布斯）
Eye tracking 眼动追踪

Facebook 脸书
    advertising and 广告和
    aesthetics and 美学和
    categories and 分类和

dashboards and 仪表板和
data types and 数据类型和
features and 特征和
growth of 增长
likes and 点赞和
materiality and 物质性和
media analysis and 媒体分析和
open-source and 开源和
reasons for leaving 离开原因
sampling and 抽样和
scale and 规模和
Scholar One and Scholar One 和
science of culture and 文化学和
Top Stories and 头条新闻和
"Facebook's Top Open Data Problems"（Wiener and Bronson）《脸书最核心的开放数据问题》（维纳和布朗森）
Farm Security Administrationp 农场安全管理局
Fashion 时尚
 aesthetics and 美学和
 categories and 分类和
 Chalayan and 卡拉扬和
 data types and 数据类型和
 designers and 设计师和
 language and 语言和
 media analysis and 媒体分析和
 numbers and 数字和
 perceptions and 感知和
 sampling and 抽样和
 scale and 规模和
 science of culture and 文化学和
 Simmel 齐美尔
 visualization and 可视化和
 "Fashion and Art Cycles Are Driven by Counter-Dominance Signals of Elite Competition: Quantitative Evidence from Music Styles"（paper）《时尚和艺术周期受到精英竞争的反主导信号的驱动：音乐风格的定量证据》（论文）
Features 特征
 aesthetics and 美学和
 algorithms and 算法和
 application programming interfaces（APIs）and 应用程序编程界面和
 artificial intelligence（AI）and 人工智能（AI）和
 artists and 艺术家和
 automation and 自动化和
 big data and 大数据和
 bottom-up analysis and 自下而上的分析和
 categories and 分类和
 cluster analysis and 聚类分析和
 coding and 编码和
 computational analysis and 计算分析和
 computer science and 计算机科学和
 computer vision and 计算机视觉和
 cultural data and 文化数据和
 data objects and 数据对象和
 data representation and 数据表示和
 data science and 数据科学和
 datasets and 数据集和
 data types and 数据类型和
 digital culture and 数字文化和
 digital humanities and 数字人文和
 economics and 经济学和
 extraction of 提取

Facebook and 脸书和
Flickr and Flickr 和
Foucault and 福柯和
Google and 谷歌和
humanities and 人文学科和
image processing and 图像处理和
Instagram and Instagram 和
language and 语言和
libraries and 图书馆和
measurement and 测量工具和
media analysis and 媒体分析和
mobile phones and 手机和
museums and 博物馆和
music and 音乐和
numerical 数字的
object characteristics and 对象特征和
patterns and 规律和
photographs and 照片和
qualitative data and 定性数据和
quantification and 量化和
real-time analysis and 实时分析和
sampling and 抽样和
scale and 规模和
science of culture and 文化学和
social media and 社交媒体和
Spotify and Spotify 和
statistics and 统计和
style and 风格和
tags and 标签和
text analytics and 文本分析和
top-down analysis and 自上而下的分析和
video and 视频和
visualization and 可视化和
Feature space 特征空间

Fechner, Gustav 古斯塔夫·费希纳
Feingold, Hadley 哈德利·法因戈尔德
"Field, The: Knowledge in Computerized Societies"（Lyotard）《场域：计算机化社会的知识》（利奥塔）
Filter bubbles 过滤气泡
Fisher, Ronald 罗纳德·费希尔
Flickr
　Art Now and Art Now 和
　data types and 数据类型和
　features and 特征和
　media analysis and 媒体分析和
　sampling and 抽样和
　scale and 规模和
　science of culture and 文化学和
　semantic tags and 语义标签和
　tag clouds and 标签云和
　upload volume of 上传量
　visualization and 可视化和
Flickr Graph（Weskamp）《Flickr 图表》（维斯克）
Flight Patterns（Koblin）"飞行路线图"（科布林）
fMRI 功能磁共振成像
Fontana, Lucio 卢西欧·丰塔纳
Forsythe, William 威廉·弗西斯
Foucault, Michel 米歇尔·福柯
Foundation Giorgio Cini 乔治·西尼基金会
Friendly, Michael 迈克尔·弗兰德利
"From New Media to More Media"（Manovich）《从新媒体到更多媒体》（马诺维奇）
Fry, Ben 本·弗莱
Fujihata, Masaki 藤幡正树

Fuller, Loie 洛伊·富勒

Gaia 盖亚
Gallup Polls 盖洛普民意测验
Galton, Francis 弗朗西斯·高尔顿
Games 游戏
    computational analysis and 计算分析和
    data types and 数据类型和
    media analysis and 媒体分析和
    science of culture and 文化学和
    visualization and 可视化和
Gauss, Carl Friedrich 卡尔·弗里德里希·高斯
Gaussian distribution 高斯分布
"Genealogy of Distant Reading, A" (Underwood)《远距离阅读的起源》(安德伍德)
Gilbreth, Frank 弗兰克·吉尔布雷斯
Gilbreth, Lillian 莉莲·吉尔布斯
Gitelman, Lisa 丽莎·吉特尔曼
Globalization 全球化
Godard, Jean-Luc 让-吕克·戈达尔
Goddemeyer, Daniel 丹尼尔·戈德迈尔
Google 谷歌
    automation and 自动化和
    computational analysis and 计算分析和
    context-awareness and 情景感知和
    dashboards and 仪表板和
    data types and 数据类型和
    features and 特征和
    Gmail and 谷歌邮箱和
    growth of 增长
    media analysis and 媒体分析和
    open-source and 开源和
    sampling and 抽样和
    scale and 规模和
    science of culture and 文化学和
    spreadsheets and 电子表格和
    Tensor Flow and Tensor Flow 和
    visualization and 可视化和
Google Analytics 谷歌分析
Google Arts & Culture 谷歌艺术和文化
Google Docs 谷歌文件
Google Earth 谷歌地球
Google Firebase 谷歌的移动平台
Google Image Search 谷歌图像搜索
Google Photos 谷歌照片
Google Play 谷歌游戏
Google Scholar 谷歌学者
Google Search 谷歌搜索
Google Trends 谷歌趋势数据分析
Google Vision 谷歌面部识别工具
Google Voice 谷歌声音识别工具
Gordon, Douglas 道格拉斯·戈登
GPS 全球定位系统
Graham, Martha 玛莎·格雷厄姆
Graphics 图形
    aesthetics and 美学和
    data types and 数据类型和
    designers and 设计师和
    media analysis and 媒体分析和
    Motion Graphics Artists and 动画艺术家和
    sampling and 抽样和
    scale and 规模和
    visualization and 可视化和
Graphics processor units (GPUs) 图形处理器单元

Grayscale 灰度
    features and 特征和
    image processing and 图像处理和
    media analysis and 媒体分析和
    numbers and 数字和
    top-down/bottom-up analysis and 自上而下 / 自下而上的分析和
    visualization and 可视化和
Greimas 格雷马斯

Hadid, Zaha 扎哈·哈迪德
Hadoop 分布式计算
Hall, Stuart 斯图亚特，霍尔
Hansen, Mark 马克·汉森
Harris, Jonathan 乔纳森·哈里斯
Harvard University 哈佛大学
Heartfield, John 约翰·赫特菲尔德
Heffernan, Laura 劳拉·赫弗南
Histoire (s) du cinéma（Godard）《电影史》（戈达尔）
History Flow（Viégas and Wattenberg）《历史流》（维埃加斯和瓦滕伯格）
Hoch, Hannah 汉娜·霍赫
Hochman, Nadav 纳达夫·霍赫曼
HOG 方向梯度直方图
Hollywood 好莱坞
Homage to New York（Tinguely）《致敬纽约》（廷格利）
Horkheimer, Max 马克斯·霍克海默
Huawei 华为
Human-computer interaction（HCI）人机交互
Humanities 人文
    aesthetics and 美学和
    audiences and 受众和
    author and 作者和
    bottom-up analysis and 自下而上的分析和
    categories and 分类和
    Computers and the Humanities and 计算机与人文学科和
    data types and 数据类型和
    digital（see also Digital humanities）数字（另见数字人文）
    features and 特征和
    interpretation and 解读和
    language and 语言和
    media analysis and 媒体分析和
    organizations for 组织
    perceptions and 感知和
    professional networks and 专业人士社交平台和
    sampling and 抽样和
    scale and 规模和
    science of culture and 文化学和
    texts and 文本和
    top-down analysis and 自上而下的分析和
    visualization and 可视化和
    Yale Digital Humanities Lab and 耶鲁大学数字人文实验室和
Hymes, Dell H. 德尔·H. 海姆斯

IEEE 电气与电子工程师学会
Illustrator 插图画家
"Image is Worth More than a Thousand Favorites, An"（Redi）《一张图片胜过一千次点赞》（雷迪）
Image montage 图像蒙太奇
    metadata and 元数据和

quantification and 量化和
scholarly primitives and 学术原语和
visualization and 可视化和
Image processing 图像处理
   features and 特征和
   grayscale and 灰度和
   HOG and 方向梯度直方图和
   media analysis and 媒体分析和
   patterns and 规律和
   science of culture and 文化学和
   SIFT and 尺度不变特征变换算法和
   visualization and 可视化和
Imaginary Forces 想象的力量
"Impact of YouTube Recommendation System on Video Views, The"（paper）《YouTube 推荐系统对视频浏览量的影响》（论文）
Imponderabilia《无法估量》（Abramović and Ulay）（阿布拉莫维奇和乌雷）
Independent variables 因变量
Inequaligram project "不平等"项目
Information retrieval 信息检索
Information Visualization Lab 信息可视化实验室
InfoVis 信息可视化
Inquiry into the Permanent Causes of the Decline and Fall of Powerful and Wealthy Nations, An（Playfair）《富强帝国衰落的永久性因素调查》（普莱费尔）
Instagram
   aesthetics and 美学和
   algorithms and 算法和
   automation and 自动化和

   categories and 分类和
   data types and 数据类型和
   features and 特征和
   growth of 增长
   immense number of images on 大量图像
   Inequaligram project and "不平等"项目和
   measurement and 测量工具和
   media analysis and 媒体分析和
   On Broadway project and "百老汇"项目和
   reason for studying 研究的原因
   sampling and 抽样和
   scale and 规模和
   science of culture and 文化学和
   visualization and 可视化和
Institute for Quantitative Social Science 定量社会科学研究所
Interest groups 利益集团
International AAAI Conference on Web and Social Media（ICWSM）国际 AAAI 网络与社交媒体会议
International Herald Tribune《国际先驱论坛报》
International Journal for Digital Art History《国际数字艺术史期刊》
International Symposium on Electronic Art（ISEA）国际电子艺术研讨会
International World Wide Web Conference 国际万维网会议
Internet Archive 互联网档案馆
Internet Movie Database（IMDB）互联网电影数据库
Inventing Abstraction (exhibition) "抽

象发明"（展览）
Invisible Shapes of Things Past, The
（Sauter and Lüsebrink）《过去事物的无形形态》（索特尔和吕塞布林克）
iPhone 苹果手机
iQiyi 爱奇艺
Irvin, Robert 罗伯特·欧文
Isaacson, Walter 沃尔特·艾萨克森
Ive, Jonathan 乔纳森·伊夫
Izenour, Steven 史蒂芬·艾泽努尔

Jackson, Robert E. 罗伯特·E. 杰克逊
Jackson, Virginia 弗吉尼亚·杰克逊
Jakobson, Roman 罗曼·雅各布森
Jameson, Fredric 詹明信
Japanese gardens 日本庭院
Jarkho, Boris 鲍里斯·亚尔科
Jobs, Steve 史蒂夫·乔布斯
Journal of Cultural Analytics 《文化分析期刊》
Julius II, Pope 教皇尤利乌斯二世
Jurgenson, Nathan 内森·于尔根松

Kant, Immanuel 伊曼努尔·康德
Kaprow, Allan 艾伦·卡普罗
Kawakubo, Rei 川久保玲
Kingdom Hearts（game）《王国之心》（游戏）
Klein, Ives 伊夫·克莱因
Koblin, Aaron 亚伦·科布林
Kodak 柯达
Kolmogorov, Andrey 安德烈·柯尔莫哥洛夫
Kroeber, A. L. A. L. 克罗伯
Krueger, Myron 迈伦·克鲁格

Kunstkamera 珍奇物品博物馆
Kupka, František 弗兰蒂谢克·库普卡

Language 语言
 aesthetics and 美学和
 algorithms and 算法和
 analog content and 模拟内容和
 artists and 艺术家和
 cognition and 感知和
 designers and 设计师和
 digital humanities and 数字人文和
 fashion and 时尚和
 features and 特征和
 mobile phones and 手机和
 natural 自然
 numbers and 数字和
 patterns and 规律和
 perceptions and 感知和
 photographs and 照片和
 visualization and 可视化和
Language of New Media, The
（Manovich）《新媒体的语言》（马诺维奇）
Laplace, Pierre-Simon 皮埃尔-西蒙·拉普拉斯
Latour, Bruno 布鲁诺·拉图尔
Lazarsfeld, Paul 保罗·拉扎斯菲尔德
Learning from Las Vegas: The Forgotten Symbolism of Architectural Forum（Venturi, Izenour, and Brown）《向拉斯维加斯学习：建筑风格被遗忘的象征意义》（文丘里、艾泽努尔和布朗）
Legrady, George 乔治·莱格迪
Leica 徕卡

Leonardo（journal）《莱昂纳多》期刊
Lévi-Strauss, Claude 克劳德・列维-斯特劳斯
LeWitt, Sol 索尔・勒维特
Libraries 图书馆
 features and 特征和
 media analysis and 媒体分析和
 museums and 博物馆和
 sampling and 抽样和
 scale and 规模和
 science of culture and 文化学和
 software 软件
 visualization and 可视化和
Library of Congress 美国国会图书馆
Licenses 许可证
Likert, Rensis 伦西斯・李克特
Lima, Manuel 曼纽尔・利马
Line graphs Line 图形
Linguistics 语言学
 bottom-up analysis and 自下而上的分析和
 data types and 数据类型和
 markedness and 标记性和
 measurement and 测量工具和
 media analysis and 媒体分析和
 numbers and 数字和
 scale and 规模和
 science of culture and 文化学和
 top-down analysis and 自上而下的分析和
 visualization and 可视化和
LinkedIn 领英
Listening diversity 倾听多样性
Listening Post（Hansen and Rubin）《监听站》（汉森和鲁宾）

"Location Based Personalized Restaurant Recommendation System for Mobile Environments"（paper）《基于位置的移动环境个性化餐厅推荐系统》（论文）
Log-normal distribution 对数-正态分布
London Design Museum 伦敦设计博物馆
Long tail 长尾效应
Luca, Gherasim 盖拉辛・卢卡
Luhn, Hans Peter 汉斯・彼得・卢恩
Lukács, György 格奥尔格・卢卡奇
Lüsebrink, Dirk 德克・吕塞布林克
Lyotard, Jean-François 让-弗朗索瓦・利奥塔

Machine learning 机器学习
 aesthetics and 美学和
 automation and 自动化和
 bottom-up analysis and 自下而上的分析和
 categories and 分类和
 data types and 数据类型和
 media analysis and 媒体分析和
 scale and 规模和
 science of culture and 文化学和
 top-down analysis and 自上而下的分析和
MAD 麦德设计
Making Visible the Invisible（Legrady）《让无形变为有形》（莱格迪）
Malevich, Kazimir 卡西米尔・马列维奇
Manga 日本漫画

artists of 艺术家
　　categories and 分类和
　　entropy and 熵和
　　genre affordances and 流派可供性和
　　media analysis and 媒体分析和
　　One Million Manga Pages and "100万页漫画集"和
　　scanlation and 扫译和
　　top-down/bottom-up analysis and 自上而下/自下而上的分析和
Manhattan Project 曼哈顿项目
Man with a Movie Camera, A（Vevtov）《持摄影机的人》（维尔托夫）
Mapping 绘图
　　automation and 自动化和
　　categories and 分类和
　　mathematical function of 数学函数
　　media analysis and 媒体分析和
　　remapping and 重映射和
　　Saussure and 索绪尔和
　　science of culture and 文化学和
　　visualization and 可视化和
"Mapping Mutable Genres in Structurally Complex Volumes"（paper）《复杂结构书卷中的可变体裁映射》（论文）
Maps of science 科学地图
Marden, Brice 布莱斯·马尔顿
Margiela, Maison 梅森·马吉拉
Markedness 标记性
Markov, Andrey 安德烈·马尔可夫
Martin, Agnes 阿格尼丝·马丁
Marxism 马克思主义
Massively multiplayer online role-playing games（MMORPGs）大型多人在线角色扮演游戏
Mass Ornament（Bookchin）《大众装饰品》（布钦）
Maxwell-Boltzmann distribution 麦克斯韦-玻尔兹曼分布
McCoy, Jennifer 珍妮弗·麦考伊
McCoy, Kevin 凯文·麦考伊
McInerny, Greg 格雷格·麦金纳尼
Measurement 测量工具
　　algorithms and 算法和
　　bibliometrics and 文献计量学和
　　blogs and 博客和
　　click rate and 点击率和
　　computer science and 计算机科学和
　　computer vision and 计算机视觉和
　　cultural data and 文化数据和
　　degree of difference and 不同程度和
　　features and 特征和
　　Instagram and Instagram 和
　　linguistics and 语言学和
　　markedness and 标记性和
　　metadata and 元数据和
　　networks and 网络和
　　nominal data and 标称数据和
　　perceptions and 感知和
　　photographs and 照片和
　　psychology and 心理学和
　　qualitative data and 定性数据和
　　quantification and 量化和
　　scale and 规模和
　　scientometrics and 科学计量学和
　　sentiment 情绪
　　statistics and 统计和
"Measuring the Evolution of Contemporary Western Popular Music"

（paper）《衡量当代西方流行音乐的演变》（论文）
Mechanical Turk 土耳其机器人
Media analysis 媒体分析
 advertising and 广告和
 against search 搜索
 algorithms and 算法和
 Amazon and 亚马逊和
 analog dimensions and 模拟维度和
 application programming interfaces（APIs）and 应用程序编程界面和
 architecture and 建筑和
 artificial intelligence（AI）and 人工智能（AI）和
 artists and 艺术家和
 audiences and 受众和
 automation and 自动化和
 Behance and Behance 和
 bias and 偏差和
 big data and 大数据和
 blogs and 博客和
 cinema and 电影院和
 cluster analysis and 聚类分析和
 cognition and 感知和
 computational analysis and 计算分析和
 computational media studies and 计算媒体研究和
 computer science and 计算机科学和
 computer vision and 计算机视觉和
 Computing culture and 计算机文化和
 cultural behavior and 文化行为和
 cultural data and 文化数据和
 culture industries and 文化工业和
 data science and 数据科学和
 designers and 设计师和
 digital art and 数字艺术和
 digital culture and 数字文化和
 digital humanities and 数字人文和
 digitization and 数字化和
 economics and 经济学和
 Elsewhere project and "在别处"项目和
 examples of 示例
 exploratory 探索性调研
 Facebook and 脸书和
 fashion and 时尚和
 features and 特征和
 Flickr and Flickr 和
 "From New Media to More Media" and《从新媒体到更多媒体》和
 games and 游戏和
 Google and 谷歌和
 graphics and 图形和
 humanities and 人文学科和
 image processing and 图像处理和
 Instagram and Instagram 和
 interfaces and 接口和
 libraries and 图书馆和
 linguistics and 语言学和
 machine learning and 机器学习和
 manga and 日本漫画和
 mapping and 映射和
 materiality and 物质性和
 metadata and 元数据和
 mobile phones and 手机和
 movies and 电影和
 museums and 博物馆和
 music and 音乐和
 neural networks and 神经网络和

patterns and 规律和
perceptions and 感知和
photographs and 照片和
psychology and 心理学和
qualitative data and 定性数据和
quantification and 量化和
real-time analysis and 实时分析和
scale and 规模和
social media and 社交媒体和
statistics and 统计和
style and 风格和
tags and 标签和
text analytics and 文本分析和
Tukey and 图基和
Twitter and Twitter 和
two parts of 两部分
user-generated content and 用户生成的内容和
video and 视频和
visualization and 可视化和
YouTube and YouTube 和
Median 中位数
Media theory 媒体理论
  categories and 分类和
  computational media studies and 计算媒体研究和
  data types and 数据类型和
  science of culture and 文化学和
  software studies and 软件研究和
Mendieta, Ana 安娜·门迭塔
Metadata 元数据
  aesthetics and 美学和
  automation and 自动化和
  bottom-up analysis and 自下而上的分析和

  coding and 编码和
  data types and 数据类型和
  image montage and 图像蒙太奇和
  measurement and 测量工具和
  media analysis and 媒体分析和
  object characteristics and 对象特征和
  sampling and 抽样和
  scale and 规模和
  science of culture and 文化学和
  top-down analysis and 自上而下的分析和
  visualization and 可视化和
Metapattern 元模式
Metropolitan Museum, New York 纽约大都会博物馆
Microsoft 微软
Miles, Josephine 约瑟芬·迈尔斯
Mimno, David 大卫·明诺
Minard, Charles Joseph 查尔斯·约瑟夫·米纳德
Minimalism 极简主义
MIT 麻省理工学院
Miyake, Issey 三宅一生
Mobile phones 手机
  cameras of 摄像头
  data types and 数据类型和
  features and 特征和
  growth of 增长
  language and 语言和
  media analysis and 媒体分析和
  object detection and 对象检测和
  sampling and 抽样和
  visualization and 可视化和
Mode 模式
Modernism 现代主义

aesthetics and 美学和
categories and 分类和
data types and 数据类型和
sampling and 抽样和
Modular 模块化（的）
Moholy-Nagy, László 拉斯洛·莫霍利-纳吉
Mondrian, Piet 皮特·蒙德里安
Monotown 单一城市
Montage theory 蒙太奇理论
Mooers, Calvin 卡尔文·穆尔斯
Morandi, Giorgio 乔治·莫兰迪
Moreno, Jacob 雅各布·莫雷诺
Moretti, Franco 佛朗哥·莫雷蒂
Motion capture 动作捕捉
Motion Graphics Artists 动画艺术家
Motion Graphics New York 动态视觉纽约
Movie, A（Conner）《一部电影》（康纳）
Movies 电影
   aesthetics and 美学和
   analysis of 分析
   cartoons 卡通
   categories and 分类和
   data types and 数据类型和
   IMDB and IMDB 和
   media analysis and 媒体分析和
   sampling and 抽样和
   top-down/bottom-up analysis and 自上而下/自下而上的分析和
   visualization and 可视化和
Museum of Applied Arts 应用艺术博物馆
Museum of Modern Art（MOMA）纽约现代艺术博物馆
   data types and 数据类型和
   GitHub dataset and GitHub 数据集和
   dataset and 数据集和
   network visualization and 网络可视化和
   photography collection of 相片集锦和
   sampling and 抽样和
   visualization display and 可视化显示和
Museums 博物馆
   art 艺术
   categories and 分类和
   curiosities of 好奇心
   data types and 数据类型和
   features and 特征和
   libraries and 图书馆和
   media analysis and 媒体分析和
   sampling and 抽样和
   scale and 规模和
   science of culture and 文化学和
   top-down/bottom-up analysis and 自上而下/自下而上的分析和
   visualization and 可视化和
Music 音乐
   aesthetics and 美学和
   ASCAP and 美国作曲家、作家与出版商协会和
   BMI and 音乐广播公司和
   categories and 分类和
   data types and 数据类型和
   features and 特征和
   listening diversity and 倾听多样性和
   media analysis and 媒体分析和

papers on 论文
　　perceptions and 感知和
　　sampling and 抽样和
　　scale and 规模和
　　science of culture and 文化学和
　　Sony/ATV and 索尼／联合电视公司和
　　Spotify and Spotify 和
　　Universal Music Publishing Group and 环球音乐出版集团和
　　video and 视频和
　　visualization and 可视化和

Napier, Mark 马克·纳皮尔
Naruto《火影忍者》
National Gallery of Art 国家艺术馆
Natural language processing（NLP）自然语言处理
Nature（journal）《自然》（期刊）
"Navigating by the Stars: Investigating the Actual and Perceived Validity of Online User Ratings"（study）"由星星导航：调查网络用户评分的实际效度和感知效度"（研究）
NEH Office for Digital Humanities NEH 数字人文办公室
Neoplasticism 新造型主义
Netflix 奈飞
Network analysis 网络分析
"Network Framework of Cultural History, A"（Schich）《文化史的网络框架》（席希）
Neural networks 神经网络
　　aesthetics and 美学和
　　automation and 自动化和
　　categories and 分类和
　　data types and 数据类型和
　　deep 深度
　　media analysis and 媒体分析和
　　top-down/bottom-up analysis and 自上而下／自下而上的分析和
Neurocinema 神经学电影
Neuromarketing 神经营销学
New School 纽约新学院
Newton, Isaac 艾萨克·牛顿
New York Public Library 纽约公共图书馆
New York Times《纽约时报》
Niceforo, Alfredo 阿尔弗雷多·尼切福罗
Nielsen ratings 尼尔森收视率
Nightingale, Florence 弗洛伦斯·南丁格尔
Nonprofessional vernacular culture 非专业的地方文化
Normal distribution 正态分布
Numbers 数字
　　algorithms and 算法和
　　analog content and 模拟内容和
　　artists and 艺术家和
　　bar charts and 条形图和
　　cinema and 电影院和
　　circle graphs and 饼图和
　　computer vision and 计算机视觉和
　　cultural data and 文化数据和
　　dependent variables and 因变量和
　　designers and 设计师和
　　fashion and 时尚和
　　features and 特征和
　　independent variables and 自变量和

language and 语言和
large 大型
line graphs and 线状图和
linguistics and 语言学和
perceptions and 感知和
photographs and 照片和
pie charts and 饼图和
psychology and 心理学和
scatter plots and 散点图和
statistics and 统计和
visualization and 可视化和

Obama, Barack 贝拉克·奥巴马
Object detection 对象检测
 features and 特征和
 media analysis and 媒体分析和
 photographs and 照片和
 visualization and 可视化和
On Broadway project "百老汇"项目
One Million Manga Pages 100 万页漫画集
One Piece《海贼王》
On the Origin of Species（Darwin）《物种起源》（达尔文）
"On the Principle of Order in Civilization as Exemplified by Changes of Fashion"（Kroeber）《时尚作为社会秩序更迭的明证》（克罗伯）
Open source 开源
Operationalization 操作化
Order of Things, The: An Archaeology of Human Sciences（Foucault）《事物的秩序：人文科学考古学》（福柯）
Orwant, Jon 乔恩·奥万特
Oulipo group 潜在文学工场

Owens, Rick 瑞克·欧文斯

Paley, W. Bradford W. 布拉德福德·佩利
Pareto distribution 帕累托分布
Park Seo-Bo 朴栖甫
Parsons School of Design 帕森斯设计学院
Patents 专利
Patterns 规律
 aesthetics and 美学和
 architecture and 建筑和
 bottom-up analysis and 自下而上的分析和
 categories and 分类和
 correlations and 相关性和
 data types and 数据类型和
 features and 特征和
 goal of cultural analytics and 文化分析目标和
 image montage and 图像蒙太奇和
 image processing and 图像处理和
 language and 语言和
 media analysis and 媒体分析和
 metapattern and 元模式和
 photographs and 照片和
 quantification and 量化和
 real-time analysis and 实时分析和
 regular vs. particular 常规和特定
 sampling and 抽样和
 scale and 规模和
 science of culture and 文化学和
 top-down analysis and 自上而下的分析和
 visualization and 可视化和
Pawson, John 约翰·波森

Pearson, Karl 卡尔·皮尔森
Peirce, Charles 查尔斯·皮尔斯
Perceptions 感知
　　advertising and 广告和
　　aesthetics and 美学和
　　architecture and 建筑和
　　artists and 艺术家和
　　categories and 分类和
　　cognition and 感知和
　　data types and 数据类型和
　　fashion and 时尚和
　　language and 语言和
　　measurement of 测量工具
　　media analysis and 媒体分析和
　　music and 音乐和
　　numbers and 数字和
　　psychology and 心理学和
　　quantification and 量化和
　　video and 视频和
　　visualization and 可视化和
Peter the Great 彼得大帝
Pew Research Center 皮尤研究中心
Philosophy of Fashion（Simmel）《时尚的哲学》（齐美尔）
Photographers' Identities Catalog 摄影师的身份目录
Photographs 照片
　　500px and 500px 和
　　AE and AE 和
　　algorithms and 算法和
　　automation and 自动化和
　　bottom-up analysis and 自下而上的分析和
　　categories and 分类和
　　computer vision and 计算机视觉和

data types and 数据类型和
features and 特征和
Flickr and Flickr 和
forms of omission and 省略形式和
Google Photos and 谷歌照片和
HDR 高动态光照渲染
immense number of 大量的
Instagram and Instagram 和
interfaces for 接口
Kodak and 柯达和
language and 语言和
Leica and 徕卡和
measurement and 测量工具和
media analysis and 媒体分析和
MoMA collection of 纽约现代艺术博物馆收藏的
numbers and 数字和
object detection and 对象检测和
patterns and 规律和
phone cameras and 手机相机和
Pinterest and Pinterest 和
Polaroid and 宝丽来和
sampling and 抽样和
scale and 规模和
science of culture and 文化学和
Selfiecity and "潮自拍"和
subjective assessment of 主观评估
top-down analysis and 自上而下的分析和
visualization and 可视化和
Photomontages 摄影蒙太奇
Picasso, Pablo 巴勃罗·毕加索
Pie charts 饼图
Playfair, William 威廉·普莱费尔
Playtime（Tati）《游戏时间》（塔蒂）

PLOS One《公共科学图书馆·综合》
Polaroid 宝丽来
Politics of Large Numbers, The
（Desrosieres），《大数字政治》（德斯罗西耶斯）
Popular culture 流行文化
Popular Science magazine《大众科学》杂志
Porter, Theodore 西奥多·波特
Portfolios 作品集
Posavec, Stefanie 斯蒂芬妮·波萨韦茨
Postmodern Condition, The: Report on Knowledge（Lyotard）《后现代状况：关于知识的报告》（利奥塔）
Preservation of Favored Traces（Fry）"偏好痕迹的保存"项目（弗莱）
Presidential elections 总统大选
Principles of Art History, The（Wöllflin）《艺术史的原则》（沃尔夫林）
Privacy 隐私
Probability 概率
Project Gutenberg 古腾堡计划
Prosumer capitalism 产消者资本主义
Psychology 心理学
    automation and 自动化和
    data types and 数据类型和
    measurement and 测量工具和
    media analysis and 媒体分析和
    numbers and 数字和
    perceptions and 感知和
    sampling and 抽样和
    scale and 规模和
    visualization and 可视化和
Public domain 公共领域

Pushkin, Alexander 亚历山大·普希金

Qualitative data 定性数据
    categories and 分类和
    data types and 数据类型和
    features and 特征和
    measurement and 测量工具和
    media analysis and 媒体分析和
    scale and 规模和
    visualization and 可视化和
Quantification 量化
    aesthetics and 美学和
    categories and 分类和
    continuous 持续
    data types and 数据类型和
    discrete 离散
    features and 特征和
    media analysis and 媒体分析和
    patterns and 规律和
    perceptions and 感知和
    scale and 规模和
    science of culture and 文化学和
    top-down/bottom-up analysis and 自上而下/自下而上的分析和
    visualization and 可视化和
"Quantifying Reputation and Success in Art"（paper）《量化艺术的声誉和成功》（论文）
"Quantifying Visual Preference around the World"（paper）《量化世界各地的视觉偏好》（论文）
Quetelet, Adolphe 阿道夫·凯特勒

"Raw Data" Is an Oxymoron（Gitelman and Jackson）《"原始数据"是一种矛

盾的修辞》(吉特尔曼和杰克逊)
Ray, May 梅·雷
Real-time analysis 实时分析
   automation and 自动化和
   cultural flows and 文化流动和
   data types and 数据类型和
   features and 特征和
   global culture and 全球文化和
   media analysis and 媒体分析和
   patterns and 规律和
   scale and 规模和
   visualization and 可视化和
Recommendation systems 推荐系统
Redi, Miriam 米里亚姆·雷迪
"Reforming Vision: The Engineer Le Play Learns to Observe Society" (Porter)《改革愿景：工程师勒普雷学着观察社会》(波特)
Regression analysis 回归分析
Reinhardt, Ad 阿德·莱因哈特
Repin, Ilya 伊利亚·列宾
Replica "复制品" 项目
Richter, Hans 汉斯·里希特
Riley, Bridget 布里奇特·莱利
Ritzer, George 乔治·瑞泽尔
R language R 语言
Rockeby, David 大卫·洛克比
Rodenbeck, Eric 埃里克·罗登贝克
Rogers, Richard 理查德·罗杰斯
Rosling, Hans 汉斯·罗斯林
Rothko, Mark 马克·罗斯科
Rubin, Ben 本·鲁宾

Salavan, Jason 贾森·萨拉万
Salt, Barry 巴里·索特

Sampling 抽样
Samsung 三星
Sauter, Joachim 约阿希姆·索特尔
Scale 规模
   advertising and 广告和
   Amazon and 亚马逊和
   analog content and 模拟内容和
   artificial intelligence (AI) and 人工智能 (AI) 和
   artists and 艺术家和
   audiences and 受众和
   Behance and Behance 和
   big data and 大数据和
   blogs and 博客和
   categories and 分类和
   cluster analysis and 聚类分析和
   computational analysis and 计算分析和
   computer science and 计算机科学和
   cultural behavior and 文化行为和
   cultural data and 文化数据和
   culture industries and 文化工业和
   data science and 数据科学和
   degree of difference and 不同程度和
   designers and 设计师和
   digital art and 数字艺术和
   digital culture and 数字文化和
   digitization and 数字化和
   economics and 经济学和
   Facebook and 脸书和
   fashion and 时尚和
   features and 特征和
   Flickr and Flickr 和
   Google and 谷歌和
   graphics and 图形和

hierarchical 等级体系
humanities and 人文学科和
Instagram and Instagram 和
interval and 时距和
libraries and 图书馆和
linguistics and 语言学和
machine learning and 机器学习和
markedness and 标记性和
measurement and 测量工具和
media analysis and 媒体分析和
median and 中位数和
metadata and 元数据和
mode and 模式和
museums and 博物馆和
music and 音乐和
nominal 标称
object detection and 对象检测和
ordinal 序数
patterns and 规律和
photographs and 照片和
psychology and 心理学和
qualitative data and 定性数据和
quantification and 量化和
ratio 比率
real-time analysis and 实时分析和
sampling and 抽样和
science of culture and 文化学和
social media and 社交媒体和
statistics and 统计和
style and 风格和
text analytics and 文本分析和
Twitter and Twitter 和
video and 视频和
visualization and 可视化和
YouTube and YouTube 和

Scanlation 扫译
Scatter plots 散布图
Schich, Maximilian 马克西米利安·席希
Science（journal）《科学》（期刊）
Science of culture 文化学
  aesthetics and 美学和
  algorithms and 算法和
  artists and 艺术家和
  audiences and 受众和
  big data and 大数据和
  blogs and 博客和
  cluster analysis and 聚类分析和
  cognition and 感知和
  computer science and 计算机科学和
  cultural data and 文化数据和
  data science and 数据科学和
  designers and 设计师和
  determinism and 决定论和
  digital culture and 数字文化和
  economics and 经济学和
  Facebook and 脸书和
  fashion and 时尚和
  features and 特征和
  Flickr and Flickr 和
  games and 游戏和
  Google and 谷歌和
  humanities and 人文学科和
  image processing and 图像处理和
  Instagram and Instagram 和
  libraries and 图书馆和
  linguistics and 语言学和
  machine learning and 机器学习和
  mapping and 映射和
  massive datasets and 大规模数据集和

media theory and 媒体理论和
metadata and 元数据和
museums and 博物馆和
music and 音乐和
Ngram Viewer and Ngram Viewer 和
patterns and 规律和
photographs and 照片等
popular culture and 流行文化和
quantification and 量化和
research publications and 出版物研究和
scale and 规模和
social media and 社交媒体和
statistics and 统计和
style and 风格和
Twitter and Twitter 和
video and 视频和
visualization and 可视化和
YouTube and YouTube 和
Scientometrics 科学计量学
Search engines 搜索引擎
Seguin, Benoît 伯努瓦·赛金
Self-driving cars 自动驾驶汽车
Selfiecity project "潮自拍"项目
Sellers, Jordan 乔旦·塞勒斯
Semantic gap 语义鸿沟
Semantic tags 语义标签
Send Time Optimization 优化发送时间
Senseable City Lab 可感知城市实验室
"Seven Ways Humanists Are Using Computers to Understand Text" (Underwood)《人文主义者利用计算机来理解文本的七种方式》（安德伍德）》
Shape of Song, The (Wattenberg) "歌曲的形状"项目（瓦滕伯格）
Shaw, Jeffrey 杰弗里·肖
Simmel, Georg 格奥尔格·齐美尔
Simon, Phil 菲尔·西蒙
Simons, Raf 拉夫·西蒙斯
Simulation 模拟
Simulation for the Social Scientist (textbook)《社会科学家的模拟》（教科书）
Sinclair, John 约翰·辛克莱尔
S language S 语言
Slices 切片
Sloane, Hans 汉斯·斯隆
Small, David 大卫·史莫
Smart cities 智慧城市
Social Life of Small Urban Places (Whyte)《小城市空间的社会生活》（怀特）
Social media 社交媒体
    categories and 分类和
    dashboards and 仪表板和
    data types and 数据类型和
    features and 特征和
    growth of 增长
    inequality and 不平等和
    International Conference on Web and Social media and 网络和社交媒体国际会议和
    media analysis and 媒体分析和
    patents and 专利和
    professional networks and 专业人士社交网络和
    sampling and 抽样和
    scale and 规模和
    science of culture and 文化学和

visualization and 可视化和
Social Science Research Council 社会科学研究委员会
Sociology of culture 文化社会学
Software Studies Initiative "软件研究计划"
Software Takes Command（Manovich）《由软件来掌控》（马诺维奇）
Sorting Things Out: Classification and Its Consequences（Bowker and Star）《排序问题：分类及其后果》（波克尔和斯塔尔）
Spearman, Charles 查尔斯·斯皮尔曼
Spreadsheets 电子表格
Stalker（film）《潜行者》（电影）
Standard deviation 标准差
Standard Hotel, New York 纽约标准酒店
Star, Susan Leigh 苏珊·雷·斯塔尔
Statistical Account of Scotland（Sinclair）《苏格兰统计报告》（辛克莱尔）
Statistical Breviary（Playfair）《统计摘要》（普莱费尔）
Statistics 统计
    automation and 自动化和
    bottom-up analysis and 自下而上的分析和
    categories and 分类和
    correlations and 相关性和
    correspondence analysis and 对应分析和
    data science and 数据科学和
    data types and 数据类型和
    dependent variables and 因变量和
    descriptive 描述
    distributions and 分布和
    economics and 经济学和
    features and 特征和
    Fisher and 费希尔和
    independent variables and 自变量和
    inferential 推论
    laws of society and 社会法律和
    measurement and 测量工具和
    media analysis and 媒体分析和
    median and 中位数和
    mode and 模式和
    probability and 概率和
    as reduction 减少
    regression analysis and 回归分析和
    sampling and 抽样和
    scale and 规模和
    science of culture and 文化学和
    single/multiple variables and 单个/多个变量和
    spatial variables and 空间变量和
    standard deviation and 标准差和
    summarized data and 汇总数据和
    top-down analysis and 自上而下的分析和
    Tukey and 图基和
    variance and 方差和
    visualization and 可视化和
    weighted 加权
Stefaner, Moritz 莫里茨·斯特凡纳
Stereotypes 刻板印象
Stevens, Stanley 斯坦利·史蒂文斯
Stratified sampling 分层抽样
Streaming 流媒体
Style 风格

  aesthetics and 美学和
  artists and 艺术家和
  categories and 分类和
  data types and 数据类型和
  features and 特征和
  media analysis and 媒体分析和
  minimalism and 极简主义和
  sampling and 抽样和
  scale and 规模和
  science of culture and 文化学和
  van Gogh and 凡·高和
  visualization and 可视化和
Suicide（Durkheim）《自杀论》（涂尔干）
Summarization 摘要
Suprematist Composition: White on White（Malevich）《至上主义构成：白置于白上》（马列维奇）
Swiss Federal Institute of Technology 瑞士联邦理工学院
Symbolism（Bely）《象征主义》（别雷）

Tags 标签
  aesthetics and 美学和
  features and 特征和
  media analysis and 媒体分析和
  sampling and 抽样和
  text 文本
  visualization and 可视化和
"Tale of Twenty-Two Million Citi Bike Rides, A"（paper）《2200 万次自行车骑行的故事》（论文）
Talmud Project（Small）《塔木德项目》（史莫）

Tangherlini, Timothy 蒂莫西·坦格利尼
"Tarde's Idea of Quantification"（Latour）《塔尔德的量化思想》（拉图尔）
Tarkovsky, Andrei 安德烈·塔可夫斯基
Tati, Jacques 雅克·塔蒂
Technology/Transformation: Wonder Woman（Birnbaum），《技术/转型：神奇女侠》（伯恩鲍姆）
"Teens Engage More with Fewer Photos: Temporal and Comparative Analysis on Behaviors in Instagram"（paper），《青少年使用更少的照片，进行更多地参与：Instagram 上行为的时间和对比分析》（论文）
"Tell-Tale Hat, The: Surfacing the Uncertainty in Folklore Classification"（Broadwell, Mimno, and Tangherlini）《述说的帽子：民间传说分类中的不确定性》（布劳德威尔、明诺和坦格利尼）
Text analytics 文本分析
  aesthetics and 美学和
  bottom-up analysis and 自下而上的分析和
  data types and 数据类型和
  features and 特征和
  media analysis and 媒体分析和
  scale and 规模和
  top-down analysis and 自上而下的分析和
TextArc（Paley）《文本弧》（佩利）
"There Is Only Software"（Manovich）

《唯有软件》（马诺维奇）
Thurstone, L. L. 瑟斯顿
TikTok 抖音
Time magazine《时代》杂志
Tinguely, Jean 让·廷格利
Titanic（film）《泰坦尼克号》（电影）
Top-down/bottom-up analysis 自上而下/自下而上的分析
 776 van Gogh paintings and 776 幅凡·高的画作和
 advertising and 广告和
 algorithms and 算法和
 audiences and 受众和
 categories and 分类等
 cluster analysis and 聚类分析和
 cultural data and 文化数据和
 culture industries and 文化工业和
 data science and 数据科学和
 digital humanities and 数字人文和
 economics and 经济学和
 features and 特征和
 humanities and 人文学科和
 linguistics and 语言学等
 machine learning and 机器学习和
 manga and 日本漫画和
 metadata and 元数据和
 movies and 电影和
 museums and 博物馆和
 neural networks and 神经网络和
 One Million Manga Pages and "100 万页漫画集"和
 patterns and 规律和
 photographs and 照片和
 quantification and 量化和
 statistics and 统计和
 text analytics and 文本分析和
 visualization and 可视化和
Top Grossing Film of All Time, 1×1, The（Salavan），《史上最卖座电影，1×1》（萨拉万）
Trubetzkoy, Nikolai 尼古拉·特鲁别茨科伊
Tufte, Edward 爱德华·塔夫特
Tukey, John W. 约翰·W. 图基
Turrell, James 詹姆斯·特瑞尔
Twitter
 advertising and 广告和
 aesthetics and 美学和
 API of 应用程序编程界面
 dashboards and 仪表板和
 data types and 数据类型和
 media analysis and 媒体分析和
 sampling and 抽样和
 scale and 规模和
 science of culture and 文化学和

Ulay 乌雷
Understanding Genre in a Collection of a Million Volumes（Underwood）《在100万卷集合内理解类型》（安德伍德）
"Understanding Musical Diversity via Online Social Media"（paper）《通过在线社交媒体了解音乐的多样性》（论文）
Underwood, Ted 泰德·安德伍德
UNIVAC 通用自动计算机
Universal Music Publishing Group 环球音乐出版集团
Unsworth, John 约翰·昂斯沃斯

Urban design 城市设计
US Centers for Disease Control and Prevention 美国疾病控制和预防中心（CDC）
US Department of Health and Human Services 美国卫生与公众服务部
Use of Computers in Anthropology, The（Hymes）《计算机在人类学中的应用》（海姆斯）
User-generated content 用户生成的内容
User interaction（UI）用户交互
U.S. National Endowment for the Arts 美国国家艺术基金会
U.S. National Institutes of Health（NIH）美国国立卫生研究院

Valence（Fry）《瓦朗斯》（弗莱）
van Gogh, Vincent 文森特·凡·高
van Ham, Frank，弗兰克·范·汉姆
van Noten, Dries 德赖斯·范·诺顿
Variance 方差
Vatican Museums 梵蒂冈博物馆
Venturi, Robert 罗伯特·文丘里
Venturini, Tommaso 托马索·文图里尼
Vertov, Dziga 吉加·维尔托夫
Very Nervous System（Rockeby）《非常神经系统》（洛克比）
Victoria and Albert Museum 维多利亚和阿尔伯特博物馆
Video 视频
 automatic summarization and 自动摘要和
 categories and 分类和
 data types and 数据类型和
 features and 特征和
 image processing and 图像处理和
 media analysis and 媒体分析和
 music and 音乐和
 perceptions and 感知和
 sampling and 抽样和
 scale and 规模和
 science of culture and 文化学和
 TikTok and 抖音和
 visualization and 可视化和
 YouTube and YouTube 和
Videoplace（Krueger）《录像世界》（克鲁格）
Viégas, Fernanda 费尔南达·维埃加斯
Van Gogh Museum 凡·高博物馆
Visual Earth project "视觉地球"项目
Visualization 可视化
 aesthetics and 美学和
 algorithms and 算法和
 as alternative analytical paradigm 作为另一种分析范式
 analog content and 模拟内容和
 application programming interfaces（APIs）and 应用程序编程界面和
 architecture and 建筑和
 artists and 艺术家和
 audiences and 受众和
 big data and 大数据和
 blogs and 博客和
 bottom-up analysis and 自下而上的分析和
 categories and 分类和
 cinema and 电影院和
 cluster analysis and 聚类分析和
 cognition and 感知和

color systems and 色彩体系和
computer science and 计算机科学等
computer vision and 计算机视觉和
concept of 概念
cultural data and 文化数据和
data 数据
data objects and 数据对象和
data types and 数据类型和
designers and 设计师和
digital art and 数字艺术和
digitization and 数字化和
direct 直接
entropy and 熵和
fashion and 时尚和
features and 特征和
Flickr and Flickr 和
games and 游戏和
Google and 谷歌和
graphics and 图形和
grayscale and 灰度和
Hollywood and 好莱坞和
humanities and 人文学科和
image montage and 图像蒙太奇和
image processing and 图像处理和
immense use of 广泛使用
information 信息
Instagram and Instagram 和
interfaces for 接口
language and 语言和
libraries and 图书馆和
linguistics and 语言学和
mapping and 映射和
media 媒介
media analysis and 媒体分析和
metadata and 元数据和

mobile phones and 手机和
movies and 电影和
museums and 博物馆和
music and 音乐和
neural networks and 神经网络和
numbers and 数字和
patterns and 规律和
perceptions and 感知和
photographs and 照片和
psychology and 心理学和
qualitative data and 定性数据和
quantification and 量化和
real-time analysis and 实时分析和
reduction and 还原反应和
Replica and "复制品"项目
sampling and 抽样和
scale and 规模和
science of culture and 文化学和
scientific 科学相关的
social media and 社交媒体和
spatial 空间
statistics and 统计和
style and 风格和
summarization and 摘要和
tags and 标签和
top-down analysis and 自上而下的分析和
video and 视频和

Walt Disney Company 华特迪士尼公司
Warhol, Andy 安迪·沃霍尔
Wattenberg, Martin 马丁·瓦滕伯格
Weber, Ernst 恩斯特·韦伯
Web of Science 科学网
WeChat 微信

Weibo 微博
Weskamp, Marcos 马科斯·维斯克
Whale Hunt, The（Harris）《捕鲸记》
（哈里斯）
"What Is Twitter, a Social Network or a News Media?"（paper）《Twitter 是什么：社交网络还是新闻媒体？》（论文）
"What We Instagram: A First Analysis of Instagram Photo Content and User Types"（paper）《我们在 Instagram 上发布了什么：Instagram 照片内容和用户类型的初步分析》（论文）
Whyte, William H. 威廉·H. 怀特
Wiener, Janet 珍妮特·维纳
Wikimedia Commons 维基共享资源
Wikipedia 维基百科

Wiki QID 维基账号
Wiktionary 维基词典
Wölfflin, Heinrich 海因里希·沃尔夫林
World Wide Web 万维网

Xenakis, Iannis 伊阿尼斯·泽纳基斯
Xiaomi 小米
XML 可扩展标记语言

Yale Digital Humanities Lab 耶鲁大学数字人文实验室
Yarbus, Alfred 阿尔弗雷德·雅尔布斯
Yee, Nick 尼克·伊

Zen Buddhism 禅宗佛教
Zerseher（Sauter and Lüsebrink）《解观者》（索特尔和吕塞布林克）

图书在版编目（CIP）数据

文化分析 /（俄罗斯）列夫·马诺维奇著；李鹤伊译. -- 上海：上海三联书店, 2025. 5. -- ISBN 978-7-5426-8645-9

I.G114

中国国家版本馆 CIP 数据核字第 2024YP1010 号

Cultural Analytics by Lev Manovich
© 2020 Massachusetts Institute of Technology
All rights reserved. No part of this book may be reproduced in any form by any electronic or mechanical means (including photocopying, recording, or information storage and retrieval) without permission in writing from the publisher.
本书中文简体版权归属于银杏树下（上海）图书有限责任公司。
著作权合同登记号：09-2024-0356

文化分析

［俄］列夫·马诺维奇（Lev Manovich）著
李鹤伊 译

责任编辑 / 宋寅悦　徐心童
策划编辑 / 郝明慧
特约编辑 / 王凯
装帧设计 / 陈威伸
内文制作 / 董峰书
责任校对 / 张大伟
责任印制 / 姚　军
出版发行 / 上海三联书店
　　　　　（200041）中国上海市静安区威海路 755 号 30 楼
邮　　箱 / sdxsanlian@sina.com
邮购电话 / 编辑部 :021-22895517
　　　　　发行部 :021-22895559
印　　刷 / 北京盛通印刷股份有限公司
版　　次 / 2025 年 5 月第 1 版
印　　次 / 2025 年 5 月第 1 次印刷
开　　本 / 889mm × 1194mm 1/32
字　　数 / 304 千字
印　　张 / 14.75
书　　号 / ISBN 978-7-5426-8645-9/G · 1736
定　　价 / 88.00 元

如发现印装质量问题，影响阅读，请与印刷厂联系：010-84483866